本书作为国家自然科学基金重点项目《中国补充养老保险制度研究》（70533040）和教育部人文社会科学研究规划基金项目《中国企业年金保险制度创新与发展研究》（05JA630038）的研究成果，得到以上项目的大力资助。

殷俊 / 著

ZHONGGUO

JIN JIHUA SHEJI

DU CHUANGXIN YANJIU

中国企业年金计划设计
与制度创新研究

人民出版社

策划编辑:陈　登

图书在版编目(CIP)数据

中国企业年金计划设计与制度创新研究/殷俊 著.
-北京:人民出版社,2008.9
ISBN 978-7-01-007322-4

Ⅰ.中…　Ⅱ.殷…　Ⅲ.企业-养老保险-研究-中国
Ⅳ.F842.67

中国版本图书馆 CIP 数据核字(2008)第 144047 号

中国企业年金计划设计与制度创新研究
ZHONGGUO QIYE NIANJIN JIHUA SHEJI YU ZHIDU CHUANGXIN YANJIU

殷　俊　著

人民出版社 出版发行
(100706　北京朝阳门内大街 166 号)

北京中科印刷有限公司印刷　新华书店经销

2008 年 9 月第 1 版　2008 年 9 月北京第 1 次印刷
开本:710 毫米×1000 毫米 1/16　印张:23.75
字数:366 千字　印数:0,001-2,500 册

ISBN 978-7-01-007322-4　定价:48.00 元

邮购地址 100706　北京朝阳门内大街 166 号
人民东方图书销售中心　电话 (010)65250042　65289539

序　言

20世纪90年代以来，中国政府对原有公共年金制度进行改革，并在总结经验和借鉴国外做法的基础上，确定了建立多层次年金制度的目标。中国现行的年金制度是中国特定的历史、文化、经济发展状况下的产物，有其合理的一面，但也存在一些与国际惯例不符的缺陷，需要进一步改革。目前正在进行的社会保障制度改革，也给企业年金制度的建立提供了一个难得的发展机遇。

中国人均收入较大幅度的提高，诱致人们对生活质量的需求层次不断上升；人均寿命延长导致人口老化并对公共年金制度造成冲击。企业年金制度正是在这一背景下逐渐受到重视和发展起来的。

企业年金是在国家有关法规指导下，在公共年金保险基础上由企业建立的旨在为员工提供一定退休收入的收入保障计划。企业年金制度则是指企业年金运营过程中的规则、程序和行为规范，在企业年金制度中政府只是承担监督和管理的责任，而企业则在国家相关法规框架内起着主导作用。

根据完善中国社会主义市场经济体制下社会保障体系的目标，本书通过研究学习国外企业年金制度及其基金运营的方式、投资策略及组合方式、风险防范及监管规则和监管方式，对中国企业年金制度的建立进行框架分析，并提出了中国企业年金基金管理体制的具体设想。研究企业年金制度在整个养老保障体系中的作用以及对资本市场的影响，不仅具有理论上的前瞻性，而且具有直接的现实意义。年金制度是社会保障体系中最重要的组成部分，年金制度研究是社会保障理论研究的重点之一。一方面，企业年金制度受制于社会保障体系的市场化程度；另一方面，发展企业年金又是社会保障改革的重要方向。目前国内相关的研究成果中，从企业年金计划的微观视角进行的系统性研究较缺乏，对许多理论问题的争论以及对管理体制的研究尚未形成权威性的结论，致使企业年金的实施仍受到现行制度的较多制约。

目前我国年金制度的改革已经到了关键时刻，对企业年金制度改革与发展的研究显得尤为重要。正因为企业年金制度的不健全，许多领域仍然是空白或刚起步，因此，本书需要研究的是构建一个适合中国经济、社会发展的企业年金制度框架，并对一些现实可行的操作方案做一些切合实际的分析。

这本专著从理论和实践两个方面论述了企业年金制度在我国的发展趋势，以及论证了中国企业年金制度改革和结构调整的必然。作者不仅从企业年金制度的理论基础、管理制度架构、运营模式选择、投资理论和策略、税收政策以及政府监管等宏观角度对企业年金制度进行分析研究，而且从企业年金计划品种设计、企业员工流动性与企业治理、企业年金基金会计管理等微观视角对企业年金计划在企业管理中的作用机制进行了很有学术意义和实践价值的探讨。

《中国企业年金计划设计与制度创新研究》这部专著是国内企业年金研究领域的最新学术成果之一，该书在宏观理论研究的基础上力图从微观视角分析研究企业年金计划的管理及其作用，为企业设计和建立企业年金计划提供学术参考和实践指导，进而推动企业年金计划扩面与规范。值此书出版之际，写此序言以表达我对该项目研究成果的赞同，同时期望此书对中国企业年金制度的完善与发展发挥积极的作用。

2008 年 6 月于武汉大学珞珈山

目　录

目　录

第一章 绪 论

第一节 问题的提出与研究的意义

随着我国经济的快速发展，国民人均收入和人均寿命也有较大幅度的提高，原有的社会保障制度已不能适应人民对较高层次生活水平的追求，企业年金保险正是在这一背景下逐渐被引入我国的，并呈现出越来越大的市场需求。

中国社会保障制度的改革，给企业年金保险制度的建立提供了一个难得的发展机遇。在中国过去的社会保障制度中，养老保险制度主要是以社会养老保险（或称基本养老保险）为主、其他为补充的制度。1991 年颁布的《国务院关于企业职工养老保险制度改革的决定》首次提出"国家提倡、鼓励企业实行补充养老保险"后，这种格局正在逐渐改变，以往称之为"补充养老保险"的企业年金，现在也不再被称之为补充养老保险了。2000 年，国务院颁布《关于完善城镇社会保障体系试点方案》，将企业补充养老保险正式更名为"企业年金"，并提出：有条件的企业可为职工建立企业年金，并实行市场化运营和管理。企业年金实行完全积累，并采用个人账户方式进行管理，费用由企业或者由企业与职工共同缴纳。至此，中国初步确立了由基本养老保险、企业年金和个人储蓄养老保险共同构成的"三支柱体系"，作为中国养老保险体系的发展方向，以应对中国步入老龄化社会的冲击。

在三支柱体系中，我们借鉴日本的年金制度定义，将第一支柱的社会养老保险（即基本养老保险）称为公共年金，在美国也称为政府退休金计划或公共退休金计划，是满足最基本生存需求的一种收入保障制度；将第二支柱的企业养老保险称为企业年金，用以满足建立在基本生存需求之上的更高层次的需求；将第三支柱的个人储蓄性养老保险称为个人年金，是由个人自愿参加和缴费的一种"自我保障"的年金制度，一般是由商业保险公司或信托公司提供的养老金计划。这三个支柱共同构成了多层次的年金保障体系，但是每个支柱既相互联系、相互作用又相互独立地形成了各自的制度体系。中国的年金制度改革一方面是进行年金制度结构的调整，另一方面又是构建完善的、相对独立的三支柱体系。中国经济的发展，将为企业年金和个人年金提供广阔的发展空间，公共年金（基本养老保险）的主导地位也将逐渐被企业年金和个人年金取代。

稳定和发展是当今中国社会的两大主题，因此，中国的所有改革都是围绕着稳定和发展而展开的。年金制度的改革就是要为整个社会经济改革构建稳定的基础，是发展的基石，事关全局。中国由三支柱构成的年金制度中，第一支柱（公共年金）的改革，如果由现收现付制转向完全基金制不利于社会稳定，巨大的转制成本，像中国这样的发展中国家是无法承受的。因此，以稳定作为首要目标，采取渐进的方式，建立结构合理的、"多支柱"（或多层次）的年金保障体系（即基本养老保险、企业年金、个人储蓄保障共同构成）是中国政府当前的必然选择，年金保险制度改革的实践轨迹和理论研究也印证了这一选择的必然性。企业年金制度是比公共年金更高需求层次的保障，它属于年金制度体系中的第二支柱，也是养老保障体系的重要组成部分。

目前，我国企业年金保险制度覆盖的范围还太小，难以满足因经济发展而形成的对企业年金保险的需求，同时，还存在一些限制企业年金保险发展的各种因素，特别是制度性因素，年金保险制度建设在理论与实践中仍然有大量的问题急需研究和解决。我国公共年金所占比重相对较高，与迅速提高的国家经济发展水平不相适应，国家财政的负担日益加重，迫切需要发展企业年金来相对降低公共年金的比重。

　　发展企业年金保险的关键是管理制度的建设，它涉及到许多方面的问题。这就要求我们对中国企业年金保险基金的管理体制进行系统的、有针对性的研究。

　　根据完善中国社会主义市场经济体制下社会保障体系的目标，本书通过研究学习国外企业年金保险制度及其基金运营的方式、投资策略及组合方式、风险防范及监管规则和监管方式，对中国企业年金保险制度的建立进行框架分析，并提出了中国企业年金保险基金管理体制的具体设想。研究企业年金制度在整个养老保障体制中的作用以及对资本市场影响，不仅具有理论上的前瞻性，而且具有直接的现实意义。企业年金保险是社会保障体系中最重要的组成部分，企业年金保险体制研究是社会保障理论研究的重点。一方面，企业年金受制于社会保障体制的市场化程度；另一方面，发展企业年金保险又是社会保障体制改革的方向。但是，目前国内相关的研究成果较少，系统性研究更为缺乏，对许多理论问题的争论以及对管理体制的研究尚未形成权威性的结论，致使企业年金的实施仍受到现行制度的较多制约。

　　建立我国企业年金保险制度的架构还必须研究其与公共年金（社会养老保险）体制、个人年金（商业养老保险）体制以及资本市场的联系。然而，由于各种客观原因，中国企业年金计划的具体实施尚处在小范围的试点阶段，不仅在政策上还不够完善和规范，而且在理论研究上可资借鉴的成果甚少，在实践中可以参照的做法也不多，所以本书选题——《中国企业年金计划设计与制度创新研究》具有很强的创新性和现实意义。通过本书的研究，笔者试图在社会保障体制市场化改革和养老保障的学术研究方面贡献绵薄之力。

　　目前我国年金保险制度的改革已经到了关键时刻，对企业年金的制度改革与发展的研究显得尤为重要。正因为企业年金保险制度的不健全，许多领域仍然是空白或刚起步，因此，本书需要研究的是构建一个适合中国经济、社会发展的企业年金制度框架，并对一些现实可行的操作方案做一些切合实际的分析。

第二节　相关问题的国内外研究状况

企业年金制度自 18 世纪末创立以来，其理论与实践活动相互促进，发展迅速，主要研究领域涉及以下几个方面：

一、企业年金制度存在的合理性研究

20 世纪 50 年代，对消费函数理论影响较大的芝加哥学派的代表米尔顿·弗里德曼（Milton Friedman）于 1957 年出版的《消费函数理论》中提出的持久收入理论（Permanent Income Hypothesis）认为：一般消费者均企图将其终身所得的不同时期总收入予以效用的最大化，由于实际收入的高低相差悬殊，故要将所有收入平均分配到各期的消费上，势必将较高收入时期的部分收入转为储蓄，以便弥补在低收入时期的消费不足。弗朗克·莫迪利安尼（Fraco Modigliani）提出的生命周期理论认为：人们的消费有一定刚性，消费偏好不会因退休而下降，合乎理性的人总是依据总效用最大化原则，在他的一生中，均匀地消费其所有财富，而不会在一个时期消费很多，而在另一个时期消费很少。

还有部分学者从老年人口的需求与需求层次的角度解释了企业年金制度存在的合理性。如：美国的奥瑟尼（Authony J. Gajda）认为，退休人员经济需求的实际减少量可能被夸大，人们的预期和偏好使退休生活水平难以发生剧烈变化。退休人员经济需求有增无减的另一原因是为了获得长期护理的费用，一个人如果到了 65 岁就有 40% 的可能在养老院度过余生[1]。中国台湾学者方明川提出的四层次老年经济安全制度框架，将孝道制度（其中包括：中国传统孝道现代化；政府对在家孝养父母者的税赋优惠；其他奉养方式；公民养老院、托老所）列为第一层次

---

[1]　Rosenbloom Jerry S., 1996, *The Handbook of Employee Benefits*, 4th ed. Burr Ridge, IL: Irwin Professional Publishing, p. 290.

需求，其余三个需求层次分别为保障老年人基本生活的公共年金制度、保障老年经济安全的企业年金制度、更高层次需要的个人年金制度。①

二、企业年金制度中的权益问题研究

（一）企业权益

早期企业年金计划中企业缴费这部分资产的权益被认为属于企业，这种观点认为：企业年金计划是否建立、缴费比例的高低以及给付条件的确定完全取决于企业的需要。如商业权宜概念（The Business Expediency Concept）认为：雇佣关系中，退休金是雇主对于长期忠诚服务的员工的一种赏金（gratuities）或者酬劳（rewards），是一种恩惠性给付，雇主对老员工发退休金具有其自主权。② 美国学者李·威林·斯奎尔（Lee Welling Sguier）在 1912 年提出："从整个社会经济的观点来看，没有哪个雇主有这样的权利，即在一个行业中让员工耗尽了 10 年、20 年或 40 年的精力，然后撒手不管，让他们像海上漂浮物一样在社会上游荡。"③ 这就是所谓的"人力折旧概念（The Human Depreciation Concept）"，这一概念把企业年金计划的支出看成是对"人力"折旧和维护的一种补偿。这种将人力看做设备的观点受到较多的质疑，缺乏理论基础和广泛认同。

（二）职工权益

美国的阿尔伯特（Albert de Roode）在 1913 年提出的延期工资（Deferred Wage Concept）观点认为：老年退休金是工资的一部分，也是雇主支付给员工工资的一种形式。至于工资支付是以工作酬金还是以退休金方式实现，选择权在员工。由于员工对现金收入的使用缺乏计划性，往往即时消费，到退休时，收入难以保障，因此，无论国家还是企业（雇主）都希望引导员工选择退休金作为延期工资概念。延期工资

---

① 方明川著：《商业年金保险理论与实务》，首都经济贸易大学出版社 2000 年 7 月第 1 版，第 30 页。

② 洪灿楠、洪鸿铭、许冲河、蔡璎琪执笔：《年金保险》，台北财团法人保险事业发展中心 2002 年 12 月第 3 版，第 62 页。

③ 埃弗里特·T. 艾伦、约瑟夫·J. 梅隆、杰里·S. 罗森布鲁姆、杰克·L 范德海著，杨燕绥、费朝辉、李卫东等译：《退休金计划》，经济科学出版社 2003 年 2 月第 1 版，第 17 页。

理论意味着缴费确定型年金的资产权益完全归个人所有，但现实中企业年金资产的权益归属上仍有一些做法与之相违背，如林羿博士指出：美国退休金既得受益权进度表（vesting schedule）制度的建立，为雇员们获得其退休金提供了一定的保障。[①] 但是，雇员如果没有达到企业年金计划规定的（为雇主工作的年限）工龄条件，就不能获得100%的退休金的受益权。由此可见，延期工资理论也只能部分地解释企业年金资产的性质。

三、企业年金制度与资本市场的协调发展研究

一般认为：采用完全积累模式的企业年金制度需要资本市场的支撑，而且企业年金制度的建立也可以刺激资本市场的发展。如中国学者李绍光认为：进入资本市场也正是基金制的养老金计划能够生存下去的一个基本前提。[②] 国际劳工组织专家科林·吉列恩等认为：一个国家在建立完全积累型养老保障制度之前，还必须至少有公平的、良好的资本市场，同时还要有足够的规范和监督，以避免欺诈和承受额外的风险。在市场经济条件下，私营管理的完全积累养老保障具有经济上的优势，它可以刺激资本市场的发展。[③]

四、探讨企业年金制度的模式

一些学者结合各国的企业年金制度的实践从理论上探讨了企业年金制度模式的选择问题。关于企业年金制度的模式，目前仍没有形成一种普遍适用的、权威的研究结论。企业年金制度的模式选择没有一个绝对的标准，各国只是根据各自具体的情况作出合理的选择。企业年金制度的模式包括：监管模式（采用公共管理或私营管理模式以及商业年金或公共年金的监督模式）、缴费模式（缴费结构的比例调整以及缴费与给付水准的联系程度）、积累模式（现收现付、部分积累、完全积累模

---

① 林羿著：《美国的私有退休金体制》，北京大学出版社2002年5月第1版，第55页。

② 李绍光著：《养老金与资本市场》，中国发展出版社1998年5月第1版，第105页。

③ 科林·吉列恩（Colin Gillion）等著：《全球养老保障——改革与发展》（*Social Security Pensions-Development and Reforms*），中国劳动社会保障出版社2002年12月第1版，第145页。

式)、投资模式(投资组合结构、投资组合风险的控制、投资策略的选择、投资业绩的评价)等。一般认为:企业年金的类型从过去的占绝大多数的固定受益型年金计划逐步转向固定缴费型年金计划。企业年金的积累模式从理论和实践上看,大多数倾向于采用完全积累模式(基金制)。①

五、企业年金制度发展的影响因素研究

企业年金制度发展的影响因素一直是理论研究的重点。一般认为:企业年金制度受多种因素的影响,如劳动生产率的提高、税收政策的激励、人才竞争需要、工资稳定性、年金保险基金的增值水平、工会组织的作用等因素都对企业年金制度发展产生影响。②

六、企业年金制度的发展趋势研究

现代企业年金制度创立于18世纪末(18世纪至第二次世界大战前的创立阶段),当时的企业年金只是一种小规模的企业行为。20世纪40年代到70年代中期是企业年金制度的重建与高速发展时期,年金制度是随着工业化进程加快而加速发展起来的。1973年的石油危机到20世纪80年代中期,西方国家的经济运行成本大幅度增加,一些国家开始调整企业年金制度,逐步加大个人的出资比重,削减国家和企业福利。20世纪80年代中后期,是企业年金制度体系及基本结构的重大变革阶段,出现了向私营和强制实施两极分化的趋势。进入21世纪后,企业年金制度已成为多层次养老保障体系中的一个重要支柱,企业年金制度的弹性与效率优势使其更加适应国家经济发展水平、人口结构和政治体制。

国际劳工组织(ILO)认为:企业年金的作用在20世纪下半叶得

---

① 崔少敏、文武等著:《补充养老保险——原理、运营与管理》,中国劳动社会保障出版社2003年4月第1版,第19页;劳动保障部社会保险研究所,博时基金管理有限公司著:《中国企业年金制度与管理规范》,中国劳动社会保障出版社2002年6月第1版,第25页;埃弗里特·T. 艾伦等著:《退休金计划》(Allen, Melone, Rosenbloom, VanDerhei, *Pension Planning*, 8th ed. McGraw-Hill Companies, Inc. 1997),第3页。

② 埃弗里特·T. 艾伦等著:《退休金计划》(Allen, Melone, Rosenbloom, VanDerhei, *Pension Planning*, 8th ed. McGraw-Hill Companies, Inc. 1997),第9页。

到了加强。在一些国家（如瑞士、澳大利亚等），企业年金本来是由企业自愿提供的，后来政府强制企业为员工提供养老金。科林·吉列恩（Colin Gillion）等学者认为，在很多从计划经济向市场经济转型的国家中，政府还是主要的养老金提供者。不过这种状况正在改变，这些国家的政府在准备或者已经向私营机构转移养老保障责任。回顾年金制度的发展史，可以清楚看到，养老保障责任从家庭到国家，再从国家到企业，直到最近某些国家强调的个人储蓄型养老保险的演变过程。[①] 中国学者杨燕绥在论述企业年金制度的发展趋势时指出：企业年金制度中的强制性上升，企业年金制度的运营模式多样化。[②]

第三节　主要研究内容与创新之处

本书采取理论与实践相结合、定性分析与定量分析相结合的研究方法，而且突出三点：（1）借鉴国外成熟的经验和年金保险基金运营管理体制，结合中国的实际情况，试图探索出一条适合中国年金保险基金发展的道路；（2）以实证研究的方式对国内外年金保险基金的运营效果进行宏观分析，结合资本市场的风险投资，原则上确定年金保险基金的投资组合风险与收益的关系，大量运用图表、数据和模型分析手段分析年金保险基金运营方式；（3）以现代投资理论为研究工具，对年金保险基金在资本市场中的运营模式进行定位。

一、主要研究内容

本书共分为十二章：

---

① 科林·吉列恩（Colin Gillion）等著：《全球养老保障——改革与发展》（*Social Security Pensions-Development and Reforms*），中国劳动社会保障出版社 2002 年 12 月第 1 版，第 25～26 页。

② 杨燕绥编著：《企业年金理论与实务》，中国劳动社会保障出版社 2003 年 4 月第 1 版，第 50 页。

第一章绪论。简单介绍了本书的研究意义、国内外企业年金研究状况、本书主要研究内容和试图创新之处。

第二章企业年金制度的理论探讨。对年金制度内涵和若干重要概念作了界定，论述了企业年金制度产生与发展的主要理论，以及企业年金制度在经济发展中的地位、作用和企业年金制度的发展基础。

第三章企业年金计划品种与设计。对多种主要的年金计划作了较详细的介绍，如货币购买计划与储蓄计划、利润分享计划与员工持股计划、403（b）计划与个人退休安排等。对 DC 计划、DB 计划和混合型年金计划也进行了研究分析，在此基础上，对各种年金计划的要素进行了归纳总结，并对要素的组合设计作了理论分析。

第四章企业年金管理制度架构。这一章首先对世界各主要国家的企业年金制度的宏观管理体制作了分类阐述，如欧洲福利国家年金保险制度的改革、新兴工业化国家和地区的企业年金制度、美国和日本的企业年金制度。其次，论述了我国企业年金制度框架构建和模式选择、中国企业年金制度模式设计等。

第五章企业年金运营模式的选择。主要从企业年金基金管理的过程控制入手，论述了企业年金的类型与运营方式、企业年金基金的组织形式、运营原则与精算原理，最后对年金管理公司的运营风险约束机制和企业年金运营过程作了探讨。

第六章企业年金基金投资与资本市场发展。本章通过对企业年金与资本市场的相关性分析、企业年金基金投资行为的约束研究，主要探讨企业年金基金与资本市场的相互作用。企业年金与资本市场均衡理论论述了投资风险与收益、资本资产定价模型，并在此基础上提出了企业年金在资本市场的绩效与投资策略。

第七章企业年金基金会计制度。论述了企业年金会计的基本理论、核算的具体内容，并就企业年金负债的会计处理对企业资本结构的影响作了深入分析，提出企业年金负债的会计处理建议。

第八章企业年金基金监管。这一章对企业年金的政府监管作了概述，如政府监管职能、方式、内容和实施。在此基础上，提出了中国企业年金保险的监管制度及框架建议，并对企业年金基金的投资监管作了专门论述，提出了受托人的评鉴标准。

第九章中国企业年金制度的改革。主要论述了中国年金制度改革的现状及其存在的问题，论述了中国年金积累模式选择、优化积累模式内部结构与有效控制转制的原理与方法，对年金制度的偿付能力与社会总效用最大化作了深入分析，指出了中国年金制度改革的路径。

第十章企业年金计划与税收政策。主要介绍了有关企业年金计划的税收政策的作用、目标和税收优惠模式，中国企业年金计划的税收政策及其存在问题，并提出了中国企业年金税收政策的设计思路，在这一章的最后一部分，系统研究了美国最重要的401（k）计划的税收政策，对美国企业年金计划的税收政策的思路作了归纳和总结。

第十一章企业年金计划与企业管理。对企业年金计划在企业管理中的作用进行了深入分析，运营微观经济学理论模型分析了企业年金计划对员工流动性的影响，并以日本为例研究了企业治理机制下的企业年金计划设计。

第十二章结论与建议。对全书的主要观点、要点进行了归纳，并在此基础上提出了一些可行的改革建议。

二、研究的创新之处

由于中国企业年金制度仍然不完善，年金市场规模非常小，在养老保障体系中所处的地位不高，本书试图从趋势上说明企业年金规模的发展与企业年金制度建设的重要性，因此，在企业年金制度结构的设计及企业年金市场化管理的研究上，从实践和理论的角度进行了较有新意的论证。并提出了一些具体的、可操作性的建议。

本书研究的创新之处在于：

第一，中国企业年金制度架构的建立。由于制度架构并没有一个统一的、公认的结论，故本书提出的结合中国具体实践的年金制度架构有很强的现实意义。各国年金制度模式的争论由来已久，本书从中国的实际出发，对企业年金制度进行了比较分析，并指出现阶段中国企业年金制度的最优模式，对企业年金运营的组织结构、企业年金设计和政府监管框架提出了设想方案，将企业年金保险管理体制分为市场化管理和集中管理两部分。笔者主张，在发展中国家，由于公共年金制度偿付能力较弱，为了改善其制度的偿付能力，应优先发展市场化程度较高的企业年金。

第二，中国年金制度、企业年金制度中的一些概念的辨析。尽管有一些关于年金制度介绍的文章和著作，但是对年金的概念界定却有较大差异。因此，本书对年金、年金保险和年金契约等概念做了较详细的说明和辨析，并利用需求层次理论从新的视角对年金制度中的三支柱的划分进行了分析，而且对公共年金、企业年金、个人年金之间的联系与区别进行了论述。本书还从中国年金保险制度改革的角度论证了发展企业年金的必要性和必然性。

第三，根据中国资本市场的盈利能力测算企业年金基金投资规模。在企业年金基金的资产管理（资本运营）中，资本市场是企业年金保值、增值的重要途径。中国企业年金基金的总投资规模，一方面受资本市场盈利能力（即承载力或资本容量）的制约；另一方面受企业年金投资政策的制约。本书通过对资本运营的制约因素的分析，测算出企业年金的总投资规模以及其替代水平，并通过对数万个资本市场的数据的统计分析，研究分析了资本市场对企业年金制度的制约以及对企业年金制度的保值、增值的能力的支撑作用。通过对企业年金积累率与整个年金保险制度的相关性进行实证分析，从宏观上界定了企业年金制度的地位和作用，并对企业年金保值和增值的策略选择进行了理论分析。

第四，企业年金计划的管理功能分析。尽管目前有一些关于企业年金计划的管理作用的文章，但定性的分析较多，本书用微观经济学模型分析了企业年金计划对员工流动性的影响，并以日本为例论述了企业年金计划作为企业管理的工具，实现企业治理目标和反映企业治理结构特征的方法。

第二章　企业年金制度的理论探讨

当前社会保障体制的改革与发展已经成为世界各国关注的焦点，尽管世界各国的社会保障体系仍然存在着较大差异，但是有一点是相同，即社会保障体系的框架都是由三部分构成，即收入保障部分、社会福利部分和社会救助部分。各国社会保障体制改革的重点主要是调整社会保障体系框架的结构，尤其是收入保障部分的结构。企业年金制度的发展得益于收入保障体系的改革与调整，也代表社会保障体制改革的发展方向。

第一节　年金制度的内涵分析与 若干重要概念的界定

中国年金的实践是早已存在的，但一直没有形成规范的、完整的年金制度，其中主要原因之一就是对"年金"概念的理解上存在较大差异。目前国内对"年金"的定义主要指：社会补充养老保险、私营退休金、商业团体人寿养老保险等。为了规范和完善中国年金制度，有必要清楚界定"年金"、"年金保险"和"年金契约"等重要概念。

一、年金制度的概念

年金在英文中有两种翻译，一为"Pension"，在牛津英文字典中的解释是指（国家定期给予老年人的）养老金（也作 old-age pension），或（雇主给予长久服务之后员工的）退休金或年金；另一为"Annuity"，在牛津英文字典中的解释是指在生存期内每年定期获得一定金额的收入，或作为一种提供定期的、每年支付的收入保险形式——年金。① 从这两个英文词对年金的解释来看，退休金（Pension）主要是对老年人在退休期间的收入保障，它可采用年金方式管理（如给付方式、投资积累方式等），而年金（Annuity）主要是指生存期内（不一定是退休期内）的定期的支付方式，即按有规则的时间间隔（如年、月、周等）提供的一种收入保障的方式，不能说成是退休金（Pension）。由此可见，年金（Annuity）是一个就给付方式而言的更一般的概念，退休金（Pension）如果采用年金给付方式，则成为一种退休年金。因此，退休年金只是年金的一种特殊形式。退休金并不都是定期支付的，也可能是一次性支付的。

从各国对"年金"的不同理解，可以归纳出"年金制度"概念的共同点：人们通过各种方式进行储蓄，以图获得老年时期的稳定收入，而且按定期给付方式给付的养老金。由于各国的养老金制度绝大多数采用了定期支付的形式，劳动者达到国家法定的退休年龄后，就可以享受退休金收入，因此，在部分国家也将养老金称为退休金或退休年金。

年金制度中，由于承办主体的不同，其管理体制、风险配置、功能和运营方式也存在较大差异，因此，年金又区分为公共年金、企业年金和个人年金（参见表2-1）。如日本通常称社会保险基金为"国民年金"或"公共年金"，而在美国通常将公共年金称为公共退休金计划（Public Pension Plan）。企业年金是特指由企业举办的老年收入保障制度，在美国称之为"私人退休金计划（Private Pension Plan）"。

表2-1　几个主要国家的年金制度

	公共年金	企业年金	个人年金
日　本	共济年金 厚生年金 国民年金	厚生年金基金（又称调整基金） 适格年金 非适格年金（又称社内年金或自营年金）	个人储蓄型 年金
美　国	公共退休金计划	私人退休金计划	
中　国	基本养老保险	补充养老保险	

---

① *The Advanced Learner's Dictionary English-English-Chinese*, p. 780, p. 38, Oxford University Press（HK），1978，Tenth impression.

从中国企业年金计划的内涵和外延来看，企业年金是企业与员工共同缴款，经过一段时期的积累，作为员工退休后的养老金，原则上企业年金基金中必须有企业缴款，一般企业缴款占主要部分而员工个人的缴款比例可高可低。企业年金制度则是指企业年金运营过程中的规则、程序和行为规范，即社会强制执行的、正式的社会行为规则和非正式规则（人们的行为习惯、道德、文化传统等）的总和。

二、年金保险与年金契约

年金可分为两类：（1）保险式年金，即用保险方式管理的年金，称为年金保险（Insured Annuity）；（2）非保险式年金，即用非保险方式管理的年金，称为年金契约（Non-Insured Annuity）。

（一）年金保险

年金保险（Annuity Insurance）是"年金"与"保险"两个词合并而成，所以其含义自然也是年金和保险制度的一种组合，又称为"年金式保险"或"保险式年金"。在日本的年金制度中，其所指的"年金保险"是指退休后领取的退休金，可一次或分期领取，分期的年金给付，即"退休年金"，在英文中指"Pension"。年金保险是按保险原理和技术经营和管理的年金，也有的是特指由商业保险公司经营的年金。由于部分国家和地区对商业保险公司的经营范围进行严格管制，严禁商业保险公司经营非保险类品种，因此，许多"年金"被冠以"保险"称谓后进入了保险公司的经营范围。

（二）年金契约

年金保险和年金契约的区分主要是根据年金制度中各主体之间的关系不同而确定的。年金契约关系中，年金管理者与年金持有人（或年金投资人）是一种委托—代理关系，或者是一种信托关系。在年金保险关系中，年金经营者与年金购买者之间是一种商品交换关系，年金的经营者提供的是一种服务。因此，年金保险和年金契约属于不同的法律规范。其中，年金保险受到保险法的约束，而年金契约受到合同法或信托法的约束。

保险公司为了规避政府的管制、扩展经营范围，将年金契约也称为年金保险，并纳入了年金保险的范畴。因此，现实中出现的数十种退休年金，已经很难区分哪些是年金保险，哪些是年金契约。我们一般不去区别年金是契约型还是保险型的，也没有必要去区分它们的实质性差异，一般都称为年金保险。对那些严格分业经营的国家，商业保险公司经营的退休年金都称为"年金保险"；信托公司管理的退休年金称为"年金契约"。

中国目前对退休年金的经营管理者并没有作出严格的限制，因此，本书将退休年金计划都称为年金保险，并根据年金保险的举办者不同进行年金保险的分类。正如社会保险（Social insurance）和商业保险虽然都称为保险，但两者的性质存在着根本的差别一样，我们不需要在"保险"上区分它们，而是在"保险"之前加上"社会"和"商业"予以限定，这样就可以区分它们的差别了，而保险正好反映了它们之间在技术处理上的共同点。同样，"年金保险"之前加上"企业"和"个人"之后，就分辨出了企业年金和个人年金之间的差别。

三、企业年金及其性质

（一）企业年金及其特点

企业年金制度是一种企业保障制度，与国家保障制度——社会养老保险制度和个人储蓄型保障制度是属于不同层次的保险形式。企业年金是年金制度中一个特殊的种类，不仅具有年金的一般特征，而且也有其特殊性。企业年金最主要的特征就是其缴费大部分是由雇主缴纳的，而且企业年金是由企业举办且承担给付责任的一种退休收入保障制度。

企业年金是在国家有关法规指导下，在基本养老保险基础上由企业建立的旨在为员工提供一定退休收入的收入保障计划，即企业基于社会责任所提供的"递延工资"，作为员工退休后的生活费用。政府在企业年金制度中的作用只是体现在监督和管理的责任上，而企业在国家法律框架内起主导作用。其特点是：自愿与强制性统一，权利与义务对等，保障范围受制性明显，保障水平多层次，具有较好的安全性和收益性。

20世纪90年代以来，中国政府对原有社会保险制度进行改革，并在总结经验和借鉴国外做法的基础上，确定了建立多层次养老保险制度的目标。但对企业年金是属于商业保险还是社会保险范畴，理论界和实际工作部门一直存在争论。有关企业年金的性质界定是非常重要的，它不仅关系到监管的权属和职责范围，而且还涉及企业年金基金的运营管理以及与之相配套的法律条款等多方面问题，所以有必要做一个明确的界定。

由于对企业年金的管理涉及许多部门以及不同部门间的利益（如中国人力资源和社会保障部、中国保险监督管理委员会、财政部、民政部和税务总局等诸多部门），各部门都以各自的角度对企业年金保险做出了不同的界定。其中比较典型的有三种意见：（1）企业年金是一种强制执行的商业保险，它既不同于社会保险又不同于商业保险，而是一种独立的保险方式；（2）企业年金属于社会保险范畴；（3）企业年金属于商业保险范畴。

通过对年金制度的研究可知，企业年金保险从属于年金制度，在本质上它既不属于商业保险又不属于社会保险。它与商业保险的相同点只是运用了部分保险原理和保险技术。比如说，参保人可以通过保险方式分散风险，而且某些缴费和给付条款与商业保险类似。但是，企业年金又不同于一般的商业保险。

首先，监管体制有较大的区别，企业年金的监督管理既可以纳入社会保险制度管理体制内（如新加坡、智利等国采用的监管体制）又可以纳入商业保险的监管体制内（如美国等国采用监管制度），同时又受到行业监管的制约（如受到资本市场监管部门、税收部门的监管等）。由于中国的社会、经济和文化等方面诸多因素的影响，中国企业年金制度所面临的环境更加复杂，不确定的因素更多（如失业、通胀、企业资本规模、人们的生活习惯和家庭养老方式等），所以中国应将企业年金制度放在社会养老保障的管理制度框架下管理，对企业年金的快速发展更有利。因此，中国的企业年金可以由劳动和社会保障部门的授权机构负责监管实施。

其次，企业年金的管理人与参保人之间是一种信托关系，而不是像商业保险那样是一种商品的交换关系。

最后，企业年金运营享受的国家政策不同，有部分优惠政策是商业保险不具有的，同时对企业年金的运营监管更加严格，处罚更严厉。所以说，企业年金是一种既可纳入社会保险管理制度内又可纳入商业保险管理制度内的一种新的收入保障形式，把企业年金制度定义为一种收入保障的工具性制度可能更为准确一些。

（二）企业年金与商业人寿年金的联系与区别

从风险机制来看，商业人寿年金是对人的寿命的不确定性风险的保险，而企业年金是对员工老年收入风险的一种保障。从具体的操作上来看，也存在区别，商业保险公司在其年金保险产品中承担偿付责任，对人们寿命的评价是根据生命表中人们退休时（男性 60 岁、女性 55 岁）的平均预期余命为基础进行精算的（精算中考虑到保险公司的运营成本和适当利润）。因此，人们参加商业年金保险的动机是对自己身体健康状况作出评价后，估计到可能生存的余命超过平均预期余命时，才考虑参加商业性年金保险，而那些身体状况较差、对自己生存年限没有信心的人会放弃选择商业年金保险，这就是我们常称为"逆向选择"的现象，也是商业年金保险精算中需要考虑的因素之一。

可见，对商业年金保险的覆盖面有较大影响的因素与人们对自己的预期寿命的评价关系较大，而在现实中人们对自己的寿命预测比实际寿命要短，这种现象在一定程度上制约了个人自愿投保商业人寿保险。现在商业性保险公司也经营一种契约型年金保险，这种契约型年金保险的特点是：设立年金账户，并使账户资产与缴费直接联系起来。如果年金缴费中部分是由企业缴费，这种运营方式与我们所指的企业年金就是相同的。如果商业保险的年金账户全部由个人缴费而没有企业缴费，则属于个人储蓄型养老保险，作为老年收入的保障而言，属于更高层次的保障。如中国大陆各人寿保险公司开展的"投资连结保险"就属于一种个人账户型年金保险，而团体的个人账户型保险则属于企业年金保险。

（三）企业年金与社会基本养老保险的联系与区别

随着时代的发展，各国对社会养老保险制度进行了较大改革，使社会保险的基本特征变得越来越模糊。为什么这样说呢？因为社会保险的强制性、基本保障原则、互济性等特点中，最突出、最重要的特点是互济性，但在受到人口老化等因素的冲击下，各国的社会基本养老保险制度中强调公平性和互济性的现收现付模式出现危机，财务机制受到普遍质疑，而各国改革的方向就是降低社会基本养老保险制度中的互济性，逐步转向部分积累和个人账户式积累，更强调效率机制的作用。有部分国家甚至将社会基本养老保险与最低生活保障的救助制度联系起来，使社会保险的保障程度逐渐降低到基本生存的水准，而且社会养老保险的工资替代率也逐步下降。

中国改革开放后建立的中国社会保险的统筹部分一方面以费用的形式直接征缴，另一方面也与企业和个人的缴费相联系，其特性与企业年金的固定受益型年金性质相近，相当于是由国家管理的固定受益型企业年金。只有当国家逐步改为以税收形式征缴的社会保险收入（即费改税），才具有明显的社会保险特征。日本养老保障制度中，国民年金、共济年金、厚生年金三者之间已经打通，形成了一个公共部分——基础年金，目的是保障国民的基本生活（基础年金的给付额每年随物价指数进行调整）。基础年金是具有明显的社会保险特征的公共年金，而在基础年金之上的部分是与缴费水平直接挂钩的"雇员年金——报酬比例年金"（在雇员年金中民办企业员工享受的年金称为"厚生年金"，公务员享受的年金称为"共济年金"）逐渐转向强制型企业年金。可见，随着社会养老保险（公共年金）制度的改革，社会养老保险与企业年金的界限变得越来越模糊，导致许多学者将强制型企业年金等同于社会保险（见图2-1）。

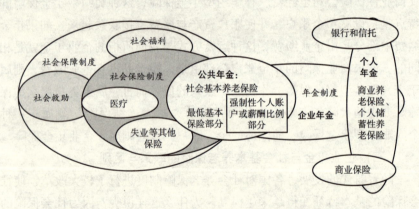

图 2-1　年金制度、社会保障制度和商业保险的关系示意图

公共年金与企业年金的趋同性主要体现在管理模式和积累模式的趋同，即：公共年金的私营化管理（如智利模式）和企业年金的强制管理（如瑞士、澳大利亚等）；公共年金的现收现付模式逐渐向部分积累或完全积累模式转化，而企业年金逐渐由（与现收现付模式类似的）固定受益型转向固定缴费型。

与之相适应，区分公共年金与企业年金的方法也应作相应调整，应以年金主体及其承担的责任进行划分。比如公共年金是由国家负责管理并承担退休金偿付责任的年金保险，其中，公办私营的年金保险是一种信托管理，并不改变承担最终偿付责任的主体。企业年金是由企业负责管理并承担偿付责任的年金保险，强制性企业年金体现了政府的干预程度较高，并且多数是以政策干预方式管理企业年金，并没有改变企业承担的退休金责任。

从中国社会养老保险的实践看，个人账户的设立就是引入效率机制的结果，个人账户与企业和个人的缴费挂钩，使个人账户具有企业年金的性质和特征，因此中国社会养老保险制度中的个人账户部分实质上就是利用企业年金制度来提高效率的一种形式。

许多人之所以认为社会养老保险中的个人账户部分属于社会保险的范畴就是因为它具有强制性特征，然而强制性特征已经不仅仅是社会保险特有的性质，企业年金也可以是强制性或半强制性缴费的，故公共年金与企业年金的差异只表现在年金主体及其承担的责任上。

（四）中国养老金体系的三个支柱划分与企业年金制度

养老保障体系包括家庭养老、社会化养老、老年收入保障和老年生活方式等许多方面，本书仅仅对老年收入保障制度进行研讨，我们一般把老年收入保障制度（如社会养老保险、商业养老保险、企业年金等）统称为养老金体系（或年金制度）。养老金通常划分为三个支柱是人所共知的，但具体到三个支柱的内容，却存在很大的分歧。不同的国家、不同的组织对此有不同的看法。这种差异不仅仅是形式上的，而且是观念和制度上的。深入分析各种分类方法，对于我们认识养老金体系的全貌从而把握中国未来养老金体系的发展方向是十分必要的。

1. 传统的三个支柱的划分方法

第一支柱：公共养老金，由政府供款；第二支柱：职业养老金（即企业年金），主要由企业（雇主）供款；第三支柱：个人养老金，由个人供款。这种根据资金来源的划分方法对养老金供应商（providers）来说是恰当的，使它们能够很直观地区分不同的市场。

2. 世界银行的三支柱划分方法

世界银行在 1994 年一份著名的报告 "Averting the Old Age Crisis"

中国企业年金计划设计与制度创新研究

中，从养老金参与者（participator）的角度重新定义了三个支柱：① 第一支柱：强制性公共年金（以税收筹资、公共管理的支柱）；第二支柱：强制缴款的私营养老金（私人管理的、完全积累制的支柱）；第三支柱：自愿缴款的养老金。该报告建议将年金的储蓄功能与再分配功能相分离，在两个不同的强制性支柱下，用不同的筹资和管理方式分别去完成老年保障的功能（见图2-2）。

图2-2 老年收入保障的支柱

资料来源：世界银行政策研究报告：《防止老龄危机——保护老年人及促进增长的政策》，中国财政经济出版社1996年5月第1版，第9~10页。

3. 经济合作与发展组织（OECD）的三支柱分类

第一支柱：国家管理的、以现收现付（Pay as you go，PAYG）方式运作的养老金计划；第二支柱：私营管理的、以雇佣合同方式提供的养老金计划；第三支柱：以储蓄和年金形式的个人养老金计划。

4. 国际劳工组织（ILO）的三支柱分类

第一支柱：全社会的用于贫困救济的最低生活保障养老金；第二支柱：强制性的现收现付（PAYG）社会保险养老金；第三支柱：完全基金化的固定缴费型（defined contribution，DC）养老金，包括职业项目和个人项目。

从养老金的管理制度（强制和自愿）、缴费形式和资金来源（企业和员工缴费、税收拨付）、积累模式（现收现付、部分积累、完全积

① 世界银行政策研究报告：《防止老龄危机——保护老年人及促进增长的政策》，中国财政经济出版社1996年5月第1版，第9~10页。

累）等特征来划分三支柱，结果将存在较大差异。比如企业年金如果按积累方式划分，固定受益型（DB）年金具有现收现付的特点，而固定缴费型（DC）年金则属于完全积累，这样就将两种企业年金计划划分到不同的支柱中；如果按强制与自愿的方式划分，部分国家的强制性企业年金就划分到了第一支柱中，日本的厚生年金就是强制性的、由国家管理的企业年金；这种划分方法显然是不合理的。

按需求层次理论划分三支柱，不仅可以将世界各国的养老保险合理分布在三个支柱内，而且可以反映不同支柱的养老保障功能和保障程度。从中国的养老保障制度看，可以将社会统筹部分、公共管理的个人账户部分划为第一支柱。强制性或非强制性缴费的企业年金为第二支柱。企业年金由企业和个人自愿或强制缴费，享受税收优惠，与企业分配制度相结合，更重要的是由企业举办并承担退休的给付责任。个人储蓄和商业性养老保险（个人年金）为第三支柱。三个支柱中企业和个人都要负担一定比例的缴费。可以看出，如果要划分养老保障的三支柱，应按照需求层次的理论来划分可能更合理一些。

中国的养老金体系很难套用上述任何一种分类方法。可以说中国的养老金体系在世界上是比较独特的。它一方面是中国特定历史、文化、经济发展状况下的产物，有其合理的一面；另一方面也存在着违背国际惯例的弊端，有需要进一步改革的一面。中国目前的养老金体系分为基本养老金和补充养老金，基本养老金包括社会统筹与个人账户两部分。2000 年 7 月，国务院《关于完善城镇社会保障体系的试点方案》指出，社会统筹部分强制性地由企业缴款，实行社会再分配，实际上相当于增加一部分税收；个人账户部分强制性地按个人缴费工资的 8% 积累。[①]这一体系的弊端主要有：

---

① 2000 年 12 月，国务院 42 号文：《关于完善城镇社会保障体系的试点方案》提出：企业依法缴纳基本养老保险费，企业缴费部分不再划入个人账户，全部纳入社会统筹基金。职工依法缴纳基本养老保险费，缴费比例为本人缴费工资的 8%，并全部计入个人账户。个人账户规模由本人缴费工资的 11% 调整为 8%。职工达到法定退休年龄且个人缴费年限满 15 年的，基础养老金月标准为职工退休时所在地上年度职工月平均工资的 20%；缴费年限超过 15 年的，每超过 1 年增发所在市（地）上年度职工月平均工资的 0.6%，总体水平控制在 30% 左右；个人缴费不满 15 年的，不发给基础养老金，个人账户全部储存额一次性支付给本人。

第一，第一支柱的缴费率过高。按 1997 年国务院 26 号文件①规定，企业缴费比例一般不得超过企业工资总额的 20%，具体比例由各省、自治区、直辖市人民政府确定。一些地方为了减少财政压力，通常将比例定为接近 20%。北京市将比例定为 19%，扣除 3% 进入个人账户后，余下 16% 进入社会统筹。这 16% 的缴费率到员工退休后只给予 20% 的替代率，而个人账户合计 11% 的缴费率可提供 40% 的替代率，显然社会统筹部分的缴费率过高。按照最新《关于完善城镇社会保障体系的试点方案》的缴费方法，缴费总水平持平（个人账户部分从 11% 下降到 8%，社会统筹部分基本持平 20% 左右，但不需要扣除 3% 划入个人账户）。由于原方案中企业缴费部分 3% 划入个人账户，现在进入社会统筹，因此社会统筹的缴费水平与调整前相比进一步提高，企业和个人都有吃亏的感觉，影响到企业缴费的积极性，企业瞒报、漏报缴费工资基数逃费的情况比较严重。解决这一问题的办法有两个：一是将一部分比例转移到企业管理的个人账户中，提高第二支柱的比重；二是降低缴费率，减轻企业负担。

第二，第一支柱中的统筹与个人账户两部分资金由社会保险部门收缴，并统一存放在财政专户中，存在一定弊端。首先，在缴费上，会出现企业因为对社会统筹部分的抵触情绪而连带影响向个人账户的缴费。其次，两种不同积累模式的资金统一运营，存在一定潜在的挪用风险，不利于将来的投资决策。解决办法是：社会统筹部分性质上等同于税收，可交地方税收部门征收，但又要与其他税收分离，资金存放于财政专户。而个人账户部分由社会保险部门监督企业缴纳，由企业设立基金和管理个人账户，资金存放于托管银行，委托资产管理机构投资。这样社会保险部门可从繁杂的收费和账户管理工作中脱身出来，专心从事养老金基金的监管。

第三，养老金体系混乱，发展重心和发展方向不明。从世界范围的养老金体系的发展来看，第二支柱是个人养老保障的主要来源，在整个

---

① 1997 年 7 月，国务院召开全国统一企业职工基本养老保险制度工作会议，作出《国务院关于建立统一的企业职工基本养老保险制度的决定》。社会统筹部分按缴费工资的 20% 缴纳，个人账户部分为 11%（其中：企业缴费的 3% 划入个人账户，个人缴纳 8%）。

国家的养老金体系中占据主导地位；第一支柱只起扶贫性质的社会救助作用，保证最低生活标准；第三支柱则是为了进一步改进退休后的生活质量，起补充作用。在英语系国家和拉美国家，第一、第三支柱的发展都不如第二支柱。中国的情况则是，第一支柱的缴费率过高，公共管理的个人账户部分目前是空账户运行；第二支柱受到第一支柱的压制暂时难以独立发展；第三支柱的发展动力不足，原因是企业和个人已经负担较高，替代率也已经足够满足养老需要。这一点与大多数前社会主义国家相似。为此，很有必要对三个支柱的结构重新调整。

调整方案有两种：

A方案：在第一支柱中大幅度减少企业的缴费额；在第二支柱中提高企业的缴费比例同时减少个人的缴费比例，使企业的缴费在第二支柱中占主导地位，然后参照澳大利亚的职业养老金模式由企业或行业协会主导运作；第三支柱则主要由个人自愿缴费，个人根据自己需要决定缴纳多少并自己主导投资，政府给出一定额度以下免税的税收优惠引导政策。

B方案：在第一支柱中大幅度减少企业的缴费额；在第二支柱中取消企业的缴费额，只保留个人的缴费比例，并借鉴瑞典的国家个人账户模式以个人主导、国家统一服务的方式运作；第三支柱则主要由企业自愿缴费并由企业主导运作，与企业的分配政策挂钩，政府给出一定额度以下免税的税收优惠引导政策。

调整后的养老金结构为：

A方案：第一支柱为社会统筹；第二支柱为强制性缴费的企业年金；第三支柱为个人自愿缴费的补充养老保险。该方案接近传统的三个支柱的划分方式及经济合作和发展组织（OECD）的划分方式，也是目前国际上普遍采用的一种养老金结构。

B方案：第一支柱为社会统筹；第二支柱为强制性个人缴费的国家个人账户；第三支柱为自愿缴费的企业补充养老金。该方案接近世界银行的划分方式。

按国务院2001年79号文[①]批准辽宁试点方案来看，中国将来按B

[①] 《关于同意辽宁省完善城镇社会保障体系试点实施方案的批复》，2001年7月，国务院79号文。

方案调整养老金结构的可能性较大。本书的观点倾向于采用 A 方案，将强制性与非强制性企业年金归入第二支柱，将个人年金作为第三支柱。

社会统筹部分的缴费率降低后，为了解决财务危机，国家应当减少福利发放的覆盖面，降低国家的承诺。有足够生活来源的退休人员国家就不再负担其养老问题，长寿员工的养老问题也不应当由国家负担而由员工自己或通过商业保险机构解决，使社会统筹资金仅仅发挥提供最低养老生活保障的作用；此外，中国前述缴款率是在所积累资金只能存银行和购买国债、不能投资证券市场的情况下确定的。但如果允许养老金投资证券市场，收益率提高，缴款率就可适当降低。理论上，一个员工工作 40 年，希望退休后领到替代率为 35% 的退休金。如果一年有 4% 的净回报，缴款率为 10%；如果一年有 6% 的净回报，缴款率则只需 5%。中国证券市场属新兴市场，投资回报率较高。1993 年以来上海证券交易所的综合指数收益率年均递增达 21% 以上。[①] 预计养老金投资证券市场的年均回报率可达 10% 左右，远高于 6%。因此在养老金进入证券市场后是完全可以降低缴款率的。

第二节　企业年金制度产生与发展的动因及面临的风险分析

关于企业年金制度发展的理论，有许多不同的观点。本书只是选择部分有代表性的理论予以讨论。

一、企业年金制度的产生与发展的理论基础

人的一生必须经历少年、青年、壮年和老年阶段，特别是到了老年

---

① 上海证券市场的规模、交易活跃程度和监管水平都超过深圳证券市场，因此，选择上海证券综合指数为衡量资本市场收益率水平的指标。上海综合指数从（1990 年底）127.61 点上升到（2002 年底）1357.65 点，年均递增达 21.78%。

时期，劳动能力逐渐丧失，老年人的收入来源就不再是通过劳动来获取了，因此老年阶段的生存问题是一个人年轻时、有较强劳动力时需要考虑安排的事情。老年生存风险主要是人们因为在退休后（中国男性员工退休年龄是 60 岁，女性员工退休年龄是 55 岁）到底还能够活多长时间，是不确定的，这种不确定性就产生了老年时期的生存风险。

人们为了防范这种老年的生存风险就必须积累一定的资金作为保障老年生存的准备。但到底要存多少钱才能保障老年时期所需，仍然是不确定的。如果积蓄过多的钱作为养老金，则使得年轻时的生活相对较清苦，这样安排人的一生是不合理的，同时效用也比较低。为了避免老年生存风险，人们使用统计方式，计算出生命表，但生命表只是一个统计的结果，每个人都有可能是例外。假如一个 65 岁退休的老人，根据生命表算出其还能再活 10 年，但并不排除其可能再生存 20 年或更长时间，这就需要一种制度来保障老年时期的经济收入，而且由于统计规律的存在，使养老保障制度安排成为可能，因此各种养老保障理论和养老保障方式应运而生。

（一）消费理论与收入保障制度

20 世纪 50 年代，对消费函数理论影响较大的芝加哥学派的代表米尔顿·弗里德曼（Milton Friedman）于 1957 年出版的《消费函数理论》中提出了持久收入理论（Permanent Income Hypothesis）。其主要内容包括下列几个方面：

第一，假定一般消费者均企图将其终身所得的总收入，予以效用的最大化，并分配于最适当的持久消费模式中。劳动者在其获取收入能力的高峰期，因预期退休后将丧失正规收入，所以必须考虑调整现有的消费，以免降低未来（丧失劳动能力时）的消费水准。即消费者必须在其一生的生存期内，依据平均预期所得总收入（一生所得）来平衡其消费支出水准。

第二，由于实际收入的高低相差悬殊，故要将所有收入平均分配到各期的消费上，势必将较高收入时期的部分收入转为储蓄，以便弥补在低收入时期的消费不足。

第三，米尔顿·弗里德曼提出的持久收入理论是强调终身所得如何分配于消费及储蓄的一般问题，对于老年人收入的维持问题没有进行单独探讨。米尔顿·弗里德曼认为劳动者重视的不是当前的收入，而是一生的持久收入，所以持久收入才能维持持久消费，否则其生活将陷入困境。人们为了维持持久的消费水准，必须将其一生的实际收入加以平均分配，并借助强制性的社会保险方式来平衡所得，最具成效。

（二）储蓄的生命周期理论

弗朗克·莫迪利安尼（Fraco Modigliani）提出了生命周期理论（Life-circle Hypothesis of Saving）为当代消费理论奠定了基础。20 世纪 70 年代兴起的理性预期学派（rational expectation）大大增强了消费理论对现实的解释能力：

第一，个人在一生中，其所得变化呈抛物线状，即在早年与晚年，因生产力低，而收入较低，在中年生产力较高，收入达到高峰（见图 2 - 3）。然而，一般消费变化却呈略递增的直线，早年往往是净负债者，中年多数是储蓄者，而晚年则是储蓄的使用者（见图 2 - 4）。同时，消费有一定刚性，消费偏好不会因退休而下降。

第二，储蓄的生命周期理论认为，个人消费函数除考虑效用最大外，与年龄阶段有较大关系，因此老年阶段的退休员工是储蓄的使用者。这个结论与持久收入理论相比较，更关注老年人口的收入维持问题。弗朗克·莫迪利安尼强调消费者在做长期储蓄与消费决定时，通常会使其终身所得适当分配到每一期去消费和储蓄，使其终身总效用达到最大。合乎理性的人总是依据总效用最大化原则，在他的一生中均匀地

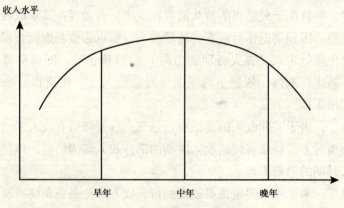

图 2 - 3　年龄与收入的关系图

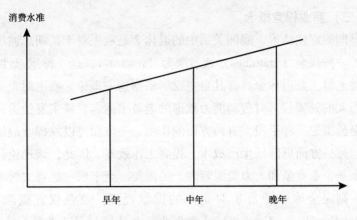

图2－4　年龄与消费的关系图

消费其所有财富，而不会在一个时期消费很多，而在另一个时期消费很少。

储蓄的生命周期理论从理论上说是可行的。根据边际效用递减规律，只有当人们的总收入平均使用于一生中的每一个时期，各个时期平均消费，总效用才能够达到最大。

在现实中，人们对未来的收入预期与实际收入存在偏差，这种收入的不确定性使人们在消费时，无法实现一生中各时期的等额消费。为了保险起见人们往往会降低自己的预期收入，并且相应调低自己的消费水平。这种就是造成"过度"储蓄的原因，也是存在大量遗产的主要原因。此外，较高的失业率也大大增加了未来收入的不确定性，也是造成"过度"储蓄的重要因素。从另一角度说，这种"过度"储蓄倾向，也是企业年金迅速发展的动因。随着中国经济改革的不断深入，人们收入的稳定性已经大不如以往，下岗已经是一个相当普遍的现象，尽管中国经济的发展速度令世界瞩目，人们的绝对生活水准有了显著提高，但人们仍普遍感到比改革开放前的生活压力更大，如读书、就业、住房、退休金都成为人们关注和担忧的事情。在银行利率保持较低水平的同时，中国的储蓄率却不断攀升，也说明了人们对未来收入的预期感到越来越困难了，这也为中国企业年金的发展提供了难得的机遇。

（三）商业权宜概念

早期的理论认为，雇佣关系中的退休金是雇主对于长期忠诚服务的员工的一种偿金（gratuities）或者酬劳（rewards），是一种恩惠性给付，雇主对老员工发退休金具有其自主权。根据这一理论，雇主对企业年金有相当大的处置权。对劳动能力减退的老员工而言，雇主发给退休金作为辞退员工的一种手段，有两方面的作用：一方面可以发挥吐故纳新的作用；另一方面可降低生产成本，提高工作效率。因此，该理论认为企业年金是企业竞争和人力资源管理上的需要。至于雇主愿意支付多少退休金，则完全取决于员工对企业的贡献程度。商业权宜概念（The Business Expediency Concept）认为企业年金的给付是企业的自主行为，不需要外界的干预。这一概念忽视了对员工退休后的保障问题，同时，早期的退休金制度缺乏对员工权益的保护。

（四）人力折旧概念

随着工业化的发展，退休金制度日益普遍，企业年金已经逐渐成为雇主保障退休员工的经济安全的道义上的责任。早在 1912 年美国学者李·威林·斯奎尔（Lee Welling Sguier）认为："从整个社会经济的观点来看，没有哪个雇主有这样的权利，即在一个行业中让员工耗尽了 10 年、20 年或 40 年的精力，然后撒手不管，让他们像海上漂浮物一样在社会上游荡。"[①] 从上述观点引申出的"人力折旧概念"（The Human Depreciation Concept），旨在将员工的人力资源价值比作厂房或机械设备等固定资产，这些机械设备需要逐年折旧，退休金相当于是一种折旧补偿或成本。有学者指出劳动力人口的老化过程是生理性的，并非雇佣关系造成的。机器设备是雇主拥有的资产，而雇员则不属于某一个雇主所有。因此，这一概念受到较多的质疑，缺乏理论基础和广泛认同。

（五）延期工资概念

延期工资概念（Deferred Wage Concept）已被学术界普遍接受，并且延期工资概念是对人力折旧概念的修正。延期工资概念早在 1913 年

---

① 埃弗里特·T.艾伦、约瑟夫·J.梅隆、杰里·S.罗森布鲁姆、杰克·L.范德海著，杨燕绥、费朝辉、李卫东等译：《退休金计划》，经济科学出版社 2003 年 2 月第 1 版，第 17 页。

由美国学者艾伯特·D. 路德（Albert de Roode）所提出，该观点认为老年退休金是工资的一部分，也是雇主支付给员工工资的一种形式。至于工资支付是以工作酬金还是以退休金方式，选择权在员工。由于员工对现金收入的使用缺乏计划性，往往即时消费，到退休时，收入难以保障。因此，无论国家还是企业（雇主）都希望引导员工选择退休金作为延期工资。一些国家对退休金的各种优惠政策（如延税或免税等）和强制措施，都是为了鼓励企业年金制度的发展，实现国家的社会、经济稳定发展。

延期工资理论意味着缴费确定型年金的资产权益完全归个人所有，但现实中企业年金资产的权益归属上仍有一些做法与之相违背，延期工资理论也只能部分地解释企业年金资产的性质。

二、马斯洛需求层次理论与企业年金制度

在老龄社会中，老年人的需求，也可以从马斯洛（Maslow）的五个需求层次来分析（图 2－5）。

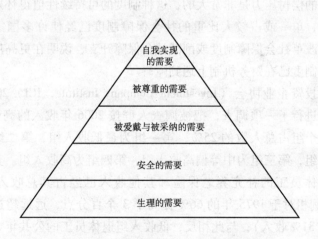

图 2－5　马斯洛需求层次理论示意图

社会基本养老保险是保障老年人在退休后的基本生活的，是一种基本生理需要的收入保障制度，是属于第一层次的需求。由于企业年金制度是一种老年经济安全保障制度，因此企业年金制度可归入第二层次或

更高层次的需要。

从马斯洛的需求层次理论来看，随着社会经济发展，人们的需求层次将会逐步提高。企业年金制度在发达国家的发展，不论是规模还是保障程度都优于发展中国家，这也能够在一定程度上从经济学的角度说明老年人的需求与普通人一样，在满足了基本需求之后，便会进一步追求第二层次或更高层次的需要。目前，我国的社会基本养老保险成为退休老人的主要收入来源（占收入来源的80%以上），从设计上来看是不太科学的，不仅加剧了国家财政的债务负担，而且退休金的需求层次也不清晰，退休后领取的退休金与年轻时的贡献大小没有多少关联，这无疑会影响人们的积极性并导致经济效率下降。

在经济落后的国家、处在第一需要层次的国家，层次较单一（或占较大比重）的养老保障制度对社会经济发展的影响还不大，但在经济发展后的工业化国家，单一层次的养老保障制度显然是不适应老年人口的需要的。人们收入差距拉开后，不可能在同一社会养老保险制度内一起进入更高层次的保障，这不仅意味着在更高层次需求上的平均化，而且国家承担的偿付压力是非常大的，这种制度的可持续性值得怀疑。在福利国家中，单一或占较大比重的社会保障制度已经使许多国家不堪重负，纷纷改革社会保障制度或削减社会保障开支，说明在更高层次上的社会保障制度已在财务机制上遇到障碍。

美国投资企业协会（Investment Company Institute，ICI）2007年对退休员工进行了一项调查，把被调查人群按2006年收入的高低分为4个组，每个组占总人数的25%，第一组为最低收入组，第二组为中等偏低收入组，第三组为中等偏高收入组，第四组为高收入组。其中，高收入组退休员工的补充养老保险和其他收入已经占其总收入的69%（这一比例相对于1975年的66%提高了3个百分点，远远超过公共年金提供的31%收入）；与此相反，低收入组退休员工的公共年金提供的收入占总收入的比重高达86%（这一比例相对于1975年的81%提高了5个百分点）（详见图2-6）。这组调查数据显示，美国养老保障制度中不同支柱的替代作用在不同收入的退休员工中是不同的，高收入员工的退休收入中补充保险收入占较高比重，说明他们处于较高的需求层次，而低收入员工的退休收入中公共年金占较高比重，说明他们处于较低的需求层次，这组调查数据与需求层次理论的结论是吻合的。2006年的美国退休员工的收入结构与1975年的收入结构相比，这种收入结构的特征更加突出，由于企业年金和个人年金的待遇与退休前收入挂钩，这从另一方面也显示出美国收入差距扩大的状况有所加剧。

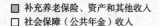

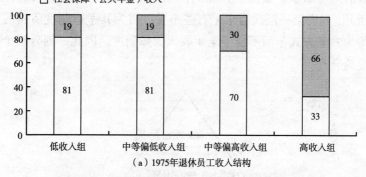

（a）1975年退休员工收入结构

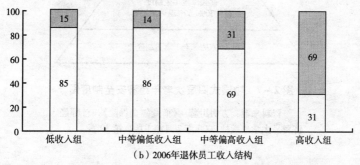

（b）2006年退休员工收入结构

图 2-6 美国退休员工公共年金与补充养老保险的收入结构

注：由于小数点后数值点舍去，各种收入比例之和不等于100。
资料来源：ICI, May 2008, *2008 ICI Fact Book*, pp. 2-3.

中国城镇企业在职职工，有相当大一部分人在经济收入上已经进入了追求第二（或更高）层次的需求。而一个国家制度不可能将人们工作时的生活方式与退休时的生活方式截然分开，即在工作时期可以享受较高水准的生活，满足较高层次的需要，退休后则在较低的、只能满足第一层次的生活条件下生活，这是不现实的。因此有相当多的一部分人需要更高层次的老年收入保障制度以保证老年生活水准与年轻时不要相差过于悬殊，这为企业年金制度创造了一个较好的发展机遇。

中国台湾学者方明川提出的四层次老年经济安全制度框架（如图2－7所示），将孝道制度的四个方面（其中包括：中国传统孝道现代化；政府对在家孝养父母者，税赋优惠；其他奉养方式；公民养老院、托老所）① 列为第一层次需求，有些不妥，因为其孝道制度所指的四个方面均为养老方式，而不属于老年收入保障制度。因此，划分三个需求层次更为合理。

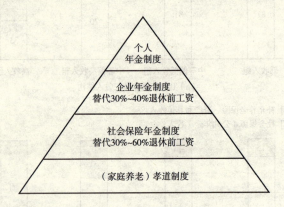

图2－7　中国式四层次老年经济安全制度图

资料来源：方明川著：《商业年金保险》，首都经济贸易大学出版社2000年7月第1版，第30页。

三、企业年金制度面临的风险分析

企业年金保险制度的产生本身就是为了让参保者分散一定的风险，即企业年金制度是一种老年收入风险的保障制度。老年收入的波动风险也是企业年金制度发展的原动力。企业年金制度的风险主要有以下几种：

---

① 方明川著：《商业年金保险》，首都经济贸易大学出版社2000年7月第1版，第30页。

（一）经济环境变化的风险

经济环境风险主要包括：通货膨胀风险、经济发展状况、收入水平、人口因素和就业率等影响因素。

在通货膨胀的经济环境下，固定受益型年金受到的冲击较大，受益人在退休时领取的退休金，实际购买力因通货膨胀而降低。固定缴费型年金的投资收益也会因通货膨胀而降低，但通货膨胀的风险主要由被保险人承担。

收入水平变动风险，对企业年金制度的影响主要是：（1）受益人在经过漫长的缴费期后（一般可长达 40 年），退休时可能因当时收入的大幅度增加使得受益人领取的养老金替代率降低，受益人退休前后的生活水平将出现较大差距，这也会影响企业年金制度的发展；（2）固定受益型年金是按退休时的平均工资水平和工作年限计算的退休金，因当时工资水平大幅度提高，造成企业年金的给付承诺难以兑现并且给企业财务构成巨大压力。

人口因素和就业率对企业年金制度的影响主要是宏观影响，当人口老化严重时，整个国家的经济增长动力就不足，企业效益普遍不好，尽管企业年金制度是一种个人人生的自我补偿制度，但在经济不景气的条件下，企业年金制度的补偿功能会大大减弱；经济不景气导致就业率降低时，大量的失业的劳动力人口将迫使在职员工的工资水平下降，进而影响年金制度缴费的持续性且使缴费能力下降。

（二）管理风险

管理风险包括：企业年金管理机构对企业年金的定价风险、承保风险和核保风险、准备金精算风险、投资风险等。相对经济环境变化的风险而言，管理风险对企业年金制度的影响较小，影响面也比较小。管理风险的化解方式主要是通过完善监管机制、改革年金制度加以解决。

企业年金的定价风险和精算风险主要是指固定受益型企业年金面临的风险，这种管理风险可以通过较长的缴费周期来逐步调整和化解。

企业年金管理风险中，风险最大的是投资风险，因此，各国都对投资管理实行较严格的监管，如通过对企业年金基金投资比例的限制、投资工具的限制、基金投资管理人的资格认定以及基金托管制度等措施来降低投资风险。

（三）政策风险

税收政策的变化和社会保险政策的变化对企业年金制度也会产生较大的影响。中国以往的社会基本养老保险的政策目标是采用高替代率，随着工龄的增长，年龄大员工的工资逐年提高，其退休金往往高于在职的年轻的员工，这种高替代率的政策将直接影响到企业年金的发展空间，使企业年金制度缺乏内在的发展动力。社会基本养老保险的高替代率政策不仅使国家财政不堪重负，而且也出现效率下降、贡献与收益不对等的情况。当前世界各国的社会养老保障制度的改革重点，就是改革社会基本养老保险的财务机制，逐步降低其工资替代率水平，实行多支柱和多层次的养老保险制度。

政策风险的另外一个重要方面就是税收政策对企业年金制度的影响。从国外企业年金制度的发展来看，税收政策是企业年金发展的主要动力之一，如果国家鼓励和扶持企业年金制度的发展，就应对企业年金实行税收优惠制度。

第三节　企业年金制度在经济发展中的地位与作用

众所周知，人口老龄化是全球性趋势，但中国老龄化的速度比西方发达国家更快。目前，中国正处于迅速工业化时期，需要大量资金发展经济。既要保护老年人，又要促进经济增长，是中国必须妥善解决的难题，发展企业年金计划为我们提供了一个重要的思路。

一、老年生活保障与发展企业年金

20 世纪 90 年代以来，中国基本养老保险制度改革成就巨大，但人口老龄化使国家和企业负担不断加重。1998 年基本养老保险替代率为74.1%，年缴费率为全国年平均工资的 23.0%；2002 年基本养老保险替代率略有降低为 71.2%，而缴费率则有较大增长达到 28.1%（参见表 2 - 2），养老保险第一支柱如此高的替代率和缴费率为世界少有。

表 2 - 2　中国劳动和社会保障事业发展年度统计

年份	基本养老保险		全国城镇在岗职工平均工资（元/年）	企业参保职工（万人）	离退休人员（万人）	基本养老保险	
	收入（亿元）	支出（亿元）				替代率（%）	缴费率（%）
2007	7834	5965	24932	15183	4954	48.3	20.7
2006	6310	4897	21001	14131	4635	50.3	21.3
2005	5093	4040	18364	13120	4367	50.4	21.1
2004	4258	3502	16024	12250	4103	53.3	21.7
2003	3680	3122	14040	11646	3860	57.6	22.5
2002	3171.5	2842.9	12422	9090.0	3333.0	68.7	28.1
2001	2489.0	2321.0	10870	9198.0	3165.0	67.5	24.9
2000	2278.0	2115.0	9371	9124.0	3011.0	75.0	26.6
1999	1965.0	1925.0	8346	8859.0	2864.0	81.5	26.6
1998	1459.0	1511.6	7479	8475.8	2727.3	74.1	23.0
1997	1337.9	1251.3	6470	8671.0	2533.4	76.3	23.8

资料来源：劳动和社会保障部、国家统计局编制：《1997～2007 年度劳动和社会保障事业发展统计公报》；替代率、缴费率是作者根据统计数据估算得出。

如果基本养老保险的替代率维持在 70% 左右，人口老化仍将使缴费率进一步提高，接近 30% 的总缴费率（尚未包括社会保险其他险种的缴费）显然已经超过了企业和个人的承受能力。为此，中国政府决定，要逐步降低基本养老保险替代率，为大力发展企业年金计划让出空间，这也是世界许多国家通行的做法。据了解，国外企业年金计划替代率一般为 20%～30%，如照此推算，中国参加企业年金计划的老年人，如果其养老金的总替代率仍可以达到 70% 左右（其中：企业年金计划的替代率为 20%～30%，公共年金计划的替代率为 30%～40%），养老金的水平将不会降低。同时，企业年金不具有再分配和代际转移的性质，老年人为了提高晚年生活质量还可以通过参加个人养老专项储蓄提高自己的老年生活水平。

二、经济发展与企业年金

改革开放以来，中国经济增长令人瞩目，年均 35% 以上的高储蓄率成为支撑高速增长的最重要因素之一。老龄化高峰的逼近无疑将降低中国国内储蓄率，降低经济增长速度。中国发展企业年金计划，将会促进消费向储蓄的转化，从而促进经济增长，努力将国民经济这块"蛋糕"做大。据世界银行的资料，美国企业年金计划每增加 1 美元，国内总储蓄将增加 0.4 美元；瑞典企业年金计划方案对增加储蓄的效应更大。同时，企业年金基金是许多国家长期资本的一个主要来源，并且基金的投资可相对自由，能够产生更高的收益，优化资金的配置。

三、政府财政负担与发展企业年金

基本养老保险是由政府立法强制执行的社会保险，在老龄化日益加重导致赡养率提高的情况下，基本养老保险基金入不敷出，赤字最终将由国家财政承担，这对于国家财政来说将是一个沉重负担。降低基本养老保险替代率、发展企业年金，实现养老保障责任由国家向企业和个人的部分转移，对于减轻国家财政负担有重要意义。

四、企业发展需要企业年金

对企业来说，企业年金多是雇主根据本企业的经济效益自主建立的，企业效益好，企业年金计划待遇高一些，这将成为企业吸收人才、增强企业凝聚力、调动雇员积极性的重要措施。我们已经进入知识经济时代，人才在企业竞争中的作用将越来越重要。目前，中国一大批科技含量高、管理先进、经济效益好的企业已经为员工建立了企业年金计划。随着企业改革的深入和中国加入 WTO，企业间人才竞争将日益激烈，企业年金将越来越受到企业重视。

第四节　中国发展企业年金制度的基础

中国目前已经具备发展企业年金的一般条件，企业年金的发展前景广阔。综观世界，各国企业年金的发展都经历了一个由无到有、覆盖面由小到大的发展过程。目前，在发展中国家和转型国家中，企业年金覆盖面较小，而在发达国家，企业年金覆盖面较大，如在经济合作与发展组织（OECD）国家，企业年金覆盖着大约四分之一的退休者和三分之一以上的在职者。从中国现有的有关企业年金的政策来看，建立企业年金的条件已基本具备。随着中国改革的深入、经济的高速增长、社会的稳定发展，企业年金发展的前景将更加广阔。

一、经济持续高速增长与企业年金发展

企业年金是较高层次的养老保险，是以较高的经济发展水平为前提的。改革开放 30 年来，一方面，中国经济以年平均约 10% 的速度持续增长。但另一方面，2006 年中国的人均 GDP 刚刚突破 2000 美元，在世界上仍排在 68 个国家之后，[①] 这在一定程度上解释了中国企业年金发展缓慢的原因，也正因为如此，中国蕴藏着发展企业年金的巨大潜力。中国正处于工业化时期，同时，改革的深入和对外开放特别是加入 WTO 后对外开放步伐的加快，将使中国经济更加充满活力。因此，我们完全有理由相信，今后，中国经济仍将保持高速增长，参加企业年金计划的员工将越来越多。如果中国有 1/3 的城镇员工参加企业年金计划，企业年金计划就将覆盖 1 亿人。

金融市场不断成熟是企业年金制度发展的重要条件。企业年金的发展将形成规模庞大的养老保险基金，若没有金融市场的发育为条件，企业年金基金难以转化为较高收益的投资，巨额的基金积累也难以增值。

改革开放以来，中国金融资产种类、存量增加都较快，但与成熟的金融市场相比，仍显种类少、结构简单，同时，上市公司业绩欠佳，金融监管不力，存在一定程度的过度投机和泡沫。因此，在过去几年中，中国政府对年金保险基金投资渠道限制十分严格，大部分资金只能投资于银行、国债、金融债券等，只允许少量资金投资于股票。这使年金计划的经营与发展十分困难。特别是自 1996 年以来中国的银行存款利率保持较低水平，对固定受益型年金的发展不利。2003 年中国企业年金发展的政策已经出现突破性进展，目前中国选择的是个人账户式的固定

---

① 　葛其芳：《中国人均 GDP 意味深长》，载《中国财经报》2007 年 6 月 12 日。

缴费型企业年金保险，而且公共年金保险基金和企业年金保险基金已经逐步进入中国资本市场，选择了符合中国企业年金发展需要的模式。可以想象随着中国企业改革和金融改革的推进，金融市场也将日益完善，中国企业年金计划的投资渠道将日益拓展，企业年金的经营前景是非常乐观的。

二、公共年金替代率逐步降低与企业年金发展

社会保障体系（包括收入保障部分、社会福利部分和社会救助部分）中，养老保险受益者所占的比重是最大的（如图2-8所示，美国的社会保障体系受益人中退休员工占61%），就是说社会基本养老保险是社会保障体系中最重要的部分，也是涉及的人数最多的项目。社会基本养老保险通过强制性手段，追求覆盖率的最大化，同时，较高的覆盖率又制约着其替代率的提高。在覆盖率和工资替代率不可兼顾的情况

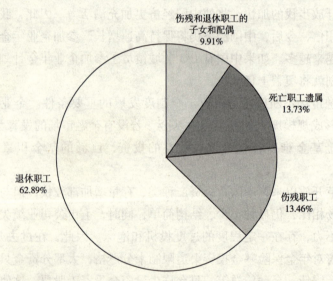

图2-8　2005年美国社会保障体系中受益人的结构分布

注：伤残和退休职工的子女和配偶：Spouses and Children of Retired and Disabled Worker；死亡职工遗属：Survivors of Deceased；伤残职工：Disabled Workers；退休职工：Retired Workers。

资料来源：U. S. Census Bureau, December 2007, Statistical Abstract of the United States 2008: The National Data Book (127th Edition), p. 350.

下，社会基本养老保险制度最终将选择扩大覆盖率，而降低替代率，这一方面是由社会基本养老保险制度的目标决定；另一方面是因社会基本养老保险制度偿付危机的压迫而导致制度变迁的结果。

当前世界各国相继爆发养老金支付危机，德国政府每年用于补贴法定养老保险体系的资金高达729亿欧元；日本政府2003年7月24日宣布，政府养老基金上一财政年度净亏损达3.06亿日元，为近3年来最高水平。[①] 迫于财政压力，各国政府面临的选择是：（1）推迟退休年龄（60岁推迟到65岁）；（2）提高收费率；（3）下调社会基本养老保险的替代率。许多国家在前两个手段使用后，仍然没有解决财政压力，只能选择更大的制度调整，即降低基本养老保险的替代率。

降低公共年金（基本养老保险）的替代率是建立多层次养老保险体系的重要前提和条件。许多发达国家基本养老保险建立之初，也存在基本养老保险替代率偏高的问题。目前，发达国家基本养老保险替代率大多已降低为30%~50%左右，为发展企业年金计划留下了充足的空间。1997年中国政府决定基本养老保险的替代率将逐步由当时的80%左右降低为30多年后的60%左右，企业年金计划的发展空间将日益扩大。

三、政府在企业年金发展中的作用

中国政府已经明确提出相关政策，在完善基本养老保险的同时，大力发展企业年金，这无疑将加速我国企业年金的发展。然而，基本养老保险和企业年金性质不同，政府在企业年金的发展中要做到"有所为，有所不为"。

（一）正确认识和区分社会保险和企业年金的性质

基本养老保险是政府立法强制执行的社会保险，目的是为了保障员工离退休后的基本生活。企业年金是政府提倡并在政策上给予优惠照顾，并制定了相应的监管政策的、兼有社会保险和商业保险性质的一种保险，企业年金由企业（单位）根据经济效益的承受能力建立，其目的是使员工退休后生活得更好一些。基本养老保险和企业年金性质不同，相互补充。

---

① 晓城：《世界各国养老金相继出问题》，载《中国经济导报》2003年7月31日。

（二）企业年金计划应实行市场化经营

从世界各国发展企业年金计划的情况来看，有的企业直接经营企业年金基金，有的企业委托专门的养老保险基金管理机构或金融机构经营企业年金计划的基金。在中国，由于对企业年金的性质界定含糊，导致了一方面社会保险经办机构和商业性基金经办机构共同经办企业年金业务；另一方面商业性基金经办机构较少，机构之间缺乏竞争。笔者认为，企业年金计划应实行市场化经营，这样有利于加强竞争，增强年金保险业活力。

（三）政府要制定相应的优惠政策，鼓励企业年金的发展

由于企业年金对国家、企业和个人具有十分重要的意义，因此，各国政府在发展企业年金计划时，一般都给予税收优惠政策，企业缴纳部分在企业所得税前列支，个人缴纳部分在个人所得税前列支。1997年，中国政府决定各地区和各部门要在国家政策指导下大力发展企业年金，因此，进一步完善中国企业年金计划的税收政策已成为一个必然提出又必须解决的问题。

（四）企业年金与多层次的养老保险体系之间的关系

中国多年的实践与改革已经构建了一个多层次的养老保险体系，但其中仍然存在许多问题，而且现实中的这些问题越来越逼迫我们建立和完善中国新的养老保险体系以适应中国社会和经济发展的需要。目前，企业年金在中国社会养老保险体系中仍只占较小的比重，为了改革现行养老保险体系，充分发挥企业年金的作用，我们需要学习和借鉴国外的较为成熟的经验，探索出一条适合中国国情的多层次的养老保险体系。

第三章　企业年金计划品种与设计

企业年金计划的种类较多，各种企业年金计划能满足企业治理的不同要求。中国的企业年金制度起步较晚，已经实施的企业年金计划的品种非常少，仍然无法满足各个企业对不同品种的年金计划的需求。为了对企业年金计划有个初步了解，本章对美国的几种主要企业年金计划进行介绍，并就企业年金计划一些关键要素的组合和企业年金计划设计进行探讨。

第一节　货币购买年金计划与储蓄年金计划

一、货币购买年金计划

货币购买年金计划是一种具有混合计划特性的年金计划，它不仅有固定受益型（DB）计划的某些特征，而且也有固定缴费型（DC）计划的某些特征。例如，在货币购买年金计划中关于最低退休金给付和附带的遗属退休金的给付条件，符合 DB 计划的特征。但是，从货币购买年金计划的本质上看，货币购买年金计划实质上是一种 DC 计划。

（一）货币购买年金计划及其特征

货币购买年金计划形式较简单，只是确定一个企业缴费比例，员工退休时的待遇由账户的投资绩效决定，该年金计划通常在员工退休时采取购买保险年金的方式发放养老金并因此而得名。

在美国《国内税收法》（Internal Revenue Code，IRC）中，货币购买年金计划和 DC 计划有同样的税收待遇，而且货币购买年金计划与 DC 计划有一些共同的性质，这些共性为：（1）企业缴费通常是员工当期报酬的一个固定比例。在 DB 计划下，企业为员工提供的年金计划缴费需要考虑员工的年龄和工作年限，而货币购买计划不需要考虑年龄和工作年限，这是货币购买计划与 DB 计划的区别所在；在货币购买计划下，年轻员工（相对参加 DB 计划）能得到更多的企业缴费，当他们终止雇佣关系时，由于货币购买计划已经获得的既得权益较多，因而它将产生更高的年金计划成本。（2）投资风险由员工承担。货币购买年金计划在这一点上与 DC 计划一样，员工为了获得投资收益，要承担所有可能的投资风险。

货币购买年金计划的一些主要特征有：（1）建立年金计划后，企业为员工缴费，其缴费额为员工当期工资的一定比例，但也可以是一个固定额。不论企业的利润如何，其缴费量不能改变，除非改变年金计划另有约定。（2）年金计划可以要求企业员工缴费，也可以不要求员工缴费。员工的缴费只能是用税后收入缴纳，而且缴费率是固定的，企业缴费通常与员工缴费形成一定比例关系。（3）员工可以进行自愿性的缴费，但企业不会对这种员工的自愿缴费有任何配套缴费。（4）当员工还没有获得年金计划完全的既得受益权时，就离开年金计划举办企业，该员工将损失他在年金计划个人账户中的一部分收入，即员工将失去没有获得受益权的那部分缴费。这部分被没收的收入（我们称之为罚没收入）有两种分配方式，要么在年金计划的参加者之间分配，要么用来减少企业的下期缴费。（5）所有的缴费都被转入到年金信托基金或是在年金合同指定的保险公司，它们（信托基金或保险公司）将负责对缴存的企业年金基金进行投资管理。员工对投资管理人或投资组合有一定程度的选择权。（6）为年金计划参加者建立个人账户，账户中分别记录企业缴费、员工缴费、重新分配的罚没收入和投资收入。（7）员工的退休金是员工退休时账户中积累的全部数额，员工可一次性领取，也可在其余命期里分期领取。如果员工死亡，账户余额通常可以全额支付给该员工的继承人。（8）货币购买年金计划注重为员工提供充足的退休金，所以只有员工终止与企业的雇佣关系时才能分配账户中的余额，而员工在职时期的提款是不被允许的。虽然计划可以为员工提供部分贷款，但多数年金计划不会这么做。

（二）年金计划中员工的受益水平

货币购买年金计划不是 DB 计划，没有确定的收益水平，员工的退休金水平取决于员工加入年金计划的时间、缴费水平、投资收益和退休年龄。年龄较大时参与货币购买年金计划，可能导致最后的退休金积累不足，从而影响退休后的收入水平。

（三）有关货币购买年金计划的法律规定

货币购买年金计划要遵守几乎所有有关税收优惠计划的税法规定。税法的主要规定如下：

1. 缴费的非歧视性

当年金计划中存在员工缴费和企业的配套缴费时，必须接受美国《国内税收法》（Internal Revenue Code，IRC）的第 401（m）条款中要求的实际缴费率（actual contribution percentage，ACP）测验，如果是员工的自愿税后缴费，也必须接受 ACP 测验。这一要求主要是为了防止缴费优惠高薪员工（highly compensated employees，HCEs），具体操作是，高薪员工的 ACP 不能超过非高薪员工（non-highly compensated employees，NHCEs）的 ACP 的 125%，或者高薪员工的 ACP 不能超过非高薪员工的 ACP 两倍的 2%。如果 ACP 测验通过的话，那么缴费就符合 IRC 中 401（a）（4）条款中的缴费非歧视要求。如果计划中不强制要求员工缴费，那么 ACP 测验就不适用于对企业缴费的审查，那么缴费就必须符合 IRC 中 401（a）（4）条款中要求的各种非歧视条件。规则中有两个缴费"安全港"，第一个安全港是：年金计划如果有统一的缴费公式，那么所有年金计划参加者的缴费等于其工资的相同比例或是相同数额。达到这个条件，就认为企业的缴费没有违反非歧视要求。如果货币购买年金计划与社会保障退休金相结合，可以对工资高于特定水平的员工提供更高的缴费比例，但必须在 401（I）条款要求的范围和条件之内。第二个安全港适用于非整合的"统一百分点计划"，这一年金计划分配缴费的公式是以年龄、服务年限和工资为权数。如果高薪员工的分配比例的平均数不超过非高薪员工分配比例的平均数，那么这个安全港对年金计划就是适用的。

2. 与社会保障的结合

美国《国内税收法》通常是允许税收优惠的年金计划与社会保障相结合的（少数计划除外）。在与社会保障相结合时，可以允许企业为高工资水平的员工提供更高水平的缴费，以弥补高报酬员工随着工资水平上升而社会保障退休金的相对水平下降的缺陷。401（I）条款对缴费水平差距有限制，即两个缴费水平之间的差距不能超过一定的量。通常会有一个特定的工资水平，超过这个水平，即可提供更高的缴费比例，有三种情况：（1）当这个特定的工资水平等于社会保障应税工资基数或等于、小于应税工资基数的20%时，两个缴费比例的差距不能超过5.7%而且较高缴费比例不能超过较低缴费比例的两倍；（2）当特定工资水平为社会保障应税工资收入基数的20%～80%之间时，两个缴费比例的差距不能超过4.3%且较高缴费比例不能超过较低缴费比例的两倍；（3）当特定工资水平超过社会保障应税工资收入基数的80%时，两个缴费比例的差距不能超过5.4%，且较高缴费比例不能超过较低缴费比例的两倍。

3. 缴费限额

美国《国内税收法》第415条款规定，个人账户的年增加额（包括企业缴费、员工缴费和再分配的罚没收入）不能超过下面的较小者：（1）40000美元，随消费价格指数变化进行调整；（2）工资收入的100%。

4. 附带遗属条件

货币购买年金计划属于DC计划，但是要受到附带遗属条件的限制，这与固定受益型计划是相同的。DC计划若符合下面的条件，则可免受这一规定的限制：（1）员工的配偶是员工个人账户的100%受益人；（2）员工没有选择年金分配方式；（3）计划中没有任何一个年金计划转移过来的部分。如果货币购买年金计划是员工持股计划（ESOPs）的一部分，则可以像一般的DC计划一样不受附带遗属条件的限制。

5. 不允许员工进行税前缴费

6. 投资的要求

货币购买年金计划禁止将超过10%的年金计划资产投资于提供年金计划企业的股票。

7. 在职提款

货币购买年金计划不允许员工进行在职提款，年金的分配只有在员工退休、伤残、死亡或是年金计划终止时才能进行。

8. 最小筹资标准

货币购买年金计划要符合美国《国内税收法》的最小筹资标准，当年金计划不进行精算估价时，必须建立最小筹资账户，每年都要向账户缴费，而且一般情况下没有筹资豁免，缴费必须是全额的。

9. 免税限制

根据美国 2001 年的《经济增长及税务减免协调法案》(Economic Growth and Tax Relief Reconciliation Act of 2001, EGTRRA) 的规定，所有的 DC 计划中缴费的免税限制都是年金计划参加者的年薪的 25%，货币购买年金计划也适用这一规则。但是对于年薪的计算有要求，如果年金计划参加者的年薪超过 20 万美元，要按照 20 万美元来计算（这是 2002 年的要求，每年有 5000 美元的增量）。

二、储蓄年金计划

储蓄年金计划中，员工可自愿选择是否参与储蓄年金计划，员工一旦参加了储蓄年金计划之后，他就必须向储蓄年金计划缴费。储蓄年金计划一般会有确定的最大或最小缴费水平的限制，员工可在一定的限制条件内选择适合自己的缴费水平。企业通常会根据员工的缴费来确定企业为员工的缴费量，即企业的缴费通常是员工缴费的固定百分比，但企业也可以部分或全部按照确定的利润分享计划分配公式来为员工缴费，或者由自己自由决定。企业和员工的缴费要全部缴到信托基金中，信托基金中的资产通常会投资于一个或多个投资基金。一般来说，员工对自己缴费的部分有投资选择权。员工个人账户中的积累在员工退休、死亡、伤残或中止雇佣关系时支付给员工，但在中止雇佣关系时能拿到的退休金只限于员工已经获得权益的那部分。储蓄年金计划允许员工在职期间进行提款，提款包括员工自己的缴费和全部或部分的已获得既得受益权的企业缴费，但是提前提款通常要征收惩罚税。

储蓄年金计划是一个多功能的年金计划，它可以帮助企业实现管理目标：(1) 吸引和留住员工；(2) 利用税收优惠政策为员工提供延迟收入；(3) 鼓励员工节俭和储蓄来为退休做准备；(4) 在员工伤残、死亡、退休或中止雇佣等情况下为员工提供退休金；(5) 购买企业的股票来增强员工的公司意识。不同目标的年金计划设计取向是不同的，企业可以根据自己要实现的具体目标来进行年金计划的设计。

储蓄年金计划要获得税收优惠待遇，需要满足的法规规定主要有：

（一）参加储蓄年金计划资格条件的要求

储蓄年金计划要遵守美国《国内税收法》规定的条件：员工参加年金计划的最低工龄一般不能超过 1 年，参加年金计划的最低年龄限制不能超过 21 岁。此外还要符合《国内税收法》的非歧视要求，即不能优惠高薪员工，同时年金计划还必须符合《国内税收法》的 410（b）条款的覆盖条件。

（二）非歧视条件

与现金或延迟支付年金计划（CODA）要求类似的非歧视条件，在此不再赘述。

（三）员工缴费规定

员工一旦加入储蓄年金计划，就必须缴费，其缴费一般是他的收入的一个百分比。一般地，员工可自由选择其缴费水平，而且可以不时地改变缴费率，但由于管理方面的考虑，储蓄年金计划通常会规定费率改变的次数。很多储蓄年金计划允许员工自愿补充缴费，计入员工的个人账户，员工的基本缴费和自愿补充缴费的总和必须符合前面货币购买年金计划中讲到的缴费测试，而且还受限于美国《国内税收法》要求的缴费最大年增加额。员工加入储蓄年金计划是自愿的，符合储蓄年金计划资格要求但没有参加储蓄年金计划的员工还可在以后的时间内加入储蓄年金计划，加入以后就要进行缴费。

（四）企业缴费规定

大多数储蓄年金计划的企业缴费等于员工缴费的一定比例，企业的缴费比例也可以随着员工参加储蓄年金计划年限的增加而增加。储蓄年金计划也可以使用一种结合的缴费方式，即规定一个与员工缴费相联系的基础缴费，再加上与企业利润相关的补充缴费。补充缴费可以按照事先确定的分配公式进行，也可根据具体情况自由决策。全部以利润为基数的企业缴费在储蓄年金计划中不多。在储蓄年金计划中产生的罚没收入一般用来减少企业的下期缴费。

（五）建立员工的个人账户

储蓄年金计划为员工建立个人账户，账户中包括员工个人的所有缴费、企业为员工所缴费用、投资收益，以及可能的罚没收入的分配。罚没收入的分配一般是根据参加储蓄年金计划员工的工资为依据进行的分配。

（六）基金投资规定

参加储蓄年金计划的员工的个人账户里并没有真实的资金积累，所有账户中的资产都统一地被转到受托人或者是保险公司那里进行投资。如果一个储蓄年金计划积累的基金较小的话，还可将几个年金计划的基金放在一起作为一个单独的基金来投资。员工对其个人缴费的投资有选择权，大多数的储蓄年金计划都会向年金计划参加者提供两个或两个以上的投资基金，让员工进行投资选择。当员工接近退休时，一些年金计划还会允许员工将账户余额转到不受市场价值波动影响的另一个账户中，以增强员工对账户价值流动性的控制，保障其退休时的收益水平。储蓄年金计划参加者在被赋予投资选择权时，要对其投资选择权和改变投资选择的权利进行限制，这是为了避免投资风险过大。

（七）既得受益权

当员工退休、伤残或死亡时，储蓄年金计划个人账户中的所有积累都要给付给员工或其受益人。若是员工与企业中止雇佣关系，员工能得到的企业缴费受限于年金计划中对既得受益权的规定。储蓄年金计划中对既得受益权的规定要符合《雇员退休收入保障法》（Employee Retirement Income Security Act，ERISA）和《国内税收法》的要求。《雇员退休收入保障法》对年金计划中既得受益权进度表的规定是：（1）一次性5年100%既得受益权进度表；（2）7年渐次性既得受益权进度表。《国内税收法》的附加规定是：（1）在年金计划为高薪员工所提供的退休金总额超过对所有员工提供的退休金总额的60%时，该年金计划是一个头重脚轻的年金计划，此时年金计划必须采用3年一次性100%既得受益权进度表或6年渐次性既得受益权进度表；（2）年金计划终止时，所有年金计划参加者立即获得100%既得受益权。

（八）在职提款和贷款

储蓄年金计划允许年金计划参加者在职提款，条件一般较宽松。当储蓄年金计划被设计成利润分享年金计划时，在基金被持有两年后就可以允许提款。美国《国内税收法》规定，如果参加年金计划的员工遇到经济困难或参加年金计划达到 5 年以上，可以从利润分享年金计划中提款。年金计划中对经济困难的概念有明确的定义，员工在参加年金计划时就已经知道在怎样的条件下可以提前提款。税前缴费的提款和税后缴费的提款要求是不同的，因此，年金计划可以设计很多种提款的条款，例如可以允许员工提取员工缴费和获得既得受益权的企业缴费，或是只允许员工提取员工自己的缴费，等等。员工的在职提款在一定时间内通常会有次数限制，或是在第一次提款后必须过一段时间才能进行第二次提款。年金计划还可以对在职提款的员工施加惩罚。

企业年金计划通常允许在员工个人账户的一定比例（如 50%）内给员工贷款，但是，员工贷款必须符合一些条件，不然会被当做当期应税收入。这些条件包括贷款的量（或累计贷款）、贷款协定和还款期限。最大贷款量与员工账户中的既得权益有关：（1）既得权益额等于或少于 10000 美元，全部可贷；（2）既得权益额在 10000 美元与 20000 美元之间，可贷10000 美元；（3）既得权益额在 20000 美元与 100000 美元之间，可贷50%；（4）既得权益额等于或大于 100000 美元，可贷 50000 美元。贷款必须有合法的可实施的条款，贷款一般要求在五年内归还（符合条件的用于住所购买的贷款可例外），至少按季度偿还，而且贷款要有合理的利率。

（九）退休金的分配

大多数储蓄年金计划的退休金都以现金形式支付。有的也允许员工分期领取或是将账户中的资金购买年金。当员工个人账户资金中有投资于企业股票的部分时，这一部分必须以股票形式而不是现金的形式进行分配。在终止雇佣关系或达到 59 岁半以后，账户价值若在一年以内被分配完毕，员工收到由企业缴费购买的股票还可享受税收优惠，股票被信托基金获得时已经发生但尚未实现的价值，其分配额不能被征税。如果是由员工缴费购买的股票被分配，对任何未实现的估价的延迟征税都是可能的，而不需要在前面说过的特定情况下（中止劳动关系或 59 岁半后收到分配额，或在一年内被分配）才能享受延迟征税。①

---

① Everett T. Allen, Joseph J. Melone, Jerry S. Rosenbloom, and Dennis F, Mahoney, 2003, *Pension Planning: Pension, Profit-Sharing, and Other Deferred Compensation Plans*, New York: McGraw-Hill/Irwin, pp. 127 – 139, pp. 155 – 168.

第二节　利润分享年金计划与
员工持股计划

一、利润分享年金计划

在美国员工年金计划的总体构成中，利润分享年金计划占据了一个很重要的部分。利润分享计划的吸引力很大，因为它们强调个人账户的概念，没有强加给企业提供特定的年金给付水平的要求。利润分享计划强调以业绩为依据来支付工资，以延期纳税方式提供收入的一部分。

美国《国内税收法》对利润分享年金计划的定义是："利润分享计划是由企业建立和支持的、让他的员工或其受益人参与企业利润分配的年金计划。这个年金计划必须为参加者的缴费额提供一个明确的、可预先确定的分配公式，在数年后，或达到规定的年龄，或者在某些情况下例如解雇、疾病、伤残、退休、死亡或辞职时，在参加年金计划的人中间分配缴费或分配积累的基金。"

利润分享年金计划有三种支付方式：（1）现金方式，公司的利润被确定后，就直接以现金、支票或股票的形式支付给员工。（2）延期支付方式，员工得到的利润被计入员工的账户，在退休或其他情况下进行支付（例如伤残、死亡、解除劳动关系、退出计划）。（3）现金方式和延期支付方式相结合。这可以发生在同时带有现金和延期支付特征的年金计划（Cash or deferred arrangement，CODA）中，也可以发生在两个分离的年金计划中，即部分是现金的，部分是延期支付，但是覆盖着同一个人群。

利润分享年金计划要获得税收减免的优惠必须符合以下一些条件：

（一）覆盖要求

利润分享年金计划必须是为员工及其受益人提供的专项退休金。而且年金计划不能存在优惠高薪员工的歧视。也就是说，年金计划必须满足《国内税收法》401（b）条款的覆盖要求。对一些职业有覆盖限制是被允许的，但不能导致被禁止的歧视。年金计划很少规定最低年龄限制，但一般有工作年限的限制。《国内税收法》规定最低年龄最高为21岁，工作年限最高为1年（如果年金计划提供全额和立即分配而不是一个现金或延期的安排则为2年）。

（二）缴费要求

美国《国内税收法》不要求年金计划必须包括一个固定的事先确定的缴费公式，但如果没有这样一个公式，要满足年金计划的永久性，就必须不断地缴费。缴费可以是自由的，即公司根据目前的财务状况和资本需要每年做一次决定来调整缴费。缴费量如果是自由决策的话，就需要规定最小缴费量和最大缴费量。固定缴费公式年金计划下的缴费承诺一般是利润的一个固定百分比或是利润的累进百分比。不管是自由决策方式，还是固定缴费方式，年金计划通常都需要明确每年的缴费量限额，这主要是要优先保证股东的最低资本回报率。

（三）员工缴费

利润分享年金计划通常不对员工缴费做强制要求，但允许他们不考虑企业的缴费水平而自愿选择缴费。员工的自愿缴费在《国内税收法》401（k）条款下变成选择性延期支付缴费或税后所得缴费。那么就要接受延期支付百分比（ADP）测验和实际缴费百分比（ACP）测验。

（四）对企业缴费的分配

美国《国内税收法》不要求年金计划有确定的缴费公式，但要求年金计划有明确的缴费分配公式。即要有一个方法和公式来确定将企业缴费的总量的多少计入年金计划参加者的账户中。企业要先确定在年金计划参加者中进行分配的基数。通常是以工资或者工资与工作年限相结合作为基数。如果以工资为基数，那就以每个年金计划参加者的年工资与年金计划参加者的所有员工的工资的比作为分配比例。如果以工资和工作年限相结合做基数，那就以服务年限作为计入单位，以工资作为计入单位，最后以每个年金计划参加者的总计入单位与所有年金计划参加者的总记入单位的比作为分配比例。分配公式必须满足《国内税收法》401（a）条款的非歧视要求。分配公式只是用来做账户记录，缴费并没有真正地转入个人账户。

（五）向年金计划参加者贷款

根据美国《国内税收法》和《雇员退休收入保障法》的有关规定，年金计划向计划参加者发放贷款是一种被禁止的交易。但贷款如果符合下列要求就免于被禁止：（1）所有年金计划参加者可以平等地获得贷款机会。（2）向高薪员工参加者发放的贷款不能高于其他员工。（3）贷款必须根据年金计划的贷款程序执行和办理。（4）每一项贷款必须有合理的利息率。（5）贷款必须要有足够的抵押。贷款不当作年金计划参加者从计划中的提款，因此贷款不包括在年金计划参加者的当期应税收入中。

（六）提款规定

合规的企业年金计划通常对从年金计划中提款（distribution）有限制性规定，年金计划参加者不能随便从年金计划中提款，但在某些特定事件发生时可以，例如：参加年金计划达到一定年限、年金计划参加者达到一定年龄、年金计划参加者被解雇、生病、伤残、退休、去世或是辞职等。如果年金计划不遵守规定的话，就可能失去其税收优惠待遇。年金计划还允许计划参加者在遇到经济困难时从年金计划中提款，但经济困难在年金计划中要有明确的定义。

（七）投资选择

年金计划资产可以投资于一个单独的基金，但绝大多数年金计划允许员工决定个人账户投资，并从很多不同的投资组合中选择。企业可以从投资公司提供的几个基金中进行选择。

（八）缴费的减免

企业缴费减税的年度限制是所有年金计划参加者全部工资总和的25%。如果企业在某一年中的缴费超过这一限制的话，超过的数额可以推延到以后的年度享受减税政策。但是超过的数额如果不及时取出的话，可能会被征收惩罚税。

（九）年金计划的终止

如果确实由于业务的需要，企业可以终止年金计划而没有不利的税收后果。如果年金计划终止了，基金里所有的财产将被明确所有权。每一个年金计划参加者都有权拥有其账户的余额。一旦终止年金计划，信托人将按照年金计划条款决定分配年金计划资产的方法。年金计划参加者份额可一次性支付，可分期支付，也可购买即期年金或延期年金。

二、员工持股计划

美国《国内税收法》对员工持股年金计划的定义是：主要投资于企业股票的员工股票红利计划或是职工股票红利计划与货币购买年金计划的结合。股票红利计划所提供的退休金及与利润分享年金计划非常类似，区别只在于股票红利计划的分配一般是以企业的股票方式进行。

但是员工持股计划与职工股票红利计划有很大的区别：（1）员工持股计划可以从企业或银行处获得贷款，但是职工股票红利计划不行；（2）企业对员工持股计划中的企业股票所支付的股息可从公司当期应税收入中扣除，但职工股票红利计划中没有这种税收优惠。

员工持股计划（employee stock ownership plan, ESOP）可分为两种：（1）简易的员工持股计划。操作过程是，公司每年将股票交给ESOP 信托基金，或是将现金交给 ESOP 信托基金来购买股票，员工不缴费，当员工离开公司时，可以得到股票和现金。（2）杠杆员工持股计划（leveraged employee stock ownership plan）。这种年金计划更普遍。具体操作是企业创立信托基金，由企业做担保，银行等金融机构贷款给受托人，或者企业从金融机构贷款然后将钱借给受托人，这就是员工持股计划中的对销贷款（back-to-back ESOP loan）。受托人接受贷款后购买企业股票，购买的股票保存在"暂时账户"中，是贷款的抵押品。企业向年金计划缴费，缴费被用来偿还贷款的本金和利息。随着贷款的偿还，暂时账户中的企业股票就被分配到年金计划参加者的个人账户中。

美国《雇员退休收入保障法》禁止享受税收优惠的年金计划中的利益相关者之间进行交易。企业是员工持股计划中的利益相关者，那么企业向员工持股计划贷款或是为年金计划贷款作担保就是被禁止的，但是《雇员退休收入保障法》和《国内税收法》又规定，如果员工持股计划符合以下的条件的话，就可以免受禁止交易条件的限制：（1）贷款是为了年金计划参加者及其受益人的利益。（2）贷款必须在获得贷款的一定时间内用于以下三方面：a. 购买企业股票；b. 偿还年金计划中的贷款；c. 偿还年金计划以前所借的贷款。（3）向年金计划发放贷款的企业或银行对发放的贷款没有追索权，贷款的唯一抵押品是该贷款购买的公司股票。（4）贷款到期时，用于偿还贷款的年金计划资产价值不能超过要付的数额。(5) 贷款的利率必须合理，而且不能使用变动利率。(6) 年金计划规定以贷款购买的企业股票受"第一拒绝权"（即当年金计划参加者在出售企业股票获取现金时，必须先出售给企业，企业享有第一拒绝权）限制时，必须满足一些要求：a. 股票不是已经上市的股票；b. 第一拒绝权只能由企业、员工持股计划或是两者共有，其他人不能获得；c. 第一拒绝权的期限不能超过 14 天；d. 股票出售的价格和条件不能低于第三者提供的价格和条件。(7) 如果年金计划贷款获得的企业股票不是上市股票的话，年金计划参加者在提款的时候有权要求企业以合理的价格购买其已经获得既得受益权的企业股票，这一权利称作出售期权，在年金计划参加者参与分配后 60 天内有效。(8) 向年金计划发放的贷款是定期的，在贷款到期前，放贷人不能随意索取贷款的偿还。

员工持股计划要获得税收优惠资格，还必须具备的条件是：(1) 年金计划的资产只能投资于限定的企业股票。主要包括在市场上公开交易的普通股和可转换的优先股或者是有分红权和投票权的未上市股票。(2) 对于分配到员工个人账户中的企业股票必须赋予员工和其受益人以直接投票权。如果企业的股票是上市股票的话，年金计划参加者拥有股东所有的表决权；如果企业的股票不是已注册上市的股票的话，年金计划参加者和其受益人就他们分配的股票享有的表决权被限定为：公司合并、资本重组、清算、解散、资产出售或公司重组等重大活动。(3) 股票的价值评估要每年进行一次，由评价人和独立于拥有第一拒绝权和出售期权的人进行，当没有一个公开的市场价值时，必须建立一个可接受的程序来评估股票的价值。(4) 年金计划不能与社会保障福利相结合，年金计划的缴费公式不能将社会保险考虑进去。(5) 年金计划在进行非歧视测验时，必须单独考虑。即如果企业在资助员工持股计划的同时还资助了其他的年金计划的话，每年在进行非歧视测验时，企业不能将这两种年金计划合在一起测验，而必须将员工持股计划单独测验。(6) 分散风险要求。《国内税收法》的 401 (a) (28) 条款规定，当年金计划参加者达到 55 岁，而且参加年金计划至少 10 年时，就必须给予其分散投资风险的机会，在获得这种机会后的前 5 年里，年金计划参加者可将账户中的 25% 的企业股票投资于非企业股票等其他选择中，在第 6 年，年金计划参加者可将账户中 50% 的企业股票投于其他投资选择中。这里说的

25%和50%都是一个累计概念。企业有两种途径为年金计划参加者提供分散风险的机会：一是将要进行分散风险投资的股票直接分配给年金计划参加者；二是提供3个非企业股票的投资选择。（7）缴费限额。年金计划下适用于《国内税收法》的415条款的年资产增加限额是指企业向年金计划的缴费，而不是员工账户里企业股票的价值。股票分红被看做投资收益，也不计入年增加限额内。另外，如果企业向高薪员工的缴费不超过企业全部缴费的三分之一的话，偿还的贷款利息和杠杆年金计划下股票的罚没收入也不计入年增加限额。（8）贷款。员工持股计划可以在不优惠高薪员工的基础上，向所有年金计划参加者发放贷款。（9）分配。员工持股计划提供跟利润分享年金计划相似的退休金，一般以企业股票的形式进行分配，也可以现金形式支付，但员工有权要求以企业股票形式进行分配，当年金计划参加者选择对其账户多样化投资后，就丧失了这一权利。（10）附带遗属退休金。作为员工持股计划一部分的货币购买年金计划可以像其他固定缴费型计划一样，在满足某些条件的情况下，不受附带遗属退休金的规制。（11）股息直接转发给年金计划参加者。美国《国内税收法》规定，员工持股计划可以将其持有的企业股票的股息直接分配给年金计划参加者。这与其他税收优惠的年金计划不允许员工进行随便的在职提款是不同的。（12）企业缴费的免税。员工持股计划中企业缴费免税限额为参加年金计划者的年工资总和的25%。另外杠杆员工持股计划中清偿贷款利息的缴费也是免税的（不受25%的限制，25%是针对贷款本金的偿还来说的）。（13）寡头公司的股票持有者可以向员工股票持有计划出售企业股票，并可以对其出售收益延迟认定，但必须符合一些条件。（14）年金计划中企业股票提款时的税收及"未实现的净增值"。年金计划参加者在提取账户中的企业股票时，若是一次性提取，则当年的应税收入就根据企业股票在缴费时的价值来计算。至于股票在年金计划中得到的"未实现净增值"的纳税则被推迟到这些股票被卖出时才收取。如果是分期提取账户中的股票，被提取股票中包含的未实现净增值则包含在当期的应税收入，但是如果股票是用年金计划参加者的税后收入购买的话，未实现的净增值也不包含在当期应税收入中。①

---

① 林羿：《美国的私有退休金体制》，北京大学出版社2002年版，第95～110页。

第三节　403（b）计划与个人退休安排

一、403（b）计划

403（b）计划是美国公共教育机构和非营利组织为其员工提供的退休收入保障计划。它可以是完全由企业缴费而员工不缴费的年金计划，也可以是由企业缴费、员工自由选择缴费与不缴费的年金计划。企业的缴费方式有：（1）企业缴费额固定，员工自由选择缴费与不缴费；（2）企业缴费额固定，但是员工必须缴费，才能得到企业的匹配缴费；（3）企业的缴费额不是固定的，类似于利润分享年金计划，根据具体情况来选择缴费水平。

403（b）计划可以被设计成税收延期支付计划（Tax Deferred Arrangements，TDA）或是补充年金计划，在这种年金计划下，员工与企业达成减薪协议，用减少的薪水向年金计划缴费，这种年金计划下的雇主（公共教育机构或非营利组织）一般不缴费。如果在员工减薪协议外雇主还进行缴费的话，那就形成了一般的企业年金计划。

美国《国内税收法》中有关 403（b）计划的规定，即 403（b）计划获得税收优惠的条件主要有：

1. 企业资格

企业必须是《国内税收法》第 501（c）（3）条款中规定的合格的非营利组织（如免税医院、教堂、学校、慈善机构或其他类似的组织或基金会）和公共教育系统。

2. 参加计划的员工资格

参加计划的员工必须是非营利组织或公共教育系统的正式员工。

3. 不可扣除要求

即计划下的退休金必须属于员工或支付给员工。

4. 缴费要求

年金计划中的缴费可分成两种：选择性缴费和非选择性缴费。选择性缴费包括员工与雇主签订减薪协议向年金计划的自愿缴费和雇主基本年金计划下员工为了得到雇主的配套缴费而进行的缴费。非选择性缴费是雇主为员工向基本年金计划的缴费。无论是选择性缴费，还是非选择性缴费，都是由雇主代表员工向年金计划缴纳，不包括在员工当年应税收入中，但是缴费不能超过下面的额度：

（1）减薪安排下选择性延迟支付的限额。个人向403（b）计划年缴费的最大限额要符合《国内税收法》中402（g）条款的规定。2001年通过的《经济增长及税务减免协调法案》（EGTRRA）将选择性延迟支付的限额定在10500美元，还规定选择性延迟支付的限额每年都会增长（选择性延迟支付的限额不适用于企业向403（b）计划的缴费）。如果员工还向401（k）计划、SIMPLE计划或者SEP计划进行选择性缴费，402（g）条款要求的限额将被减少。EGTRRA通过允许员工在同时参加403（b）计划和403（b）计划，延迟支付量达到402（g）条款允许的选择性延期支付限额的两倍。

某些情况下允许特殊的追赶缴费，即超过402（g）条款限额以上的部分，由员工根据减薪协议向403（b）计划缴费。所谓追赶缴费是在正常的缴费限额外，允许一部分员工进行额外的缴费，这种"追赶缴费"主要是针对那些账户积累不足的员工而制定的缴费规则。允许追赶缴费的条件是：a. 由合格资格的员工与企业签订减薪协议，员工已有15年工龄。b. 进行的追赶缴费不能超过下面的最小者：3000美元；15000美元减去员工以前进行的追赶缴费量；5000美元以上的量乘以工龄减去以前的税收延期支付员工缴费。员工可进行的最大追赶缴费总量不能超过15000美元，每年进行的追赶缴费量不能超过3000美元。

EGTRRA还为2001年后已经达到或超过50岁的人提供了一种类型的追赶缴费，员工的追赶缴费是被允许增加延迟支付限额。2002年允许的追赶缴费是1000美元，允许的限额每年都会增加。员工的追赶缴费不受任何其他缴费规定的限制，如果年金计划允许所有有资格的年金计划参加者都可以进行追赶缴费的话，那就不会违反《国内税收法》中401（a）（4）的非歧视性要求。企业也可对员工的追赶缴费进行匹配缴费，但是要受到适用于匹配缴费规定的限制。

（2）专项退休金（exclusion allowance）的限额。2001年通过的EGTRRA为了简化403（b）年金计划的管理，取消了专项退休金限额，但在2011年可能重新出现。

（3）《国内税收法》中415条款规定的每年总缴费的限额。与前面的年金计划中的限制是一样的，即个人账户的年增加额（包括企业缴费、员工缴费和再分配的没收收入）不能超过下面的较小者：a. 40000美元，随消费价格指数变化进行调整；b. 工资收入的100%。

2001年通过的EGTRRA给了403（b）计划下的参加者建立罗斯账户的选择，前提是企业建立一个有资格的罗斯缴费计划作为403（b）计划的一部分。罗斯缴费是税后缴费，被当做一种选择性延期支付，员工得到立即的完全的既得受益权。

如果员工选择性延期支付缴费超过了纳税年度的限额，超额部分必须在延期支付计划中于第二年的3月1日前进行分配。超额部分必须包括任何投资收入，必须在4月15日前由年金计划分配给员工，这部分超额缴费及其收益在超额延期支付年度被包括在员工的应税收入中，没有10%的惩罚税。如果在4月15日到时还未分配，超额缴费及其收益在超额延期支付年度被包括在员工的应税收入中，而且在实际分配给员工时再度被征税。

选择性延期支付的限额适用于单个的403（b）合同，当某个合同不适用选择性延期支付限额而使其失去税收优惠资格时，并不影响年金计划中其他符合规定的合同。

5. 非歧视条件

403（b）计划要遵守1986年《税收改革法》（the Tax Reform Act of 1986）中要求的非歧视规定。

6. 雇主购买年金合同

403（b）计划的投资方式只限于购买年金或共同基金。雇主可以为员工的个人年金合同支付保费，当做雇主为员工购买了年金合同，合同包含对转让的必要限制。

7. 提款

年金计划中的提款可在以下情况发生后进行：达到59岁半，死亡、伤残、解除劳动合同或发生经济困难。得到的分配额要纳入当期应税收入进行缴税，如果是提前提款还要征收惩罚税（允许特殊情况下提前提款而不征收惩罚税）。

8. 对年金计划的征税

年金计划中任何一次性退休金给付都要作为普通收入来征税，但如果是员工的税后缴费，或是意外人寿保险费用已经征过税，可以免税。年金计划中的分期付款按照适用符合税法规定的年金计划的规定来征税。

9. 贷款

年金计划中可进行贷款，贷款必须满足的条件有：（1）总贷款额不能超过年金计划参加者账户余额的 50% 或 50000 美元中的较小者（减去以前年度对其他贷款未偿还的本金）；（2）贷款必须有合理的贷款利率；（3）除非将贷款用来买住宅，否则贷款必须在 5 年内偿还；（4）贷款至少按季度偿还；（5）贷款以标准分摊为基础，贷款资金需要分摊成多笔等量资金，按月或按季度偿还。

10. 转移和转账

（1）转移。年金计划参加者在遵守年金计划规定的情况下，可将全部或部分的 403（b）计划资产在企业发起的不同基金中转移。在遵守相关年金计划规定的情况下，年金计划参加者还可免税地将 403（b）年金计划资产转移到另一个 403（b）计划中。

（2）转账。年金计划参加者将从年金计划中得到的分配额转账到另一个合格年金计划或是个人退休安排中，如果分配的不是资金而是资产，转账的必须是同样的资产。转账必须在年金计划参加者收到分配额后的 60 天内进行（EGTRRA 允许特定部门在某些特殊情况下有例外）。转账不能包括以下部分：a. 最小分配额规定下的分配；b. 某些周期性的分配；c. 经济困难提款。如果转账不是以直接的方式（直接的转账指按照员工的指令，分配额直接转到另一个年金计划或是个人退休安排而不是交给员工）进行，合格的转账还要预扣 20% 的联邦所得税。

二、个人退休安排

个人退休安排（Individual Retirement Arrangements，IRAs）最初是

美国为没有参加企业年金计划的人设计的一项税收优惠，从 1982 年开始参加企业年金计划的雇员也可以同时享受该项税收优惠。目前，美国纳税人每年可以享受 4000 美元（49 岁以下）或 5000 美元（50 岁以上）向 IRA 供款的税收优惠。美国 IRA 可以采用两种模式，一种是银行或"储蓄贷款协会"的信托模式，另一种是直接向保险公司购买个人年金的签约模式。英国也有类似的税收激励政策，即个人储蓄账户（Individual Savings Account，ISA）。该政策允许英国纳税人每年最多可以 7000 英镑享受税前抵扣。其他许多 OECD 国家也有这样的税收激励。

美国国会 1975 年时在《雇员退休收入保障法》中规定，对于那些没有参加符合税收优惠条件的年金计划和利润分享计划的美国工人，允许其延迟纳税来建立自己的年金计划，即个人退休收入安排（IRAs），这是一个 DC 类型的年金计划。在这个年金计划下，符合税收优惠条件的个人可以免税缴费，缴费的投资收益也可在当期免税，缴费及其收益在个人领取时作为普通收入纳税。

很多年来，美国国会对 IRAs 做了很多改动，由于这些改动，出现了很多种类型的 IRAs，它们有不同的特征，不同的要素，不同的税收待遇。本书对不同类型的 IRAs 及它们间的区别做一个简单介绍。IRAs 是一个个人管理自己退休资产的流行工具。通过运用转账缴费 IRAs，个人可以弥补中断劳动关系时的缴费和领取退休金间的缺口。IRAs 也是那些资助简化员工年金计划（SEP）和员工刺激匹配缴费计划（SIPLE）企业的筹资工具。

1997 年的罗斯（Roth）创造了罗斯 IRAs，与那些传统的 IRAs 比起来，它有着独特的税收优势，后文会介绍到。本书还会介绍到的几种 IRAs 有：税收减免 IRAs，非税收减免 IRAs，转账缴费 IRAs（用来接收从其他年金计划转账过来的缴费），企业发起的 IRAs，企业年金计划下附加的 IRAs。

（一）资格要求和缴费限制

1. 建立 IRAs 的资格要求

要获得建立 IRAs 的资格，个人必须从私人机构获得收入，但投资收入除外。如果个人和配偶都有工资或者自雇收入，他们可以分别建立自己的账户。如果一个人已婚，并有资格建立 IRA 账户，但其配偶没有工作，那配偶也可以建立 IRA，但要受到一些条件限制。IRA 还可以通过转账来建立，例如个人可以将收到的来自符合税后优惠条件的年金计划、政府的 457（b）计划或者是 403（b）计划分配的资金转账到一个 IRA。或者也可将一个 IRA 中的资金转到另一个 IRA 中。

2. 缴费的限制

个人可建立的 IRA 数量上没有限制，但在一个年度内个人向所有年金计划的缴费不能超过规定的限额。IRAs 中的转账缴费是没有限制的。有限制的是非转账缴费（我们将其称为正常年度缴费），在 2002 年前，正常年度缴费限额是 2000 美元或是纳税年度工资收入的 100%。2001年通过的 EGTRRA 改变了这一规定，将限额提高到 3000 美元。同时 EGTRRA 还允许达到或超过 50 岁的纳税人对其 IRA 追赶缴费，正常年度缴费限额和追赶缴费限额有一个进度表，也就是说缴费限额随年度变化而增长。在个人达到 70 岁半的那个纳税年度里，他就不能再向一个传统的税收减免 IRA 和非税收减免 IRA 缴费了，但罗斯 IRA 允许个人超过 70 岁半后继续缴费。若是有资格建立 IRA 的个人为没有工作收入的配偶建立 IRA，那么夫妇双方的 IRA 缴费都要遵守上面的缴费限额规定。

（二）不同类型 IRA 的缴费减免和分配时的税收

1. IRA 中的缴费免税额

没有参加税收优惠年金计划的人向 IRA 的正常年度缴费可全部免税。如果是一个参加了企业资助的税收优惠年金计划的人向 IRA 中缴费，那他能得到的缴费免税额要受限于他调整的总收入（AGI），收入越高能得到的免税额越少，当达到一个特定水平后，缴费免税额将为零。在向工作者 IRA 或非工作配偶 IRA 缴费时，最大免税额（在申请 AGI 调查后）是工作者工资收入的 100% 和两倍的个人年缴费限额中的较小者。

2. 非税收减免缴费

经纳税人申报和指定后，可以进行非税收减免的 IRA 缴费，即税后缴费，缴费的投资收益在留在 IRA 中时是免税的。非税收减免缴费有最大数额限制，限制的标准与我们前面介绍的最大缴费限额是一样的。纳税人即使获得了缴费减免税的资格，也可进行非税收减免缴费，如果纳税人进行了免税缴费，还可以额外进行非税收减免的缴费。如果企业为个人向 IRA 直接缴费，而不是向 IRA 的简化的员工年金计划（SEP）或员工储蓄激励计划（SIMPLE）缴费，那么这一缴费量必须计入总收入中，从而影响了缴费的免税额。企业的这一缴费要遵守《联邦保险缴费法案》（Federal Insurance Contributions Act，FICA）或《联邦失业税法》（Federal Unemployment Tax Act，FUTA），但不用缴纳预扣税。

超额缴费除了要征收正常的所得税外，还要加征 6% 的消费税，消费税会一直持续到超额缴费从 IRA 中被提走。超额缴费可以通过在以后的年度少缴费来消除。

（三）罗斯个人退休账户

罗斯个人退休账户（Roth Individual Retirement Accounts，罗斯 IRAs）是一种非税收减免缴费的 IRAs，它的缴费限额与我们前面介绍的要求是一致的。纳税人对其他 IRA 的缴费会减少对罗斯 IRA 缴费的最大限额。罗斯 IRA 与传统的 IRA 有很多不同。罗斯 IRA 缴费没有年龄限制，但是有收入限制，当纳税人的调整总收入（AGI）小于 95000 美元时，缴费才可以达到允许的最大缴费量，当 AGI 在 95000 美元到 110000 美元之间时，只能进行部分缴费。如果纳税人已婚而且联合申报所得税，在 AGI 小于 150000 美元时，可进行完全的缴费，AGI 在 150000 美元到 160000 美元之间时，可进行部分缴费。如果纳税人已婚但单独申报所得税，在 AGI 大于 10000 美元时，没有缴费资格。罗斯 IRA 可以延迟税收积累，在某些条件被满足时，退休金可以不征税。这些条件有：（1）罗斯账户至少已经建立 5 年；（2）纳税人达到 59 岁半，或者纳税人残疾、死亡，或者是提款被用作不高于 10000 美元的第一次购买主要住房支出。如果不符合这些条件，提款就要征税，而且如果提款不是为了纳税人、配偶、孩子或孙子的教育费用，还要征收 10% 的过早提款惩罚税。

（四）IRA 的管理问题

1. 筹资

个人向账户中的缴费必须用现金形式而不是其他的财产方式。个人对账户中的利益拥有完全的既得受益权。如果向个人账户的缴费来源于另一个账户或是一个税收优惠年金计划，则缴费就没有限额规定。

2. 禁止交易规则

个人年金计划要遵守 ERISA 的禁止交易规定。禁止的交易主要包括：(1) 出售、交换或出租财产；(2) 借出钱款或扩展信用；(3) 提供商品、服务或设备；(4) 转移或使用年金计划资产（禁止交易规则可以有例外）。如果个人从事了被禁止的交易，将被取消享受税收优惠资格，个人年金计划中的资产要按照公平的市场价值计入普通收入。如果个人不符合已达到 59 岁半或伤残等条件，还将被视为过早提款而征收 10% 的惩罚税。参加禁止交易额单位也要征收 10% 的惩罚税。没有在规定的期限内改正的话，还将被征收 100% 的惩罚税。

3. 营业外收入

个人年金计划要对从事与免税无关的交易和业务产生的收入征收联邦所得税。

4. 领取退休金

美国《国内税收法》规定，拥有个人退休账户的纳税人在其达到 59 岁半前，不能从账户中提款，如果提前提款的话，要被征收 10% 的惩罚税。

5. 强制性分配

一般来说，从 IRA 领取退休金的时间不能晚于个人达到 70 岁半后第一年的 4 月 1 日。领取退休金可以是一次性的，为了避免一次性提款导致当期应税收入大幅度提高，也可采取生命年金形式，还可以是账户拥有者和受益人联合生命年金的形式。如果账户的所有者死亡，由其受益人领取剩余的储蓄。

6. 退休金的征税

IRA 退休金要作为普通收入征税，如果是非免税缴费，那退休金可以免税，但对非免税缴费要做记录。一次性领取退休金需要缴纳联邦和州的所得税。

7. 转账

根据美国《国内税收法》的规定，从一个个人退休账户中的提款在 60 天内通过转账的形式转入另一个个人退休账户或税收优惠年金计划的话，转账就是免税的。同其他税收优惠年金计划不同的是，个人退休账户转账式提款没有 20% 的预先扣税要求。

8. 企业发起的 IRA

尽管个人退休账户是被看做是个人退休储蓄工具，一个企业包括自雇者可以为他们的员工建立个人退休账户。企业建立的个人退休账户并不要求包括所有的员工，也不要求退休金是非歧视性的。企业可以向账户中缴费，也可以不缴费，而只提供一些管理。企业向个人退休账户中的缴费是员工的额外收入，要被征收所得税。年金计划参加者对个人退休账户有完全的既得受益权。

9. 附加的 IRA（Deemed IRAs）

EGTRRA 创造了一种新形式的 IRA——附加的 IRA（Deemed IRAs），在这种安排下，一个发起符合税收优惠条件的年金计划、403（b）计划或是政府 457（b）计划的企业可在他们的年金计划中附加一个特别的 IRA，这个特别的 IRA 允许员工向他们的传统或是罗斯账户进行自愿性缴费，传统或是罗斯账户是独立建立的附加账户，这些账户不受与他们相联系的年金计划中的普通规则的限制，但是它们适用于《国内税收法》中对 IRAs 的报告要求和其他的规定。

10. 账户的报告和披露

拥有 IRA 的个人一般来说不需要遵守报告和披露的规则，但是如果当年发生了转账、非免税缴费或是支付过惩罚税，就需要进行报告和披露。IRA 的发行者、受托人或监护人在年度结束时要提供 IRA 的价值报告和支付情况报告。

第四节　其他几种年金计划

由于美国企业年金计划的种类较多，限于篇幅不能在此一一介绍，本节简要介绍基奥计划、简化的员工年金计划（SEP）和员工储蓄激励计划（SIMPLE）。

一、基奥计划

基奥计划（Keogh Plans），又称 HR‒10 计划。是为自雇者和个体经营者设立的一项税收优惠的退休储蓄计划。它是以国会议员尤金·基奥（Eugene Keogh）的名字命名的，尤金·基奥在 1960 年发起制定法律，使得自雇者能够享有以前只有公司员工才能享有的税收优惠的福利。

基奥计划的原理与其他年金计划，如 DB 计划、货币购买计划或利润共享计划一样。基奥计划在 1963 年初设立的时候存在很多限制，但它为自雇者的退休储蓄提供了一个很好的选择。基奥计划可以是 DB 型年金计划也可以是 DC 型年金计划，它的最大缴费额取决于你选择何种类型的年金计划。

基奥计划允许自雇者（如合伙人和独资企业主）参加计划，这一计划的规定主要有：

（一）为自雇者购买人寿、意外、健康或其他保险的缴费不免税

（二）受益资格

只有独资企业或合伙企业才能建立基奥计划，非正式员工或个体合伙人不能建立这类年金计划。如果自雇者想要建立基奥计划，那几乎就必须覆盖到 21 岁以上且已为企业工作 1 年的所有员工。年金计划可以规定两年后才授予完全的受益权。基奥计划要享受税收优惠，还必须满足非歧视覆盖和参保条件。

（三）缴费和退休金

基奥计划可以建成一个 DB 型的年金计划，也可建成 DC 型的年金计划。如果建成 DB 型年金计划，那么限额是下列中的较小者：（1）年金计划参加者连续 3 年最高平均收入的 100%；（2）2002 年为 16000 美元（通货膨胀指数化 5000 美元）。如果建成 DC 年金计划，年最高缴费限额是年金计划参加者收入的 100% 或在 2002 年 40000 美元（通货膨胀指数化 1000 美元）的较小者。其中自雇者的收入按自雇者自我雇用所得的收入减去自营税款的一半（在 2002 年不能超过 200000 美元）。

（四）缴费的免税

基奥计划下企业为员工的缴费免税额的计算与税收优惠年金计划下

企业为员工的缴费免税额的计算是一样的。企业对自己缴费的免税以企业自己的自雇所得收入为基数,并要将自雇税的一半免税额和企业本人向年金计划缴费的免税额考虑进去。

(五) 退休金的征税

基奥计划下提取退休金时,需要计入当期收入缴纳所得税,但如果是税后缴费额,则在提取时不需要再缴税。

(六) 贷款

基奥计划中允许贷款。

(七) 免税转账

可以从一个基奥计划免税转账到另一个基奥计划、企业发起的年金计划、403 (b) 计划、政府的 457 (b) 计划或个人退休账户。

二、简化的员工年金计划

简化的员工年金计划 (Simplified Employee Pension Plan,SEP 计划) 主要是为了鼓励建立私人年金计划,它是个人退休金账户,其缴费限额比一般个人年金计划的限额高,SEP 计划允许企业用最低的管理成本建立年金计划。

(一) 一般的税法要求

建立 SEP 计划的企业可以是一个合作的实体,也可以是一个自雇者,SEP 计划是应用个人账户或年金为员工提供退休金的计划。SEP 计划是 DC 型年金计划,必须具有如下特征:(1) 以书面形式规定员工的参保条件,如员工何时开始缴费以及如何进行缴费。(2) 如果一个员工已经到了 21 岁,而且在最后的 5 年里至少为企业工作了 3 年,在 2002 年收到至少 450 美元(根据生活费用指数化)的工资,企业就必须为这个员工向 SEP 计划缴费。(3) 缴费必须符合非歧视性条款。(4) 企业每年做一次缴费决定,要有固定的企业缴费分配公式。(5) 员工对其账户余额始终拥有所有权。(6) SEP 计划必须给予员工随时提款的权利。(7) 企业不能以员工缴费来作为自己为员工缴费的条件。(8) 个人的缴费被限制在其收入的 25% 或 35000 美元(2002 年)中的较小者。在 SEP 计划以及其他符合税收优惠条件退休金或利润分享计划中,企业为员工的缴费不能超过《国内税收法》第 415 条款限额。员工可以向 IRA 缴费 25% 或 415 条款的限额不与 SEP 计划相加。（9）法律有利于高收入员工的条款适用于 SEP 计划项目。（10）简化的员工年金计划不允许员工贷款。

（二）年金计划享受税收优惠待遇的条件

要使企业筹资的 IRA 享有简化的员工年金计划的税收待遇，企业必须向每个符合税收优惠条件的员工的 SEP 计划缴费，但企业可以不必为下列人员缴费：年金计划具有良好信誉的集体协议的成员，而且是非本地居住、没有收入的外国人。可控制群体适用 SEP 计划，如果企业是可控制群体的一员，必须为这个群体每个符合税收优惠条件的员工进行 SEP 缴费。

（三）缴费

企业的缴费必须与不超过 200000 美元（CPI 指数化）的总收入保持统一的关系，缴费可与社会保障退休金结合，允许企业向高收入者多缴费，但必须在允许的偏离度内。缴费限额是收入的 25%，最高可以达到 40000 美元。企业缴费少于正常的 IRA 限额时，可进行员工缴费来补足这个差额，最高可达 2000 美元。对自雇者个人来说，缴费限额为其净收入的 20%，净收入是没有减去缴费之前的净收入。

（四）缴费的税收减免

企业缴费的免税额不能超过企业向年金计划的实际缴费量，也就是说可能的最大免税额是收入的 25% 或《国内税收法》415 条款限额。超过限额的部分可以转入下一个缴费年度，不能免税的缴费要征收 10% 的惩罚税。

（五）降薪协议

如果上个年度企业维持不超过 25 个员工的年金计划，在年金计划允许的前提下，员工可以选择通过降低薪水来向年金计划进行选择性缴费，但是必须有至少 50% 的员工同意降低薪水。SEP 计划的缴费如果来自员工薪酬，则称为薪资投资计划（Salary Reduction Plan）或称为薪资简化员工年金计划（Salary Reduction Simplified Employee Pension Plan，SARSEP 计划），但是，按照 1996 年美国《小企业工作保护法》的规定，只有 1997 年 1 月 1 日前建立的 SARSEP 计划能够继续维持税收延迟优惠待遇。选择性延迟支付的缴费限额要按照 EGTRRA 的规定进行。

对选择性缴费的规定与其他年金计划中是一样的。EGTRRA 还允许员工进行追赶缴费（Catch-up rules），这一规则使那些年龄达到 50 岁以上的人能够留存一部分额外的退休金，关于追赶缴费的规定与 403（b）计划中的要求是一样的。

三、员工储蓄激励计划

员工储蓄激励计划（Savings Incentive Match Plans for Employees, SIMPLE）建立的目的是给小企业提供退休储蓄工具，这个年金计划可以不用遵守有些税收优惠计划中的复杂规定，例如非歧视性要求等。

（一）建立年金计划的一般税收要求

如果收入在 5000 美元以上的员工不超过 100 个的话，那么企业就可以建立 SIMPLE 计划了。这个年金计划允许员工进行选择性缴费，选择性缴费的最高限额在 2002 年为 7000 美元（根据生活费用调整），EGTRRA 中有规定最高限额进度表，当员工进行选择性缴费时，可要求企业进行匹配缴费。SIMPLE 计划可建成 IRA 或 401（k）。

（二）员工缴费

在本年度开始前的 60 天里，员工选择是否加入 SIMPLE 计划。在本年里，员工可以改变他的减薪协议或是终止参加年金计划，如果是终止参加年金计划，那么直到下一年开始前，他都不能重新加入年金计划。

（三）企业缴费税收减免

企业缴费，包括非选择性缴费和匹配缴费都是免税的。

（四）退休金的分配

SIMPLE 计划下领取退休金时需要纳税。在 59 岁半前领取退休金的 SIMPLE IRA 计划参加者会被征收 10% 的惩罚税。在参加 SIMPLE 年金计划的前两年里领取退休金将被征收 25% 的惩罚税。年金计划参加者可以将 SIMPLE 账户中的积累转移到另一个 SIMPLE 账户上而不用纳税，如果年金计划参加者参加年金计划已经达到两年，那么他可以将 SIMPLE 账户上的积累转移到另一个 SIMPLE 计划、传统的 IRA、403（b）计划、政府 457（b）计划或是符合税收优惠条件的年金计划。

第五节　混合型年金计划

DB 型年金计划和 DC 型年金计划各自有自己的优点和缺点，如果用单一的 DB 或 DC 可能无法满足企业的目标和员工的需求。为了综合两种年金计划的优点，满足企业的特殊要求，产生了混合型年金计划的概念。混合型年金计划有不同的类型和不同的设计，通常把它们分成两大类，即 DB 型混合年金计划和 DC 型混合年金计划。DB 型混合年金计划保留了很多 DB 年金计划的结构和特征，但一般提供可携带的一次性支付的待遇给付方式，来吸引年轻的或流动性强的员工。DC 型混合年金计划在保留 DC 年金计划特征的基础上，提供更多的收入替代保障。混合型年金计划可以根据企业的目标来进行具体的设计，每一种设计都有其独特的特征、缺点和优点。

一、DB 型混合年金计划

DB 型混合年金计划保留了传统的 DB 年金计划的许多特征，例如保证一个特定的退休金水平、通过共同基金来对年金计划资产进行直接的投资、承担投资风险、分配投资收益等。但是与传统 DB 年金计划不同的是，混合年金计划提供一次性支付的选择。DB 型混合年金计划也要符合美国《雇员退休收入保障法》对 DB 年金计划的要求，包括最低收益资格标准、既得受益权和筹资等。建立这种年金计划还要向退休金担保公司（PBGC）缴费以获得年金计划终止时的保险。下面我们将要介绍到的美国 DB 型混合年金计划有现金余额计划（Cash Balance Plans）、年金平衡计划（Pension Equity Plans）、生命周期年金计划（Life Cycle Pension Plans）。

（一）现金余额计划

现金余额计划下，企业根据一个明确规定的公式来缴费，而且应用固定的利息率，因此最后能得到的退休金水平是可确定的。现金余额计划的参加者可以定期收到个人账户通知单，被告知账户中的资金积累情况，但这个个人账户并不真实存在，所有的基金都放在一起运作，个人账户只是用来记录受益人的当前积累。

现金余额计划下，企业缴费按照职业生涯的平均工资来进行，而且允许计划参加者一次性领取所有的积累，这很能吸引那些年轻的或流动性高的员工。

现金余额计划的缺点是，那些参加计划较晚的人和工作年限较长的人得到了更少的退休前和退休后防范通货膨胀的保护。但是企业可以通过在缴费公式上赋予年龄和工龄权重，或是与社会保障相结合、或者为员工购买健康保险等来弥补这一缺点。

（二）年金平衡计划

年金平衡计划下的退休金水平的计算是根据计划参加者最后几年的平均工资来计算的，同时考虑计划参加者的年龄和工龄。年龄较大的年金计划参加者和中年时期才被雇用的人，他们能够用来积累的时间较短，这个年金计划对他们来说是有利。领取退休金时，是一次性支付。

（三）生命周期年金计划

生命周期年金计划与我们上面介绍的年金平衡计划很类似，被认为是年金平衡计划的变种，有非真实积累的账户来表明年金计划参加者的收益水平，基于最后几年里的平均工资来计算退休金，年金计划参加者基于工龄得到更多的退休金，退休金在计划参加者退休或停止工作后被一次性支付。

事实上现金余额计划、年金平衡计划以及生命周期年金计划并没有很明显的区别，现金余额计划不能为员工提供充足的退休金水平时，可以将年金平衡计划作为其补充。

（四）对 DB 型混合年金计划的一些分析

1. 收益增长

与传统的 DB 年金计划相比，现金余额计划下的参加者在工作的早期进行了更多的收益的积累。现金余额计划中收益的增长是平滑的稳定的，而传统的 DB 年金计划的收益增长在早期是较低的，但在以后的年度会有一个大的飞跃。

更多的早期积累和可携带性使得现金余额计划备受年轻员工和流动

性高的员工的青睐。但对那些参加工作晚或年龄大的员工来说，现金余额计划是不利的，他们的收益比在传统的 DB 年金计划下变少了。年金平衡计划的收益增长是稳定的，循序渐进的，但与现金余额计划不同的是，它的增长率随着年龄而增加，因此对参加工作晚或年龄较大的人更有利。

2. 收益的可携带性和一次性支付

现金余额计划和年金平衡计划的一个主要特征就是将 DB 年金计划结构和 DC 年金计划中的选择权（将一次性支付额转账到另一个年金计划或个人退休账户中）结合起来。这种可携带性吸引了那些在传统的 DB 年金计划下无法得到显著收益的年轻人和流动性很强的人，对那些感觉参加 DB 年金计划而被束缚在公司的中年人来说，也是有其优势的，因为在货币购买计划和年金平衡计划下，他们可以带着他们的账户余额跳槽到另一家公司。

但是，这个可携带性有几个可能的缺点：首先，年金计划发起者认为账户余额的可携带性使得员工过快的离开公司；第二，如果在年金计划中收益增长不够快，年轻的员工或流动性很高的员工可能认为可携带的退休金不够充足，因而年金计划也就不具备足够的吸引力；第三，如果年金计划的发起人是为了给员工提供足够的退休金，那么这种一次性支付的选择就可能使这种目标无法达到，因为员工不一定会将一次性支付额转移到另一个年金计划或账户中，而是以现金的方式提取。

3. 投资风险和收益

在传统的 DB 年金计划中，投资风险由年金计划承担，但是可能有些员工对投资比较熟悉，希望可以承担自己账户投资的风险和可能的收益，在这种情况下，混合型 DB 年金计划可以通过具体的年金计划设计来将全部或部分的投资风险分给年金计划参加者承担。

二、DC 型混合年金计划

DC 型混合年金计划将 DC 年金计划的结构与 DB 年金计划的特征相混合，例如企业的缴费通过精算确定，且有固定责任。美国 DC 型混合年金计划包括：目标退休金计划（Target Benefit Plans）、年龄关联利润分享计划（Age-Weighted Profit Sharing Plans）、新比较利润分享计划（New Comparability Plans）、保底年金计划（Floor-Offer Plans）。下面简单加以介绍。

（一）目标退休金计划（Target Benefit Plans）

目标退休金计划中企业的缴费是通过精算决定的，目的是为了达到一定的收入替代目标，一旦缴费公式被确定以后，就不会再更改。但是企业对收入替代目标不提供担保，计划参加者个人账户的最终积累额取决于账户的投资收益，个人拥有投资权，承担投资风险。企业的责任只是在于按照确定的缴费公式完成缴费。所以目标退休金计划的退休金水平的确定性要小于 DB 年金计划，但缴费的确定性要大于 DC 年金计划。另外，目标退休金计划中的缴费中年龄的权重很大，有利于年龄较大的年金计划参加者。

（二）年龄关联利润分享计划（Age-Weighted Profit Sharing Plans）

年龄关联利润分享计划与传统的利润分享计划非常类似，区别只在于企业在分配缴费时考虑了年金计划参加者年龄的因素，即对年龄较大的年金计划参加者给以更多的缴费。年龄关联利润分享计划适合那些想要给老员工更多利益的小单位。但是，有着相同的工资水平和服务年限的年金计划参加者可能因为年龄的关系而收到不同的分配，会导致员工的不理解和不满。

（三）新比较型利润分享计划（New Comparability Plans）

新比较型利润分享计划与年龄关联利润分享计划很类似，两者的区别在于新比较型利润分享计划将计划参加者分成不同的人群，对不同的人群给予不同的缴费比例。对年金计划参加者做出划分的指标有工作特征、年龄、工龄等。企业在决定分配过程上也有很大的弹性，分配可以安排成几个阶段来完成。例如在第一阶段为所有的年金计划参加者分配一个数额，在第二个阶段或第三阶段为其中特定一部分人群再进行缴费。

年龄关联利润分享计划和新比较型利润分享计划中都允许对计划参加者中的特定人群进行更多的缴费。因此要符合美国《国内税收法》的 401（a）（4）条款的非歧视要求，接受一个预期收益（而不是现期缴费）测验来检验年金计划是否优惠高收入员工。

（四）保底年金计划（Floor-Offer Plans）

保底年金计划与其他混合型年金计划的不同之处在于，它将 DB 计划和 DC 计划并列建立，互补运作。保底年金计划提供保底的退休金，即根据企业的目标和能力来建立一个最低退休金标准。同时缴费确定部分以个人账户形式存在，通过缴费、股票等形式为账户进行积累。如果个人账户提供的退休金水平不足，即低于保底退休金标准，则差额部分由计划补足，如果个人账户提供的退休金高于保底退休金标准，则领取个人账户中的积累。在这种年金计划下，年金计划参加者可以进行积极大胆的投资。这种年金计划可以提供客观的退休金水平，也能保证年龄和工龄较大的年金计划参加者的退休收入水平。

但是这个年金计划的管理工作非常复杂，它不仅要向年金担保公司（PBGC）缴纳保费，还要满足美国《国内税收法》404 条款的税收减免限制和 416 条款的反优惠高薪员工的测试。同时还有 DC 年金计划下的管理责任，包括账户记录、提供投资信息、监视员工的投资选择等等。

第六节　企业年金计划的设计

年金计划对企业或组织来说，是一种有效的管理工具，对员工来说，也是非常有用的退休储蓄手段。现实中企业年金计划的种类繁多，不同的年金计划具有各自的特点，当一个企业试图建立年金计划的时候，要考虑什么样的年金计划最适合企业需要，而什么样的年金计划是企业员工最想要的。通过对年金计划的合理选择和设计，可以发挥年金计划在企业人力资源管理方面的作用，从而实现企业的发展目标。

一、各种年金计划的比较

企业在建立年金计划时，首先应该考虑年金计划类型的选择，即选择固定缴费型（DC）计划、固定受益型（DB）计划，还是两者的混合型计划。企业为了选择符合自身需要的年金计划，应该对各种类型的年金计划的主要特征有一个大概的了解。

（一）退休待遇

固定受益型年金计划给予年金计划参加者明确的退休金水平承诺，它有明确的待遇给付公式，待遇给付水平一般是最后几年的平均工资、工作年限和退休金收益系数相乘得到。从待遇给付公式中，我们不难看出，固定受益型年金计划对高工资的人是有利的，同时由于退休金给付可一直持续到年金计划参加者死亡为止，所以这种年金计划对于那些寿命较长的人是有利的。相应地，年金计划参加者的收益也是年金计划发起人的成本，如果在年金计划参加者的最后工作阶段出现通货膨胀，导致最后几年的工资大幅度增长，那么这种 DB 型年金计划发起人的成本就会快速增加；此外，年金计划发起人还须承担年金计划参加者的长寿风险，如果年金计划参加者的寿命较长，该年金计划发起人的成本也会相应增加。

固定缴费型年金计划没有待遇给付公式，也就是说这种年金计划下的退休金水平一般不考虑年金计划参加者的工作年限、年龄等因素，只根据个人的退休金积累，来计算最后的退休金水平。这种年金计划下的长寿风险和通货膨胀风险由年金计划参加者个人承担。

（二）工资替代率

固定受益型年金计划有明确的收入替代目标，当收入替代率较高时，可以诱使员工提前退休，因为员工可能认为，退休金水平足够保障其退休后的生活水平，而想要退出劳动力市场。计划发起人要确定合适的收入替代目标必须考虑以下几个方面的因素：（1）是否在公司财务可承受的范围之内；（2）公司是否想要员工提前退休，什么水平的替代率可以促使员工提前退休；（3）收入替代率能否为员工提供足够的退休收入；（4）其他公司的替代率水平如何。年金计划发起人必须综合考虑各个方面的影响因素，然后确定合适的收入替代率水平。

固定缴费型年金计划没有明确的收入替代率，最后的退休金水平取决于个人退休金的积累。但是从理论上来说，固定缴费型年金计划可以设定一个退休金收入替代目标，虽然最后的退休金仍取决于缴费和投资的积累，但是事先确定的目标可以让年金计划发起人确定合适的缴费水平。

（三）筹资模式

固定受益型年金计划的筹资一般采用现收现付制或是部分积累制。即根据确定的收入替代目标、未来工资的估计、预期寿命以及对投资收益的估计来确定缴费水平。投资收益对缴费的影响很大，如果投资收益水平很高，那么所需的缴费就较低，如果投资收益水平较低，那么计划发起人的缴费负担就会很重了。也就是说，在固定受益型计划下，由计划发起人承担投资风险，而退休金收益的承诺是固定的，所以这种计划下计划发起人的筹资责任大。

固定缴费型年金计划的筹资不需要固定受益型年金计划下那样复杂的精算，年金计划参加者对个人账户的投资拥有选择权，投资风险一般也是由年金计划参加者而不是年金计划发起人承担，但是个人往往缺乏投资方面的专业知识，所以年金计划发起人一般需要对员工进行相关方面的培训和指导，以便让年金计划参加者正确地投资，减少不必要的风险。

（四）年金计划参加者的流动性

在固定受益型年金计划下，员工的流动性受到限制，它鼓励员工对公司忠诚，减少了公司不想要的离职。与此相反，固定缴费型年金计划中退休金权益的可携带性增加了员工的流动，员工的忠诚度与固定受益型年金计划相比较差，但是这对那些流动性较高的员工是很有吸引力的。

固定缴费型年金计划和固定受益型年金计划只是对年金计划的比较粗略的分类，在固定缴费型年金计划下，还有各种各样的分类，每种年金计划各有特点。

（五）几种主要年金计划的特点

货币购买年金计划兼有固定受益型年金计划和固定缴费型年金计划的特征，企业在缴费时候的灵活性没有利润分享年金计划或是员工持股年金计划等其他一些退休金计划中企业缴费的灵活性大。这是它的缺点。但是货币购买年金计划可以为员工提供较稳定的退休金，能够吸引员工参加，增强员工对公司的忠诚度。这是它的优点。

利润分享年金计划最大的长处在于能够根据企业的利润情况来决定企业向年金计划的缴费，在没有利润的年度里，也可以不向年金计划缴费。对那些利润很不稳定或者很难预测的企业来说，这种年金计划将缴费与公司的利润相挂钩，在选择上有很大的灵活性，是有相当大的优势的。而且利润与企业的缴费挂钩，使得员工也会关注企业的利润，增强员工的公司意识，激发员工的工作热情和积极性，这会是企业希望看到的结果。

员工持股年金计划中，企业为员工的缴费是企业股票。这样，企业就可免于向其资助的年金计划以现金形式缴费，还能因向年金计划存入企业股票而获得税收减免。这对企业来说是非常有利的。另外，企业用来缴费的股票都是有投票权的股票，员工根据自己账户中已经获得权益的股票能够参加公司的管理和决策，这能增强员工的主人翁意识，激发员工更努力地工作。同时，企业将本公司的股票分散地放在员工的手里，能够防止其他企业强行购买本公司股票而收购本公司。

与别的退休储蓄年金计划相比，个人退休账户基本上是由个人建立并进行管理的，有很大的灵活性，个人退休储蓄也可以获得延税的待遇，而且适用于那些税收优惠的年金计划中的反优惠高薪员工的规定在个人退休储蓄安排中并不存在。个人既可以参加企业的年金计划，还可建立自己的退休账户，企业也可以替员工向个人退休账户中缴费。个人退休账户的灵活性和税优待遇是很有吸引力的。它虽然是一个很好的退休储蓄工具，但提前从账户中提款是要受到惩罚的，个人在选择是否要建立时要慎重考虑。

储蓄年金计划是一个多功能的年金计划，它可以帮助企业实现很多目标：吸引和留住员工；利用税收优惠政策为员工提供延迟收入；鼓励员工节俭和储蓄来为退休做准备；在员工伤残、死亡、退休或中止雇佣等情况下为员工提供退休金；购买企业的股票来增强员工的公司意识。每个目标的年金计划设计取向是不同的，企业可以根据自己要实现的具体目标来进行年金计划的设计。

基奥计划、简化的员工年金计划以及员工储蓄激励计划适合于那些小公司以及自雇者建立，使他们在优惠的税收政策下建立自己的退休储蓄年金计划。

403（b）年金计划是公共教育机构和非营利组织为其员工提供退休后收入保障的年金计划。

企业在考虑自身的特点、目标和需要后，可选择一种或几种年金计划来建立本企业的退休储蓄年金计划。

除了固定缴费型年金计划和固定受益型年金计划外，还有一类将两种年金计划的特点结合起来的年金计划，那就是混合型年金计划。混合型年金计划兼收并包两种年金计划的优点，既提供固定受益型年金计划下的待遇给付公式，将退休金的待遇与年龄和工龄联系起来，又提供固定缴费型年金计划下的灵活缴费，而且将投资风险和通货膨胀风险部分地转移到年金计划参加者身上。混合年金计划的种类和特点在上面的章节中已经作了详细的阐述，此处就不多做解释了。

二、影响年金计划选择的设计要素

年金计划发起人对某种年金计划的选择，取决于该年金计划是否符合企业的发展目标、法律政策的相关规定、年金计划参加者的需求和年金计划可能出现的效应。因此，年金计划参加者要考虑方方面面的因素，其中包括：公司自身的特点、员工流动性、年金计划的成本、公司的财务状况、别的公司的年金计划的待遇水平、年金计划的筹资和投资管理、法规的相关规定、税收优惠政策的利用、收入替代率、社会责任、企业的目标，等等。

（一）公司自身的特点

公司自身的特点包括公司的发展阶段（即公司是刚刚建立的，还是已经发展成熟的）、公司的财务状况（盈利是否稳定可预测）、公司所处环境（公司面临的竞争激烈程度）、公司内部员工的特征（员工的年龄结构构成，工资水平状况，工龄情况）等等。公司年金计划的制定既要满足年金计划发起人的需要，又要在企业财务承受范围之内，还能在一定程度上满足员工的需要。

（二）其他公司的年金计划的待遇水平

如果公司的目的是为了吸引和留住人才，那么本公司的年金计划设计就很有必要参考别的公司的退休金计划提供的待遇水平，特别是那些与本公司存在竞争关系的公司的年金计划尤其值得关注。如果公司希望吸引优秀人才的话，那么它的年金计划提供的待遇水平至少要达到公司所在行业或是所在地区的平均水平。

（三）法规的相关规定

企业年金计划要受法律的约束，每种年金计划，法律上都会有详细的规定，年金计划发起人在选择建立何种年金计划和具体设计年金计划时，要考虑法律对这种年金计划的规定和要求，年金计划只有符合法律的规定，才能获得税收优惠的待遇和设立的资格。通常法律规定发生变化时，也会影响公司对年金计划种类的选择。

（四）充分利用税收优惠政策

为了促进年金计划的发展，法规中通常会给年金计划某种优惠，不同的年金计划的优惠方式会有所不同，相应地在不同年金计划下能得到的收益也有区别。公司会为自己和员工争取尽可能多的税收优惠收益，这就会影响公司对年金计划形式的选择，对筹资水平的选择，等等。

（五）收入替代目标

我们前面已经讲过，固定受益型年金计划有明确的收入替代目标，而固定缴费型年金计划则没有明确的收入替代率。如果公司的目标是给员工提供明确的退休金水平的话，它更可能选择固定受益型（DB）年金计划，但是如果公司没有明确的收入替代目标，就可能选择固定缴费型（DC）年金计划，而且如果公司不想承担固定的退休金承诺带来的风险，但又想尽可能提供充足的退休金水平，也可用我们前面讲过的方法，假定一个收入替代率目标，通过计算得出应有的缴费水平和投资水平，从而在一定程度上使退休金的收入替代目标明确化。总体上来说，公司是否有明确的收入替代目标将直接影响公司在不同类型（DC或DB）年金计划之间的选择，而且收入替代率的高低也会影响年金计划的筹资水平。

（六）社会责任感

如果公司的社会责任感较强，就会提供比较充足的退休金待遇。也就是说，公司的社会责任感影响年金计划提供的待遇水平。

（七）企业的目标

企业的目标如果是增加对员工的激励、增强企业的凝聚力，公司会希望通过提供年金计划来提高员工工作的积极性，有很多年金计划提供了这种选择，它们通常会把年金计划提供的退休金水平与公司的经营状况和利润水平联系起来，间接地影响员工的行为和工作的积极性，利润分享计划和员工持股计划便是这类年金计划的典型。也就是说，企业希望激励员工工作积极性的愿望也会影响企业对年金计划的选择。

（八）年金计划的筹资和投资

固定受益型年金计划的筹资一般采用现收现付制或是部分积累制，即企业根据确定的收入替代目标、未来工资的估计、预期寿命以及对投资收益的估计来确定缴费水平。投资收益对缴费的影响也很大，如果投资收益水平很高，那么所需的缴费就较低，如果投资收益水平较低，那么年金计划发起人的缴费负担就会很重。也就是说，在固定受益型年金计划下，由年金计划发起人承担投资风险，而退休金收益的承诺是固定的，所以这种年金计划下的年金计划发起人的筹资责任大，而员工没有投资风险和通货膨胀风险。固定缴费型年金计划的筹资不需要固定受益型年金计划下那样复杂的精算和保险成本，年金计划参加者对个人账户的投资拥有一定的选择权，投资风险和通货膨胀风险一般也是由年金计划参加者而不是年金计划发起人承担。员工如果是风险厌恶者，会比较钟情于固定受益型年金计划，如果是风险偏好度较高的冒险者或风险中性者，或是对投资自己的退休金有信心者，可能会觉得固定缴费型年金计划比较有吸引力。因此，年金计划发起人在选择年金计划种类时，不仅要考虑自己的筹资和投资责任，还要考虑员工对风险的态度，从而决定建立的年金计划特征。

（九）员工流动性

固定受益型年金计划是根据最后的平均工资来决定年金计划参加者的退休金水平，所以这种年金计划不鼓励员工提早离开公司。同时，公司可以通过提供较高的退休金收益水平，来诱使员工提前退休。另外一个对员工流动性有影响的很重要的因素是，年金计划对既得受益权进度表的规定。法律对于年金计划中的既得受益权进度表做了详细的规定，留给年金计划可发挥的空间是很小的，但是年金计划仍然可以通过具体的设计，使员工的流动性达到年金计划发起人想要的水平。既得受益权的作用有两个方面，一是可以留住那些优秀的员工，二是可以让较差的员工或是公司不想要的员工在获得完全的退休金权益之前就离开公司，减少了公司提供年金计划的成本。通过对退休金待遇水平的设计和既得受益权的规定，有助于实现公司想要达到的员工流动率。

（十）年金计划成本

对年金计划成本的考虑会影响公司对年金计划的选择和提供的待遇水平。年金计划成本一般包括行政管理成本和筹资成本。一般来说，固定缴费型年金计划的行政管理成本要低于固定受益型年金计划的行政管理成本。根据哈金斯的研究，一家精算咨询公司为一家大公司（员工超过 500 人）管理固定受益型年金计划要比管理固定缴费型年金计划的成本多 1/3，如果参加年金计划的人数减少时，这种成本的差距将进一步扩大，只有 15 个参加者时，固定缴费型年金计划的行政管理成本是固定受益型年金计划成本的 50%。① 这可以用来解释为什么固定缴费型年金计划对小公司和新成立的公司更具有吸引力。但是，在筹资成本的比较中，固定受益型年金计划较有优势。这是因为在固定缴费型年金计划下，年金计划参加者承担了投资失败和退休金积累不足的风险，年金计划发起人不得不制定较高的费率来弥补由于附加风险带来的风险溢价。所以在年金计划成本的两个部分的比较中，固定缴费型年金计划和固定受益型年金计划各有优劣。公司在选择具体的年金计划时，会有所侧重，这取决于不同公司的选择。公司要充分考虑自己的管理能力和管理成本，尽可能地简化公司可能承担的管理责任和成本。

（十一）公司的财务状况

如果公司的收益和利润非常稳定，而且具有很高的可预测性，那么公司可采用固定受益型年金计划或是某些缴费很固定的固定缴费型年金计划。如果公司的利润经常变动，而且不稳定，难以预测，那么有着固定缴费额责任的年金计划就不适合这种公司，此时利润分享年金计划更能满足利润不稳定的公司的需求。也就是说，公司的财务状况也影响到了年金计划的选择和设计。

在考虑上述方方面面的因素时，还要考虑员工对于年金计划的反应，也就是这方方面面的因素既影响公司的需求，也影响了员工的需求，公司必须考虑员工的可能的反应，从而做出最有利的选择。

---

① 丹尼斯·E. 罗格、杰克·S. 雷德尔著，林义等译：《养老金计划管理》，中国劳动社会保障出版社 2003 年版，第 23～24 页。

三、年金计划设计的条款

在做出选择何种年金计划的决定之后，企业必须就年金计划的主要条款进行设计，以实现企业的预期目标。在进行条款的设计时，也要考虑企业的需求、员工的需求和可能的反应。

年金计划条款在设计时，要着重注意其中的主要条款。例如，年金计划对参加者的资格要求、筹资、投资、既得受益权、年金计划的分配等。还要注意年金计划设计过程中的一些问题。

四、年金计划对参加者的资格要求

年金计划可以对参加年金计划者提出资格条件，即要达到一定的年龄或为公司服务一定年限后才有参加年金计划的资格。但是必须符合法律的相关规定。

（一）筹资

固定受益型年金计划要根据具体的收入替代目标，以及对未来工资、年金计划参加者的预期寿命和投资收益率等一系列变量的合理估计，通过（精算过程）精算确定合理的缴费水平。而固定缴费型年金计划根据公司的财务状况、企业的目标以及其他的影响因素来确定具体的缴费方式和方法，根据确定的缴费方式和水平来进行缴费。

（二）投资

不同年金计划的投资方式是不同的，固定受益型年金计划的投资及其相应的风险由年金计划发起人承担，而固定缴费型年金计划下的风险由年金计划参加者承担，年金计划发起人必须提供投资方面的信息和知识。投资要符合谨慎、风险分散的原则，充分考虑年金计划的基金财产的安全性，实行专业化管理。年金计划中规定了可供选择的投资途径。

（三）既得受益权

企业年金计划中既得受益权的设置对年金计划参加者的流动性及其对公司的忠诚度产生一定程度的影响。但是，法规中也对年金计划的这种权利做出了限制，即法规给出几种既得受益权进度表供企业年金计划选择，因此，年金计划设置的既得受益权进度表必须符合法律的规定。

（四）年金计划中的提款和贷款

年金计划对参加者的提款、贷款和退休金的分配要做出明确的规定，规定要符合法律的有关规定。年金计划之所以可以享受到优惠的税收政策，就是因为国家希望可以通过优惠的税收政策刺激员工更多地储蓄，提高退休后的生活水平，如果允许年金计划参加者可以从年金计划中随便提款的话，可能使年金计划为他储蓄的退休金不足，无法保障其退休后的生活问题。所以法规对年金计划中的提款一般会做出各种限制。如果年金计划没有遵守这些规定，就会失去其享受税收优惠的资格。

（五）退休金的分配

年金计划中要明确规定领取退休金的条件、退休金领取的方式和方法。退休金的分配可能会影响到公司对人才的吸引力和年金计划的成本，所以在设计时要格外注意。

在进行具体的年金计划设计时，要注意年金计划设计过程中的一些问题。年金计划对公司来说是一个很好的人力资源管理工具，可以实现企业管理的许多目标，同时年金计划的选择和设计也是一件非常烦琐和复杂的工作，公司的高层应给以足够的重视，董事会、财务部门、高层管理者、人力资源部门以及员工之间要加强交流和互动，使年金计划的设计符合企业、员工双方的需求和愿望。同时，在年金计划设计过程中，还要注意咨询退休金管理、法律、税收和财务等各专业领域的专家，听取他们的建议。咨询税务方面的专家，可以使年金计划符合税收方面的法律要求，从而使企业和员工获得最大的税收利益；咨询精算师，可以确定合适的筹资水平；咨询投资专家，可以使年金计划的资产投资收益最大化，减轻缴费负担，提供更高的待遇水平。总之，年金计划的设计是一个十分重要的工作，不仅要考虑公司以及员工的需要，而且也要考虑年金计划的环境和相关法规的影响，因而年金计划的设计同时又是一个复杂的工作，需要认真仔细地进行设计。

第四章　企业年金管理制度架构

年金制度本身是一种收入保障制度，也可以说是一种工具性制度，它既可以建立在社会养老保障制度的框架下，也可以建立在商业养老保险制度的框架下。

第一节　世界各国企业年金制度的宏观
管理体制对中国的启示

企业年金制度作为社会基本养老保险制度的补充制度，其发展受到社会、经济等制度环境和经济基础制约，而且企业年金制度是一种较基本养老保险更高层次的养老保障制度，相对于基本养老保险制度的发展而言具有更大的弹性，这种制度的弹性表现在企业年金制度对经济发展水平有较高的敏感性，即经济发展水平越高则企业年金规模越大，保障水平也随之提高。

社会基本养老保障是一种最基本的老年人口收入保障制度，即使在经济较发达的国家，其保障水平也是相对基本生存条件而提供的低水平保障，其对经济的敏感性较低。一般而言，在经济相对落后的国家，整体保障（绝对）水平较低，而社会基本养老保险提供的收入保障占老年人整个收入的比重越高，或者说社会基本养老保险的相对保障水平较高；在经济相对发达的国家，整体保障水平则较高，社会基本养老保险提供的收入占老年人整个收入的比重较低，而企业年金制度提供的收入占老年人收入的比重较高。可见随着国家经济的发展，企业年金制度的经济地位日益重要。

一、欧洲福利国家年金保险制度的改革

第二次世界大战后，欧洲各国经历了近20年的经济持续高速增长。同时，社会民主党在一些国家的连续执政，福利国家理论和社会观念广泛流行，后凯恩斯主义经济学成为一些执政党制定经济政策的理论依据。正是在这种经济、政治思想的基础之上，形成了欧洲福利国家式的年金制度模式。

福利国家模式的特点是以国家为主体，以高税收为基础，对社会成员实行普遍高水平的公共年金制度。这种以追求"社会公平"为目标的社会保障模式，最终损害了这些福利国家的经济效率。福利国家模式的弊端在发展中逐渐暴露出来：（1）年金制度结构与经济发展水平不相适应，必须改革年金保险制度。（2）福利国家政府过多地干预年金保险事业，政府掌握着大量的社会经济资源，削弱了市场机制的作用，同时社会成员滋长了依赖国家的懒惰风气。（3）高税收导致企业成本居高不下，资本收益率下降，企业的国际市场竞争力下降，从而影响了整个国家经济的增长，也影响了企业年金保险发展的基础。

现在，一些福利国家，纷纷改革年金保险制度结构，严格控制公共年金开支，制订严格的公共年金的发放标准，修改福利政策，鼓励发展企业年金制度和个人年金制度。

（一）瑞典的养老金体系

瑞典养老金的三个支柱是：

第一支柱：国家养老金。1999年瑞典建立了新的强制性的国家基本养老金体系，包括缴纳个人工资16%的基本养老金计划和缴纳个人工资2.5%的基金化的个人储蓄计划，并将所有账户转换成国家限定缴费账户（Notional Defined Contribution Accounts，NDC）系统和限定缴款的个人金融账户系统。国家社会保障理事会（the National Social Security Board，NSSB）监管基本养老金部分，成立全国养老金基金（the National Swedish Pension Fund），由国家管理。养老金基金管理局（the Pre-funded Pensions Administration，PPA）监管个人储蓄部分。个人可自

已选择投资管理人，间接投资资本市场，而且转换成本低。如果个人不想自己选择基金管理人，也可将资金交给全国养老金基金下的一个特别的子基金管理。

NDC 的运行方式是：以个人缴费为基础，每年再根据收入指数进行调整，计账积累，退休后以现收现付（PAYG）方式领取全部积累额。该方式的优点是：退休福利与缴款额有关，缴得越多将来领得越多，而不是像许多国家那样领平均退休金。

第二支柱：职业养老金，强制性地由雇主缴款。蓝领工人缴工资的3%，白领工人缴工资的 2%，地方政府职员缴工资的 3.5%~4.5%。在一个人的全部养老金收入中大约占 15%。该部分养老金的保障方式有三种：（1）购买人寿保险或加入互助会；（2）计账积累；（3）加入养老金基金会。

第三支柱：个人养老金。个人参与寿险公司的投资连结保险（Unit-link Insurance）、银行、证券公司设立的养老金基金。养老金支付金额在一定数目以下是减税的。按照瑞典《个人养老金储蓄法》，养老金储蓄机构实行经营许可制度，只能授权那些已经获得了证券经营许可的证券机构（包括证券公司、有证券业务经营资格的银行、外资机构等）经营个人养老金。

（二）英国的养老金体系

英国养老金体系的三个支柱是：

第一支柱：由国家基本养老金以及与养老金计划相关联的补充收入（Supplementary Earnings Related Pension Scheme, SERPS）构成。国家基本养老金与收入无关，每年根据物价情况审定一次。目前单身者每周领取 66.75 英镑，夫妇俩每周领取 106.70 英镑。而补充收入是与个人收入挂钩的，约25%的替代率，到2010年替代率将降为20%。国家基本养老金和 SERPS 都由国家管理，员工和雇主的缴费都进入国家保险基金。其中国家基本养老金部分，雇员和个体户的缴费是强制性的，而失业者可以自愿加入。SERPS 部分是可以返还的，但是，返还金额必须用于参加第二或第三支柱。

第二支柱：职业养老金。由雇主自愿设立的养老金计划，员工可以加入，也可以选择不加入。DB 计划完全由雇主供款，DC 计划主要由雇主缴款，如果员工愿意缴费，可缴工资的 15%，但一般都只缴工资的 4% ~ 6%。养老金基金由雇主交受托人管理，与雇主资产分开。另一些职能则交其他机构如银行、投资公司、养老金基金经纪人、精算师、会计师承担。保险公司也是职业养老金市场的重要参与者，其参与方式有两种：一种是以保险方式进行基金的管理和投资，小型养老金基金一般采用此方式；另一种是以受托资产管理的方式只进行基金的投资，管理工作仍由雇主承担，大型养老金基金一般采用此方式。1991 年英国全国有 128000 个养老金计划，其中 DB 类型有 91000 个。这 91000 个 DB 计划中，成员数量在 100 个以上的养老金计划不到 1000 个，而成员数量在 11 个以下的养老金计划却有 76000 个。

第三支柱：个人养老金。是 SERPS 和职业养老金的替代产品而不是补充产品，优点是在跳槽时可以带走。缴费数量由个人决定，雇主也可以缴费但通常不缴。保险公司是个人养老金的主要供应商。1997 年第二支柱的资金规模是 7550 亿英镑，而第三支柱的资金规模是 2250 亿英镑。

鉴于现有的养老金体系运作成本过高，严重影响到成员的收益，英国 2001 年对养老金体系进行改革，推行"持筹者或企业利益关联者（stakeholder）"养老金计划。该计划是一种限定缴款型的个人养老金计划，与英国现有的个人养老金体系最关键的不同点是它的较低的成本，取消前收费，并强制性规定收费不得超过资产的 1%。员工和没有工作的人都可以向基金缴费，提款时可获得政府 22% 的税收补贴，50 岁后可用于购买年金。雇主也可以向"持筹者（stakeholder）养老金"基金缴费但不是强制性的。但 2001 年 10 月以后那些没有向现有养老金计划缴费的雇主必须向"持筹者（stakeholder）养老金"基金缴费。

二、新兴工业化国家和地区的企业年金制度

（一）新加坡中央公积金制度

新加坡中央公积金（Central Provident Fund, CPF）是一个强制性缴费的退休金计划，创建于 1955 年，由中央公积金局负责中央公积金的运作管理。员工缴工资的 20%，雇主再缴 16%，缴费和基金的收益都

是免税的。CPF 有三个分立的账户：普通账户（用于购房、投资、保险、教育等）、特别账户（限于晚年养老和应急之用）、医疗账户（用于支付住院医疗和医药费用）。CPF 管理委员会负责账户余额的投资，主要投资政府债券，以使成员享受银行存款利率挂钩的利息。普通账户余额可用于成员购房、但特别账户的资金不能取出用于购房，因为它的利息比普通账户高 1.5%。

CPF 管理委员会设立了一个投资计划，鼓励成员用普通账户余额的一部分投资一些金融工具以获取较高的回报，提高退休后的生活水准，而保留普通账户余额的另一部分加上特别账户的资金，以保证退休后的基本生活标准。投资工具包括：政府债券、高等级企业债券、新加坡股票、黄金、定期储蓄以及单位信托基金。鉴于股票和黄金的风险较高，CPF 管理委员会规定对股票的投资上限为 35%，对黄金的投资上限为 10%，而对其他投资工具未作限制。另外，CPF 成员还可用医疗账户的资金购买保险公司的保险以应付大病的花费。

CPF 运行了 40 多年之后，投资增值压力逐步增大。为此，CPF 在 2001 年放宽了投资限制，允许普通账户和特别账户的全部资金用作投资。而且政府还设立了自愿补充退休金计划，鼓励在强制性的 CPF 计划之外补充储蓄，并对该部分资金的投资不作任何限制。由于政府财政盈余，并不需要发行国债，因而新加坡的国债市场发展空间十分有限，一些资金开始做海外投资。为了使成员作出正确的投资决策，管理部门开展了投资者教育以使他们了解投资的基本常识，并发展金融计划师为个人提供综合咨询。

（二）智利和拉美国家的养老金体系

智利是世界上最早进行养老金制度改革的国家。1981 年 5 月开始实施一套多支柱的新的养老金体系，智利强制储蓄年金制度的主要特点是：完全基金化、强制性缴款、个人账户、DC 类型、私营管理。

智利上述体系运行成功后逐步推广到阿根廷、玻利维亚、哥伦比亚、萨尔瓦多、匈牙利、哈萨克斯坦、秘鲁、波兰、墨西哥、乌拉圭等国。但这些国家由于各自的政治经济状况不同，在吸收智利改革经验时并没有完全照搬照抄。

拉美国家在吸收智利模式改革其养老金体系时一般采用了三种方

式：一是完全替代方式，即像智利一样，用新的基金化的私营管理的养老金计划替代原来的公营养老金计划。玻利维亚、萨尔瓦多、墨西哥等国采用此方式；二是平行竞争方式，在引入新的私营养老金计划的同时保留原有的公营养老金计划，使两个体系共存并互相竞争，如秘鲁和哥伦比亚；三是补充混合方式，即改革原有的公营养老金计划，在其中增加一部分基金化的私营管理的养老金成分，如阿根廷、乌拉圭、哥斯达黎加等国。其中补充混合方式在东欧国家也得到普遍欢迎，波兰、匈牙利、保加利亚、克罗地亚、拉脱维亚等国也都采用此方式。

在缴款上，有工资收入的员工都强制性缴款，缴款比例最低的是秘鲁8%，最高的是乌拉圭15%，但一般扣除管理费后的净缴款率都在10%以下。对个体户，阿根廷和乌拉圭都强制性要求加入养老金计划，而智利、哥伦比亚、墨西哥和秘鲁则是自愿加入。

这些国家的年金保险基金通常是由私营投资公司管理，但阿根廷和乌拉圭是由国有独资公司管理的。管理公司独立运作，成员可以自由转换管理公司。退休后，成员可以从最后一家管理公司以定期取款的方式领取养老金，也可以将个人账户余额转给保险公司然后以年金方式领取养老金。领取数额取决于缴费数量、投资回报、退休后的预期寿命等因素。

在改革过程中，一些国家利用财政收入弥补因转制而产生的差额，还有一些国家允许个人自由决定是留在旧体制中还是转入新体制。在阿根廷、哥伦比亚、乌拉圭，国家设立了最低福利的第一支柱。而且所有拉美国家都有自愿缴费的第三支柱，但这一支柱目前并不引人注意。在这一改革过程中，政府职能实现了彻底的转换。政府不再提供养老产品和服务，而只是对新的养老金体系进行监督，以确保养老金计划参加者的利益。为此一些国家成立了新机构"养老金监管机构"，但乌拉圭的养老金体系监管职能由国家中央银行承担，哥伦比亚则由银行监管部门承担。

政府监管的内容包括：年金保险的市场、金融、精算、法律、基金管理公司。政府通过授权、清算、制裁等手段控制基金管理公司的活动，通过制定法律条文以确保缴费、投资、回报、费用等环节的合理性。有的国家还向公众提供独立的投资建议，以帮助他们选择或转换基金。

基金管理公司将年金保险基金资产与自有资产分离，投资要避免集中在少数几个工具上，而且有责任保证与系统的平均回报挂钩的最低回报。

阿根廷等8个拉美国家养老金的有关情况如表4-1所示。从表4-1中可以看出，8个国家的年均投资回报率都比较高。其中墨西哥97.4%的养老金基金投资于政府债券，也获得了年均9.7%的回报率。墨西哥禁止养老金投资股票，显然与其国内的经济形势有很大关系。

表4-1 1999年底拉美国家养老金基金资产规模、
资产配置、投资回报情况表

国　　家	资产（亿美元）	占GDP（%）	政府债券（%）	金融债券（%）	企业债券（%）	股票（%）	共同基金（%）	海外投资（%）	其他（%）	1999年回报（%）	设立以来年均回报（%）
阿 根 廷	168	6	52.3	15.5	2.1	20.5	6.3	0.4	2.9	18.1	12.5
玻利维亚	6	7	67.2	32.8	0	0	0	0	0	12.8	9.2
智 利	345	54	34.6	33.2	3.8	12.4	2.6	13.4	0	16.3	11.2
哥伦比亚	29	14	40	31.6	21.8	3	0	0	3.5	N/A	11.7
萨尔瓦多	2	2	64.6	31.7	0	3.7	0	0	0	14.1	12.9
墨 西 哥	114	2	97.4	0.1	2.5	0	0	0	0	13.1	9.7
秘 鲁	24	4	7.1	39.3	15.4	37.1	0.6	0	0.5	18.7	7.3
乌 拉 圭	6	3	60.1	36	1.9	0	0	0	2	10.9	7.9

资料来源：中国银河证券有限责任公司资产管理总部"企业年金课题组"提供。

基金管理公司要向监管部门报告以下信息：自有资本、月度资产负债表、高管人员背景、基金净值与组合、回报和费用。基金管理公司也要定期向成员报告以下信息：期初基金单位数量；转走的类型、数量、日期；账户余额；月度单位净值变化情况、基金收益、费用、净收益（见表4-2）。

基金管理公司的收费方式有：在强制性缴费之外增加一部分缴费作为管理费，如智利、墨西哥和秘鲁；或者，在强制性缴费之中扣除一部分缴费作为管理费，如阿根廷、哥伦比亚、乌拉圭。

表4-2 1999年底拉美国家年金保险基金管理公司的统计情况表

国　　　家	管理公司 数量(个)	最大两家公司的 市场份额(%)	年金保险基金净 资产(亿美元)	年金保险基金净资产与 基金管理公司管理的 总资产之比(%)
阿 根 廷	13	36	9.14	5
玻利维亚	2	100	0.11	2
智 　 利	8	54	5.52	2
哥伦比亚	8	48	N/A	N/A
萨尔瓦多	5	64	0.27	13
墨 西 哥	13	40	9.85	9
秘 　 鲁	5	57	1.89	8
乌 拉 圭	6	67	0.16	3

资料来源：中国银河证券有限责任公司资产管理总部"企业年金课题组"提供。

　　基金管理公司的市场销售成本很高，约占其全部开支的50%。随着成员在不同基金管理公司之间转换频率的减少，这部分成本正在下降。

　　从拉美国家的实践经验来看，管理权和市场份额适当集中在几个基金管理公司手中，有利于监管和降低制度的成本，但这并不表明垄断和缺少竞争对市场是有利的，相反，政府通常鼓励竞争。比如，玻利维亚只有两只养老金基金供人们选择，当这两只基金的西班牙股东计划将其合并为一只基金时，政府出面强迫其卖出一只基金。

三、美国退休年金制度

　　美国现行的企业年金制度，主要架构为1974年由福特总统签署的《雇员退休收入保障法案》（Employee Retirement Income Security Act, ERISA），ERISA规定凡是符合基本要求的退休年金计划，企业（雇主）缴纳的退休基金就能以费用列支，达到减税的效果。

　　在企业年金的会计处理方面，美国财务会计准则委员会（Financial Accounting Standard Board，FASB）1985年发表了FASB87和FASB88公报，规定企业退休年金应付负债、各项资产收益及费用的认定必须明确表达在财务报表上，并于1987年开始实施。

（一）ERISA 包括的主要内容

1. 服务年限的规定

服务年限是决定参加企业年金计划的资格及权益的最重要的依据。ERISA 规定，员工在连续 12 个月内工作总时数如果超过 1000 小时，不论直接或间接的报酬，都应按服务 1 年计算。若属于季节性行业，则根据行业类别另作规定。有三种情形除外：（1）22 岁之前的服务年数；（2）员工自动放弃缴费的年金计划期间的服务年数；（3）企业年金计划实行前的服务年数。此外，ERISA 对服务中断（break in service）的年限计算也作了规定：在连续 12 个月服务计算期间内，员工累计工作时数（包括带薪病假的时数）未满 500 小时的视为服务中断。

2. 参加年金计划的资格

除服务年限外，年龄也是核定参加年金计划资格的条件，员工年满 25 岁且服务满 5 年以上者有加入年金计划的资格，或在达到正常退休年龄前已服务满 5 年以上者也有资格加入。对设定给付额和目标给付型（年金计划设立时已决定参加者在到达正常退休年龄后的预定给付目标，然后计算出所需的缴费额）年金计划，没有最高年龄的限制。

3. 受益权进度表

所谓受益权（Vesting Right）指参加企业年金计划的员工，在服务一段时期后，在退休之前离职时，企业年金个人账户上的退休金的部分或全部权益归该员工所有，员工自己缴费的那部分权益归员工所有。ERISA（1974）规定有三种受益权的进度安排表（Vesting Schedule）：（1）凡员工服务满 10 年后，受益权 100% 归属该员工。（2）凡员工服务满 5 年可获得 25% 的受益权，以后每满 1 年增加 5%，直至满 10 年后每年增加 10%，满 15 年后受益权为 100%。（3）凡员工服务满 10 年（或至少服务 5 年，加上实际年龄等于 45 岁，即：服务年数 + 实际年龄 = 45 年），则可以享受 50% 的受益权，以后每年增加 10%，5 年后拥有 100% 权益。退休金受益权进度表制度的建立为在职员工获得其退休金权益提供了一定程度的保障，也对雇主控制退休金的权限作出了严格限制。

ERISA（1996）对受益权进度表制度进行了修改：（1）凡员工服务满 5 年可获得 100% 受益权；（2）员工的受益权在 7 年中逐渐获得。ERISA（2001）对受益权的进度表制度再次进行了修改：（1）凡员工服务满 3 年可获得 100% 受益权；（2）员工在服务的前 2 年获得 20% 的受益权，在接下来的每年中获得 20% 的受益权，直至第 6 年获得 100% 的受益权。从两次 ERISA 修改的结果看，政府鼓励增加员工的流动性，因此，修改后的受益权进度表对员工的流动性约束大大降低了。

4. 税收规定

对符合 ERISA 规定的企业年金计划，实行优惠赋税。对雇主而言，在美国《国内税收法》（Internal Revenue Code，IRC）规定的退休金缴费限额内，可作为营业费用列支，不需缴纳所得税。

5. 年度报告书

ERISA 规定企业须将退休金的收支、运营方式，按年度以规定的格式向国税局提交年度报告书，主要内容包括：（1）除退休金计划参加人数在 100 人以下者外，均须提交退休基金的财务报表，并由合格的会计师审签；（2）对于退休基金的存取，必须由合格精算师审签，并将结果详细列明，并说明精算假设及方法。

6. 退休基金托管责任

ERISA 对退休年金计划的管理人和计划的顾问课以信托责任：（1）必须按指定的方法确定出 1 位至多位受托人，分别或联合拥有控制和管理权；（2）除由人寿保险公司管理外，应以信托方式保管。受托人应对投资运营结果负完全责任，但是若设立了投资委员会，受托人依其指示而进行投资所发生的损失，受托人不需要负责；（3）若人寿保险公司管理的退休基金是以保险契约或年金契约构成，人寿保险公司仍具有受托人身份，应符合 ERISA 受托行为的相关规定；（4）受托人不得将退休基金或其所得任意转移；（5）名义受托人将不得涉及基金管理的信托责任，它们只依照法定程序分配或委任管理权或管理人；（6）受托人应尽职尽责，对违反信托责任的行为而导致的损失应负完全责任，因不当使用基金资产而导致的获利应归属退休基金资产。

7. 退休年金计划终止

当退休年金计划终止时，ERISA 规定对退休基金资产的处置顺序如下：（1）员工自身缴纳的部分；（2）强制员工缴纳的部分；（3）属于已退休 3 年以上或退休计划终止时已具有退休资格的员工的权利；（4）退休给付保证公司所承保的给付；（5）其他（按受益权进度表归属的）既得受益权；（6）其他应付的受益权。

如按上述顺序处置全部基金出现资产不足给付时，则对在不足分配的这个顺序位置上的受益人采用比例分配方式处置。

（二）美国企业年金制度的发展趋势

传统上，美国企业年金多以固定受益制年金为主，而以固定缴费制年金为辅。自20世纪80年代开始，固定缴费制年金计划的人数和资产规模迅速增长，现在已经超过了固定受益制年金的规模而成为美国主要的退休年金计划，其发生变化的原因有：（1）随着中小企业数和就业岗位的增加，劳动力市场结构发生了变化。中小企业的岗位不如以前稳定，且雇主承受风险能力较弱，一般不愿意承担固定受益制的投资风险，同时员工的流动性较以往提高，他们更偏好便于携带的固定缴费制年金计划；（2）年金计划的监管较以往更加严格，增加了固定受益制计划的管理成本，并要求固定受益制企业年金必须加入政府开办的"退休金给付保证公司"（Pension Benefit Guarantee Corporation，PBGC），这项保费逐年提高。所以雇主为了避免固定受益制年金计划不断增加的管理成本，纷纷转向选择成本较低的固定缴费制年金计划；（3）出于企业财务管理风险和成本考虑，在固定受益制年金计划下，企业往往须缴纳较多的超额费用，依法只能在计划终止时才能取回，这部分超额资金的长时间占用对企业而言是低效率的和浪费的；（4）401（k）计划的盛行。401（k）下，员工缴纳一定金额至个人账户中，企业则根据员工的缴纳金额按比率相应缴纳一定金额至401（k）计划中。这种方式管理成本较低，很受雇主欢迎。

四、日本企业年金制度

日本企业年金分为：适格年金（又称为税收合规的养老金计划，the Tax Qualified Pension Plan，TQPP）、厚生年金基金和本公司年金三种。厚生年金基金又分为：雇员年金基金（the Employees Pension Fund，EPF）、强制性的雇员年金保险（the Employees Pension Insurance，EPI），福利与收入挂钩，由国家管理。

（一）适格年金

第二次世界大战后，日本的企业年金迅速发展，最大原因在于税收优惠的鼓励政策。日本于1962年仿照美国建立了企业年金制度，设立了"适格退休年金"税制，使日本的企业年金迅速发展起来。

所谓"适格年金"指具备一定条件的企业年金，如果某个公司的养老金计划满足了企业税收法规定的一系列要求，比如委托外部金融机构管理资产，就可以获得诱人的税收优惠，这类计划又称为税收合规的养老金计划（TQPP）。TQPP 计划依据雇主和雇员的集体协议，由雇主与外部金融机构签订管理有效的协议。如果证实养老金计划和协议符合一定条件，受托机构可以获得国家税务总局的批准，执行托管、投资管理以及福利支付等工作。

符合一定条件的适格年金可作为营业费用列支，免课税。其"一定条件"依法人税实行细则规定，主要内容有：（1）须以支付员工退休年金为限，计划的唯一目的是提供退休金。由雇主缴款，员工是受益人，在一定条件下，可依次给付。（2）企业年金如需保管于企业之外的"积存者"，必须先委托银行或人寿保险公司。（3）年金的缴纳与给付额应以正确的年金精算为基础。如预定死亡率、预定利率、预定离职率等。（4）退休准备金为支付年金之用，权利归员工所有，雇主不得要求返还。（5）万一遇到年金契约解除的情形，所有基金余额分配给员工。（6）关于加入资格、给付资格、给付金额及分期缴纳金额，不许有不正当的差别处理。（7）年金计划必须为长期计划。

（二）厚生年金基金

厚生年金基金（又称为"调整年金"）设立于 1966 年。日本的厚生年金是由国家管理的、为民营企业员工设立的年金，保险费由企业（雇主）及员工共同缴纳。厚生年金基金的形态（如图 4－1 所示）说明：（1）国民年金加入者为 25 岁至 59 岁的所有国民，由自己负担保险费。（2）企业参加的厚生年金基金分为两部分：一部分为代行部分（即由企业年金代行厚生年金的部分），EPF 由公司或商会或行业协会供款，可以替代一部分政府管理的 EPI。另一部分为加算部分，按规定加算部分必须为代行部分的 42.9% 以上。（3）厚生年金基金须经厚生年金保险的被保险人 1/2 以上同意，并征得工会同意，由雇主提出申请，经厚生大臣核准后再由企业设立基金会办理。（4）在厚生年金基金制度下，雇主和员工可享有的优惠政策为：A. 雇主承担的缴费部分视为费用开支，计入成本；B. 雇主缴纳的退休金部分不包含于员工的

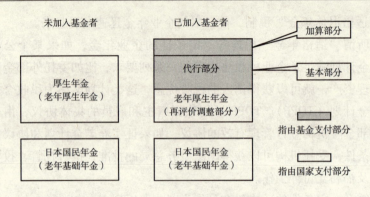

图 4 – 1　厚生年金基金形态

薪资所得；C. 基金的运营收益不包含于员工薪资所得；D. 员工所缴纳的退休金部分可享有所得税扣除；E. 基金（员工缴纳部分除外）超出国家公务员共济年金水准部分课征 1% 的特别法人税；F. 领取年金或一次性给付时才课征薪资所得税或退休金所得税。

建立了 EPF 的企业可以免除一部分向政府的缴费。除了替代福利之外，每一个 EPF 都要求有一定水平的补充福利。根据日本 1965 年《养老保险法案》，每一个 EPF 都是一个独立法人，而且管理 EPF 的董事会分别由雇主和员工选出相同数量的代表组成。作为独立法人，EPF 拥有法律赋予的权利并服从政府的监督和管理。比如，每一个基金的建立、终止或修改规则都要得到厚生省的批准。

EPF 有三种类型，为了保证基金的稳定，每一类 EPF 都规定了最低员工数量：（1）单雇主基金，由单个企业设立，要求拥有 500 个员工以上；（2）雇主联盟基金，由业务群内的企业联盟设立，要求拥有 800 个员工以上；（3）多雇主基金，由存在商业或区域共性的许多企业组成的企业协会设立，要求拥有 3000 个员工以上。

1980 年以前日本对 EPF 的资产管理有严格的规则，20 世纪 90 年代以后规则开始放松。传统的管制主要体现在两个方面：选择管理人和资产配置。1989 年以前只允许信托银行和人寿保险公司管理资金，1990 年以后允许投资顾问公司管理不多于 EPF 三分之一总资产的资金，1996 年这一限制放宽到 50%，1999 年 4 月限制被彻底取消。在资产配置上，1990 年后由比例控制法则向美英所采用的谨慎专家法则转变，允许管理人自由控制资产配置。EPF 的资产组合也开始由风险厌恶型向风险拾取型转变。

（三）本公司年金

本公司年金（又称"自营年金"）为企业自己开办的非适格年金，无须法律依据，雇主有较大的自由裁量权。该年金分为两种：一种为提存准备金，另一种为不提存准备金。前者将提存准备金委托给受托机构运营管理，而后者不提存准备金，直到员工退休时才给付退休年金。在 20 世纪 60 年代后开始由企业内部计账管理方式向交由外部基金管理的方式转变，但目前企业内部计账管理方式仍然占有约 45% 的比例。

（四）适格年金与厚生年金基金的比较

为了了解日本的年金结构，可将日本的企业年金做一比较，但由于自营年金各公司不同，且无法令规定，故在此仅比较适格年金与厚生年金基金。

表 4 - 3　适格年金与厚生年金基金的比较

		厚生年金基金	适格年金
企业规模		500 人以上，关联企业、同业等共同设立	15 人以上，依信托契约可在 100 人以上
年金形态		原则上为终身年金	定期年金和终身年金皆可
一次给付金的选择		在一定条件下可选择	可选择
税制处理	企业缴费	全额列为费用	全额列为费用
	个人缴费	社会保险费扣除	人寿保险费扣除
	积存金	超过代行部分的 2.7 倍相当额部分课征 1% 的特别法人税	积存金全部课征 1% 的特别法人税
	给付	给付全额列为所得课税 $\left\{\begin{array}{l}\text{年金为其他所得}\\ \text{一次给付金为退休所得}\end{array}\right.$	本人缴费扣除后的差额列为所得课税 $\left\{\begin{array}{l}\text{年金为其他所得}\\ \text{一次给付金为退休所得}\end{array}\right.$
运营方法		成立基金（特别法人），就基金的事务（如缴费、征收、记录、给付等）进行管理	企业委托寿险业、信托业管理
厚生年金一部分代行*		必要条件	无

注：*厚生年金基金代行厚生年金中的工资比例部分，即允许有厚生年金基金的企业从向厚生年金的缴费中抵扣一部分作为厚生年金基金的缴费。

资料来源：洪灿楠、洪鸿铭、许冲河、蔡璎琪执笔：《年金保险》，台北财团法人保险事业发展中心，2002 年 12 月，第 81 页。

五、几种企业年金管理制度的比较

从以上不同地区和不同国家的养老保障制度的改革和企业年金制度的发展来看，都在压缩第一支柱的规模，扩大第二支柱的规模。许多国家试图利用企业年金机制上的效率优势来改革低效率的第一支柱。第一支柱受到的冲击不仅仅是运营效率的低下，更为重要的是人口老化、人口寿命的延长、经济不景气等因素的影响都使得第一支柱出现巨额的赤字。此外，新兴工业化国家和地区如新加坡实行的是强制性企业年金缴费和国家管理制度，而在日本的企业年金制度中，厚生年金是由国家管理的，企业自行举办的年金可取代其中的一部分（即"代行部分"），但代行部分最高不得超过该企业年金基金的57.1%，加算部分至少应占企业年金基金的42.9%。

从各国企业年金制度的积累模式看，企业年金的积累模式分为现收现付（PAYG）和完全积累（Funded System）两种，现收现付模式主要是固定受益型年金，其缴费额主要依赖于精算师的计算，企业承担了较大的投资风险和缴费不足的风险，现在企业年金发展的趋势是固定缴费型企业年金。从风险的分担机制看，逐渐由国家转向企业，并逐渐由企业转向员工个人，这实际上也是一种效率机制的作用结果。一方面个人承担的风险越大，其预期收益也相应增加，另一方面员工个人的流动性增加了。

世界各国的企业年金制度，不论是强制性还是非强制性，由国家管理还是由企业管理的企业年金，都有一个共同的特点：国家实行税收优惠。国家通过税收优惠制度来鼓励企业年金的发展，但对年金享受税收优惠的条件实行一些限制，只有那些适合条件的员工和企业年金才能享受优惠。各国对企业年金还制定了相关的法律予以规范，如美国的《雇员退休收入保障法案》（ERISA）对企业年金的企业缴费部分的所有权制定了"受益权进度安排表"，对企业和员工双方都进行了约束。美国政府还设立了退休金给付保证公司（PBGC），主要是针对固定受益型企业年金，以保证年金给付的稳定性。

表4-4 美国、德国、英国企业年金制度的比较

	美 国	德 国	英 国
财政方式	提存方式	薪资缴费退休金	提存方式
投保比例	62%	65%	49%
年金种类	确定给付 确定保费	确定给付(年金契约、援助基金、年金基金、直接保险) 确定保费	确定给付 确定保费
雇员缴费	有	年金契约、援助基金无;年金基金、直接保险1/3	有
领取资格	在职5年为100%	35岁以上投保10年以上或年资12年投保3年以上	在职2年以上
收入替代率	80%	80%	86%
一次性给付选择	确定保费型可以	非一般性做法	限额为年金价值的1/4
通胀调整	不确定	3年1次	以3%为线
通 算	可以		可以
税收(雇主)	一定额度视为成本	一定额度视为成本	一定额度视为成本
雇员缴费额	课税(延税)	一定额度内非课税	一定额度内非课税
年金给付	雇主负担部分应课税 员工负担部分非课税	年金基金、直接保险的利息部分及年金契约、援助基金应课税	非课税

注：①收入替代率为40年投保公共年金与企业年金的合计。

②年金契约：一种对雇主的直接年金约定，雇员拥有法律权利。企业设立个人账户加以管理，企业可自由运用该资金于各项投资。

援助基金：法律上援助基金为一特别资产的独立机构，不受保险监管，可自由投资。资金来源由雇主缴款与投资收益构成。

年金基金：年金基金为相互保险公司形式，法律上为独立机构。企业可将储蓄基金用于自身融资，但受到政府监管。有些要求雇员缴款。

直接保险：投保人为雇主，受益人为雇员。资金基础为雇主一次性或定期缴纳的保费，企业可借用部分积累资金。

资料来源：[日]田近荣治、金子能宏、林文子著，张秋明译：《年金之经济分析》，台北财团法人保险事业发展中心，1999年10月，第213页。

比较各国的年金制度结构，有以下特点：

（一）公共年金的替代率往往高于企业年金的替代率

公共年金的替代率大多在40%左右，美国、德国、英国、日本四国中，替代率最高的是德国的公共年金，在60%左右。美国的公共年

金制度 OASDI 的覆盖率非常高，达 95% 以上，平均替代率约为 42%。企业年金采取民营和政府鼓励的方式发展，也有采用强制性和半强制性方式管理的企业年金。企业年金的替代率大多在 15%~30% 之间变化。

（二）对待雇员和自营业者存在差异

美国的公共年金制度 OASDI 的保费征收和支付均统一由政府管理，并对自营业者和雇员采用统一的制度。德国是按职业类别设立年金保险制度，并非统一管理。年金保险费的征收按收入比例征收，支付也是如此，对自营业者和雇员实际是一样的，退休前后的收入差距没有什么差异。

英国、日本的年金制度对待雇员和自营业者有差异。日本的自营业者采用定额缴费制度，而英国则是规定自营业者采用定额保费加上定率保费的综合制度（如英国 1988 年规定自营业者每周 4.05 英镑的定额保费 +6.3% 收入的定率保费）。

（三）报酬比例部分的差异

德国公共年金制度是以报酬比例方式取代退休前所得（即替代率），但是中低收入者的替代率几乎一样，而高收入者替代率偏低。美国的公共年金不是根据报酬实施比例给付，低收入者比高收入者的养老金替代率高。例如，某人的收入为平均收入的 1/2，其养老金替代率为

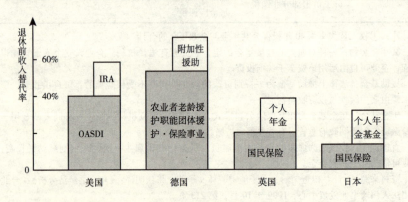

图 4-2　雇员年金制度

注：图中深色部分为公共年金。

OASDI：Old-Age, Survivors and Disability Insurance（老年，遗属，残疾保险），即美国国家基本养老保险制度。

资料来源：［日］田近荣治、金子能宏、林文子著，张秋明译：《年金之经济分析》，台北财团法人保险事业发展中心，1999 年 10 月，第 206 页。

57.4%；收入为平均收入 2 倍者的养老金替代率则为 24.6% 。① 由此可知，美国的公共年金制度的再分配功能较强。

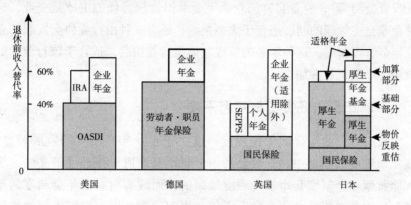

图 4 − 3 自营业者年金制度

注：图中深色部分为公共年金；适用除外是指用企业年金取代公共年金而获得的年金保险费免除。

SERPS：State Earning-Related Pension Scheme（与收入相关的年金计划）。

OASDI：Old-Age，Survivors and Disability Insurance（老年，遗属，残疾保险），即美国国家基本养老保险制度。

资料来源：[日] 田近荣治、金子能宏、林文子著，张秋明译：《年金之经济分析》，台北财团法人保险事业发展中心，1999 年 10 月，第 206 页。

第二节 在公共年金制度框架下建立企业年金制度是中国的必然选择

在不同的制度框架下建立起来的企业年金制度，其主要区别在于其管理体制的不同。如建立在社会养老保障制度下的企业年金制度，其缴费具有一定的强制性，其承担管理责任的主体是国家或其授权管理机

---

① [日] 田近荣治、金子能宏、林文子著，张秋明译：《年金之经济分析》，台北财团法人保险事业发展中心，1999 年 10 月，第 207 页。

构；而建立在商业养老保险制度下的企业年金制度是自愿参加的，规模有限，其承担管理责任的是商业性的金融机构（如保险公司、银行、信托投资公司等）；企业自办的企业年金承担管理责任的主体是企业，这种企业自主管理的制度适合于大型企业；还有一种由行业协会发起的企业年金管理制度，这种年金的管理主体是行业协会，适合于该行业内的众多中小型企业参加。

一、年金市场失灵与政府干预

政府对企业年金的干预程度，取决于企业年金制度的发展需要。在年金制度的框架中，一般公共年金制度是政府干预程度最高的，个人储蓄型年金制度是市场化程度最高的，而政府对企业年金制度的干预程度则是介于公共年金和个人年金之间。有些国家根据本国的实际情况，选择了类似个人年金管理制度的"市场化管理"模式；也有一些国家选择了类似公共年金管理制度的"政府干预"模式。政府干预模式的主要特征是强制性缴费，并且有比较严格的法律制度作保证，而政府干预企业年金制度的原因是"市场失灵"。原则上，每个人可以自行决定他的收入在不同阶段中的消费分配，并且通过早期储蓄使其能够在退休后（工资收入终止后）继续消费。但是完全由个人自由安排收入将会出现一些问题，如：个人短视、谨慎防备、年金市场失灵等问题，而且这些问题具有普遍性，严重者将会影响社会稳定。

（一）个人短视

短视是由于一些人在做经济决策时不太重视未来消费的效用。也就是说，年轻人很少考虑他们退休时的消费需求，平时积蓄较少。但是，到了老年时期当他们发现消费水准因过少的储蓄而大幅度下降时，已经为时太晚而无法纠正。

有一些年轻人对未来充满幻想，往往会高估他们未来的收入，而对老年生存的年限估计不足（预期寿命低估），这都可能导致年轻时储蓄不足。有效的政府干预可以抵消短视所造成的不良后果，政府干预促使人们在其工作期间多存些钱，以便退休后享受更高的生活水平。

（二）谨慎防备

政府长期以来被假定负有保障老年人和弱势群体最低生活水平的某种责任。但是，这一最低保障的存在造成了道德危机，即一些社会成员决定依赖这一最低福利（这一水平越慷慨，风险就越大），而不是自己预先做好退休准备。谨慎的社会成员的优势被剥夺，他们不仅需要为自己的退休付费，还要为那些不谨慎者付费。如果政府迫使所有的有收入者为退休进行一定的缴费，谨慎者可以达到保护自己的目的。[①] 此外，过于谨慎者，由于对未来收入预期比较悲观，将工作时的消费压缩至较低水平，即使在退休后，由于对自己存活年限无法预期也会导致消费水平较低，谨慎者死亡后可能留下一大笔遗产，但谨慎者自己一生的效用非常低，政府的干预将对其生活状况有所改善。

（三）年金市场失灵

人们在考虑退休储备时，仍然有一些不确定的因素无法应对。这包括：（1）未来经济增长率、投资回报水准；（2）退休后的预期余命无法确定；（3）退休时的价格水平无法确定，即退休金购买力无法确定。

二、中国企业年金制度应选择政府干预程度较高的管理模式

中国目前较高替代率的公共年金直接制约着企业年金的发展，如果不降低公共年金的替代率，企业年金就没有发展的经济基础。究竟是先将公共年金部分降低后再发展企业年金，还是先发展企业年金再降低公共年金？显然中国应选择先发展企业年金。随着中国经济发展、人民生活水平和收入的提高，原来公共年金制度保障水平将相对降低，如果考虑到通货膨胀因素的影响，公共年金的替代率水平将下降更快。此外，工薪阶层隐性收入增长的速度远远高于工资增长速度，也会导致公共年金替代率的大幅度降低，这为企业年金制度的发展创造了条件。

由于中国企业年金制度与公共年金制度的发展联系非常紧密，同时

---

① 劳伦斯·汤普森（Lawrence Thompson）著，孙树菡等译：《老而弥智——养老保险经济学》（*Older & Wiser – The Economics of Public Pensions*），中国劳动社会保障出版社 2003 年 1 月第 1 版，第 20 页。

考虑到制度转变的成本等诸多问题，因此，本书的观点认为：中国企业年金制度建立在社会养老保障制度框架下是必然的选择。所谓建立在社会养老保障制度框架下，主要是指宏观管理制度采用公共年金的一些强制性手段、借用公共组织机构对企业年金实施监管，并利用企业年金制度的市场化投资管理模式提高运营效率。

中国企业年金制度建立在社会养老保障制度框架下，选择政府干预程度较高的管理模式，主要有以下几方面的原因：

（一）中国年金制度改革的路径决定了企业年金的管理制度

中国年金保险制度改革是从非市场经济（或计划经济）模式逐步向市场经济模式过渡，在这种演变过程中，中国选择的阶段性目标模式更接近非市场经济模式（社会基本养老保险模式）。这一点不同于一些西方发达国家，它们是在较发达的经济基础之上，对市场经济模式的养老保险制度进行的改革，其阶段性目标模式更接近于市场经济模式。因此，大多数西方国家的年金制度是建立在商业养老保险制度框架下的；而一些发展中国家或新兴工业化国家和地区的企业年金制度则是一部分选择建立在社会养老保险制度框架下，一部分选择了建在商业养老保险制度框架下。

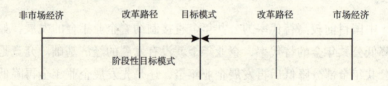

图 4 - 4　养老保障制度转型的路径

（二）企业年金管理模式的选择受制于其功能和性质

由于企业年金的管理属于信托管理，是一种契约关系。尽管目前很多国家将企业年金仍称为年金保险，这与社会保险和商业保险的区别类似，都叫保险但本质的差异则非常大。个人储蓄性年金作为商业养老保险，一部分是商业信托型年金，另一部分是商业养老保险产品，前者是一种与企业年金在不同需求层次且由个人单独缴款的信托年金，后者则是一种商品，保险公司与受益人之间的关系是一种商品的买卖关系。因此，企业年金与个人储蓄性年金不仅不在相同的需求层次上，而且管理模式也有较大差异。从企业年金的职能上看，其功能主要为保障老年时期的经济收入，同时也具有一定社会功能。企业年金制度运行过程是一个以企业为单位的集体行为，具有直接维持企业稳定和间接维持员工家庭生活稳定的功能，故企业年金制度不仅是一种经济制度又是一种社会制度，其相应的职能需要相应的专业性政府机构来实施监管。企业年金制度框架中的受托人，可能涉及商业保险公司（归口中国保险监督委员会管理）、信托公司和银行（归口中国银行业监督管理委员会管理）、投资管理人中的基金管理公司或证券公司（归口中国证券监督委员会管理）等，如果按照受托人的性质来分别归口到不同的政府管理部门，则企业年金的管理将出现不同的管理模式或多头管理行为。这种多头管理的混乱局面将不利于企业年金制度的发展，因此笔者认为从职能上企业年金应归属专门的养老保障管理的政府机构"人力资源和社会保障部"负责监督管理，而不是按照受托人所在行业的业务性质来划分监督管理主体。同时，企业年金具体运营中涉及的有关业务活动将受到有关的政府部门的监管。

（三）长期形成的对公共年金保险制度的依赖的选择作用

由于中国年金制度的偿付能力呈逐步降低趋势，因此对现行年金制度的结构调整势在必行。所谓结构调整实质上就是对公共年金保险制度的改革，改革目标是逐步减轻国家的负担，降低基本养老保险（公共年金）的退休金替代率，增加企业年金的替代率。由于中国企业长期实行计划经济下的养老保障，使得企业员工对国家基本养老保险有较大的依赖性，因此，员工对商业化年金养老保险模式缺乏信心，而且大型骨干的企业多为国有企业，因此企业自办年金与国家主办没有实质性的差异。

（四）大量中小型、劳动力密集型私营企业发展企业年金需要强制力推动

大多数中小型私营企业属于劳动密集型企业，管理不规范，多数私营企业主对企业年金持消极态度，因此需要强制性的推动和管理。同时，中国商业保险、银行等金融机构由于自身规模的限制，运营效率的不确定性较大，企业员工对这些金融机构的管理水平、风险的承

受能力感到担忧，这些因素将阻碍中国企业年金的商业化模式的快速发展。如表4-5所示，日本企业规模（仅考虑就业人数）越小，则加入企业年金制度的比例越低，且已加入企业年金的企业采用年金给付形式的比例越低，采用一次性给付形式的越多。由于中国大多数企业都是1000人以下的中小型企业，因而在中国需要实施强制型企业年金。

表4-5　日本私营企业实行企业年金的情况

年　　份	实施企业年金的企业(%)	第1种给付方式:一次性给付	第2种给付方式:年金形式	第3种给付方式:混合型
1971	90.8			
1975	90.7			
1978	92.2			
1981	92.1			
1985	89.0			
1989	88.9			
1. 员工1000人以上企业	90.5	13.6	73.9	12.5
2. 员工在300~999人之间企业	98.6	26.9	56.7	16.4
3. 员工在100~299人之间企业	94.1	40.8	46.2	13.0
4. 员工在30~99人之间的企业	86.1	55.7	34.0	10.2

资料来源：山崎泰彦：《日本社会保障制度》，1993年日文版。转引自：吕学静编著：《日本社会保障制度》，经济管理出版社2000年4月第1版，第26~27页。

中国企业年金发展的环境决定了企业年金的管理制度。中国企业年金的规模仍然很小，企业年金没有被大多数企业当作吸引和激励人才的机制，企业年金对大多数企业而言是一种可有可无的附加制度。只有当多数企业认识和加入企业年金制度，并且把企业年金制度当成是企业管理制度中不可缺少的组成部分时，企业自觉设立和发展企业年金的动力才可能产生。如果只有少数一些企业不采用企业年金计划，这些企业的人才稳定性就很差。特别是高科技企业或因企业发展需要高科技人才的企业更重视人才的激励机制，当社会多数企业加入企业年金制度时，就会形成对少数企业人才流失的环境压力。

（五）企业和劳动者的双向选择也是企业年金管理制度的影响因素之一

中国人口众多，劳动力资源丰富，不仅有大量的农村劳动力进入城镇企业，而且城镇现有的劳动力中存在大批失业者。因此，劳动力对企业的选择权较小，而企业对劳动者的选择空间较大，这种状况不仅使企业压低了劳动力价格而且不会主动考虑企业年金计划，这就需要外力的干预来实现企业年金制度的发展。

通过对上述五个方面原因的综合分析，我们有理由认为：选择在公共年金保险制度框架下建立企业年金制度是中国企业年金制度发展的必然选择。无论是选择哪种制度架构，最关键的一点就是必须考虑是否有利于企业年金制度的发展。

第三节 中国企业年金管理制度模式设计

一、企业年金制度当事人之间的关系及职能

企业年金是与企业主（企业法人：缴款人）和该企业员工（自然人：受益人）有关的养老金，一般由企业提供资金，有 DC 和 DB 两种类型，企业员工是受益人。企业年金管理制度涉及的当事人众多，关系复杂，但各自的职责明确，分工科学（中国企业年金制度框架设计，参见后文图 4-5、图 4-6）。从世界各国的企业年金制度看，制度涉及的当事人的划分主要是依照他们的工作性质和职能进行划分的，尽管企业年金管理制度涉及的当事人较多且他们之间的关系复杂，但各主体之间的法律关系只有两类：

（一）委托人

1. 企业主

企业主提供企业年金计划的缴费，设立或参与企业年金计划，指派受托人。由于企业主是企业年金计划的缴款人（唯一缴款人，或与该企

业员工共同缴费），在不同的企业年金管理制度中有不同的称谓，如缴款人、参保人。在美国，如果采取团体年金合同形式设立养老金计划，则不需要受托人，企业主有权直接选择资产管理人、账户管理人、托管人等专业机构。

2. 企业员工

企业员工是企业年金计划的受益人。在澳大利亚，如果年金计划参加成员数目在 5 个以上，50% 的受托人应由员工选出。在美国，企业员工在企业主限定的资产管理人范围中有自由选择资产管理人和投资产品的权利，但在澳大利亚，员工往往没有这项权利。

（二）受托人

1. 企业年金基金会

企业年金基金会可以是独立法人，也可以是非法人组织负责管理企业主和员工的一块独立的用作退休金的资产。企业破产或者员工清偿个人债务，都不能动用该基金的资产，从而保证养老金的安全。基金会是一种类似于股份制企业的组织形式，基金会的管理人是受基金所有人的委托而负责基金运营事务。基金会又称为代理人或受托人。

2. 受托金融机构

受托管理企业年金的可以是基金会也可以是其他专门管理机构（政府有关部门规定的合格的管理机构），如信托机构、保险公司或银行。受托金融机构也简称为受托人。在澳大利亚，受托人是一个独立法人（single responsible entity），可以是自然人委员会，也可以是拥有自己董事会的公司型组织，受托机构本着竞争、勤勉、谨慎、诚实和始终服务于成员的最大利益的原则管理成员的资金。受托人可以自己进行养老金基金的投资管理（如图 4 - 6 所示）和账户管理，也可以选择专业投资管理机构（如图 4 - 5 所示）、账户管理机构和托管人并委托它们承担相应的职能（注意这里是委托（outsource）而不是信托（trust），这是两个不同的概念。"委托"只发生职能上的转移，不发生财产权的转移，而"信托"则要发生财产权的法律转移），但受托人（作为第一受托人）要承担对基金管理的最终责任，为此受托人有对专业协作机构的监督义务。正因为受托金融机构或专门养老金管理机构的责任重大，一般情况下，各国政府对受托人都有严格的要求，不仅对他们的资产规模、资信有严格的要求，而且对他们的管理水平和诚信也有很高的要求。

3. 投资管理人

投资管理人专业从事投资活动，为养老金提供多样的投资工具。目前投资管理人的潮流是向"一站购齐"方向发展，希望委托人（投资者）在转换投资产品时能够在自己所管理的投资基金品种中转换，而不会转到别的投资管理人旗下。投资管理人还有扩展其他职能的趋势，比如发起设立单位信托基金并承担建立受托人组织的职责、开展个人账户管理业务等等。

4. 账户管理人

账户管理人负责个人账户的投资记录，并与委托人（直接委托人或间接委托人：如果接受的是基金会或信托机构的委托则视为间接委托；接受账户所有者的委托则为直接委托）保持通信联络，定期向委托人提供账户余额对账单和年度总结报告。

在美国，账户管理人和投资管理人往往是一家公司；在澳大利亚、智利等国，账户管理工作由受托人承担；在新加坡、瑞典、保加利亚等国，账户管理工作由政府机构承担。

5. 托管人

托管人负责保管企业年金资产，保证企业年金资产不被挪用或被提前支取。监督投资管理人的投资行为，并向企业年金基金受托人报告投资收益情况。一般托管人由银行担任。

（三）受托人责任——以美国为例

美国《雇员退休收入保障法案》（ERISA）专门规定了这些受托人的职责。受托人有关退休计划资产的责任涉及接受、经营、投资或使用计划资产。一般来说，受托人必须总是以计划参与人的利益行事，并按计划文件和 ERISA 审慎行事和对退休计划进行多样化投资。

ERISA 将可以视为受托人的范围大大地超出了托管人的范围。退休计划受托人是指任何对退休计划资产的管理和使用有处理权和控制权的人员。根据 ERISA，不要求他是计划文件上称为受托人的人员，只要某个人行使必要的处理权或控制权，他或她就可以看成是受托人，不管其头衔。如，在一个 ERISA 案例中，退休计划的会计通常不被看成是受托人，但当他们由于公司官员没有其他任何人有会计知识和了解 ERISA

法律有关进行交易结构调整的规定而提出交易建议、调整交易结构和提供投资咨询，其程度已对退休资产施加实际控制时，就被看成是受托人。

一方面，只要一个人履行必要的权力或控制时，那么他通常就成为受托人。另一方面，有些职位则没有发现其对企业年金计划的作用，怎么也被认为具有受托人的地位？美国劳工部观察到诸如企业年金计划的行政管理者或托管人中的一些职位会对年金计划产生影响，一般也要求这些职位的承担者成为受托人。第三，ERISA 的解释尽可能广，以便尽量将更多的人界定为受托人。因此，实际上没被任命为企业年金计划托管人的人员，如被判认担当企业年金计划托管人 5 年以上并反复以托管人的正式身份采取行动，则被普通法院看成是该企业年金计划受托人。

如果某一受托人故意参与了另一受托人违反其职责的行为，则该企业年金计划的受托人要为该计划的另一受托人违反受托人责任的行为负责。例如，A 和 B 是共同受托人而且受托条款规定他们不得从事期货投资。如果 A 建议 B 投资部分计划资产于期货而且 B 照此做了，则 A 和 B 都要为违规负责。如果某一受托人故意隐瞒另一受托人的违规行为，则该受托人也要为企业年金计划的另一受托人违反受托人责任负责。例如，在前面的情况下，B 对期货进行投资，而后告诉 A，如果 A 隐瞒这一投资，则 A 和 B 都要为违反受托人责任负责。此外，如果由于一受托人未能审慎履行自己的职责而导致另一受托人违反责任，该受托人也要为退休计划另一受托违反受托人责任负责。如，A 和 B 是共同托管人并共同管理计划资产。A 不适当地允许 B 单独看管计划资产并对 B 的行为不予质询，B 得以变卖资产并贪污所得。A 要为违反受托人责任负责。

如果企业年金计划资产由联合受托人管理，则每一受托人都有管理和控制这些资产的责任。不过，ERISA 允许通过书面计划和受托文件来分配联合受托人有关企业年金计划管理和控制的具体职责和责任。例如，受托文件可以规定托管人 A 管理和控制企业年金计划一半资产，托管人 B 管理和控制企业年金计划另一半资产。同样，受托文件也可以规定可以通过受托人间的协议分配具体的职责。例如，一受托人可以保管企业年金计划资产，而另一受托人承担企业年金计划资产直接投资的责任。在此情况下，受托文件有必要特别描述联合受托人之间分配的职责，未被分配职责的联合受托人对另一联合受托人分配职责内的行为造成的损失不负责任。

广泛确定谁将成为受托人，并让他们对其行为及其他受托人的行为负责，有利于提供一种检查和制衡制度。这一制度可以防止受托人不以企业年金计划参加人的利益为重，而以其自己的利益来经营企业年金计划资产的现象发生。

各种受托人规则可以分为两大类，一类是那些给予受托人许可做的事情（一般肯定职责）的规定；另一类是禁止受托人从事某些交易或活动，后者在 ERISA 中称为禁止交易规则。

肯定的职责包括以下责任，如选择适当的投资，适当分散投资，确保企业年金计划有支付养老金的足够流动资金，务必使计划获得合理的收益，以及就企业年金计划进行的管理和制定行政决策并采取的行动。这些职责同适用托管人的普通法规则中关于托管人的职责非常相似。ERISA 要求受托人的行动小心、讲技巧、审慎和勤奋，像一个以同样身份和熟悉此类事物的审慎人在当时普遍的情况下、在类似性质和有同样目标的企业行动时，可能做出同样选择。因此，通过参考类似性质和有同样目标的企业，ERISA 提供了灵活性，确认规模、性质和流动性上的差异在企业年金计划的运营目标中可能发挥重要作用。例如，为了确保支付退休金，受保者年龄较轻同年龄较大的计划对流动性的需要就不同。

受托人并不是对所有投资失败都严格负责。在适当考虑受托人知道或应该知道的事实和情况后，看其是否符合审慎要求，然后才与具体的投资行为相关。适当考虑的内容包括受托人确定具体投资作为整个企业年金计划的一部分是否设计合理，以进一步实现计划的目标。因此，根据企业年金计划投资组合的构成和该计划履行其义务的总体需要，一项风险投资不一定是不审慎的投资。审慎通常通过受托人调查的范围、勤奋程度以及通过衡量受托人的业绩是否同企业年金计划的需要和目的一致来判定。因此，如果受托人未能进行充分的调查可能会使本来是良好的投资失败。例如，在一个 ERISA 案例中，受托人以"可靠的市场分析"为基础,决定投资长期政府债券,这一决定为计划提供了无风险的投资,但是,法庭认为违反了审慎职责,因为受托人未能调查计划对流动现金的需要,而长期政府债券通常是难以变现的投资。

此外,ERISA 还规定了受托人应分散投资以最大限度地减小大规模损失的职责,只有在很明显是审慎的情况下除外。ERISA 没有规定可以投资某种类型债券占总资产的固定比例,因为审慎受托人必须考虑其管理的年金计划自身的实际情况及与投资有关的环境状况的事实和情况。ERISA 列举了受托人必须考虑的因素,包括企业年金计划的目的、投资规模、经济和市场条件、投资种类——借款或证券、投资的地理分布。受托人一般不应将企业年金计划资产组合不合理地较大比例地投资于某一种证券、某一类型的证券、依赖于某一个企业成功的各种证券或依赖某一地区条件的各类证券。

ERISA 还对计划受托人规定了肯定的诚实职责。因此,受托人必须完全出于为参加者提供利益的目的来履行其职责。广泛的禁止交易规定对这一警告进行了补充,旨在防止受托人按自己的利益而不是完全出于计划参加者的利益来经营计划资产。

禁止交易规则禁止受托人同其相关者之间进行交易。这些是一套独特的规定,不像肯定职责,它们在普通法中找不到根据。例如,禁止交易规则规定:禁止受托人将企业年金计划资产卖给相关者(如其家人、亲戚朋友等),即使企业年金计划能从此资产买卖中实现完全价值。相关者的定义较广,包括那些为企业年金计划提供服务者,如精算师、会计或律师、雇主、家庭成员或其他相关的经营实体。禁止的交易种类涵盖各类涉及经营计划资产的典型交易,包括买卖或交换计划资产和租借、借贷或转让计划资产。另外,禁止交易规则还禁止不相关者之间的酬金,所以,如受托人知道他将能从不相关者处获得酬金而进行一项允许的交易时,就适用禁止交易规则。因为禁止交易规则中禁止受托人从事一些非常普通的交易,因此,ERISA 规定了许多特定的例外。此外,如果希望进行某项交易的各方能证明交易有利于退休计划参与人的最大利益,美国劳工部可以给予规则的例外许可。

同上面描述的肯定职责一样,美国劳工部或企业年金计划的参与人可以对违反禁止交易规则的受托人提起上诉并收回(信托)许可。但不同于有关肯定职责的规则，美国国税局也可以进行税收评估。税收系指执行税并且是根据受托人和每一涉及禁止交易的各方的情况进行评估的。

随着经济的发展，人们的寿命越来越长，退休也相对提前。这使得对退休后生活的筹划比以往更加重要。可供选择的"企业年金计划"也越来越多，实际上，不同的"企业年金计划"就是不同的投资工具的体现，这就要求人们对各种退休金计划要有较详细的了解，才能根据自己的实际情况选择合适的"企业年金计划"。在对退休金计划的选择过程中，对退休金计划的管理公司的了解是非常必要的，这种选择不仅包括企业年金计划的设计，而且应注重年金管理公司的资本实力、内部管理情况、基金运作人员的专业水平等。

年金计划主要由两部分组成：工作期间的储蓄或投资，退休以后对个人资产的管理。个人退休以后，个人退休金的计划和管理并没有结束。在退休以后，人们通常要求企业年金提供的养老金达到就业时收入的60%~80%，以保证一定的生活水准。大多数人，在国外都是通过以下方式筹集自己的退休金：（1）公共年金；（2）企业年金（企业养老金计划）；（3）个人年金，即个人储蓄或递延纳税退休金计划。企业年金以及公共年金并不能保证舒适的退休生活，仍需个人储蓄或递延纳税退休金计划相辅助。

（四）监督人

监督人为政府监督部门或政府授权的监督机构，负责对企业年金制度的运营过程实施监督管理。监督人主要有：（1）企业年金的主管部门；（2）资本市场的监管部门；（3）受托机构的监管部门；（4）税收监管部门。

二、企业年金投资管理模式

由于中国的企业年金管理依然没有形成一个成熟有效的管理模式，仍然处在探索性试验阶段，这给我们研究和设计新的企业年金管理模式提供了一个难得的机遇。因此，笔者借鉴和综合世界各国的企业年金发展的经验，尝试设计了企业年金管理的框架图。从企业年金涉及的参与主体来看，宏观管理主体的法律上的角色可以分为三类：（1）委托人；

（2）受托人；（3）监督人。他们之间相互作用的目标是：一方面提高企业年金资产的增值效率；另一方面就是确保年金资产的安全。从企业年金的微观运营来看，主要是委托人和多个受托人之间的权责分配和相互约束，目标是控制运营风险。

根据企业年金的第一受托人对基金管理的方式可分为：间接投资管理型企业年金和直接投资管理型企业年金。

（一）间接投资管理型

由于受托人的权责明晰和专业分工，确保了企业年金的增值效率与资产安全。这里间接的投资管理，主要是将第一受托人（基金会或年金管理公司）与投资管理人的职责分开。第一受托人的具体职责是协调各主体之间的关系，并承担微观运营的监督职责（相当于企业的某项工程的总承包人），承担最终的年金资产的运营责任。

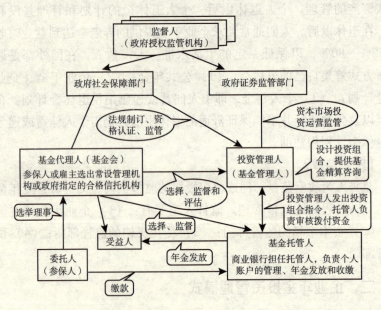

图 4-5　中国企业年金管理制度模式——间接投资管理型

（二）直接投资管理型

直接投资管理的模式是由企业年金保险基金会或第一受托人直接进行投资管理，基金会的内部机构设置中设有投资管理部。

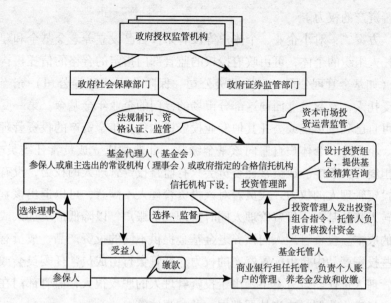

图 4 - 6 中国企业年金管理制度模式——直接投资管理型

注：图 4 - 5 与图 4 - 6 的主要差异是投资管理人是否具有独立的法律地位，这不仅关系到投资管理是否按市场化模式运营，而且还涉及多个受托人之间的相互制约。

上述两种投资管理模式设计的主要差异是投资管理方式，如果由第一受托人（基金会或信托机构）内设专门投资管理部进行投资，则为直接投资型管理；第一受托人委托本机构之外的专业投资管理机构负责投资，则为间接投资管理型。这两种管理模式中，从专业分工可提高效率的原则上看，专业化投资机构对提高企业年金资产增值能力应该更好一些，而且增加了一道制约和监督环节，更有利于企业年金资产的安全。因此，笔者倾向于选择间接投资管理模式。

投资管理模式有两种可供选择的方案：

方案一：由企业或行业协会设立养老金基金并建立受托人组织。受托人可自己管理账户，充分利用与雇员的先天的职业联系。而投资管理工作则应完全委托给专业资产管理人，因为受托人自己缺乏专业人才和投资经验。为此，受托人有选择、监督、更换资产管理人和托管人的权力。投资管理人提供不同的投资产品，受托人有在这些投资产品中自由配置资产的权力。

方案二：对小企业、个体户等没有条件自己设立养老金基金和建立受托人组织的个体，可由政府授权的监管部门指定的合格的信托机构管理（如基金管理公司、信托投资公司、保险公司或证券公司）充当第一受托人，发起设立面向这部分市场的专门的企业年金基金。第一受托人可自己独家承担或委托其他专业投资机构负责年金资产的投资管理工作。小企业、个体户自愿向该基金缴款，并选举成立成员常任委员会，承担委托人职能。成员常任委员会只有监督投资管理人的权力，没有更换投资管理人的权力。成员若对该投资管理人不满意，可以退出该基金和转入其他基金。投资管理人同时管理成员账户，以降低成员加入或转出的成本。投资管理人向该养老金基金提供不同的投资产品，成员有在这些投资产品中自由配置资产的权力。托管银行由成员常任委员会或投资管理人选任。该方案中，由于投资管理人的职权很大，监管部门在签发市场准入执照时应当从严掌握，并加强监管。

大企业或行业协会如果不愿自己设立养老金基金的，也可选择方案二，即加入由投资管理人（基金管理公司、证券公司的资产管理部）发起设立的养老金基金，但其权力应当与其他成员相同。它所获得的好处可能是减少了自己设立养老金基金所需要的开办费和管理成本。至于具体选择加入哪一个养老金基金，可以由企业或行业协会团体决定（类似美国的团体年金计划和日本的 TQPP 养老金计划），也可以由雇员自己决定（类似于拉美的零售养老金基金），或者有选择能力的雇员自己决定、没有选择能力的雇员以签名授权的方式交由团体决定。

对小企业、个体户等没有条件自己设立养老金基金和建立受托人组织的个体，还有一种可能，就是由银行充当受托人，发起设立面向这部分市场的专门的养老金基金并承担其托管工作。小企业、个体户自愿向该基金缴款，并选举成立成员常任委员会，承担委托人职能。成员常任委员会只有监督托管人的权力，但不能更换托管人。成员若对该托管人不满意，可以退出该基金和转入其他基金。托管人同时管理成员账户，以降低成员加入或转出的成本。投资管理人由成员常任委员会或托管人选任，向该养老金基金提供不同的投资产品，成员有在这些投资产品中自由配置资产的权力。中国目前实行分业经营，这种方式目前还难以推行。

　　此外，还有人建议由中国现有的地方社会保险局充当第一受托人，笔者认为不妥。首先，地方社会保险局作为社会保障部门在地方的分支机构，将来可能会承担一部分监管任务，监管各地区的养老金基金。那么，监管者就不能与被监管者（在养老金基金中举足轻重的受托人）合为一体。其次，依据我国《信托法》，受托人对受托财产要承担民事和经济责任，而地方社会保险局没有这方面的能力。所以笔者认为，地方社会保险局还是不要充当受托人好。但地方社会保险局有一定的个人账户管理能力，充当专业个人账户管理机构，主要服务于中小企业和个体户，也是能够发挥其作用的。

　　笔者提出的中国的企业年金的管理架构是参照世界上通行的年金管理架构设计的。无论受托人之间如何进行权责分配，但企业年金基金托管人始终是独立受托人之一。企业年金基金托管人的主要职责是：（1）保管委托人的资产，保障资产安全；（2）监督受托人（基金管理人）的资产运营是否规范；（3）负责基金的资金收付、投资交易的清算和基金资产的核算。

　　企业年金基金托管人是市场经济制度发展的产物，最初的不规范投资基金是基金管理人和托管人合二为一的，即基金管理人既发起设立与管理基金投资，又负责基金资产的保管与基金财务核算、监督。但在实践中，由于缺乏有效地制约与监督，造成了基金管理人营私舞弊行为，直接损害了委托人的权益，为此逐渐演化出的独立基金托管人是市场经济发展的产物。托管人最重要的职责就是保障企业年金资产的安全。

　　企业年金管理人损害委托人利益的手段主要有以下几种：（1）基金管理人将自有资产与基金资产混合经营，时常发生侵占基金资产和利润的行为；（2）基金管理人不能自觉地按照既定的基金组合规则和投资限制进行资产运作；（3）动用基金资产进行商业银行信贷业务，并利用基金资产进行担保业务；（4）动用基金资产在证券市场进行违规操作和进行内幕交易；（5）财务核算不实，虚报和瞒报利润或亏损；（6）转移和诈骗基金资产。人们在长期的实践中逐步建立并发展了基金监督法律，并设计完善了符合基金内在发展规律的经营管理体制和运营监督机制。

从法律环境来看，设立企业年金计划和建立受托人组织需要中国有关部门制订专门的法律法规，规范企业年金计划参与各方的权利和义务。

三、账户管理模式

在图4-5和图4-6中，基金会作为第一受托人，在一些国家也是企业年金的账户管理人，或者是专业的法人机构——年金管理公司。中国也可以采用专业的年金公司来管理年金，但对年金公司的资质要求非常高，政府应对其进行严格监管，或由政府来设立年金公司。年金投资管理人或计划的参加者参与固定缴费型年金的投资管理并不是直接进行一种或多种证券的投资，也不是直接投资于基金，投资管理人可以对受托的整个年金基金资产进行组合投资管理、而年金计划的参加者仅对其个人账户资产有管理权（仅部分国家允许年金计划参加者自主管理个人账户资产），他们的投资指令必须通过账户管理人实施资金的收付，并受到账户管理人的监督。他们将企业年金交给年金公司或年金公司下属的（账户管理人）资产托管人，有的国家养老保险机构设有专门的账户管理公司，或将账户的资产委托商业银行实行全国联网管理，收付企业年金。

成立专门的账户管理机构的最大缺陷是成本过高，账户管理不仅需要庞大的计算机网络管理系统，而且需要相当大规模的全国的缴费和给付的网点，故不宜采用专门的账户管理机构。根据中国现状，企业年金账户管理方式的选择有两种方式：一种选择是利用现有遍布全国的社会保险管理分支机构来管理账户；另一种选择是利用全国网点众多的商业银行来管理账户。两者相比较，后者的设备更先进、效率较高，而且是利益中立的机构（既不涉及商业保险又不涉及社会保险），故选择商业银行作为企业年金账户管理人更好一些。

根据委托人的投资选择权的状况可将账户管理分为两类：第一种类型是由投资管理人提供各种投资组合工具供委托人直接选择，账户管理人将根据委托人选择的结果来划拨各账户资金。第二种类型又可分为两种方式：（1）由第一受托人来全权代理投资选择，他们根据投资管理人的咨询意见选择投资组合；（2）全权委托投资管理人做出投资选择，而第一受托人根据投资管理人的业绩来选择投资管理人。前一种类型是分账户选择不同的资产组合品种，这种方式的投资结果由委托人自已承担风险，而且各账户的投资结果（收益率）也是不一样的（参见图4-7），这种方式需要委托人有较高的投资选择能力。后一种类型由第一受托人集中投资管理，尽管各账户的资产额存在差异，但各账户在相同的投资周期内收益率却相同。

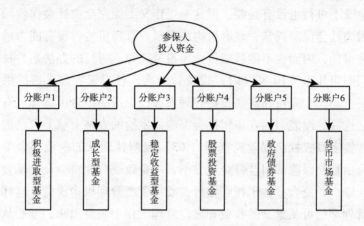

图4-7 委托人具有投资选择权的账户管理模式

从中国企业年金委托人的现实状况看，最好采用第二类型的第2种方式进行账户管理。根据专家理财效率更高的原则，全权委托投资管理人进行投资，并对投资的条件做出一些限制，对投资管理人的资格进行严格控制，并依据对投资管理人的投资业绩评价结果来挑选投资管理人。

四、企业年金管理模式的改革与发展

笔者认为有三种管理模式可供选择：（1）政府招标选定年金资产投资管理人范围，个人再在这些投资管理人及他们提供的投资产品中选择。由于招标方式只适合指数化投资而不适合其他投资产品，而中国资本市场还不成熟，指数基金还处于试验阶段还不够成熟，因而这种模式具有一定的市场风险，当前选择这种模式的条件仍不具备，暂时还不可行。（2）国家个人账户管理模式：由现有的省级或县级社会保险局收集缴款，个人选择基金，一年选择一次。省级或县级社会保险局汇总后统一向基金调派资金，统一管理个人账户，统一向年金参加者（按个人账户的资金流水）打印对账单。中国的强制性缴款的个人账户部分与瑞典的国家个人账户模式两者在性质上基本相同。不同的是，中国地域辽阔，人口众多，由国家统一管理账户难度比较大。因而可以考虑由现有的省级或县级社会保险局管理账户。另外，中国公民的投资能力差异较大，可供选择的投资组合（或基金品种）也不多，完全由个人自主选择基金既不可行也没有必要。但这一工作又不能完全由社会保险局来承担，因为社会保险局是一政府机构或者账户管理机构，没有能力承担任何经济责任，因而也不能替成员做出投资选择。可行的办法是，社会保障部门圈定几家（10家以内）投资管理人，各投资管理人再提供不同的投资产品，个人可在这些投资管理人和投资产品中自由选择。有能力的自己选择，没能力的在每年社会保险局发给的表格上填上自己的基本情况并签字授权社会保险局选择。（3）强制性缴款的企业年金个人账户部分由社会保险部门监督企业缴纳，由企业或行业协会设立基金并管理个人账户，资金存放于托管银行，委托资产管理机构投资。这样社会保险管理部门可从繁杂的收费和账户管理工作中脱身出来，专心从事养老金基金的登记和监管。由企业或行业协会设立基金的优点是：成员相对固定，无须做广告和市场开发；成员与企业或行业有职业上的关系，便于信息沟通；基金由企业和员工代表共同管理，成员的利益可以得到保证。但缺点也是显著的：首先，需要成立基金，并重新建立一套账户管理系统和成员服务系统，启动成本较高。其次，个体户和小企业难以加入到这一体系中来。再次，一个企业或行业中既有年轻员工又有即将退休的老员工，他们对投资风险和收益的偏好是不同的。但基金在投资时为了照顾老员工养老金资产的流动性可能作出保守的投资决策，这样就将损害年轻员工养老金资产的收益。解决办法是，基金应当允许成员自由选择资产管理人和投资产品，或者在政府或雇主限定的一些资产管理人和投资产品中作有限制的自由选择。不愿自己选择或没有能力自己选择的人则通过签字授权的形式交由受托人选择。

中国强制性缴款的个人账户部分可借鉴瑞典的国家个人账户模式，而企业年金也可实行强制性缴款的个人账户，由社会保险部门监督企业缴纳，由企业或行业协会设立基金并管理个人账户，资金存放于托管银行，委托资产管理机构投资。两种模式可以平行操作，互相竞争，以后哪种模式好就向哪种模式并轨。

第五章　企业年金运营模式的选择

本章主要阐述企业年金的微观管理过程，通过比较国外年金公司的运营模式，归纳出年金公司的运作机制和内部监控机制，并对国外年金公司运作机制的具体操作进行了分析和探讨。

第一节　企业年金的类型与运营模式

中国企业年金在借鉴国外企业年金发展经验方面，应本着适合中国国情的基本原则，选择一条适合中国发展的年金运营模式，并逐渐规范化发展。这不仅有利于国家对企业年金运营的监管，而且有利于保护受益人的权益。

一、年金计划类型及选择

企业年金的类型比较多，限于篇幅不能在此一一列举。本章只就企业年金的缴费与给付方式来划分企业年金计划的类型，并就不同类型企业年金计划的特点分析选择适合中国企业年金发展的合理运营模式。

（一）固定受益型年金

固定受益型年金计划（Defined benefit plan，简称 DB 计划），又称为待遇确定计划、定额年金计划，DB 计划的投资风险由企业承担，投资的超额收益也由企业享受。固定受益型年金的给付额与员工的缴费期限、工龄等相关，所谓"固定受益"是这种年金在员工退休期间的给付期内，待遇是固定不变的，并不是在缴费期就将待遇固定，但工龄与缴费期限的长短将直接影响退休金待遇。比较典型的目标是当员工做满全部工作期限后，可获得退休时"标准工资"（如：退休时最后5年工资平均值）的60%～75%。例如：

DB年金计划的待遇=<u>1.75%×工龄</u>（服务期一般为40年）×退休时标准工资

替代率

1.75%称为替代系数，工龄是员工为企业服务的年限（从加入企业年金计划时开始计算直到退休或离职时为止）。标准工资的计算方法比较多，如最后工作日的工资、退休前5～10年的平均工资、最后10年中最高收入的3年平均值等。固定受益型年金计划往往被大型企业采用，可能是大型企业的风险承受能力较高的缘故。由于DB计划与工龄挂钩，因此对工龄较长的老员工比较有利，对年轻人的吸引较小，而且年金投资的收益率与受益人之间没有必然的联系，故在经济发展较快的国家人们也不倾向于选择这种类型的年金计划，更重要的是，DB计划限制了员工的流动，对失业率高且就业不稳定行业的员工吸引力很小。

（二）固定缴费型年金

固定缴费型年金计划（Defined contribution plan，简称DC计划），又称为定额缴费计划、确定缴费计划，DC计划的缴费只与工资收入相关，雇员和企业均按工资收入的一定比例缴纳年金保费，未来的退休收入与投资积累水平密切相关，可能获得预料之外的高收入，也可能出现很低的退休待遇，待遇不确定的风险完全由员工个人承担。

DB计划和DC计划在美国发展的经历告诉我们，企业在经济危机时期，原先承诺的"固定受益"很难实现，特别是在宏观经济不景气时期，大面积的企业亏损和倒闭，参加DB计划者将受到较大的待遇损失，而已经退休者领取的退休金，由（政府举办的）年金担保公司予以偿付，过于集中的偿付压力将使得政府财政出现巨额赤字。1974年美国《雇员退休收入保障法》（ERISA）实施后，DC计划发展非常迅速，DB计划逐年减少。从退休金偿付风险分散的角度考虑，中国应采用DC年金计划。

二、企业年金的三种运营模式

现收现付（Pay As You Go，简称 PAYG）模式是传统的养老金运营模式。DB 计划一般采用 PAYG 运营方式，企业在雇员退休后从企业财产中支付固定福利的养老金。企业年金的 PAYG 运营方式（与社会基本养老保险的 PAYG 运营方式比较）的特点在于：在支付之前企业年金资产根据精算结果逐月提取，年金资产与企业财产分账户管理。不过也有一些企业实际上没有分开资产管理，出现虚拟年金资产账户。这样做对企业的好处是可以利用年金资产对企业（低成本）融资，但对年金受益人来说则很容易受到侵害年金资产的威胁。因此，企业年金资产的管理应受到独立于企业之外的、严格的监管。如果采用独立于企业资产之外的 DB 年金计划资产管理模式，实际上更接近部分积累或完全积累模式，因此也受到企业的抵制。

完全基金化是新兴的企业年金计划运营模式。从企业资产或/和个人工资收入中分离出一部分资金成立基金，专门用于将来的退休金发放。年金基金可以是独立法人，也可以是一块依法独立的资产。员工退休后的养老金由年金基金支付而不是由企业支付。

部分基金化运营模式：是新旧养老金制度衔接过程中采用的一种过渡模式。企业将现收现付节余的资金独立出来成立基金，投资增值，以备将来现收现付出现不足时弥补资金缺口。部分基金化运营方式容易产生混淆，例如它属于第一支柱还是第二支柱？或者说它属于社会基本养老保险还是企业年金保险？实际上它是一种二者特点兼有的结合型年金，也是一种过渡型年金。中国的基本养老保险制度中引入个人账户后就演变成为一种结合型年金制度，但虚拟化的个人账户及其较小的比重说明它更接近社会保险制度的范畴。日本的厚生年金基金中的基础年金实行 PAYG 运营方式，而"加算部分"（即收入比例部分）则采用基金制运营方式，但厚生年金基金是实行的个人账户式的独立资产管理，故更接近企业年金的范畴。

从上述三种企业年金的运营方式来看，部分基金化模式多数是传统的公共年金模式演变而成，其发展趋势仍是加大基金化比重，现在，美国的 DC 年金计划发展快于 DB 年金计划已经印证了基金化运营模式的优势地位。本书的观点倾向于采用完全基金化的个人账户式企业年金运营模式。

在美国所有的退休金计划中，401（k）是最受大众欢迎的，发展速度也是最快的。为什么用401（k）这个古怪的名称？主要是因为这一计划的设计来源于《美国国内税收法》中的401条款（该条款涉及到各种延付税款年金计划）的第k段（专门规划这种特殊的年金计划）。401（k）计划必须由企业建立，为了建立和管理该计划，企业（雇主）必须委托401（k）年金计划管理人向美国国税局（IRS）、劳工部和其他机关提交有关书面材料。通常情况下，401（k）计划的所有缴款都由企业承担，但同时企业不能直接受益于401（k）计划。现在美国的许多企业在设立这种企业年金计划时避免使用401（k）的称谓，而是以其他的名称设立，如：延付税款年金计划、工资储蓄计划、附加储蓄计划。

截至1999年底，美国的固定受益型年金计划（DB）的资产达到2.27万亿美元，固定缴费型年金计划（DC）的资产达到2.37万亿美元。其中，401（k）计划的资产达到1.3万亿美元，占变动年金的57.27%，401（k）计划覆盖了30万个家庭，受益职员达3020万人。由此可见，美国的变动年金的总规模已经超过了固定年金的总规模，而且401（k）计划的资产规模又占非常大的比重，达57%以上，且覆盖人数达3000万人以上。

第二节　企业年金基金的组织形式

不同国家根据自己的历史、文化和法律环境，采取不同的企业年金基金的组织形式。从中国现有的证券投资基金的组织形式看，大多采用的是契约型基金。

一、按法律形式分

从法律关系上看，年金基金的组织形式有两大类，即公司型和契约型：

（一）公司型基金

公司型组织的行为受《公司法》约束，公司型基金是以营利为目的的一种组织形式。公司型基金组织是独立法人，企业年金的资产所有者将资产投入公司，成为公司的股东，投入的资产成为该公司的自有资产，运营方式类似于股份制公司形式，与一般公司不同的是投资资产和经营范围仅限于企业年金基金资产和规定投资工具（如股票、债券等），在美国这种公司型的投资基金比较多。匈牙利、捷克等国采用这种基金形式。基金会型组织也是公司型组织的一种，成立的目的仅仅是为了受益人的利益管理基金资产。瑞士采用这种基金形式。

（二）契约型基金

契约型基金也叫信托型基金，是根据信托契约原理，由企业年金参与者和基金管理人、基金托管人订立基金契约而组建的年金基金。年金资产是一块独立的资产，而不是独立法人。受托人可以是独立法人，也可以是自然人委员会（非法人基金会）。企业年金的信托型组织是企业年金的受托管理人，其行为受《信托法》规范。受托人可以自己管理受托资产，也可将一些职能再委托给其他专业机构。英语系国家澳大利亚、加拿大、美国、英国、爱尔兰等国较多地采用这种基金形式。

二、按成员范围分

（一）封闭型基金

成员仅限于某一个雇主或某一群雇主（行业或商会等）所辖的雇员。一般是 DB 类型。养老金常常较多地投资雇主。比如，在瑞典和芬兰，养老金计划的资金可回借给雇主，并通过破产保险防止雇主的破产风险。在德国，一些公司的养老金只是在公司账目上记一下，相当于100％投资于雇主，这时雇主参加破产保险对成员来说就显得特别重要。封闭型养老金基金的缺点是：通常雇主决定一切，而且成员的养老金权利在成员变换工作时不能带走。优点是成员固定，无须开展广告和市场推广工作，记账和与成员交流也比较简单。

（二）开放型基金

基本上以契约型基金的法律形式存在。任何人都可以参加，包括个体户。不存在固定的出资人和保证人，缴款主要来自成员的 DC 类型供款。开放型基金有多种形式：保险公司以保险协议的形式提供协议福利，互助会形式，单位信托基金形式，开放式投资公司形式等。开放型养老金基金的优点是：成员有权自己决定是加入还是退出，而且成员的养老金权利在成员变换工作时可以带走。缺点是基金为了吸引成员需要开展广告和市场推广工作，记账和与成员交流也比较繁杂，基金管理费用较高。

必须指出的是，这里的封闭型养老金基金、开放型养老金基金与封闭式证券投资基金、开放式证券投资基金是不同的概念，不能混淆。

三、按缴款方式分

强制型：用强制性缴款的资金设立基金。

自愿型：用自愿缴款的资金设立基金。

表5－1是一些国家的企业年金基金形式。从表5－1中可以看出，英语系国家如加拿大、英国、美国等国沿用传统的养老金体系，一般采用封闭型信托基金模式；而墨西哥、东欧国家建立新的现代养老金体系，则通常采用开放型基金模式，在基金治理结构的安排上也更加严格。

表5－1　主要国家的企业年金基金形式

国　家	类　型	法律形式	治理结构	成员代表	合规性要求
加拿大	封闭、自愿	信托型	受托人（至少3个），养老金计划管理人（在魁北克必须是一个养老金委员会）	在魁北克养老金委员会必须包括养老金成员	受托人中至少3名在加拿大居住，其中一个与出资公司独立
捷　克	开放、自愿	公司型	股东大会、董事会、监事会	不相关	最小年龄18岁的合法公民，职业素质，无犯罪前科，以及一些"利益冲突"方面的规定
匈牙利	开放、强制 开放、自愿 封闭、强制 封闭、自愿	公司型（互助会）	常委会董事会、监事会顾问（执行董事、投资顾问、律师、精算师）	自愿基金：只有成员 强制基金：董事会中有成员代表，监事会中成员占50%以上	高管人员无职业或民事污点；顾问人员有足够的职业素质与工作经验

续表

国　家	类　型	法律形式	治理结构	成员代表	合规性要求
墨西哥	开放、强制 开放、自愿	契约型	基金行政管理人； 常委会独立顾问	不相关	
波　兰	开放、强制 封闭、自愿	契　约	持有人大会；管理层		
瑞　士	开放、强制 开放、自愿 封闭、强制 封闭、自愿	基金会	最高委员会；董事会；监事会；投资专家	雇主和雇员代表各占一半	
英　国	封闭、强制 封闭、自愿	信托型	受托人	至少33%的受托人由成员提名	无欺诈或不诚实方面的指控；无破产记录
美　国	封闭、自愿	信托型	受托人	不相关	

资料来源：中国银河证券有限责任公司资产管理总部"企业年金课题组"提供。

　　中国企业年金基金可采用信托型、强制缴费的形式。公司型基金的发展在中国目前还存在法律障碍，但是，契约型基金对投资管理人的监督较弱，中国的证券投资基金的实践就证明了这一点。而信托型基金可在《信托法》的框架下建立。《信托法》规定了受托人职责，在社会保障部门制订的《养老金基金管理办法》中也将对受托人的职责作更具体的规定。

　　封闭式企业年金基金适用于大企业或行业协会，开放式企业年金基金适用于小企业和个体户，两者可针对不同的市场平行发展。

第三节　企业年金的运营原则与精算原理

一、运营的原则

对企业年金的运营应遵守以下几项重要原则：

第一，严格控制现金流动。这一点是最重要的：首先，现金被挪用和非法占有的现象是最容易发生，也是较难控制的，所以年金公司应充分重视现金的安全管理；其次，准备一定量的现金，以备每月按时支付。

第二，年金运营的过程应简捷有效。让年金的投资者容易了解，这对年金的扩展是非常有用的。如果年金的设计非常复杂，让投资者难理解，这种年金计划是不可能成功的。这就要求年金的设计中，对一些条款的规定应尽可能地简单易懂；对缴费和支付的手续也要在安全的条件下尽量便捷。

第三，与国家经济同步发展（避免通货膨胀的冲击）。企业年金基金中，固定缴费型年金最容易受到通货膨胀的冲击，在运营时应对国家的经济发展状况予以特别关注，可以通过国际投资的方式来分散某一个国家的通货膨胀风险。

第四，避免高风险投资。企业年金基金运营过程中，应坚持风险控制和谨慎投资的原则，一是企业年金资产的组合风险应当适度；二是投资管理人应坚持低风险的投资理念；三是投资于高风险资产的比例应有严格限制。

二、固定受益型年金的缴费率的精算原理（按工资比例提取）

企业年金的精算原理相对公共年金而言比较简单，类似于商业人寿保险的精算。企业年金精算主要涉及两类年金的精算，即固定受益型年金与固定缴费型年金，其中固定缴费型年金相对简单，因为它不涉及互济功能且风险机制也很明晰。

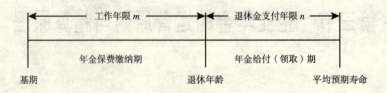

图 5 - 1　工作与退休期的精算示意图

由于企业年金是按完全积累式的基本原理建立起来的，所以，根据纵向平衡原则，在对人口、工资、物价、利息等社会经济指标进行宏观测算后，将被保险人在享受年金保险期间的总费用按一定的提取比例分摊到整个投保期间。

现假定：m 为投保人的投保年限或工作年限；

n 为投保人退休后养老金的支付年限；

W 为投保人开始工作时的年工资总额；

Q 为投保人开始领取退休金年度的退休金给付额；

C 为投保人投保期间不变的年金保险费提取率（缴费率）；

K 为投保人工资的年平均增长率；

i 为已提取基金的年平均增值率；

M 为投保人退休时已积累的基金总额。

再假定：支付的费用中只包括养老费用，不包括管理费等其他费用；不考虑支付期间年金的调整因素。

这样，基金的缴纳过程及计算公式将是：

第一年缴纳的基金（包括基金提取后到退休时的增值在内，下同）为：

$$WC(1 + i)^{m-1}$$

第二年缴纳的基金为：

$$W(1 + K)(1 + i)^{m-2}$$

第三年缴纳的基金为：

$$W(1 + K)^2(1 + i)^{m-3}$$

……

第 $m - 1$ 年缴纳的基金为：

$$W(1 + K)^{m-2}C(1 + i)^1$$

第 m 年缴纳的基金为：

$$W(1 + K)^{m-1}C(1 + i)^0$$

则有基金积累额：

$$M = WC(1+i)^{m-1} + W(1+K)C(1+i)^{m-2} + \cdots +$$
$$W(1+K)^{m-2}C(1+i)^1 + W(1+K)^{m-1}C(1+i)^0$$
$$= WC[(1+K)^0(1+i)^{m-1} + (1+K)^1(1+i)^{m-2} + \cdots \qquad (5.1)$$
$$+ (1+K)^{m-2}(1+i)^1 + (1+K)^{m-1}C(1+i)^0]$$
$$= WC\{[(1+i)^m - (1+K)^m]/(i-K)\}$$

基金的支付过程及公式是：

第一年末存留的基金为：

$$M(1+i) - Q$$

第二年末存留的基金为：

$$[M(1+i) - Q](1+i) - Q = M(1+i)^2 - Q[(1+i)+1]$$

第三年末存留的基金为：

$$\{M(1+i)^2 - Q[(1+i)+1]\}(1+i) - Q$$
$$= M(1+i)^3 - Q[(1+i)^2 + (1+i) + 1]$$

第 $n-1$ 年末存留的基金为：

$$M(1+i)^{n-1} - Q[(1+i)^{n-2} + (1+i)^{n-3} + \cdots + (1+i) + 1]$$

第 n 年末存留的基金为：

$$M(1+i)^n - Q[(1+i)^{n-1} + (1+i)^{n-2} + \cdots + (1+i) + 1]$$
$$= M(1+i)^n - Q\{[(1+i)^n - 1)]/i\}$$

按假定，投保人领取 n 年养老金后即死亡，故有：

$$M(1+i)^n - Q\{[(1+i)^n - 1)]/i\} = 0$$

所以

$$Q = M(1+i)^n \times i/[(1+i)^n - 1] \qquad (5.2)$$

将 (5.1) 式代入 (5.2) 式，则有：

$$Q = WC\frac{(1+i)^m - (1+K)^m}{i-K} \times \frac{(1+i)^n \times i}{(1+i)^n - 1}$$

所以年金缴纳的费率（即提取率）为：

$$C = \frac{Q}{W(1+i)^n} \times \frac{i-K}{(1+i)^m - (1+K)^m} \times \frac{(1+i)^n - 1}{i} \qquad (5.3)$$

以上我们是假定受益人退休后在领取年金的年份里，都一直按退休时确定的同一绝对金额水平给付，但实际上做不到。随着物价水平的不断上升及全社会收入水平的提高，给付水平需要不断地进行调整，所以费率也会相应发生较大的变化。

现假定给付期间每年的物价指数变动率为 P，且假定年金给付额随物价指数变动自动调整，那么年金的支付过程及公式为：

第一年末存留的基金为：

$$M(1+i) - Q$$

第二年末存留的基金为：

$$[M(1+i) - Q](1+i) - Q(1+P)$$
$$= M(1+i)^2 - Q[(1+i) + (1+P)]$$

第三年末存留的基金为：

$$\{M(1+i)^2 - Q[(1+i) + (1+P)]\}(1+i) - Q(1+P)^2$$
$$= \{M(1+i)^3 - Q[(1+i)^2 + (1+i)(1+P) +$$
$$(1+P)^2]\}(1+i) - Q(1+P)^3$$

······

第 $n-1$ 年末存留的基金为：

$$M(1+i)^{n-1} - Q[(1+i)^{n-2} + (1+i)^{n-3}(1+P) + \cdots +$$
$$(1+i)(1+P)^{n-3} + (1+P)^{n-2}]$$

第 n 年末存留的基金为：

$$M(1+i)^n - Q[(1+i)^{n-1} + (1+i)^{n-2}(1+P) + \cdots +$$
$$(1+i)(1+P)^{n-2} + (1+P)^{n-1}]$$
$$= M(1+i)^n - Q\frac{(1+i)^n - (1+P)^n}{(1+i) - (1+P)}$$
$$= M(1+i)^n - Q\frac{(1+i)^n - (1+P)^n}{i - P}$$

按假设，上式应等于 0，故：

$$M(1 + i)^n = Q \frac{(1 + i)^n - (1 + P)^n}{i - P}$$

$$Q = M(1 + i)^n \times \frac{i - P}{(1 + i)^n - (1 + P)^n}$$

将（5.1）式代入上式，则有：

$$Q = WC \frac{(1 + i)^m - (1 + K)^m}{i - K} \times (1 + i)^n \times \frac{i - P}{(1 + i)^n - (1 + P)^n} \qquad (5.4)$$

$$C = \frac{Q}{W(1 + i)^n} \times \frac{i - K}{(1 + i)^m - (1 + K)^m} \times \frac{(1 + i)^n - (1 + P)^n}{i - P} \qquad (5.5)$$

由于年金采用完全积累式筹资模式，因此，资金主要面临下列运营风险：

1. 物价波动风险

物价上涨，一方面会导致已经积累起来的基金贬值，另一方面会导致按一定标准计发的退休金贬值。对前者，有赖于积极的投资措施，以保证投资收益率不低于物价上涨率；对后者，为保证退休人员的基本生活，势必调整年金待遇，提高给付标准。年金的调整有完全自动比例调整、准自动比例调整及政策性调整三种模式。

在计算年金保险缴费率时必须把物价的上涨及退休金的调整一并考虑。（5.5）式是以物价每年上涨率为 P 且按完全自动比例调整养老金为前提计算的缴费率。如果不考虑物价上涨因素，则缴费率如（5.3）式所示。（5.3）式与（5.5）式相比可知，随着物价上涨和年金调整，年金保险缴费率比物价不变时要大幅度提高。

2. 投资风险

从（5.3）式和（5.5）式中可以看出，i 越大，投资的收益率越高，则 C 越小。可见，投资是决定缴费率是否提高的关键性因素。养老保险基金的投资一方面要有良好的投资环境，亦即要有完备健全的资本市场和稳定有序的宏观经济秩序，使日益积累起来的基金得以安全、顺利地进入回报率较高的产业部门；另一方面需要有较高投资营运能力的基金机构和专业人才，这样才能使投资主体科学地进行风险管理和基金投资组合，以获得较高的投资收益。此外，还需要政策的有力扶持。养老保险基金的成功投资，可以有效地减少政府公共财政对社会保险、社会救济、社会福利的支出，所以许多国家的政府往往在投资政策、税收政策等方面给予倾斜扶持。

3. 基金管理风险

从投保人参加工作开始缴纳年金保险费到退休时领取养老金，这期间要经过几十年的时间，基金面临被分散、挪用、亏蚀等诸多的危险。为管理好基金起码应做到：第一，必须要有行之有效的法律保障，用《养老金保险法》及相关的基金管理条例加以规范。第二，必须要有科学的基金营运监管机制，年金保险基金应由独立的基金机构营运管理，由（受益人）投保者代表、政府行政部门、金融监管当局、企业代表、有关专家组成监督机构进行行之有效的监督。第三，要建立科学的财务管理机制。

4. 退休年金政策变动风险

在预期寿命一定的前提下，投保年限 m 和给付年限 n 的变动主要取决于退休政策。从（5.3）式和（5.5）式可以看出，如果延长退休年龄，则 m 增大、n 减小，那么缴费率 C 降低；相反，如果缩短退休年龄，则 m 减少、n 增大，那么缴费率 C 就会提高。

第四节　年金管理公司的运营风险约束机制

为了保证年金运营过程中委托人的资产安全、控制运营风险，不仅在宏观管理框架中引入了受托人和监督人，而且在微观运营结构中引入多个受托人。对多个受托人进行的权责分配不仅是提高效率的要求，关键是他们之间形成相互约束的风险控制机制能加强年金资产的安全。

一、企业年金投资管理人的选择

（一）金融机构

1. 商业银行

由商业银行的资产管理部门管理养老金的优点是，银行的资信较高，投资目标主要是货币拆借市场、国债市场、消费和生产信贷市场等，投资方式的运营风险较小。还可利用银行的网点分布优势为参保人服务。

2. 非银行金融机构

保险公司：特别是商业人寿保险公司，其精算能力较强，有较丰富的养老保险的资金运营的经验，其运作效率较高。

证券公司：综合类证券公司目前都有一定的资金实力。大多数公司都有自营业务，对证券市场的投资经验丰富，风险控制能力强，而且有一定的投资管理人才优势。

信托投资公司：中国现有的信托投资公司大多数兼营证券业务，对信托业务有一定的经验。

证券投资基金管理公司：现存的基金管理公司目前的业绩大多数是好的，对基金的管理有较大的人才优势。

（二）非金融机构

专门的养老基金管理公司：目前国内没有类似的管理公司，必须新组建专门的养老金投资管理公司。

从各国的企业年金基金管理的实践看，由于企业年金保险基金数额巨大，对基金管理者要求也较高，一般设立专门的企业年金投资管理公司管理企业年金，最大的优点是能集中全力管理企业年金，同时可融合其他机构的优点。实行专门化管理，对控制运营风险有很大的好处。比如说，证券投资基金管理公司管理了多只基金，可能造成各基金之间的利益分配问题；银行来管理养老金，其出发点主要是出于增加存款的角度考虑，可能会出现转嫁银行贷款风险的问题。就中国的实际情况看，为了避免多头的管理，提高对投资管理人的监管效率，明确监管职责，最好采用设立专门的企业年金投资管理公司，实行专业化的对口管理，接受社会保障部门及其授权机构的直接监管。企业年金投资管理公司的组建可以采取股份制形式，由大型企业、商业银行、证券公司、保险公司、证券投资基金管理公司等参股组建而成。这样的组织结构，一方面可以吸收各方面的优势；另一方面，可以将企业年金保险基金效益的最大化和基金投资公司股东利益的最大化结合起来。

二、受托人的责任约束与年金资产安全

中国企业年金的资产必须交由在中国创立或组织的信托机构或为委托人的利益同企业签订合同的专业管理企业年金的机构（如保险公司、信托公司或基金管理公司）管理。这种要求资产代管的规定保证了企业年金计划资产目标的实现。

首先，有一方受托人，即托管人负责管理计划资产。

其次，如属信托基金，资产必须以托管人的名义保管，因而经营资产的另一方，比如企业年金计划资产购买者（即委托人）一开始就知道资产是托管的。

第三，由于年金计划资产是由托管人为年金计划参与者保管的，使得这些托管的资产免遭企业债权人的索要。因为年金计划的参加者才是资产的实际所有者，故法律规定托管人的债权人也不能触及这些资产。

第四，如资产由某一受托人管理，国家必须对该受托人管理资产的过程予以规定和监督，确保年金资产得到审慎的投资和适当的管理。

第五，受托人因违反企业年金计划的托管责任而造成的损失应负财务责任。

如果企业年金计划规定托管人应接受指名受托人（又称为第一受托人）的指导，那么托管人对计划资产就不能独自管理和控制，而一般应遵循指名受托人的指导。因此，如果企业（雇主）想由一个投资委员会来指导年金计划的投资，企业可在年金计划书上作出这种安排。此外，由于投资决策是计划经营的基础，这一委员会的成员也可以是指名的受托人。

根据年金计划资产交由称为"投资经理"这一特例人员管理的授权，托管人不再有管理和控制计划资产的完全自由，托管人也不为这些"投资经理"的任何行为负责。"投资经理"是指一个人或机构（如专

业投资管理公司、基金管理公司或证券公司等），他们有投资选择方面的专业知识，而且通常由中国证券监督委员会和负责证券市场的证券交易所负责监督其交易行为。由政府有关企业年金监管的部门（如社会保障部门或其授权的机构）对投资管理人实行资格认证和监管。

如上所述，负责管理和控制企业年金计划资产的受托人各方必须以书面形式明确指定。此外，各类受托人的责任和义务可以按不同受托人进行区分，但是这种区分必须在文件中明确规定。因而，委托人（年金计划的参与人）和负责实施监管的政府机构就能确定谁负有保护企业年金计划资产的责任。

第五节 企业年金运营的过程分析

企业年金的运营过程主要涉及企业年金的缴费方式、管理成本、积累过程（投资管理）、给付方式等多个环节，其中投资管理在后面章节专门探讨。本节将结合中国的实际分析和选择适合中国企业年金运营的模式，以规范中国企业年金运营的过程。

一、企业年金缴费模式的选择

企业年金缴费模式的选择主要包括：选择合适的缴费方式（与薪酬关联程度，与企业年金种类 DC 或 DB 相关的缴费方式）、缴费结构（也叫负担方式，即企业和员工各自负担的比例）以及缴费费率。

（一）企业年金缴费方式

年金的缴费方式比较多，但企业年金的缴费方式一般可归纳为两类：一种是定额缴费，另一种是薪酬比例缴费。

定额缴费体现了平均的思想，是以平均收入为基准，选取一定的替代率就可以计算出来了，这种缴费方式通常在公共年金中使用。企业年金也可以采用定额缴费的模式，例如某大型企业的人均工资收入为1000元/月，企业考虑到企业年金的替代率为20%，如果不考虑工资增长和投资收益，则退休后收入为 200 元/月，企业根据精算结果可推出缴费水平。

现在企业年金大多数采用薪酬比例缴费方式，这种缴费方式一方面体现了个人收入与退休后生活水准的联系，另一方面也是企业区别对待不同人才的一种激励机制，与薪酬等级的激励作用相联系。一般而言，从退休金的绝对金额上看，退休前工资高的员工，领取的退休金较高；但是，从退休金的替代率来看，高收入者的替代率反而比较低，这种现象通常是国家税收政策调节的结果。一般来说高收入者的（经常性、稳定的）工资收入与非工资收入相比要低很多，如年终分红收入和奖金收入往往不作为年金缴费基础，因此，即使是按照薪酬比例法缴费也不包括非工资部分，这部分收入无法享受延税或免税的优待。

从企业年金制度的目标看，企业年金应与公共年金的缴费方式有所区别，企业年金的给付应从效率机制的角度出发，体现退休前的收入差距。因此，采用薪酬比例缴费更为合理，而且"年金缴费的基础薪酬"应排除非工资收入所得。

具体到中国的实际情况，对企业年金的缴费应作一些限制性规定，需要设定缴费的最低标准和上限，这样做有两方面的意义：（1）最低标准对于一些中小企业的员工有一定程度的保护作用，对于那些不愿意加入企业年金计划的企业起到一种制约作用。最低标准需要国家强制执行。（2）最高上限对国有企业的高级管理人员有一定的限制作用。高层管理者为了获得更高的退休待遇，为个人制定一个非常有利的年金计划，可能损害国有资产的利益，故制定上限缴费标准是必要的。对私营企业的管理者或企业主，限定缴费上限标准，对避免国家税收的流失有很好的效果。例如，我们可以规定企业年金的月缴费最低不能低于月工资收入的 5%，最高不能超过月工资收入的 20%；也可以通过规定替代率（考虑公共年金的替代率后，制定限制标准）来限制缴费水平，比如，公共年金替代率为 30%，我们可规定，企业年金的最低替代率不得低于 15%，最高不得高于 50%。比如，《深圳市企业年金计划》总则的第三条"缴费标准"规定：最高不得超过参加年金员工工资总额的15%，并在工资总额的 5% 以内部分免税。对劳动贡献大、年限长的员工，月保费最高不得超过本公司员工月均企业年金保费的 500%。

（二）企业年金缴费的负担方式

大多数国家和地区采用企业和员工共同缴费，也有一些福利国家采用全部由企业缴费，但一般而言企业占缴费总额的比例应大于50%。"延期工资"的观点认为，不论表面的缴费份额是多少，由于企业缴费是被扣除的部分工资，员工实际承担了全部缴费。美国企业年金计划中，企业年金资产是按照一定的"时间进度安排"逐渐将所有权转移给员工的，员工在一定条件下只拥有年金资产（个人账户中的资产）的部分权益，这无法用"延期工资"理论来解释：员工的延期工资——企业年金资产，员工应拥有全部权益。因此，企业年金资产（个人账户部分）不完全是延期工资，但是无论如何，企业和员工共同缴费模式是有好处的，能增强企业的责任感和改善员工福利。

例如，你每月向一项企业年金计划缴费100元，年利率是8%，没有雇主对应缴费，35年后，你的账户价值将达21.56万元（如图5－2所示）；如果你的雇主通过对应缴费，每月附加10元（即雇主缴费比例为10%）到你的账户中，那么，35年后，你的账户上将有23.72万元；如果你的雇主通过对应缴费，每月附加50元（即雇主缴费比例为50%）到你的账户中，那么，35年后，你的账户上将有32.35万元；如果你每月缴费100元，你的雇主按100%的比例对应缴费，35年后，你将会拥有43.13万元。

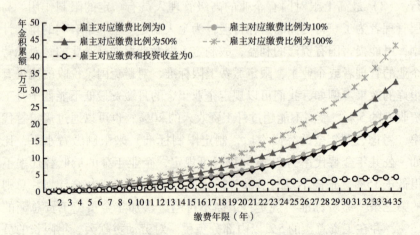

图5－2　企业（雇主）缴费比例的变化造成的不同积累结果

（三）企业年金缴费率的确定

年金替代率是决定年金缴费率的重要因素。如果不考虑企业年金保险基金的投资收益、工资变动和通货膨胀等因素，可以对固定缴费型年金做一个粗略的平衡估算。例如，如果缴费年限为35年（25～60岁），60岁退休后领取企业年金的年限为17年（61～77年)[①]，则缴费率与替代率的对应关系的计算结果如表5－2所示。假设企业年金计划的目标退休金对工资的替代率是20%，则年金保险费率为9.71%。

表5－2　企业年金缴费率与替代率的对应关系

单位：%

缴费率	5	10	9.71	15	20	25	30
替代率	10.29	20.59	20	30.88	41.18	51.47	61.76

资料来源：本表格中数据是由笔者估算而得。若缴费率不变，投资净收益率大于零时，替代率将更高。

在退休年龄不变的条件下，缴费者年龄越大，则年金缴费率越高；若推迟退休年龄则可以降低年金缴费率。

企业年金缴费水平与公共年金的缴费水平密切相关，在多层次的年金制度中，首先是确定公共年金缴费率，然后才是确定企业年金缴费率，最后是考虑个人年金缴费水平。过高缴费水平的公共年金制度，将制约企业年金的发展空间。目前，世界上多数国家的年金制度的综合缴费率都限制在30%以下（如图5－3所示），超过30%的缴费率将会使企业的负担过重，并且年金制度也将阻碍整个经济发展。

二、企业年金运营的管理成本分析

（一）概述

企业年金基金的管理成本是年金制度设计中必须考虑的问题。一般

---

① 我国60岁人口平均预期余命为16.9岁。参见国家统计局人口与就业统计司编：《中国人口统计年鉴1995》，中国统计出版社1995年版，第232页。

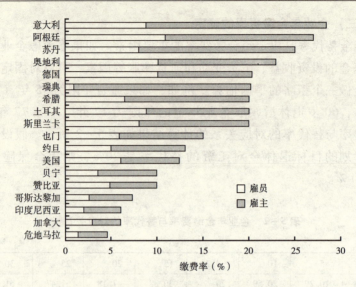

图 5－3　1997 年部分国家养老保障缴费率

资料来源：科林·吉列恩（Colin Gillion）等著，杨燕绥等译：《全
球养老保障——改革与发展》（*Social Security Pensions – Development and
Reforms*），中国劳动社会保障出版社 2002 年 12 月第 1 版，第 129 页。

而言，基金规模越小，相对管理成本较高，因为人均管理的资本越多则
管理单位资产所需的人工成本越少；固定受益型企业年金较固定缴费型
年金的管理成本高，因为其年金的精算成本较高而导致的咨询费较高；
私人管理的企业年金基金的成本较公共管理的低，因为私人管理的年金
基金的市场化程度较高，通过市场竞争方式可以降低企业年金的运营成
本；主动型投资基金比被动型投资基金的管理成本高，因此年金基金更
倾向于选择被动型投资基金。

　　企业年金运营的管理费用包括四类：（1）行政管理费用。行政管
理费用涉及所有受托人的行政开支，如宣传费、推广费、报告费、办公
费等；（2）投资管理费用。金融产品的设计、基金管理人佣金、投资
业绩报酬；（3）交易费用。包括经纪人佣金、交易税、过户登记费用；
（4）咨询费用。会计师、律师和精算师等咨询费。这四类费用中，投
资管理费用是年金运营总管理费用中占最大份额的费用，而且也是决定
年金管理成本高低最关键的费用。

（二）企业年金管理费模式与管理成本

相对一般证券投资基金，企业年金的资产规模大，资产规模相对稳定，因此管理成本相对其他基金而言比较低。此外，管理成本与管理制度模式密切相关，例如，某企业年金的资产管理模式采用由委托人自己选择投资组合，投资管理人只负责设计不同的资产组合品种供委托人选择，这种管理模式下投资管理人收取的管理费用较低，与业绩回报相关的报酬也就没有必要向基金管理人支付。如果监督人采取严格监管，并对投资管理人进行严格的资格认定和许可制度，则被认定合格并允许管理企业年金资产的投资管理人的总数控制在少数几家范围内（政府最初的本意并非是只限定少数几家年金资产的投资管理人，只是经投标和资质认定后可能出现这种情况）。这种严格控制投资管理人数量的监管模式使获得许可的投资管理人具有一定的垄断地位，企业年金的委托人或第一受托人对投资管理人的选择余地很小，尽管其市场推广等营销费用大幅降低，但投资管理人也可能利用其垄断地位使管理费偏高。为了实现企业年金制度的市场竞争机制，投资管理人的数量不应少于10家机构。

中国企业年金如果由政府指定的机构负责监管，并由监管机构授权的组织担任企业年金的第一受托人，则这种（机构市场）管理模式相对一般基金的优点是：（1）机构（第一受托人）的谈判地位比个人强，可以获得较低的费率和较高的收益；（2）投资管理人（其他顺序的受托人）的市场推广费用和服务费用降低，从而有能力提供较低的费用率。但机构市场管理模式也存在一些隐患：委托过程中的腐败、较差的业绩表现、缺乏灵活性。对那些能够克服上述缺点的国家来说，选择机构委托的方式进行投资是可以考虑的。

许多国家在开始改革年金制度时都希望建立一个个人拥有充分自由的年金（零售市场）管理模式，鼓励供应商之间的竞争，以期提高供应商的管理和服务水平。但实际结果却是：（1）过高的市场推广成本使一些年金管理公司破产，促进了市场集中。比较典型的国家有智利和匈牙利等国；（2）过高的管理成本严重侵蚀个人养老金资产，促使一些费用较低的年金计划的推出。可以说，规模经济和降低成本是企业年金管理市场的两个基本趋势，不管起源于零售市场还是起源于机构市场，最终都将发展成为机构市场。

　　为此，世界银行的专家建议采取一定程度限制成员选择的方式：政府或企业先规定一个较低的费用率，在此基础上向供应商招标，作第一级挑选。然后，再允许成员在第一级挑选中限定的供应商中作第二级挑选。既降低了费用，成员也有一定程度的选择自由，而供应商要经过两轮挑选，竞争性也是非常强的。

　　另一个降低费用的办法就是选择费用较低的投资产品如指数基金。指数基金采用被动投资的方式，无须花费高成本对市场进行研究，因而费用率很低。即使如此，机构投资者仍然占有优势。如美国最大的指数基金 Vanguard S&P500 的管理费率为 0.18%，但对 10 万美元以上的机构投资者管理费率只有 0.12%。但是，指数基金在新兴市场国家或小市值为主的市场运作并不如发达国家理想。

　　高费用率并不意味着高回报。统计表明，费用率与回报率呈负相关关系。资产规模增大会提升投资回报，但超过一个平衡点后，这一效应就将消失。机构基金的回报率一般高于零售基金。指数基金在成熟市场上的表现普遍优于主动型投资基金，但在新兴市场国家或小市值为主的市场却并非如此。另外，指数基金更适合那些大的机构投资者，对小资金并不合适。

　　瑞典从 2000 年 10 月开始推出了一种新模式，既向个人提供较多的基金选择，又由政府规定费率上限实现低成本。在国家强制征收的第一支柱养老金缴款中，分离出 2.5% 设立国家个人账户（与中国的个人账户类似）。个人自由选择基金（全国有数百只共同基金可供选择），允许一年变换一次。由一个政府机构集中向养老金基金调配资金，集中清算，并集中管理个人账户。为此，该机构将向成员征收一定的费用（初期为个人账户资产的 0.3%，最终将降为 0.1%）。为利用现有政府资源，这一政府机构可以是国家税务机构，也可以是第一支柱缴费征收机构。

　　该模式的优点是：（1）企业（雇主）缴款只面向一家机构（政府机构）；（2）员工转换投资也只面向一家机构（政府机构）；（3）企业（雇主）与年金基金之间的信息联络被阻断，因而，企业（雇主）不能强迫员工参加哪一只养老金基金；（4）年金资产投资管理人与委托人之间的信息联络被阻断，从而减少市场销售成本和压力。基金管理人只向政府机构汇报资金收益情况，政府机构再向年金基金受益人公布其个人收益情况以及所有年金基金的收益比较情况。

瑞典数百只共同基金的费用率一般为 0.4% ~ 2%。这些基金在管理强制缴纳养老金系统的资金时按同样的费率收取管理费，但要按比例返回一部分。越受欢迎的基金，返还比例越高。接受强制性养老金最多的基金其净费用率为 0.2% 以下。一般的平均净费用率为 0.2% ~ 0.3%。这么低的费用率对基金管理人来说仍然具有吸引力。因为它无须做销售工作，也无须做账户管理和客户服务方面的工作，这部分工作已经由政府机构集中承担了。

（三）中国企业年金管理费用模式的选择

从上述分析可以看出，发展机构市场降低成本是年金制度演变的一个必然结果。中国在设计第二支柱和第三支柱养老金制度时也必须考虑到这一点。为了降低企业年金的管理成本，国家应规定不同规模的基金实行不同的管理费率上限，规模越大管理费率上限越低，从而控制管理费用。目前，中国的证券投资基金的管理费是按基金净值的 1.5% 提取，不管基金是否盈利都依照这一管理费收费方法逐年提取。每年 1.5% 的比例，相对美国、瑞典等国的共同基金收取的管理费明显偏高，相对规模较大的企业年金来说更是难以接受。多数人对基金盈利时支付管理费没有意见，但对基金亏损时支付同样的管理费不能接受。无论业绩好坏，基金投资管理人都能"旱涝保收"，这种做法对委托人来说是不公平的，投资管理人不仅不承担任何投资损失的风险，而且还能获得丰厚的盈利，这将导致投资管理人的不负责任、低效率运营，甚至出现道德风险，中国的企业年金不应采用这种与投资业绩完全不相关的管理费模式。

合理的管理费应分成两部分：一部分是固定比率的管理费；另一部分是与投资业绩相关的浮动费。固定比率的管理费应低于投资管理人的管理成本，用以弥补投资管理人的日常开支；浮动管理费是对投资管理人业绩的奖励，也是投资管理人的利润来源，具体制定浮动管理费率需要有一个合理的业绩评价标准。可以"无风险利率"[①] 作为参照基准，

---

① 短期国债的年收益率可视为无风险的收益率或称为无风险利率。

如果投资管理人未达到无风险利率水平的投资业绩，不能获得浮动管理费。超过无风险利率水平的投资收益按一定比率提取管理费，并且提取比率分级递减，如：3%为无风险收益率，收益率在3%～5%之间，按投资收益的20%提取管理费，收益率在5%～7%之间按投资收益的15%提取管理费。

三、年金积累与支付阶段

年金的整个存续时间可以分为两个阶段：

（一）资产积累阶段

被保险人通过一次缴付或定期缴付保费来加入年金。固定缴费型年金（DC）不用向被保险人支付收益和资本利得，所以年金经过一段时期以后会有可观的增长。在年金的积累阶段，积存的收入和资本收益可以延迟纳税。通过固定缴费型年金，被保险人可以建立一个自动的成本平均法投资计划。例如，被保险人利用自己分配到的资金，定期将等额的现金投入一个积极成长型的养老金计划。

从世界各国的年金基金的投资收益率来看，主要分布在4%～6%之间，积累期大致在40年左右。在不同的收益率下，经过不同期限的积累，年金基金资产将实现4.8～10.3倍的增值。

表5-3　各收益率对应缴费期限的积累值

单位：元

积累值 r \ t	5	10	15	20	25	30	35	40	45	50
2%	1.104	1.219	1.346	1.486	1.641	1.811	1.200	2.208	2.438	2.692
4%	1.218	1.480	1.801	2.191	2.666	3.243	3.946	4.801	5.841	7.107
6%	1.338	1.791	2.397	3.207	4.292	5.743	7.686	10.286	13.745	18.420
8%	1.469	2.159	3.172	4.661	6.848	10.063	14.785	21.725	31.920	46.902
10%	1.611	2.594	4.177	6.727	10.835	17.449	28.102	45.259	72.890	117.391
12%	1.762	3.106	5.474	9.646	17.000	29.960	52.800	93.051	163.988	289.002

资料来源：作者根据精算原理计算而得。

注：r表示各种收益率，t是缴费期限（年），初始投入为1元人民币。

固定缴费型年金一般规定有死亡抚恤金，这可以确保年金受益人在积累阶段免遭损失。如果年金领取人在支付期开始之前已经死亡，受益人可以领取账户的全部缴费（扣除已经提取的款项），也可以领取账户的现金退休金，这主要取决于二者金额的大小。

有些固定缴费型年金还实行累进制死亡抚恤金，这种办法能够每5年一次提高向年金受益人的支付数量。而一旦受益人开始领取年金，关于死亡抚恤金的限制规定自然也就失效。

死亡抚恤金并不是被保险人选择固定缴费型年金的一个重要原因。固定缴费型年金可以为那些担心在购买年金前几年出现财富贬值的被保险人提供一个较为稳定的安全保障。

（二）年金支付、分配或年金化阶段

在年金合同中，年金公司承诺：在限定的时间里，向年金领取人或指定受益人支付一系列由本金和收益构成的款项。除了一次性付清外，常见的支付方式还有：（1）定期支付。每月支付一次，支付的期限大致在8～30年之间；（2）终身支付。年金领取人能存活多久，年金就支付多久。这种支付方式与商业人寿保险有些类似，一般附带有死亡即停止给付的条件；（3）带有一定期限的终身支付。在这种支付方式下，支付会在指定的期限内继续进行，即使此时年金领取人已经死亡。假如这一期限为180个月，而年金领取人在90个月以后就已经死亡，则遗留未支付款项将由其受益人继承；（4）连带支付直至最后一名遗属。这种方式指支付将持续到最后一名遗属死亡为止。夫妻双方常选择这种支付方式。

年金公司为了避免终身支付方式造成的退休金不足的风险，必须对被保险人的寿命预期作较长的估计，也就是延长支付期，因而须减少每月的支付额。

具体而言，年金受益人每月领取的支付款项主要决定于以下4个因素：（1）投资的总额；（2）积累期长短；（3）（扣除各项费用后）投资业绩；（4）支付方式、预期寿命的估计。

因为员工的生活水平通常和其所得有关，因此退休给付与员工所得有合理联系。如果员工退休后所得（含社会保险）为其退休前5～10年期间平均薪资的70%～75%之间，则一般认为该员工在退休时具有足够的收入应付日常生活开支。退休给付的目标替代率会因员工的所得不同而有所改变（如表5－4所示）。退休员工为了维持其退休前的生活水准需要有合理的名义给付替代率和实际给付替代率。这种合理的替代率反映了通货膨胀与多数退休金计划是密切关联的，所以必须重视员工退休后的所得能维持其退休前的基本生活水准，其所得主要是看实际购买力水准，而不是账面收入。

表5－4　退休金替代率（Replacement Ratios）

单位：%

退休前薪资	名义替代（Cross Ratios）	实际替代（Net Ratios）
15000	89.6	24.6
25000	81.7	26.6
40000	96.8	36.6
50000	73.3	39.8
60000	71.4	43.1
70000	69.8	45.8
80000	68.1	46.8
90000	66.5	47.5

资料来源：1991GSU/ACG退休计划报告。

（三）税收政策对企业年金积累的影响

为退休后的生活积聚钱款是所有企业年金计划的共同目标。加入企业年金计划的缴款一般是在缴纳所得税之前，这就可以节约一笔非常可观的支出，可以使延迟缴税的那一部分钱得到有效的增值。

下面举例说明延迟缴税的积累作用：

参见表5－5，B列数据显示了参加一个年金计划的增值情况。假设每月存入100元，为了方便计算假设年收益率为8%且是不变的，再考虑缴纳所得税（税率为20%）前后的增值情况的差异。

C列中的数据显示，存银行即使在年收益率与年金计划收益率相同的情况下（一般银行存款利率低于年金的收益率），由于银行利息税的征收，也进一步降低了其存款的收益率。

表5－5　每月缴纳100元的积累效应

（A）	（B)年金计划积累的款项		（C)存银行* （利息所得 税率20％）	（D)实际缴费 （不考虑积累作用）	
缴费年数	税前缴纳 （年利率8％）	税后缴纳 （税率20％）	税后缴纳 （税率20％）	税前	税后 （税率20％）
5	7341.4	5873.1	5633.3	6000	4800
10	18128.3	14502.6	13268.9	12000	9600
15	33977.8	27182.2	23760.1	18000	14400
20	57266.0	45812.8	38066.7	24000	19200
25	91483.9	73187.1	57576.1	30000	24000
30	141761.3	113409.0	84180.5	36000	28800

注：＊存银行（无年金计划）的年利率假设为8％，银行存款是税后收入的积累同时还得征收利息所得税（假设为20％）。

资料来源：作者根据假设条件计算整理而得。

第六章　企业年金基金投资与资本市场发展

中国政府正在逐步推行多支柱、社会化、市场化年金保险模式，它解决了年金基金资金来源上的合理渠道和合理分担问题。然而，从可持续发展的角度来考察，年金基金的稳定与增长是年金制度能否正常运转的又一关键因素。世界上一些国家的经验表明，企业年金基金进入资本市场是当前条件下可以选择的最优途径，唯有如此才能够最大限度地保持基金高速成长。中国作为发展中的大国，稳定是第一位的，公共年金（基本养老保险）、企业年金计划等是企业员工退休收入保障的主体内容，是社会稳定的基础之一，加之我国资本市场尚处于不断发育之中以及以往政策惯性等因素的影响，因此对待企业年金进入资本市场须慎之又慎，必须作周密的思考。本章正是为此而做的一些探讨。

第一节　企业年金与资本市场的相关性分析

年金保险资金进入资本市场是大势所趋，以往公共年金大多数是以现收现付模式运营，当年收支平衡，无须进行投资增值。即使因收与支存在时差而导致的资金积累也无法进入资本市场，因为短期沉淀资金只能在风险较小的货币市场中寻求稳定的、通常是非常低的收益，不可能进行长期投资。而企业年金的积累模式大多数采用的是完全积累模式，需要进入资本市场寻求更高的收益率。企业年金基金除资金来源、投资目标、政府的许多限制性规定以及实际收益率要求不同外，与一般投资基金有许多共同性：（1）基金是由不特定多数人的资金汇集而成；（2）基金投资对象绝大多数国家都限定为有价证券；（3）基金投资管理是一种专家理财制度；（4）基金采用分散投资策略；（5）投资目的在于保全本金并获取利润；（6）存在投资风险并由委托人承担。

一、中国年金保险基金规模与投资状况分析

增强年金制度的支撑能力必须提高投资收益。长期以来由于中国有关政策的限制，年金保险基金的投资渠道非常单一，主要是存银行和购买国债。因此，调整投资结构是提高中国年金保险基金投资收益率的必由之路。

（一）公共年金（基本养老保险）的投资状况

基本养老保险是我国社会保险的最为重要的组成部分，从比重上来看，目前我国基本养老保险基金占社会保险基金的90%以上，如1996年末社会保险基金结余达610亿元，其中养老保险基金结余为578亿元，医疗保险基金仅结存67亿元。随着社会保障制度的改革和社会保险结构的调整，医疗保险基金的积累快速增长，养老保险基金占社会保险基金的比重有所下降，但仍然占有最重要的地位，如2007年末社会保险基金结存11007亿元，其中基本养老保险基金结存7391亿元，占67.1%；医疗保险基金结存2477亿元，占22.5%。据统计，1995年全国基本养老保险基金收入950.1亿元，支出847.6亿元，当年结余102.4亿元，历年滚动结余429.8亿元。从基金的运用来看，银行存款251.6亿元，占58.5%；购买国家债券90.5亿元，占16.6%，动用59.4亿元，占13.8%。1996年全国基本养老保险基金收入1171.8亿元，支出1031.9亿元，历年滚动结余578.6亿元。1997年全国基本养老保险收入1337.9亿元，支出1251.3亿元，当年结余86.6亿元，历年滚动结余682.9亿元（详见表6-1）。从对社会保障实行部分积累的基金模式改革以来，养老保险资金积累逐年增多，近几年来，我国开展了做实个人账户的试点，取得了显著成效，2007年末辽宁、吉林、黑龙江等11个做实基本养老保险个人账户试点省份共积基本养老保险个

人账户基金达786亿元。基本养老保险基金结存规模已达到7391亿元，是1996年基本养老保险基金结存规模的12.8倍。（详见表6-1）公共年金基金如今已成为一笔巨大的资金，它的投资运用状况不仅决定社会养老保险能否进行下去，而且可以影响中国的基本建设及资本市场。

表6-1　社会养老保险基金收支与积累情况

年份	社会养老保险基金收入（亿元）	社会养老保险基金支出（亿元）	社会养老保险基金结余（亿元）	社会养老保险基金滚动结余(亿元)	养老保险基金运用			
					银行存款（亿元）		持有国债（亿元）	
1994	707.42	661.00	46.42	304.77			81.98	21.74%
1995	950.05	847.61	102.44	429.83	251.6	58.54%	90.5	16.58%
1996	1171.76	1031.87	139.89	578.56				
1997	1337.90	1251.33	86.57	682.85				
1998	1459.00	1511.60	-52.60	611.60				
1999	1965.00	1925.00	40.00	734.00				
2000	2278.50	2115.50	163.00	947.10				
2001	2489.00	2321.30	168.00	1054.50				
2002	3171.50	2842.90	328.60	1608.00				
2003	3680.00	3122.10	558.00	2206.50				
2004	4258.40	3502.10	756.00	2975.00				
2005	5093.30	4040.30	1053.00	4041.00				
2006	6309.76	4896.65	1413.00	5488.89				
2007	7834.00	5965.00	1869.00	7391.00				

资料来源：劳动部社会保险事业管理局编：《中国社会保险年鉴1997》，中国人事出版社1997年版；1997~2007年数据引自：劳动和社会保障部，国家统计局《1997~2007年度劳动事业发展统计公报》；社会养老保险基金滚动结余（结存）为历年累积数。

　　1997年7月16日《国务院关于建立统一的企业员工基本养老保险制度的决定》中规定："基本养老保险实现收支两条线管理，要保证专款专用，全部用于员工养老保险，严禁挤占挪用和铺张浪费。基金结余额，除预留相当于2个月的支付费用外，应全部购买国家债券和存入专户，严格禁止投入其他金融和经营性事业。"

　　由以上规定可以看出，长期以来养老保险基金只能存入银行或购买国债以保值增值。然而，这两种方式都无力达到保值增值的目的。从银行存款来看，在 1985～2006 年的 22 年间，银行存款一年期定期整存整取加权利率低于当年通货膨胀率的就有 8 年（1985 年、1987 年、1988 年、1989 年、1993 年、1994 年、1995 年、2004 年，详见表 6 - 2），保值都谈不上，更无法增值。再看国债，由于国家债券品种较少，收益率虽一般高于同期银行存款利率约一个百分点，但因缺乏完善的二级市场反而不如银行存款有吸引力。基本养老保险基金的运用现状也说明了这一点。如 1994 年养老与失业保险基金累计结余额为 376.99 亿元，其中购买国债仅 81.98 亿元，占结余额的 21.74%；1995 年中国国债年末余额 3300.3 亿元，而养老和失业保险基金当年购买国债仅 90.5 亿元，仅占当年基金结余额的 16.58%。国债品种偏少，收益偏低是其主要原因。而且，相对通货膨胀水平，国债的保值能力令人怀疑。以国库券为例，在 1985～2006 年的 22 年间，国库券收益率超过当年城镇居民消费价格指数的只有 13 年，其他 9 年（1985 年、1987 年、1988 年、1989 年、1993 年、1994 年、1995 年、1996 年、2004 年）国库券的收益率均低于物价上涨率（详见表 6 - 2），可见养老保险基金用于购买国债也难以保值增值。

表 6 - 2　改革开放以来中国有关经济数据

年份	商品零售价格总指数（为上年%）	城镇居民消费价格总指数（为上年%）	平均货币工资增长率（为上年%）	国库券		对应的复利（%）	1 年期银行定期存款利率	
				利率期限结构			（%）	时　间
				利率（%）	年限			
1978	100.7	100.7	106.8				3.96	1979.4.1
1980	106.0	107.5	114.1				5.40	1980.4.1
1985	108.8	111.9	117.7	9	5	7.71	6.84	1985.4.1
							7.20	1985.8.1
1986	106.0	107.0	115.8	10	6	8.15	7.20	未调整
1987	107.3	108.8	109.8	10	3	8.45	7.20	未调整
1988	118.5	120.7	119.7	10	3	9.14	8.64	1988.9.1
1989	117.8	116.3	110.8	14	3	12.40	11.34	1989.2.1
1990	102.1	101.3	110.6	14	3	12.40	10.08	1990.4.15
1991	102.9	105.1	109.3	10	3	9.14	7.56	1991.4.21
1992	105.4	108.6	115.9	10.5	3	8.81	7.56	未调整

年份	商品零售价格总指数（为上年%）	城镇居民消费价格总指数（为上年%）	平均货币工资增长率（为上年%）	国库券			1年期银行定期存款利率	
				利率期限结构		对应的复利（%）		
				利率（%）	年限		（%）	时　间
1993	113.2	116.1	124.3	13.96	3	12.37	9.81	1993.5.15
							10.98	1993.7.11
1994	121.7	125.0	134.6	15.86	5	12.39	10.98	未调整
1995	114.8	116.8	121.2	15.86	5	12.39	10.98	未调整
1996	106.1	108.8	112.9	8.80	5	7.57	9.18	1996.5.1
							7.47	1996.8.23
1997	100.8	103.1	104.2	8.80	5	7.57	5.67	1997.10.23
1998	97.4	99.4	106.6	5.85	5	5.27	5.22	1998.3.25
							4.77	1998.7.1
							3.78	1998.12.7
1999	97.0	98.7	111.6	3.28	8	2.96	2.25	1999.6.10
2000	98.5	100.0	112.3	2.85	7	2.63	2.25	未调整
2001	99.2	100.7	116.0	2.95	10	2.62	2.25	未调整
2002	98.7	99.0	114.0	2.64	7	2.45	1.98	2002.2.21
2003	99.9	100.9	113.0	2.53	5	2.41	1.98	未调整
2004	102.8	103.3	114.1	2.98	2	2.94	2.25	2004.10.29
2005	100.8	101.6	114.6	2.14	5	2.05	2.25	未调整
2006	101.0	101.5	114.4	2.34	3	2.29	2.52	2006.8.19

注：以上国债1994年后为流通性较好的记账式国债；1994~1998年为向社会养老保险基金、失业保险基金的定向债券（利率低于同期其他国债）；1999年为5期国债、2000年为10期国债、2001年为10期国债、2002年为11期国债、2003年为6期国债、2004年为11期国债、2005年为11期国债、2006年为10期国债。

资料来源：中华人民共和国国家统计局编：《2007中国统计年鉴》，中国统计出版社2007年版，国家统计局人中和就业司、劳动和社会保障部规划财务司编：《2007中国劳动统计年鉴》，中国统计出版社2007年版；中国人民银行、中国金融学会：《2007中国金融年鉴》，中国金融年鉴编辑部2007年版。

　　2001年12月13日，经国务院批准，财政部、劳动和社会保障部发布了《全国社会保障基金投资管理暂行办法》（以下简称《办法》），并于发布之日起施行。按照《办法》规定，全国社会保障基金投资的范围限于银行存款、买卖国债和其他具有良好流动性的金融工具，包括上市流通的证券投资基金、股票、信用等级在投资级以上的企业债、金融债等有价证券。这个办法中所称的全国社会保障基金（简称全国社保基金），是指全国社会保障基金理事会负责管理的由国有股减持划入资金及股权资产、中央财政拨入资金、经国务院批准以其他方式筹集的资金及其投资收益形成的由中央政府集中的社会保障基金。全国社会保障基金投资运作的基本原则是：在保证基金资产安全性、流动性的前提下，实现基金资产的增值。

根据《办法》规定，全国社会保障基金理事会负责管理全国社保基金，其基本职责有四个方面：一是制定全国社保基金的投资策略并组织实施。二是按照有关规定选择并委托基金投资管理人、托管人对基金资产进行投资运作和托管；对投资运作和托管情况进行检查。三是负责基金的财务管理与会计核算，编制定期财务会计报表，起草财务会计报告。四是定期向社会公布基金资产、收益、现金流量等财务状况。财政部会同劳动和社会保障部拟订全国社会保障基金管理运作的有关政策，对基金的投资运作和托管情况进行监督。中国证券监督管理委员会和中国人民银行按照各自的职权对全国社会保障基金的投资管理人和托管人的经营活动进行监督。

《办法》中原则规定了全国社保基金的投资比例：银行存款和国债投资的比例不得低于 50%，其中银行存款的比例不得低于 10%；企业债、金融债投资的比例不得高于 10%；证券投资基金、股票投资的比例不得高于 40%。《办法》还规定：在基金建立的初始阶段，减持国有股所获资金以外的中央预算拨款仅限投资于银行存款和国债，条件成熟时可报国务院批准后改按上述规定比例进行投资。根据金融市场的变化和基金投资运作的情况，经国务院批准，可对基金投资的比例适时进行调整。此外，《办法》还对全国社会保障基金投资管理人和托管人、委托投资和托管合同、账户和财务管理、基金运行的报告制度，以及有关违规行为的处罚等，都做出了具体规定。

《全国社会保障基金投资管理暂行办法》的颁布实施，意味着中国社会保障基金进入资本市场迈出了关键一步。2002 年底，全国社会保障基金总资产为 1241.86 亿元，累计实现收益 30.84 亿元。在社保基金资产组合中，银行存款 938.79 亿元，占 75.60%；债券 279.92 亿元，占 22.54%（其中：国债 273.93 亿元，占 22.06%）；股票资产 12.66 亿元，占 1.02%[①]。社会保障基金的年投资收益率仅为 2.59%，与 2002 年的银行存款利率相差无几，这主要由于股票资产的投资仅占总资产的 1.02%，对总资产收益率的影响不大。

2003 年 6 月 9 日，全国社会保障基金理事会[②]授权南方、博石、华夏、鹏华、长盛、嘉实 6 家证券投资基金管理公司有限受托管理社会保障基金，中国银行托管鹏华和嘉实管理的资金，其余 4 家基金管理公司的资金由交通银行托管。首期交付资金 140 亿元，从此中国社会保障基金正式进入股票市场。实际上，早在 2001 年 7 月，社会保障基金就以战略投资者身份配售"中国石化" A 股 3 亿股。之后社会保障基金进入股票市场的资金规模逐步增大，到 2007 年底实际直接投资股票的资产已经达到 381.44 亿元，占基金总资产的 14.81%。此外，全国社会保障基金委托投资的资产也从 2003 年底占总资产 24.07% 的 318.87 亿元，上升到 2007 年底占基金总资产 47.06% 的 2069.4 亿元，委托投资的资产中大部分投资于股票市场，两项合计基金实际投入到股票市场的资产已达总资产的 50% 以上。

全国社会保障基金管理水平不断提高，年收益率逐年递增。除 2004 年收益率低于通货膨胀率外，其他年份的收益率均高于银行存款利率或通货膨胀率，年收益率水平从 2001 年的 1.7% 快速上升到 2007 年的 43.19%，7 年中的年均收益率也高达 11.44%。与此同时，我们也应该看到，2006 年和 2007 年的大"牛市"使基金资产快速增值，导致过高的股权投资比重和相应较高的投资风险。如果不及时调整基金的资产组合结构，降低股权投资资产的比重，随后的"熊市"将使基金资产大幅缩水。基金直接投资和委托投资的股权资产应控制在总资产的 30% 左右较合适，在"牛市"中可逐步降低股权投资资产比重直至低于 30%，而在"熊市"中可逐步增加股权投资资产直至高于 30%。

---

① 2002 年底全国社会保障基金的股票资产 12.66 亿为股票申购资产，因此在表 6-3 中归并到其他项目中。

② 据中国新闻社网站 2000 年 9 月 25 日消息，经党中央批准，中国国务院决定建立"全国社会保障基金"，并设立"全国社会保障基金理事会"，此举旨在筹集和积累社会保障基金，进一步完善社会保障体系。

表 6-3　全国社会保障基金历年收益与资产组合表

项目　年度	已实现收益		经营业绩		基金资产组合结构					基金期末总资产（亿元）	银行存款利率（%）	通货膨胀率（%）
	金额（亿元）	收益率（%）	金额（亿元）	收益率（%）	银行存款（%）	债券（%）	股权（%）	委托（%）	其他（%）			
2000	0.17		0.17							200.17	2.25	
2001	9.67	2.25	7.42	1.73	63.18	33.22	0.00	0.00	2.85	805.10	2.25	0.70
2002	21.00	2.75	19.76	2.59	75.60	22.54	0.00	0.00	1.86	1241.86	1.98	-0.80
2003	34.07	2.71	44.71	3.56	45.30	29.55	0.00	24.07	1.09	1325.01	1.98	1.20
2004	45.91	3.32	36.72	2.61	38.28	18.21	6.80	35.80	0.91	1711.44	2.25	3.90
2005	52.90	3.12	71.22	4.16	48.22	8.10	6.46	34.48	2.74	2117.87	2.25	1.80
2006	195.8	9.34	619.79	29.01	33.65	4.75	20.68	37.37	3.54	2827.69	2.52	1.50
2007	1129.20	38.93	1453.50	43.19	23.32	9.53	14.81	47.06	5.28	4396.94	3.87	4.80
累计投资收益	1488.72	（年均）8.29	2253.29	（年均）11.44	46.79	17.99	12.19	35.76	2.61	1828.26	2.42	1.86

注：已实现收益率＝报告期已实现收益/报告期资金平均占用额；经营收益率＝报告期经营业绩/报告期资金平均占用额；经营业绩＝已实现收益＋浮动盈亏变动额；报告期资金平均占用额按资金占用天数进行加权平均；累计投资收益率为各年度收益率的几何平均；其他各栏目的最后一行为算术平均值；银行存款：当年末资产中包括1年期以内的短期债券；债券资产：包括1年期以上的短期债券，要到期的长期债券和1年期以上长期债券；股权资产：包括"股票"项目反映的长期股权账面余额和"股权资产"项目反映全国社保基金会直接持有的股权资产或国社拨转或划拨等而由社保基金委托投资人管理的资产；委托资产：全国社会保障基金委托投资的资产；银行存款利率：1年期银行定期存款利率；通货膨胀率：居民消费价格指数的增长率。

资料来源：作者根据有关资料整理而得。

（二）企业年金的投资状况

企业年金，即企业补充养老保险，是在企业职工基本的养老保险之外，由职工本人拿出一部分工资，企业再补贴一部分，存入个人账户，作为职工退休后的养老保障基金。根据国际通行的运作方式，企业年金大多交给金融机构实行市场化运作，以保证其盈利性、流动性和安全性的要求。

由于中国企业年金的管理制度并未形成统一规范的框架，企业年金制度仍处于探索阶段，企业年金市场发展缓慢，企业年金基金的规模仍然很小。劳动和社会保障部、中国银监会、中国证监会和中国保监会四部委于2004年4月联合发布了《企业年金基金管理试行办法》，该办法自2004年5月1日起和《企业年金试行办法》同时施行。这份管理办法对企业年金市场化管理模式及运营机制等做出了详细明确的规定，该办法的最终出台与实施，使企业年金与资本市场对接有章可循，这无疑开辟了我国资本市场的又一资金来源。该办法对业界所关注的问题，诸如对从事企业年金基金的受托管理、账户管理、托管以及投资管理机构的规范、企业年金基金投资范围和比例等都一一做出了明确规定。根据该办法，企业年金基金财产的投资范围，限于银行存款、国债和其他具有良好流动性的金融产品，包括短期债券回购、信用等级在投资级以上的金融债和企业债、可转换债、投资性保险产品、证券投资基金、股票等。据调查数据显示，2002年中国的企业年金参保人群为655万人，该年资金收入91亿元，支出35亿，到2002年底，我国企业年金基金累计金额为260亿元。[①] 尽管国务院2000年下发的42号文明确指出，企业可以提取不超过职工工资总额4%的资金购买企业年金，并确定了辽宁省为实施该项制度的试点单位，但由于部门监管、年金投资管理办法和企业年金管理规定等配套法规直到2004年才陆续出台，致使企业年金市场发展缓慢，加之企业年金基金赖以发展的我国资本市场持续数年的"低迷"，也延缓了我国企业年金市场的发展。随着我国资本市场2005年末开始的"复苏"，设立企业年金计划的企业数和企业年金基金的规模都有了长足的发展，截至2007年底，地方社会保险经办机构管理的原有企业年金基本完成移交，全国建立了企业年金计划的企业数从2006年底的2.4万户

---

① 石璐：《保险业全力抢占千亿元企业年金市场》，载《中国经营报》2003年4月21日。

增加到 2007 年底的 3.2 万户，缴费职工人数达到 929 万人，企业年金基金累计结存也从 2006 年底的 910 亿元快速增长到 2007 年底的 1519 亿元。[①]

目前，影响中国企业年金市场发展的三大因素，即管理体制、税惠政策和投资管理政策仍有待进一步完善和统一规范。尽管如此，但已经有部分企业年金基金开始投资股票市场。2003 年的一些公开信息显示，企业年金已经进入股票市场，一家名为"上海企业年金发展中心"的机构，更是在证券交易市场频频亮相。2003 年 6 月 30 日"上海航空（600591）"的中期报表显示，上海企业年金发展中心（华夏成长基金）是第 10 大股东，持有 481.44 万股；"桐君阁（000591）"中期报表显示上海企业年金发展中心为第 8 大股东，持有 30.67 万股；"海信电器（600060）"中期报表显示，上海企业年金发展中心（东新平衡基金）为第 7 大股东，持有 50 万股。仅以 2003 年 6 月 30 日这三只股票的收盘价计算，投入资金市值就达到 4381 万元。此外，上海企业年金发展中心还于 2003 年初，在"浦发银行（600000）"增发时认购 100 万股，投入资金 845 万元。而在 2003 年 7 月底，出资 1.4 亿元申购国电电力转债。同时，上海企业年金管理发展有限公司、深圳企业年金管理中心也参与了"国电电力"的转债申购。

按照 2005 年 3 月 1 日实施的《企业年金基金管理机构资格认定暂行办法》（以下称 24 号文件）的规定，受托人注册资本不少于 1 亿元人民币，且在任何时候都维持不少于 1.5 亿元人民币的净资产。由于上海、深圳等全国各地的社会保险经办机构下属的企业年金管理中心仅是事业法人，没有资本金，按照规则这些由地方政府设立的企业年金管理中心没有受托企业年金的资格。

根据劳动保障部发布的《关于贯彻〈企业年金试行办法〉和〈企业年金基金管理试行办法〉的通知》（劳社部函［2004］72 号）要求："未经国家认定的管理机构应逐步退出年金市场，社会保险经办机构管理的企业年金要逐步过渡，条件成熟时移交给具备资格的专业机构按市场化原则管理经营。"这些由政府社会保险经办机构设立的企业年金管

---

① 人力资源和社会保障部、国家统计局编：《2006~2007 年度劳动和社会保障事业发展统计公报》。

理中心相继暂停新增企业年金业务，并将已有的企业年金基金逐步移交给具备资格的受托人管理。2005 年，国家认证机构公布了首批企业年金管理机构，随后劳动保障部发布《关于进一步加强社会保险基金管理监督工作的通知》（劳社部［2006］34 号），明确规定了社会保险经办机构办理的企业年金的具体移交时间，即"要在 2007 年底之前移交给具备资格的机构管理经营。"此外，由行业建立的企业年金管理中心也管理着不小规模的企业年金基金，其存量在 2005 年已经达到了 346 亿元，主要包括电力、交通、铁路和通讯等 11 个重点行业。这些行业建立的企业年金管理中心，从已经公布的二批已经通过认定的企业年金基金管理机构中，没有它们的名字，因此，它们也需要移交其管理的企业年金基金。但与社会保险经办机构下属的企业年金管理中心不同的是行业的企业年金管理中心可以通过行业内大企业控制的信托公司、保险公司、银行和证券公司来管理行业内的企业年金，也可以设立专门的养老保险股份公司来管理企业年金，如第二批已经通过认定的企业年金基金管理机构长江养老保险股份有限公司。目前我国的养老保险公司是由原商业保险公司出资组建的，管理的企业年金资产还比较少，2007 年底全国的养老保险公司管理的企业年金资产只有 163.76 亿元，占全国企业年金基金结存规模的 10.78%（参见表 6 – 4）。

表6 – 4　养老保险公司企业年金业务情况表

单位：亿元

公司名称	企业年金缴费		受托管理资产		投资管理资产	
	2007. 1 ~ 12	2008. 1 ~ 3	2007. 1 ~ 12	2008. 1 ~ 3	2007. 1 ~ 12	2008. 1 ~ 3
太平养老	35.94	4.93	33.45	36.39	29.24	53.32
平安养老	48.87	28.82	49.83	73.41	50.50	83.00
国寿养老	0.74	11.92	0.74	9.39		
长江养老						
泰康养老		3.32		3.31		
合　计	85.55	48.99	84.02	122.50	79.74	136.32

注：1. 企业年金缴费、受托管理资产、投资管理资产的统计口径见《保险业经营数据》。

　　2. 以上数据来源于各养老保险公司报送保监会统计报表数据，未经审计，目前统计频度暂为季度报。

　　3. 制表时间 2008 年 4 月 29 日。

资料来源：中国保险监督管理委员会网站（www.circ.gov.cn）。

目前，中国的企业年金基金资产结构没有公开的数据资料可供参考，已获得企业年金基金投资管理人资格的机构用企业年金委托资产购买上市股票时，不是以企业年金基金的名义出现而是以投资管理人的身份出现，因此，从上市公司年度报表中，也无从得知企业年金基金投资的信息。从 2006 年开始，《2006～2007 年度劳动和社会保障事业发展统计公报》作为公开信息，我们可以从中得知全国企业年金基金结存的总规模、企业开户总数和参加企业年金计划的总人数。

（三）个人年金的投资状况

个人年金属于个人储蓄性资产，长期以来，中国个人年金市场主要由商业保险公司占据，2007 年，中国保险业年金类业务（含分红团体年金保险、投资连接保险和万能保险）保费收入达到 3465 亿元，这个数字已经显示保险业是经营个人年金最重要的机构。中国保险业在经营年金业务方面已培育和形成了一定的竞争力，但与发达国家成熟的年金市场相比差距仍较大。目前，国内保险公司经营的年金类产品较多，产品包括传统的团体年金保险、个人年金保险、分红团体年金和分红个人年金产品，以及万能保险和投资连结保险。如果扣除保险公司管理的企业年金，个人年金市场的规模已经超过企业年金市场。

从表 6–5 可以看出，中国保险资金进入资本市场的规模逐年增加，到 2008 年 5 月，总投资规模为 20721.33 亿元，占保险资产总额的 68.14%，银行存款为 6676.30 亿元，占保险资产总额的 21.96%。由于中国保险公司经营状况数据表中未单独列明个人年金的数据，因此，年金业务收入应归并到寿险业务之中，约占寿险总保费收入的 77.62%。可见中国保险公司年金类业务已经成为保险公司最重要的保费收入来源。

中国个人年金市场的发展得益于资本市场的迅速发展，2006 年和 2007 年两年中国 A 股市场持续大幅上升的行情带动了个人年金市场的发展。但是，2007 年 11 月以后，我国个人年金市场受股票市场大幅回落的影响和通货膨胀率走高的威胁，也出现了相应的回落。尽管中国目前个人年金市场发展迅速，但仍存在一些阻碍我国个人年金市场发展的因素：（1）个人年金没有税收优惠政策的支持，个人缴纳的保费是税后所得。（2）商业保险公司以往开设的个人年金产品主要是（趸缴保费的）

表 6 – 5 中国保险公司经营状况数据

单位：万元

时　　　　间	2007 年 1 ~ 12 月	2008 年 1 ~ 5 月
原保险保费收入	70357598.09	45992733.25
1. 财产险	19977363.42	10511720.58
2. 人身险	50380234.66	35481012.67
（1）寿险	44637521.00	32002262.98
（2）健康险	3841660.53	2547387.72
（3）人身意外伤害险	1901053.13	931361.98
养老保险公司企业年金缴费	855461.40	—
原保险赔付支出	22652149.38	12918380.41
1. 财产险	10204703.46	5095650.03
2. 人身险	12447445.92	7822730.38
（1）寿险	10644498.66	6942856.80
（2）健康险	1168645.51	590814.28
（3）人身意外伤害险	634301.75	289059.30
业务及管理费	9476193.44	4073502.08
银行存款	65162588.18	66762951.18
投　　资	202056853.78	207213285.63
资产总额	290039208.73	304084754.53
养老保险公司企业年金受托管理资产	840101.90	—
养老保险公司企业年金投资管理资产	797369.90	—

　　注：1. 原保险保费收入、原保险赔付支出和业务及管理费为本年累计数，银行存款、投资和资产总额为 5 月末数据。

　　　　2. 银行存款包括活期存款、定期存款、存出保证金和存出资本保证金。

　　　　3. 上述数据来源于各公司报送的保险数据，未经审计。

　　资料来源：中国保险监督管理委员会网站（www.circ.gov.cn）。

固定受益型年金，并且是按低于当时银行存款利率进行精算的年金给付，对个人没有太大的吸引力。如果中国的银行存款利率处于下调时期，例如，从 1995 年的 10.98% 下降到 2003 年的 2%，则给商业保险公司带来的支付压力非常大，同时也在一定程度上刺激了个人年金的发展。但随着利率进入低谷区域后，个人年金的发展也因此受到阻碍。如果利率回升，将对固定受益型年金的发展产生更大的冲击。（3）商业保险公司推出的投资连结保险（相当于保底的个人账户型年金，即固定缴费型年金）也遇到了管理问题。如果股票市场持续低迷，投资连结型保险的推广无法进行，但是，当股票市场持续上涨时，投资者又觉得投资连结保险的回报率相对于其他基金的回报率明显较低，致使投资连结保险面临两难的境地。

二、世界年金保险制度金融化的具体表现及其对中国的启示

年金保险制度金融化是一种趋势，它主要表现在年金保险运营机构与传统的金融机构之间出现职能的融合，打破了以往的分工界限，使得宏观监管的行业界限变得越来越模糊，也增加了监管模式选择的难度。

（一）现代年金保险机构职能的演变——具有重要的融资职能

年金保险金融化的趋势使年金保险机构的职能发生了变化，由一个简单地履行筹资、偿付功能的机构，演变为既有补偿职能又具有重要融资职能的非银行金融机构，投资部门成为年金保险机构的核心部门。西方发达国家年金保险机构在金融市场中，无论是其资产总额还是经济上的重要性都与银行业不相上下，甚至在有些国家还高于银行业。据统计，2007 年底美国全部商业银行的总资产为 10. 82 万亿美元，其中银行信贷资产规模达 9. 22 万亿美元，占美国商业银行总资产的 85. 19%（银行信贷资产中有价证券的资产达 2. 44 万亿美元，占商业银行总资产的 22. 51%）①。各类投资机构管理的总资产规模达 13. 00 万亿美元，其中共同基金管理的资产规模 12. 02 万亿美元，占投资机构管理总资产规模的 92. 49%，共同基金管理的获得各种税收优惠的年金基金规模就达到 4. 59 万亿美元，占共同基金总资金规模的 38. 19%。同期美国年金资产高达 17. 61 万亿美元（其中，个人年金资产达 4. 75 万亿美元；企业年金资产 6. 82 万亿美元，包括 DC 型企业年金资产 4. 47 万亿美元和其他类型企业年金资产 2. 35 万亿美元；政府年金资产 4. 38 万亿美元，包括州、地方政府职员年金 3. 18 万亿美元和联邦政府年金 1. 20 万亿美元；此外，非年金计划的退休储蓄 1. 66 万亿美元）。由此可知，美国的年金资产规模已经超过共同基金和商业银行，成为美国国内货币和资本

---

① Board of Governors of the Federal Reserve System, May 2008, "1. 26A: Commercial Banks in the United States, Assets and Liabilities", *Statistical Supplement to the Federal Reserve Bulletin*.

市场的第一大资金来源。① 美国个人年金发展较快，资产总规模从 1990
年的 6370 亿美元增长到 2007 年的 4.75 万亿美元，年均递增 12.54%，
其中共同基金管理的个人年金资产规模增长最快，年均递增达
17.82%，证券经纪账户管理的个人年金资产规模年均递增达 14.19%，
人寿保险公司管理的个人年金资产规模年均递增 13.34%，银行管理的
个人年金资产规模年均递增仅 1.92%。从个人年金资产分布的结构变
化看，银行的投资功能相对弱化而共同基金、证券经纪机构和人寿保险
公司投资能力增强，人寿保险公司管理的个人年金规模自 2002 年后已
超过或接近银行管理的个人年金规模，2007 年美国人寿保险公司管理
的个人年金资产规模达 3360 亿美元，银行管理的个人年金资产也达到
3400 亿美元，年金业务已经成为各类金融机构的重要业务，也是货币
和资本市场重要的资金供给者（参见表 6-6）。

表 6-6　1990~2007 年美国各类金融机构管理的个人年金计划资产分布表

年份 \ 机构	银行和储蓄年金①		人寿保险公司②		共同基金		证券经纪账户③		合　计	
	金额(10亿美元)	比重(%)	金额(10亿美元)	比重(%)	金额(10亿美元)	比重(%)	金额(10亿美元)	比重(%)	金额(10亿美元)	比重(%)
1990	266	41.76	40	6.28	138	21.66	192	30.14	637	100.00
1995	261	20.26	81	6.29	464	36.02	482	37.42	1288	100.00
2000	250	9.51	203	7.72	1231	46.82	945	35.95	2629	100.00
2001	255	9.74	211	8.06	1166	44.52	987	37.69	2619	100.00
2002	263	10.38	268	10.58	1043	41.18	959	37.86	2533	100.00
2003	268	8.95	285	9.52	1309	43.74	1131	37.79	2993	100.00
2004	269	8.15	282	8.55	1491	45.20	1257	38.10	3299	100.00
2005	278	7.61	308	8.43	1663	45.54	1403	38.42	3652	100.00
2006	313	7.42	318	7.54	1975	46.80	1614	38.25	4220	100.00
2007	340	7.16	336	7.08	2241	47.21	1831	38.57	4747	100.00

注：①包括基奥储蓄计划；②个人退休账户中的年金不包括各种共同基金的个人退休账户资产；③不包括通过证券经纪账户管理的共同基金资产。以上数据均为各年底的统计数值。

资料来源：Investment Company Institute，May 2008，*2008 Investment Company Fact Book*（*48th Edition*），p. 88.

---

① Investment Company Institute，May 2008，*2008 Investment Company Fact Book*（*48th Edition*），pp. 86 - 102.

年金保险资金不仅规模大，而且具有稳定性强和长期性的特点，年金保险资金进入资本市场可以有效地缓解股票市场中资金供给与需求的矛盾，改善证券市场投资者的结构和资金结构，成为稳定股市的核心力量之一。发达国家的年金基金还是国债和企业债券的最大投资者，年金基金规模的增长加强了各国经济发展中的直接融资能力。

（二）现代年金保险机构的组成结构变革

年金保险金融化的另一个标志是，发达国家的年金保险基金管理机构向银行、证券部门渗透，银行向年金保险业渗透，两者由原先的各自平行发展转为相互渗透，相互融合。在欧盟国家中，银行和年金保险资金融通已有相当大的发展，银行广泛涉足年金保险的收支代理业务已取得巨大成功。欧洲 500 家大银行中的 46% 拥有专门从事年金保险业务的附属机构。年金保险管理机构也广泛涉足银行业务（如存贷款业务），特别是公司型的年金保险机构也参股银行业。在英国有 17 家银行为保险公司所拥有；法国有 9 家保险公司拥有 12 家银行。由于受立法限制，美国在这方面的发展稍逊于欧洲，但也已成一种潮流。据统计，美国有 4088 家银行已经开始从事年金保险业务。[①] 银行资本与年金保险资本的融合，无论是对年金保险机构还是对银行都带来了巨大收益。对于年金保险机构来说。可以快捷地利用银行现成的强大的网络，通过银行代理养老保险业务可以有效地降低管理费用和提高工作效率；对于银行来说，银行因其现有网络获得巨额年金保险资金沉淀带来的报酬，进一步向客户提供全方位的金融服务，既加强了客户对银行的信赖、使客户与银行的联系更为紧密、也使银行巩固和提高了地位。总之，银行与年金保险机构彼此利用对方的技术、经验、客户基础和渠道产生协同效应，使二者优势互补，各自的服务质量和范围都得到了拓宽，占有更大的市场空间。

（三）现代年金保险经营方式的创新

年金保险金融化还表现在经营方式的创新上。年金保险机构的基本经营技能就是如何降低风险。传统的年金保险经营只是将资金存入银行获取稳定的利息收入，将投资风险转嫁给银行。而金融化的现代年金保险业，可以借助于证券投资组合的方式将风险证券化，由年金保险基金

---

① 朱文胜：《银行保险动因分析及在我国的发展》，载《保险研究》2003 年第 12 期。

管理人直接承担部分投资风险，这就要求年金保险基金管理人必须有雄厚的资本实力。而管理机构的股份制改造使资本市场中的资金跨越市场界限，参与到年金保险中来，为年金保险业的发展注入了活力。

（四）世界年金保险金融化对中国企业年金保险运营的启示

发达国家年金保险业发展的实践提示我们，年金保险金融化不可避免。从总体上看，目前中国还不具备年金保险金融化的客观条件，但是要从中国的客观实际出发，积极制定相关的政策策略，以适应世界年金保险金融化的潮流和趋势。

1. 调整资本市场政策和完善资本市场

从总体上看，要重点发展包括企业年金基金在内的机构投资者，这样既可以为资本市场提供长期、稳定的现金流入，缓解股市供需矛盾，推动中国证券市场健康、持续、稳定地发展，又可以为年金保险业进入其他金融领域开辟道路。

2. 逐步扩大年金基金进入资本市场的范围

以往，中国年金基金的主要投资对象为国债和金融债券等固定收益类产品，一旦利率反向调整，年金保险资产的缩水就将使年金保险基金面临巨大的经营风险。同时国债市场容量的有限和流动性的不足，也使得年金保险资金面临流动性的风险。拓展年金保险基金投资领域是摆脱年金保险投资收益困境的途径。从目前中国商业保险公司的资金通过证券投资基金进入资本市场的实践来看，已获得了很好的示范效应。目前，国家已允许保险公司参与上市证券投资基金的买卖，待条件成熟时，可允许企业年金保险资金由新设立的具有企业年金保险特色的专业投资基金进入资本市场，允许年金保险资金投向有长期、稳定回报的国家重点建设项目，允许年金保险资金参与国家安居工程投资等。

3. 完善年金基金的投资监管制度

随着中国年金保险资金投资渠道的放宽，年金保险监管部门要重点加强各类监管指标体系的建设，尽快建立年金保险基金风险预警系统和年金保险基金管理公司的评价指标体系。中国年金保险监管部门应对企业年金投资规模及在资本市场中运用的比例结构做出明确而具体的规定，及时审查各公司的投资情况，确保养老保险资金在有效控制风险的基础上实现规范而高效的运作。

三、企业年金基金进入资本市场对现有格局的影响

企业年金基金进入资本市场将对现有的资本市场格局产生全方位的影响。

（一）对现有基金市场的影响

企业年金基金进入资本市场将对现有的基金市场产生较大影响：

1. 促使基金管理公司设立开放式的、专门面向企业年金的投资基金

企业年金自身经营的特点以及对资金安全性、流动性的高度需求，促使基金公司创立针对企业年金的新的开放式基金。同时，由于企业年金计划的参保人作为长期投资者，其资金的投入和撤出相对稳定，也为采取开放式基金的形式提供了前提条件。

第一，开放式基金的投资目标市场多为开放程度比较高、规模大、灵活性强的金融市场，这种市场资金周转较快，容易筹集资金，能够适应大规模的投资。由于其投资的市场相对发育成熟，有利于年金公司控制风险。

第二，开放式基金单位卖出价根据单位的资产净值加上 2% ~ 3% 左右首次购买费确定，基金单位的买入价就是每一基金单位所代表的资产净值，它不受市场供求影响，既不会溢价也不会折价。由于开放式基金交易的价格完全与基金的净值相关、有较高的透明度，可引导投资者树立正确的投资理念，减少市场中的投机气氛，解决分红问题，规范和完善基金交易，有利于基金业的健康稳定发展。此外，企业年金基金的规模较大，如果按封闭式基金的形式管理，必然造成企业年金资产的流动性下降，变现困难。

第三，开放式基金由于可随时赎回，顺应了企业年金资金流动性的需求。基金经理不能把全部的基金用来长期投资，其投资组合中要有一部分随时可以出手的金融产品，这在客观上促进了基金公司完善投资结构，防范投资风险。

2. 为企业年金基金定做开放式基金

针对企业年金基金的性质，以协议募集方式发行开放式基金，为企业年金度身定做新基金品种，可避免基金的趋同性，强化基金的个性，提升基金业的独立人格。同时，由于年金公司的投资行为较一般的投资

者更为理性，风险承受能力强，投资周期长，也有利于基金业的发展和证券市场的稳定。

3. 促使基金管理公司降低费用

目前我国的基金管理费相对较高，它并非市场化配置的结果，而是一种垄断的结果。对企业年金以协议募集方式发行开放式基金，因其手续简便，费用低廉，促进了基金管理人之间的竞争，有利于降低费用，降低投资管理成本。

4. 选择优秀的基金管理公司共同创设年金基金

年金基金可选择更优秀、更适宜的基金管理公司共同参与新基金的创设，有利于基金公司了解企业年金参加者的投资需求。同时，基金管理公司可通过招募大量专业人才，对入市资金的运作进行宏观的控制和把握。由于开放式基金的透明度提高，也为企业年金代理人（基金会）对其资金运作情况的监控提供了有利的条件。企业年金代理人对基金运作的监督加强了，既有利于维护被保险人的利益，也有利于提高基金管理人的业务水平和职业素质。

（二）企业年金对资本市场制度完善的促进作用

1. 稳定发展资本市场

目前中国的证券市场、特别是股票市场还处于初步发展期，和它应该发挥的经济功效还有很大差距。引导企业年金基金这种性质的机构投资者进入资本市场，更有助于提高资本形成的效率，促进中国资本市场朝着稳定、有效和成熟方向发展，实现中国整体经济的长期稳定发展。

第一，企业年金基金与证券市场的稳定发展。企业年金基金作为机构投资者[1]，对资本市场的稳定发展具有积极的作用。从国外的实际情况来看，国际资本市场的机构化、基金化趋势明显，各类法人投资机构凭借其自身雄厚的资金实力和先进的管理技术进行着各类投资活动，对微观、宏观金融及经济发展的影响在不断增强，在有些国家甚至已经形

---

[1] 机构投资者（Institutional Investors）是指以其所能运用的资金在资本市场上进行证券投资及其他投资的金融机构，包括共同基金、企业年金基金、保险公司、信托投资公司和投资银行，等等。

成对资本市场的支配地位。在这种情况下，机构投资者比重的逐渐上升被认为是一国证券市场走向成熟的标志，并因此把发展证券投资基金、培育机构投资者与证券市场的稳定和发展联系在一起。但是，一般机构投资者的行为并不必然具有合理性，它们也有短期性、投机性和操纵性的一面，尤其是在法制不健全、监管不力、投机气氛浓烈的新兴证券市场中，机构投资者的投机性和对市场的操纵都有可能达到十分严重的程度。虽然发展机构投资者对证券市场具有改变投资主体结构、增加市场有效需求、改善投资者投资理念、有利于市场稳定等积极作用，因此政府部门一直致力于推进证券投资基金迅速发展。但是，机构投资者也可能成为市场不稳定的因素，甚至是重要的不稳定因素。发展机构投资者，绝不仅仅是增加机构投资者数量和规模的问题，更为重要的是提高其质量，规范其行为。由于企业年金基金是追求长期稳定的收益，较其他机构投资者的投资行为更趋于谨慎，因此，企业年金基金是资本市场天然的优质机构投资者。

第二，企业年金基金与资本市场价格波动。从理论上分析，证券是一种虚拟资本，这决定了资本市场价格的短期波动是随机的。但从长期来看，资本市场价格的变动是有其自身的运行规律的，取决于证券的内在价值。因此，资本市场走强或者被过度打压应该是暂时的现象，证券价格最终都会有一个向价值回归的过程。这实际上构成了资本市场稳定的内在依据，即：资本市场的稳定并不以机构投资者的存在为基础，资本市场有自己的运行规律以及自动稳定机制，资本市场价格的变化从根本上取决于宏观经济形势及政策、经济周期、社会资金流向及密度、行业状况及前景、公司的财务状况、公司经营管理能力及发展前景，以及投资者对证券未来收益的预期及其贴现值。

正因为从短时期看，证券市场价格可能会经常偏离其证券的内在价值。因此，规范的企业年金基金参与资本市场运作也会影响证券价格的变化，但与一般投资者相比，这种影响会比较理性，是可以预期的。

企业年金基金对股价的影响是以一定规模资本的真实注入与撤出为基础的，不含任何虚假、泡沫和投机因素，是理性的，也是可以预期的。它与那种少数实力大户操纵市场，购买时呈现打压的价格、售卖时呈现抬高的价格的非理性投机方式，有着本质上的区别。

事实上，一般的投资基金与证券市场运行的稳定性之间并没有明显的相关性，作为机构投资者，投资基金并没有稳定证券市场的责任和义务。企业年金基金也是一种信托投资方式，这决定了基金管理人支配的企业年金基金同其他资本一样是趋利的。为了满足委托人追求利益最大化的要求，基金管理人必须密切关注证券的价格变动和近期收益水平，并根据证券市场的波动作出相应的投资组合调整，基金管理人这样做是为了防范、转移和化解风险，减少自身损失，保护委托人的利益。因此，企业年金基金的投资行为对资本市场也会产生副作用，在对投资基金的管理上，通过立法以及行政监管来规范其行为是必要的，而寄希望于企业年金基金管理人自觉地承担稳定证券市场的职责显然是不切合实际的。

2. 企业年金基金与规范投资行为

规范企业年金基金的投资行为主要是严格政府对投资管理机构的监管及其自律管理，切实规范其市场行为。（1）加强立法监管，完善投资管理的法律和规章制度，做到有法可依、执法必严。（2）基金管理人自身则要完善基金内部控管制度及机制，切实控制"内部人控制"。不同性质的机构投资者，在资金来源、资产性质、债务特点、委托要求、投资限制、行为方式、目标偏好和持股周期等方面也就不同，因此，企业年金基金进入资本市场，不仅可以改善中国机构投资者的结构，增加长期投资者的比重而且通过机构投资者的多元化产生市场互补和功能整合效应，充分发挥机构投资者在资本市场发展中的积极作用。（3）提高上市公司质量，夯实证券市场基础是规范企业年金基金投资行为的基础条件。当前应把着力点放在优化上市公司产业结构和所有制结构、建立完善的上市公司退出机制，加快国有企业改革，培育上市公司可持续发展能力，提高其长期投资价值等方面。长期投资理念的建立是市场规范、成熟的重要特征。

基于企业年金基金人所共知的规模性、稳定性和长期性特点，只要能从制度上加以保证并给予合理引导，企业年金基金是能够成为中国证券市场稳定和发展中的长期性机构投资者的。企业年金基金直接进入股票市场的时机已经成熟，通过设立开放式的证券投资保险基金，企业年金基金的投资风险是能够防范和化解的。从沪深两市近几年的波动区间分析，股市的市盈率水平已与定期存款利率基本接近，市场的投机性正在逐步减小，中长线的投资理念开始起主导作用。由于中国经济仍将继续处于高速增长阶段，中国股市作为一个整体必然会日趋规范、成熟、有效起来，股指从长期来说自然呈上升态势，完全可以借鉴美国指数基金的经验，将企业年金基金的大部分（比如 60%）做指数投资，这样就能在承担较小的系统风险和非系统风险的同时，充分享受中国经济持续增长的成果，获得较高的投资收益。

3. 企业年金入市为国有股减持和流通创造了条件

国有股减持只进行了十几家公司减持，就导致资本市场一片恐慌，最终不得不进行限制。

一方面国家通过减持国有股，将获得的收入充实社会保障基金，另一方面又允许社会保障基金进入股票市场，购买股票。这样做不仅增加了交易成本，而且集中减持容易造成证券二级市场的大幅度波动等弊端，对证券市场的发展不利。为什么不直接通过协议方式（大宗交易方式）转让给企业年金基金？尽管没有明说，但给众多投资者造成的印象是，这些股票的市场价值被高估了，根本不值这个价。因此，市场上减持哪只股票，这只股票的价格就大幅下跌。让企业年金基金进入资本市场，可以较大程度缓解国有股流通的抛售压力，逐渐解决长期困扰中国资本市场的国有法人股参与流通的问题，为中国资本市场的健康稳定发展创造条件。

（三）企业年金基金与资本市场的相互影响

如前所述，企业年金受益从本质上讲是一种劳动补偿的延迟支付，而人口老龄化及退休费用的急剧增长，使得企业年金制度不得不对安全性、流动性和收益性做出重新调整，这决定了企业年金基金必须进入资本市场实现增值。这样，企业年金基金本身所具有的长期性、稳定性和规模性，以及追求长期稳定投资回报的特点，对资本市场的制度、结构和效率以及稳定性将产生极其重要而又复杂的影响，而其老年收入保障的属性反过来又要求企业年金基金的投资建立在资本市场比较规范、成熟的基础之上，从而在企业年金基金与资本市场共同生长、相互促进的过程中，实现社会福利的最大化。

1. 企业年金基金对资本市场发展的积极影响

这主要体现在如下几个方面：

第一，促进资本市场稳定发展。由于企业年金基金是由在职员工和企业缴纳的、专门用于支付员工年老退休后的基本生活费用，由年金保险制度运行过程中沉淀下来的闲置的资本金以及大部分准备金转化而来，从而使其具有稳定的资金来源，并且面对的是相对稳定，同时可予以精算的现金支付结构。企业年金基金投资业绩的表现通常又是以每年收益或几年的平均收益来衡量的，这从根本上决定了企业年金基金具有长期性、稳定性、规模性，以及追求长期稳定投资回报的特点，能够成为市场中最稳健的力量，在促进资本市场稳定发展方面发挥更为重要的作用。因此，我们有足够的理由认为，企业年金基金完全可以成为资本市场上真正具有稳定作用的机构投资者。

资本市场的进一步完善能够带来一个更为平稳和更具活力的金融体系，显然，这需要一个牢固的投资者基础，并且这一基础在很大程度上通常由需要长期金融工具的机构投资者构成。基于企业年金基金的特殊性质及在资本市场稳定发展中的重要作用，为年金基金化及企业年金基金进入资本市场采取切实可行的政策，将进一步促进证券市场健康发展。

第二，改进资本市场运行机制。企业年金基金通过资本交易，将对资本市场的供求机制、价格机制和竞争机制产生重要的影响。首先，如果企业年金基金大量购买某一证券，将使该证券的需求大幅上升，由此导致证券价格的上升，从而对证券一级市场的发展起到鼓励作用；反之，则会产生抑制作用。因此，企业年金基金的资本交易能够强化价格机制的作用，促使社会资金随价格的波动达到最优配置，提高资金的使用效率，实现产业结构的优化调整。其次，企业年金基金进入资本市场，通过刺激实际债券需求的增加，导致债券供给的增加，从而使更多的企业、银行等为资本市场的高收益所吸引，促进资本市场供给的竞争，完善证券市场发行制度，实现优胜劣汰，建立客观、科学、高效的资本市场评价机制。

从短期来说，股份制改革所导致的证券供给增加与养老保险制度改革导致的证券需求增加的同步进行，将在一定程度上缓解资本市场的供求矛盾。从中长期来看，因为不同年龄组的人们对资产有不同的偏好，人口结构的变化将对溢价（股票与债券价格的差异）产生影响。随着年龄的增长，人们的风险规避倾向增强。一般来说，中年人有较高的储蓄倾向，并且往往愿意持有较高风险的资产。也就是说，相比债券，他们对股票更为偏好。其原因有二：（1）人们处于工作阶段时，比较容易弥补投资不当所带来的损失；（2）中年时期，人们还有较长的工作年限，为了获取较高收益，愿意购买高风险资产。由于人们更倾向于选择股票，这将导致股价的较大幅度上升，从而降低风险溢价。在高峰期出生人群退休之后，储蓄率、证券价格都将下降，同时，由于人们对资产偏好的改变，风险溢价将会回升。

从企业年金基金成熟度与证券价格的角度看，随着基金成熟度的提高，为了满足退休金的支付需要，要求它所持有的资产具有较高的流动性与安全性。这样，基金将减少对股票的持有比例，而增加持有回报率较为稳定的债券，从而导致风险溢价的上升。（1）中国目前的企业年金制度刚刚起步，仍有很大的发展空间，其成熟度因此较低，抵御短期价格波动风险的能力较强。（2）企业年金基金可以改善资本市场结构。企业年金基金进入资本市场，其投资决策往往会直接影响到资本资产的价格，导致资本资产收益率的上升或下降，由此提高资本的流动性和活跃证券二级市场，并因此提高投资者在一级市场上购买各种新发行股票、债券的积极性，刺激一级市场上证券发行的扩大，从而改变一、二级市场结构，促进两者协调发展。（3）企业年金基金管理人根据情况适当调整资产组合，以期在风险一定条件下实现收益的最大化，这在客观上有利于改善资本市场中各种资本资产的结构比例（如股票与债券比例、政府债券与企业债券比例等），使其在动态调整中趋于合理。（4）企业年金基金还可以创立或加入投资基金、不动产信托投资公司等，促进资本市场的组织结构更加完善。事实上，出于对企业年金基金参与资本市场运营之需，各种投资管理机构、保险公司、投资银行、商业银行等金融中介机构也有相应发展，甚至基于竞争压力而导致更大的发展，这无疑对创造一个竞争有序、运作效率不断提高的资本市场是至关重要的。（5）企业年金基金可以加强资本市场宏观调控。企业年金基金的属性决定了其运营注重安全性、流动性和收益性原则，对政府宏观经济政策变动非常敏感，企业年金基金根据经济政策调整自己的投资行为，从而通过企业年金基金在资本市场上的投资活动来提高政府调控和监管资本市场的能力。比如，企业年金基金在一级市场上大量承购、包销政府债券，会促进政府债券的发行，影响财政收支平衡。同时，企业年金基金在二级市场上买卖政府债券，又影响到中央银行的货币政策。当央行紧缩信贷、控制货币供应、遏制通货膨胀时，往往会在公开市场上抛售国债，如果此时企业年金基金购入更多的国债，则有助于央行货币政策的执行；反之，在利率上升的市场条件下，企业年金基金出售国债，转向购买新发行的公司债券，则对央行货币政策产生逆向效应。从这一意义上讲，政府操作公开市场工具，执行财政、货币政策，需要得到并且能够得到企业年金基金这样的机构投资者的配合。

2. 企业年金基金对资本市场发展的消极影响

企业年金基金对资本市场的发展也会产生一些负面影响，其中最为突出的问题就是这个本应是一个着眼于长期稳定的投资回报率的机构投资者，也会做出一些短期行为。如果资本资产的质量有可能要恶化，企业年金基金这种更为厌恶风险的机构投资者几乎同样会毫不犹豫地行动起来，减少其在资本市场上所拥有的债券和股票。在这种情况下，基金管理人的投资偏好一旦变化，尤其当这种变化是单方面的时候，就会对资本市场的稳定性产生严重的消极影响，大大增加资本市场的易变性（Volatility）。甚至可以认为，企业年金基金在资本市场中的短期行为可能导致资本市场扭曲与泡沫化。

之所以如此，其原因是多方面的：

第一，企业年金的避险行为，即基金的管理人不断地进行资产组合的调整，会加剧资本市场的变动，对资本市场的正常运行产生不良影响。

第二，信息分布的不对称性，使资本市场上机构投资者的行为被一般投资者效仿，特别是像企业年金基金这样大规模的机构投资者，更易引发"羊群效应"。

第三，企业年金基金的成熟度与资本市场的易变性有着很大关系。当企业年金基金的成熟度开始提高时，基金资产的流动性管理就变得比以前重要多了，结果引致基金资产组合最优结构的变化，增加具有固定回报率的债券的比例，减少对股票的持有，以降低到期不能支付的风险。这就会引起各种资本资产价格的变化，增大资本市场的易变性。

第四，巨额企业年金基金的积累本身也会对资本市场形成压力，在形成利率下降压力的同时，对基金投资收益水平的提高制造障碍。为了增强竞争力量，年金基金千方百计增加所筹资金量，集中日益庞大的社会资本，从而使总的基金规模越来越大，并努力获取对应于投资对象风险水平的投资收益之上的超额收益。如果这超出了本国经济的应有吸收能力，势必在强化资本资产泡沫的同时，加剧宏观经济运行的不稳定性。

3. 企业年金基金对国际资本市场的影响

从整个世界范围来看，企业年金基金对资本市场正、反两方面的影响尤其值得重视。随着企业年金资产规模的不断增加，除在国内资本市场上利用多样化组合进行风险管理外，企业年金基金的国际组合投资变得日益重要。通过将可供选择的投资机会扩展到国际范围，在不影响预期收益的前提下，将部分对国内资本市场来说是系统性风险的因素在国际资本市场上转化为非系统风险加以消除，从而在提高企业年金基金的实际收益率，加强本国养老保险制度的经济基础的同时，推动国际资本市场的全球一体化及世界经济的增长。作为发展中国家，企业年金基金的国际组合投资能在一定程度上为本国资本市场的扩容，以及市场深度、宽度与弹性的提高创造必要的条件，使发展中国家资本市场在竞争中获取一种持久发展的压力与动力，进而促进资本市场效率的不断提高及经济的持续增长。尽管由于企业年金基金对国际资本市场供求关系的调整而可能使发展中国家获得更多的融资渠道，降低筹资成本，但国际资本流动的证券化又会因大量国际证券资本的流入而增强资本市场对各种因素的敏感性，加剧国内金融资产的泡沫化扩张，使得宏观经济运行中的不稳定性趋势增大，及政策有效性的降低，本来就不成熟、不完全的资本市场因此容易招致国际投机资本的攻击而引发金融危机。

4. 资本市场的成熟性对企业年金基金管理的影响

在既定的资本市场上，各种投资风险要求企业年金基金对自己的投资理念及负债管理模式做出若干适应性的改变，以有效的资产组合来实现一个最有效率的风险投资回报的搭配。

　　第一，成熟的资本市场中投机性较弱，资本资产价格在短期内相对稳定，能够比较真实地反映发行公司的价值，这对于从事长期投资的企业年金基金来说，减弱了市场价格风险。几乎与此形成鲜明对比的是，由于发展中国家资本市场发展的不成熟性和不完全性，比如，各种金融工具缺乏，尤其是缺乏那种定期付息的 10 年期以上的长期债券，国有企业改造的过渡性使得公司债券的风险特别大；股票市场因缺乏有效监督及制度非均衡而呈现异常突出的投机性；市场波动剧烈，致使企业年金基金难以有效地进行资产组合，无法将通过企业年金基金形成的现实资本用到高效率的生产性经济活动中去，并因收益的不确定性及泡沫的膨胀而造成企业年金基金的流失，甚至影响到企业年金基金以及企业年金制度的生存和发展。

　　第二，成熟的资本市场中利率波动幅度小，并可在很大程度上做合理预期，企业年金基金的负债风险减小，从根本上保证了企业年金基金的不断扩展。从理论上分析，企业年金制度的负债即现金支出的金额和时间安排都是不完全确定的。在收入关联企业年金式中，退休金的给付取决于员工退休前具体年数内的缴费以及员工的工作年限，这将影响现金支出的金额。现金支出的时间安排则取决于员工决定何时退休，以及在退休前是否一直有工资收入并始终在企业年金制度内。此外，现金支出的金额和时间安排还取决于员工个人如何安排支付。这样，在一个比较成熟的资本市场中，就有可能基于人口经济的分析预测，对企业年金基金的筹集、运用和支付做出妥善安排。

　　但对于新兴资本市场，可能是另外一种结果。我们知道，经济的波动性决定了市场利率的易变性，尤其是新兴市场经济国家的通货膨胀始终是困扰经济政策和社会生活的一个问题，较高的通货膨胀率不仅使实际利率较低，进而影响企业年金基金的实际收益，而且，经济的多变性和快速增长也很难对未来市场利率形成准确的预期，从而也影响着企业年金基金管理者决策的正确性和基金投资的收益水平。另外，现实的实际利率能否支撑起企业年金基金所需的最低给付标准，还是一个问题。

　　第三，成熟的资本市场系统性风险较小，能够提供多种投资途径，使企业年金基金通过有效的资产组合，降低非系统性风险，从而获取稳定、高额的投资收益。作为整个资本市场资本资产价格指数波动的风险，企业年金基金本身同样无法降低。实际情况表明，在股指波动大的年份，特别是发生股灾时，企业年金基金投资股市往往也蒙受很大的损失。同时我们发现，对于一个新兴的资本市场，由于管理方面缺乏经验、市场规模小等原因，市场波动幅度大，系统风险处于较高的水平。而对一个成熟的资本市场来说，系统风险显然就要低一些，如美国1984~1993年间股票市场相对于回归曲线的波动系数只有7%，从长期来看，股价指数持续上涨，从中短期看，股价上升的时间占70%，下降的时间占30%。不可否认，美国年金基金市场的繁荣，与美国资本市场风险处在可以接受的范围内有较大的关系。

第四，成熟的资本市场基础设施比较完善，市场流动性较强，使企业年金基金能够根据预定的风险收益率进行积极的投资组合管理，充分发挥基金管理人的投资才能，满足企业年金基金充分的投资需要。一个运行良好的企业年金基金需要一个稳定而有效的资本市场作支撑，这个市场包括：法律框架、监督框架、会计体系、清算体系以及证券交易的微观结构。值得注意的是，会计与审计标准对于有效的风险管理是至关重要的。只有在健全的会计和审计标准之下，才能保证市场信息披露的有效性、准确性，从而使企业年金基金能准确评估其投资价值。1997年东南亚金融危机表明，缺乏市场透明度与有效的信息披露，才使得危机延长与深化。其次，资本市场必须达到一定的规模，以容纳企业年金基金的巨额投资需要。在大多数发展中国家，资本市场的规模有限，外国投资基金往往占有一定的比例。当外国的投资基金大规模撤走时，证券价格必然急剧下跌，导致市场流动性与公司股票市值大幅度下降，并有可能酿成全面的金融危机。再次，资本市场必须有一定的深度、宽度与弹性。所谓深度是指，如果一个市场上当前交易价格以上或以下都有足够的交易指令存在，则该市场就有足够的深度。所谓宽度是指，如果当期交易价格以上或以下指令的规模足够大，则该市场就有足够的宽度。而弹性是指，如果暂时供求失衡所导致的价格变动很快吸引新的指令进入市场，则该市场就有足够的弹性。企业年金基金作为大规模的机构投资者，它对资本市场的参与必须以资本市场具有一定的深度、宽度和弹性为基础。如果市场的深度、宽度不够，一个大的交易指令就可能导致市场供求失衡。如果市场缺乏足够的弹性，市场价格波动不能及时吸引新的指令进入市场，就会影响市场的连续性。

显然，由于发达国家的资本市场相对而言具有很高的流动性，加之中介机构完善，企业年金基金资产的流动性得以充分实现，可以保证满足企业年金基金本身对各种不确定性的需要。而且，发达国家专业的投资管理组织和信息网络，可为企业年金基金管理人的投资决策和管理提供高效、迅捷的市场服务。

第二节　企业年金基金投资行为的约束

从企业年金基金的运营来看，有其独特目标、组织结构和功能。但进入资本市场进行投资后，作为一种资本又与其他资本没有本质的区别。在上一节中，我们通过分析企业年金基金的投资行为方式与其他资本的差异，来了解企业年金基金对资本市场的影响。在此，我们从分析资本市场对企业年金的容纳能力的角度，来探讨资本市场对企业年金的规模与盈利水平的约束作用。

一、企业年金的性质对其投资行为的约束

从20世纪90年代初中国政府决定建立基本养老保险、企业年金（补充养老保险）和个人储蓄性养老保险相结合的多层次养老保险体系以来，中国企业年金就进入了一个新的发展阶段，但从规模、投资经验和政策规范来看，中国的企业年金制度还是一个年轻的制度，还刚刚起步。

（一）企业年金性质施加的投资约束

20世纪90年代以来，中国政府对原有社会保险制度进行改革，并在总结经验和借鉴国外做法的基础上，确定了建立多层次养老保险制度的目标，但对企业年金是属于商业保险还是社会保险范畴的争论一直存在。有关企业年金的性质界定是非常重要，它不仅关系到监管的权属和职责范围，而且还涉及企业年金基金的运营管理以及与之相配套的法律

条款等多方面问题。对企业年金的管理，涉及许多部门以及相关利益，如人力资源和社会保障部、中国保监会、财政部、民政部和税务总局等诸多部门。各部门都以各自的角度对企业年金作出了不同的界定，由于监管主体不明确，企业年金制度没有政策的保障，无法较大规模地拓展市场，也没有谁愿意为其承担投资亏损的责任。目前进行企业年金试点的都是国有大型企业，在没有明确投资管理政策前，大多数年金基金将采用投资于国债和存款的形式保值增值。商业保险公司开设的团体年金，在税收上没有明显优势，而且没有实行可转移的个人账户形式，年金资产与企业资产容易相互混淆，员工对这些产权不明晰的年金也没有太大的热情。

由于企业年金是保障退休员工生活的资产，需要比较高的安全性，这就决定了企业年金基金的投资行为与其他基金的差异。相对于公共年金而言，企业年金对风险的厌恶程度要低一些。公共年金作为退休员工基本生活保障的资金更注重安全性，像美国这样年金市场化程度较高的国家也严禁公共年金进入股票市场。中国社会保障基金理事会管理的基金资产委托 6 家基金管理公司进行投资，并且已经进入股票市场，表明中国的公共年金更倾向于承担一定程度的风险而获得较高的投资回报，原则上企业年金基金进入股票市场可以承受比公共年金更大的风险，政策上也应更加宽松。但无论如何，企业年金都会采取"谨慎专家原则"进行投资，所谓谨慎专家原则是一种定性的投资原则，它要求投资管理人必须细心、勤奋、有足够的专业技能，而且在安全的前提下，一切为了受益人的最大利益服务。在具体行为规范上，则要求投资管理人做到以下几点：（1）充分考虑了资产的安全性、流动性和预期收益；（2）分散投资；（3）投资行为容易被同行理解。

中国企业年金基金的性质决定了其投资行为应当确立以"谨慎专家原则"为主，以"比例限制原则"为辅的思路。在企业年金基金开始进入股票市场时，从经验、市场容量和成本等方面考虑，可以确定一定的投资比例限制，待积累了一定的运作经验和市场数据之后，再逐步放松限制。但在相关法律法规中，不应当明文规定单个基金的投资比例限制或确定过低的投资比例，而应当明确强调"谨慎专家原则"。首先，法律条款制定的周期一般比较长，很难与现实投资状况相吻合。再者，企业年金为了准备退休金给付，一般有一定比例准备金或高流动性资产，这本身就制约了企业年金资产百分之百投入资本市场。最后，企业年金的负债制度也对年金的投资比例有约束作用，如果允许企业年金负债比例较高，则理论上企业年金基金进入资本市场的比例可达100%以上，风险较大。应对企业年金基金的负债实施严格的限制，而且负债和投资管理应由不同的受托人来执行，比如，基金投资管理人只负责管理基金的自有资产，基金托管人（或账户管理人）可以执行负债管理，负债只是用于短期的给付周转。

（二）企业年金的投资比例限制

从对企业年金基金进入资本市场的理论及国际经验的讨论来看，由于企业年金基金对资产投资风险——收益的特殊要求，客观上需要有关政府部门对此做出科学安排，应能够随着中国资本市场的深化妥善调整投资政策，真正有效地通过企业年金基金进入资本市场促进中国资本市场效率的提高及经济的持续发展。

在利率市场化、资本市场开放以及对金融机构的监管得到完善之前，我国应对企业年金基金投资的上限和下限做出严格规定，尤其要对投资股市做出精心安排。基于对证券市场风险和收益的考虑，政府应逐渐扩大企业年金基金对公司股权和债券的投资，开始时上限可定得低些，然后逐渐放开，每年可以提高1%~2%。股权投资应投资于绩优公司（含非上市公司），要侧重于其成长性。至于投资集中度问题，可从以下两方面做出规定：（1）对年金计划总资产投资于某一公司规定一个比例限制（比如：不超过10%的企业年金计划资产投资于某一上市公司股票）；（2）对企业年金基金资产占其投资公司资本比例作出限制（比如：购买的股票数应低于该上市公司总股本的10%）。这种规定既可以对可能遭受的损失有上限方面的规定，又对向小公司的投资具有一定的约束力，还可以限制企业年金基金向其关联企业投资。

根据企业年金的性质，在企业年金的运营中应注重投资的安全性、收益性、流动性，坚持按以下投资原则进行操作：（1）分散性：在行业、地区、投资品种之间分散配置资产。正常情况下，投资单一股票不得超过其资产的5%，至少投资20只股票。（2）合理性：资产负债管理技术（the Asset-Liability Management technologies）对投资组合管理很有帮助。（3）流动性：设立时间不长的企业年金基金，领取退休金的人不多，流入的资金大于流出的资金，对其投资组合的流动性要求可以低一些；相反，设立时间较早的企业年金基金，领取退休金人数不断增多，流出的资金比较大，对其投资组合的流动性要求应当高一些。

为了保证企业年金资产的安全，一般国家都对企业年金进入资本市场实行严格的比例限制，尤其是对股票市场的投资比例进行严格限制，有些国家还禁止企业年金对风险较高的金融工具（如期货交易等）投资。OECD 的许多成员国都对企业年金基金的投资组合作了比例限制，目的是分散投资，降低风险。分析这些国家的企业年金有关资产配置方面的数量限制，可以得出以下几个共同点：（1）除日本外，所有国家都对投资本企业股票（即雇主股票）有所限制，投资上限最高的国家是芬兰和瑞士，为 25%，投资上限最低的国家是丹麦，为 0%。（2）所有国家都对投资单个证券作了比例限制，一般为不超过基金资产的10%，意大利定为 15%。（3）27 个 OECD 成员国中有 11 个未对资产种类作比例限制，代之以"谨慎专家原则"管理资产。这些国家的投资收益率普遍高于那些设有资产比例限制的国家。

事实上，股票在短期内是高风险的，但长期（持有 10 年以上）来看，其风险又是可以接受的。比如英国从 1984 年到 1998 年，股票的标准差是 14% 而债券的标准差是 16.5%，也就是说长期来看股票的波动比债券还小。美国的情况基本类似，持有 10 年后，股票可能出现的亏损小于长期债券；持有 20 年后，股票基本上可以保证盈利而债券还可能出现亏损。所以，对于一个预期将在 20 年甚至 30 年后才领取退休金的年轻职员来说，股票资产完全可以占其个人账户投资组合的大部分。对那些 DC 型企业年金基金，如果一定时期内不存在成员转移、退休提款等流动性问题，完全可以大比例投资股票，甚至可以 100% 购买指数基金。海外证券也不一定就比国内证券风险高，对那些工业化程度不高、国内证券市场不够成熟的国家来说尤其如此。在通货膨胀时，银行利率上调而国债价格下跌，短时期内投资国债的收益还不如将资金存放银行。可见，资产比例限制并不能完全反映投资品种风险收益的变化情况，在某些情况下反而是削足适履、作茧自缚。

表6-7　经济合作与发展组织（OECD）成员国对养老金基金资产配置的限制

国　家	股　票	房地产	债　券	投资基金	贷　款	储　蓄
澳大利亚	无	无	无	无	无	无
奥 地 利	50%	20%	无	无	10%	无
比 利 时	挂牌:65% 未挂牌:30%	无	无	30%	抵押贷款:40%	无
加 拿 大	无	无	无	无	无	无
捷 　克	25%	无	无	25%	0	无
丹 　麦	40%	40%		40%		
芬 　兰	挂牌:50% 未挂牌:10%	40%	无	无	抵押贷款:70% 其他:10%	无
法 　国	挂牌:65% 未挂牌:0.5%	0	无		10%	
德 　国	挂牌:30% 未挂牌:10%	25%	50%	30%	抵押贷款:50% 其他:50%	50%
匈 牙 利	50%	0	企业债券:50% 抵押债券:10%	50%	0	无
冰 　岛	挂牌:50% 未挂牌:10%					
爱 尔 兰	无	无	无	无	无	无
意 大 利	无	无	无	无	无	20%
日 　本	无	无	无	无	无	无
韩 　国	40%	15%				
卢 森 堡	无	无		无	无	无
墨 西 哥	0	0	企业债券:35% 抵押债券:10%	0	0	无
荷 　兰	无	无		无	无	无
新 西 兰	无	无		无	无	无
挪 　威	35%					
波 　兰	40%	0	无	10%	与借款人的 投资份额相等	无
葡 萄 牙	50%	45%	60%	30%	抵押贷款:25% 其他:5%	30%
西 班 牙	挂牌:无 非挂牌:10%	无	无	无	无抵押:10%	15%
瑞 　典	60%	无				
瑞 　士	30%	50%				
英 　国	无	无	无	无	不得向雇主贷款	无
美 　国	无	无	无	无	无	无

资料来源：作者根据有关资料归纳而得。

二、资本市场对企业年金的约束

（一）资本市场制度和政策约束

由于各国对企业年金的管理体制和政策规定都不同，所以对企业年金基金进入资本市场的规定也不相同。比如，交易成本、投资管理模式、对投资品种的限制、投资组合结构的限制、税收政策的限制等都会对企业年金基金的投资行为产生影响。一般来说，市场化管理体制的国家，对企业年金基金进入资本市场的限制较小，而非市场化管理体制的国家对企业年金基金进入资本市场的限制较多。

1. 投资管理模式与交易成本的约束

如果采用完全市场化管理政策，企业年金基金将是由多个规模不太大的基金组成，它们的投资行为相对独立、投资策略也存在较大差异，在这种管理模式下，资本市场对企业年金基金的容纳能力将提高很多，但整体盈利水平不会有太大的改善，众多的企业年金基金盈亏相抵后，由于交易的多向性，交易成本将提高。在前面的章节中，本书的观点倾向于采用相对统一的和垄断性的（只允许少数有资格的投资管理人参与基金资产的管理）基金运营模式，尽管这种垄断的投资管理模式可能会降低一部分（完全竞争市场较高的）效率，但交易成本可以大幅度下降。

中国股票市场的交易成本相对于市场每年 2.5%～3% 的无风险收益率（或相对股票的平均获利能力，截止到 2006 年底，14897.57 亿股，平均每股税后现金分红 0.063 元）[①] 也是非常高的。每成交一笔股票，双方的交易费用相加就占交易额的 6‰，如果考虑投资的完整过程，即先买入股票持有一段时期后再卖出股票的过程，买卖双方的交易成本之和将达到 1.6%。中国在 2007 年 5 月 30 日宣布印花税率从 1‰提高到 3‰之后，买卖双方在一个完整的投资过程中，交易成本更高达 2.4%，即股票买卖双方的一个完整的投资过程将损失近一年的无风险

---

① 2%～2.5% 的年收益率是根据上海国债回购市场的 R028、R091 两个品种 2006 年 6 月份（以 6 月 16 日为例，R028、R091 的收盘年利率分别为 2.5%、2.3%，且 30 日均线分别为 2.02%、2.20%）年利率水平估算而得。深沪股票市场的平均每股现金分红 0.063 元是笔者根据 2006 年 12 月 31 日的年报数据计算而得。

收益率。① 如此高的交易成本将迫使企业年金基金采取较长的证券持有周期，选择相对集中的具有较高垄断性的投资管理模式。一方面，中国资本市场交易成本对企业年金基金管理模式产生影响；另一方面，企业年金基金的监管部门也应该根据资本市场的状况做出相应的监管政策选择。目前，中国采取准入制监管模式来管理企业年金基金投资管理人，不仅对企业年金基金投资管理人进行资格审查，而且还限制企业年金基金管理人的数量，这在一定程度上反映了资本市场对企业年金基金管理模式的影响。

2. 资本国际流动的管制对企业年金投资的约束

企业年金基金在国际资本市场进行投资组合具有重要意义，国际组合投资能有效地降低投资的系统风险特别是国内资本市场的系统风险。

中国目前对资本国际流动仍实行管制政策，不仅使我国企业年金基金在国内资本市场中投资的系统风险无法降低，而且强化了国内资本市场对企业年金制度的影响作用，使企业年金基金更依赖于国内资本市场。由于人民币资本项目尚未完全自由兑换、投资管理人缺乏国际经验以及国内资本市场开放程度较低等政策因素的制约，企业年金基金目前只能选择投资于国内资本市场，只有待以后条件渐趋成熟时再随管制的逐渐放松而投资国外资本市场。

3. 资本市场投资品种较少对企业年金投资的约束

目前，中国资本市场投资品种相对单一，对企业年金大规模投资的制约作用十分明显。资本市场除部分国债现货、回购交易品种和股票现货交易外，没有做空机制，这使得企业年金基金一旦进入股票市场后，遇大势下跌时无法大规模卖出所持有的证券而无法避免市值损失。由于企业年金基金相对一般的机构投资者而言规模较大，为了避险而频繁进出资本市场是不可行的，不仅交易成本高而且会加剧资本市场的价格波动，因此，多样化的投资工具对企业年金基金控制风险增加盈利十分重要。

---

① 中国证券市场 2006 年股票双向交易成本为 0.8%（其中：单向交易佣金 0.3%、印花税 0.1%），政府为抑制过度投机，2007 年 5 月 30 日调高为双向交易不超过 1.2%（其中：单向交易佣金不超过 0.3%，印花税为 0.3%）。

　　从中长期来看，市场需要开发出一系列新的金融投资工具，如发行足够数量的长期国债并提高其流动性，允许银行专门为企业年金基金设计、发行大额长期存单，并建立存单的二级市场，开发金融衍生品种，为企业年金基金的双向避险创造条件，同时也增加企业年金基金的盈利机会。

（二）　资本市场盈利能力对企业年金基金投资规模的约束

　　资本市场总的盈利能力有一定限度，由于企业年金基金追求的是长期收益，故可以不考虑证券价格短期波动的盈亏。通过中国资本市场的每股税后盈利的累加以及现金分红的总和，可以估算出资本市场投资的总盈利能力。因此，当企业年金进入资本市场后，其盈利能力必然受到资本市场总盈利能力的制约。

　　2006 年度，中国证券市场（上海、深圳股票市场）中的 1442 只人民币普通股的年报数据显示，深沪两市的上市公司 2006 年度总的净利润额是 3608.5 亿元人民币，平均每股收益 0.237 元，平均每股净资产为 2.295 元，净资产收益率为 10.33%。如果中国上市公司将所有的利润全部用来分配，可供分配资金为 3608.5 亿元，而实际的现金分红只有 931.65 亿元，只占可分配利润的 25.82%。[①] 2006 年上市公司的平均年净资产收益率为 10.33%，收益率水平明显高于同期银行存款利率和国债收益率。因此，企业年金的投资组合需要在银行存款、国债投资和股票投资上做出相应的选择。从上市公司历年的平均每股收益的统计数据分布可知，上市公司的收益与证券市场行情的关联度很高，说明上市公司相互持股现象很普遍，主营业务盈利能力有限，部分盈利重复计算。2006 年上市公司主营业务收入较 2005 年增长 26.94%，而同期净利润增长 45.12%，在整体净利润增长中约有 60% 的来自主营业务的增长，40% 来自其他副业收入的贡献。较高比率的副业收入（主要以投资收益为主）导致上市公司收益率波动较大，且风险比较高。因此，企业年金进入中国的资本市场需谨慎操作，应尽量避免投资于历年来业绩波动大的股票，而选择净资产收益率高且稳定的股票进行投资，以降低企

---

　　① 根据《2007 年上市公司速查手册》统计计算而得，实际现金分红按 2006 年度的分配预案计算而得。中国证券报社编：《2007 年上市公司速查手册》，新华出版社 2007 年 5 月版。

业年金基金的投资风险。中国上市公司盈利能力与证券市场的较高关联度，导致企业年金基金可选择的股票数大幅下降，也制约了企业年金基金投资股票市场的规模。

而我国资本市场的盈利能力较低（这里所指的盈利能力是单位资产的现金回报率低，之所以用现金回报率这一指标来测量盈利能力，其主要原因是企业年金基金更偏重于获得现金回报），对企业年金基金的投资规模也有较显著的制约作用。

中国股票市场从 1996 年到 2002 年，每股收益的平均值趋于降低，每股收益的算术平均值在 2002 年达到最低点 0.103 元/股。2003年后随中国经济的增长，上市公司的盈利能力也出现转机，每股收益开始回升。随后中国证券市场从 2005 年 6 月开始走出持续了 4 年多的低迷行情，为企业年金基金进入资本市场创造了一个良好的投资环境。

笔者认为，既然企业年金基金是一种长期性投资，追求企业的稳定的现金回报，没有必要以市价购买股票的方式投资，而应以净资产值接受法人股的转让，或以发起人身份直接进入股份公司。但是，后者可能面临公司发展前期的风险和公司未能上市的风险。这种投资法人股的方式不仅可以降低投资成本（含交易成本），并且可大幅度提高投资收益率水平，降低投资风险。但是，企业年金资产的流动性大大降低，流动性风险增加，因此投资于非流动性股票的资产只能是企业年金基金中沉淀的那部分资金（选择一些具有自然垄断性地位的行业和基础性行业的股票进行投资）。相比较市价投资与净资产值投资方式的收益与风险，笔者更倾向于直接按净资产值投资于深沪股票市场。中国长期以来一直想解决的国有股、法人股的流通问题，可以随着企业年金进入资本市场而逐步解决。

（三）资本市场结构对企业年金基金资产组合的约束

企业年金基金进入资本市场，如果有投资比例限制，则对企业年金的投资规模产生影响。投资比例限制主要分为两类：一是宏观的比例限制，即企业年金投资于资本市场的总资产规模占资本市场市价总值（或净资产总值）的比例；二是微观比例限制，即单个企业年金基金的资本市场投资规模占该基金总资产值的比例，微观比例限制实际上是企业年金基金的投资组合的结构控制。

企业年金基金投资于资本市场的宏观比例应控制在适度范围内。一方面，如果企业年金基金的宏观投资比重过高，必然会降低企业年金基金的变现能力和资产的流动性；另一方面，企业年金基金投资规模过大难免出现操纵股票价格的违法行为（投资管理人的腐败行为），也容易引起证券市场行情的大幅波动。因此，企业年金资产投资规模占资本市场总价值的比重最好控制在 30% 以内比较合理。当中国企业年金市场发展到一定程度，企业年金按商业化模式运营和管理，则企业年金将可以分散为众多的独立资产，由多家企业年金投资管理人负责投资运营，尽管单个企业年金资产的投资规模不宜超过总资本市场规模的 10%，但企业年金资产总规模将可以达到资本市场规模的 50% 以上。

资本市场结构将对企业年金基金规模产生现实影响，具体而言：

1. 股票市场容量对企业年金规模的约束

我国《企业年金基金管理试行办法》规定，投资股票等权益类产品及投资性保险产品、股票基金的比例，不高于基金净资产的 30%，其中，投资股票的比例不高于净资产的 20%。

中国资本市场在一定收益率条件下①的资本容纳能力将限制企业年金基金的投资规模。根据政策规定的上限，如果企业年金基金投资于股票市场的微观比例控制在 20% 以内，并且宏观比例一般不宜超过 30% ~ 40%，则企业年金基金规模可分别达到（按市值投资）18727 亿元 ~ 24969 亿元和（按净资产值投资）14142 亿元 ~ 18856 亿元（参见表 6 - 8）。在企业年金基金资产组合结构中，由于《企业年金基金管理试行办法》将股票投资规模限制在 20% 以内，因此，其实际进入股票市场的规模分别是（按市值投资）3745 亿元 ~ 4994 亿元和（按净资产值投资）2828 亿元 ~ 3771 亿元，可见股票市场容纳企业年金基金的能力是足够大的，相比之下，资本市场盈利能力的影响作用更为明显。

---

① 企业年金基金的年收益率是考核基金管理人的重要指标，通常其收益率应高于短期货币市场利率或国债收益率。股票投资回报率可分为两类：一是长期投资回报率，是以股票平均净资产回报率为基准；二是短期投资回报率，是以市值计算成本的投资回报率。

表6－8　中国企业年金基金规模的测算表

单位：亿元

宏观投资比例 R_h（%）／微观投资比例 R_w（%）	10		20		30	
	市　值	净　值	市　值	净　值	市　值	净　值
20	11547.47	7513.31	23094.94	15026.61	34642.41	22539.92
30	7698.31	5008.87	15396.63	10017.74	23094.94	15026.61
40	5773.74	3756.65	11547.47	7513.31	17321.21	11269.96
50	4618.99	3005.32	9237.98	6010.65	13856.97	9015.97
60	3849.16	2504.44	7698.31	5008.87	11547.47	7513.31
70	3299.28	2146.66	6598.56	4293.32	9897.83	6439.98
80	2886.87	1878.33	5773.74	3756.65	8660.60	5634.98

宏观投资比例 R_h（%）／微观投资比例 R_w（%）	40		50		60	
	市　值	净　值	市　值	净　值	市　值	净　值
20	46189.89	46189.89	57737.36	37566.53	69284.83	45079.84
30	30793.26	20035.48	38491.57	25044.35	46189.89	30053.23
40	23094.94	15026.61	28868.68	18783.27	34642.41	22539.92
50	18475.95	12021.29	23094.94	15026.61	27713.93	18031.94
60	15396.63	10017.74	19245.79	12522.18	23094.94	15026.61
70	13197.11	8586.64	16496.39	10733.29	19795.67	12879.95
80	11547.47	7513.31	14434.34	9391.63	17321.21	11269.96

资料来源：根据作者收集的2006年度资料数据计算而得。

注：①收益率值是根据2006年度数据计算而得，并作为此表计算的假设条件和参考标准，即：净资产年收益率＝10.33%×60%＝6.20%（扣除非主营业务收入的贡献），市价投资收益率（3606.88/89403.90）＝4.03%。年收益率数据分别采用：净利润总额/总净资产值、净利润总额/市价总值。②企业年金基金总规模计算公式：市值规模 $V_1 = V_m \cdot R_h / R_w$；净值规模 $V_2 = V_n \cdot R_h / R_w$，式中：$V_m$ 为股票市场总市值；V_n 为股票市场总净值；R_h 为企业年金基金宏观投资比例；R_w 为企业年金基金微观投资比例。

2. 债券市场容量对企业年金规模的影响

中国每年总的国债筹资规模大体是依据中央财政预算赤字与该年度国债还本付息额之和，再根据有关财政收支因素与其他因素进行调整修正后得出总债务筹资规模。2006年，我国开始实行国债余额管理，根据国债余额管理制度的规定，2006年（财政赤字）新增国债筹资限额为2950亿元，国债预算还本规模为5520.12亿元，全年预算发行总额为 8470. 12 亿元，当年实际发行总规模为 8875. 16 亿元，扣除中央财政需归还到期国债本金，当年国债新增发行量约为 3355 亿元。若按 2007 年度的财政预算赤字来测算，我国中央财政国债余额总规模应在 37865. 53 亿元以内，比 2006 年增加 2483. 85 亿元，[1] 国债余额增长速度快于赤字增长。

从债券的需求结构来看，商业银行特别是国有商业银行仍然是债券市场的主导力量。由于受资本充足率、法定存款准备金和备付金等要求的影响，商业银行在 2006 年用于债券投资的资金为 1.91 万亿元。保险公司资金运用的渠道主要为银行存款和国债投资，由于保险市场发展迅速，2006 年保险公司对债券的需求为 1700 亿元。证券投资基金规模的扩大也将增加对债券的需求，2006 年以来，由于股票市场行情持续走高，各基金管理公司的基金规模迅速提高，到 2007 年 6 月 30 日，53 家基金公司 290 只基金合计资产净值达到 15077. 33 亿元，其资产配置中必须有一定比例的国债，尤其是债券市场基金和准货币市场基金对国债的需求量更大，预计证券投资基金对债券的新增需求将在 1500 亿元以上。此外，邮政储蓄、大型国有企业、社会保险基金以及 QFII 等机构对债券的需求也在不断增加，成为债券市场的重要补充和新生力量。2007 年，上述需求结构将会发生较大的调整，预计商业银行的国债需求比重会降低，而基金公司持有国债的规模将有较大幅度的增加，社会保障基金和企业年金基金持有的国债规模占国债总规模的比重也将逐步增加。[2]

在近两年每年新增发行国债两三千亿元和已发行国债余额三万多亿元的总规模中，如果考虑凭证式国债等非流通国债以及不合理的期限结构等因素的影响，企业年金基金在国债市场中可能占有的份额是非常有限的，预计应在 300 亿元以内，占企业年金基金总规模的 25% 左右。相对企业年金基金投资规模而言，国债市场的容纳能力仍然很小。按《企业年金基金管理试行办法》的规定，企业年金基金应有 20% 以上的资金投资于银行活期存款、中央银行票据和货币市场，实际上，由于受国债

---

① 《财政部：关于 2006 年与 2007 年中央和地方预算报告》，载《人民日报》2007 年 3 月 7 日，第 2 版。

② 中央国债公司债券信息部：《2006 年国债市场运行报告》，中国国债协会网（www. ndac. org. cn），2007 年 1 月 22 日。

市场容量的影响以及股票资产不得超过20%的政策影响，企业年金基金投向货币市场的比例预计可高达60%~70%左右，其中以银行存款为主，其他低风险的短期金融品种因市场规模非常小而无法容纳企业年金基金。

由于企业年金基金受到投资管理政策、资本市场盈利能力和资本市场结构的多种因素的影响，其不合理的资产组合结构不可能有较高的投资收益率，因此，资本市场结构的影响将会削弱企业年金制度内在的发展动力，制约企业年金制度的发展。我国应通过扩大国债市场的规模，提高其对企业年金基金的容纳能力，并逐步放松对股票资产投资的政策限制和开发更多权益类金融工具，使企业年金基金资产组合结构更加合理有效。

（四）资本市场规模对企业年金目标替代率的约束

由于中国企业年金基金的规模受到资本市场盈利能力、规模、结构和投资政策的制约，因此，企业年金在整个养老保障制度中的地位和作用也受到制约。企业年金在整个养老保障制度中的作用，主要体现为其在退休收入中的工资替代率的高低，一般替代率越高则其在养老保障制度中发挥的作用越大，反之则作用越小。

在中国养老保险制度中，基本养老保险一直都处于举足轻重的位置，其工资替代率一直处于较高的水平。人们普遍希望，可以通过企业年金制度的发展来降低基本养老保险制度的工资替代率，从而实现减轻因老龄化导致的基本养老保险偿付压力。基本养老保险的工资替代率，从1999年达到80.5%之后，逐年下降（参见表6-9），直到2006年基本养老保险工资替代率降到43.5%。这种大幅下降并不是养老保障制度结构调整的结果，其主要原因是：首先，在职职工人均工资收入大幅提高的同时，并没有出现稳定的缴费增长，而是缴费率逐步降低。2006年人均工资是1999年的2.52倍，同期人均缴费额是2.01倍，即工资增长并没有完全反映在缴费额增长上。其次，离退休人员的人均支出也没有同步增长。2006年人均退休金是1999年的1.36倍，人均缴费是2.01倍。第三，收入差距扩大和隐性收入的增加都是导致养老金工资替代率下降的原因。基本养老保险工资替代率大幅下降，说明离退休人员的相对生活水平下降较快。因此，通过发展企业年金来改善退休职工的生活就显得特别迫切了。

表 6-9　中国劳动和社会保障事业发展年度统计

年份	基本养老保险		全国城镇在岗职工平均工资（元/年）	企业参保职工（万）	离退休人员（万）	基本养老保险	
	收入（亿）	支出（亿）				替代率（%）	缴费率（%）
2006	6310	4897	21001	14131	5356	43.5	21.3
2005	5039	4040	18364	13120	5088	43.2	20.9
2004	4258	3502	16024	12250	4675	46.7	21.7
2003	3680	3122	14040	11646	4523	49.2	22.5
2002	3171.5	2842.9	12422	9090	3333	68.7	28.1
2001	2489	2321	10870	9198	3165	67.5	24.9
2000	2278	2115	9371	9124	3011	75.0	26.6
1999	1965	1925	8346	8859	2864	80.5	26.6
1998	1459	1511.6	7479	8475.8	2727.3	74.1	23.0
1997	1337.9	1251.3	6470	8671	2533.4	76.3	23.8

资料来源：劳动和社会保障部、国家统计局编：《1997~2006 年度劳动和社会保障事业发展统计公报》；替代率、缴费率是作者根据统计数据估算得出。

　　2006 年末全国有 2.5 万户企业建立了企业年金计划，缴费职工人数 964 万人，年末企业年金基金累计结存 910 亿元。[1] 由于企业年金计划的覆盖面往往低于基本养老保险，所以可将 2006 年基本养老保险的参保职工人数 14131 万人作为企业年金参保人员规模的上限，2006 年实际参加企业年金计划的人数占基本养老保险的参保职工数的 6.82%，这一方面说明企业年金即使达到基本养老保险的覆盖面，也有很大的发展空间，另一方面也反映出当前企业年金制度在整个养老保障制度中发挥的作用很小。

　　对企业年金保险的缴费率和工资替代率做一个理论估算，可使我们对企业年金保险在养老保险制度中的地位有一个初步的了解。假设企业年金基金投资于资本市场总规模占整个资本市场规模的 20%，且企业年金基金的 50% 投资于股票市场，则我国企业年金基金的市场规模理论值上限为 9237.98 亿元，净资产理论值上限为 6010.65 亿元（参见表 6-9），全国企业年金基金人均积累额为 4253.5~6537.4 元。假定

----

[1]　劳动和社会保障部、国家统计局编：《2006 年度劳动和社会保障事业发展统计公报》。

年投资收益率为 3%，由精算公式可计算出我国企业年金的缴费率为 1.5% ~ 2.1%，工资替代率仅为 3.1% ~ 4.2%。[①] 从理论估算结果可知，我国资本市场的有限规模使企业年金基金规模短时期内不可能有较大增长，其替代率也只能维持在 3% ~ 4% 的较低水平。这说明企业年金受资本市场规模的影响，在养老保险制度结构中仍处于弱势地位。

综上所述，企业年金制度的发展必然受到资本市场的影响和约束。其投资的盈利水平应不低于短期国债的年收益率（近似于无风险收益率），这一要求使得企业年金基金的投资规模将直接受制于股票市场的盈利（或容纳）能力。同时，企业年金基金是一种长期性投资，追求稳定的现金回报，股票市场的现金分红对企业年金基金非常重要，也直接影响着企业年金基金的投资结构和规模。目前，我国养老保险制度总的市场化程度较低，在整个养老保障体系中企业年金仍然处于弱势地位，积极推进企业年金制度发展是非常必要的。然而，企业年金制度的建立与发展必须考虑与之相适应的市场环境。作为市场经济的重要组成部分的资本市场，其发育和完善程度将直接影响和制约企业年金制度的发展。企业年金制度正确的政策选择、合理的制度安排都必须与资本市场协调发展。企业年金制度的发展在受到资本市场影响的同时，也将对资本市场的发展起到积极的推动作用。

第三节　企业年金与资本市场均衡理论

一、投资风险与收益

投资收益与所承担的风险总是形影不离的，但作为一个理性的投资者必须尽可能地降低风险而提高收益率。

---

① 邓大松等著：《中国社会保障若干重大问题研究》，海天出版社 2000 年 12 月版，第 505 ~ 507 页。

（一）投资的概念

尽管投资的概念使用广泛，但是投资一般都包含有以下两层含义：（1）投资是为了获得"预期"的报酬或利益；（2）由于"预期"收益的不确定性，能否获得收益不能事先知道，所以投资必须承担一定的风险。证券投资则是经过审慎分析，通过购买证券，承担一段时期风险后，以图获得满意的收益。[①] 以往的投资和现代的投资在形式上、组织管理上、规模上和技术上都有天壤之别，可是投资的动机却是相似的，都是为了获取利益，企业年金基金投资也不例外。

既然投资者是为了获得收益又必须承担风险，那么其收益我们就称为风险收益，风险收益是由动态风险产生的，静态风险只可能带来损失，因而与收益无关。动态风险是可以回避的，人们之所以要去冒险就是为了获得收益，如果回避风险则显然就得失去获得收益的机会，这种收益我们称之为风险收益。动态风险既可以带来损失也可以带来收益，也就是说当我们进行投资时，所承受的风险是动态风险，其预期收益是不确定的风险收益。既然风险收益是人们对未来的预期收益，无法确切地计算出来，所以预期的收益与实际的收益相背离时，就出现风险损失。

（二）投资收益率与风险的测量

投资者愿意承担的风险程度与预期收益大小有密切关系，一般情况下预期收益越高，投资者愿意承担的风险就越大。因此高额的风险收益常常诱使人们去投资。风险收益由于不确定性而出现负收益的时候往往使投资人蒙受较大的损失，而且正是这种动态风险收益的不确定性，使这种风险不能利用保险的手段转嫁风险。在证券投资中，风险收益很重要，投资者希望获得较大收益，而又不愿去冒太大的风险，这就会使某些投资者去选择购买较安全的债券，而另一些敢于冒险者投资于股票。由于预期收益没有考虑投入的资本量的大小，所以正确评价预期收益，应以相对指标——预期收益率为衡量投资成果的指标。预期收益率又叫投资报酬率，其计算公式为：

---

① 马兰、殷俊：《证券投资学》，武汉大学出版社 1994 年 11 月版，第 263～264 页。

$$预期收益率 r = 预期收益额／投入资本额$$

由于投入的资本额是已知的，但其未来的收益额却是未知的，所以预期收益率也是未知的。对未来收益率的预期是根据以往数年内的收益率变动来测算的。

1. 预期收益率的测量

为了定量描述预期收益率，我们以数理统计中的均值（或期望值）来定义预期收益率。假设某证券的预期收益率 I 的随机分布为：

$$P = \{r = r_t\} = P_t \quad (t = 1, 2, 3, \cdots)$$

r 的数学期望值为：

$$E(r) = \sum_{t=1}^{\infty} P_t \cdot r_t = \mu$$

式中 r 有无穷多种可能的值，其中包含着已发生的以前各年的收益率和未发生的以后各年的收益率，P_t 是第 t 年的收益率 r_t 发生的概率。将以前和今后各年的证券收益率视为总体，则预期收益率指标 r 的数学期望值（或均值）$E(r)$ 作为未来预期收益率的无偏点估计值。

在 N 很大时，收益率 I 的数学期望值为：

$$E(r) = \sum_{t=1}^{\infty} P_t \cdot r_t = \sum_{t=1}^{\infty} R_t \cdot (\mu_t / N) \approx \sum_{t=1}^{N} R_t \cdot (\mu_t / N)$$

根据这种设想，在数学上，我们根据以往各年的收益率抽取容量为 N 的样本，计算出平均数作为总体平均数 $E(r)$ 的无偏点估计值，即：

$$r = \sum_{n=1}^{N} r_n / N$$

2. 风险测量（标准差法与方差法）

证券收益率是随机变动的，我们要研究随机变量 I 的总体，通过容量 N 的随机样本计算出样本平均值 r 和方差 σ^2（或标准差 σ），用以推算总体的平均数 E 和方差 σ^2。后面的计算均以样本方差作为总体方差的无偏点估计值，即：

$$\sigma = \bar{\sigma} \quad 或 \quad \sigma^2 = \bar{\sigma}^2$$

（1）投资于单一证券的风险

可用下列公式表示：

总体标准差　　　　　　$\sigma_t = \sqrt{E[r - E(r)]^2}$

证券投资风险指数 σ（或表示成 σ_t）是用样本标准差来描述的。

$$\bar{\sigma} = \sqrt{\left[\sum_{t=1}^{n}(r_t - \bar{r})^2\right]/(N-1)}$$

该指数是反映证券收益率的一维离散程度的，即收益率偏离其期望值的偏离程度。离散程度越大，则风险越大。样本标准差为 σ 的平方。式中 N 为时期（年数），t 为时点，r_t 为 t 年时预期收益率，r 为预期收益率平均数。

（2）投资于多种证券的风险

投资于组合证券的风险，是有一定相关性的不同证券之间的两两组合，其收益率的二维离散程度由协方差表示，故风险指数是：

$$\sigma_{rc} = \sqrt{\sum_{i=1}^{n}\sum_{j=1}^{n}\text{cov}(r_i, r_j)g_i g_j}$$

式中：i，j——不同证券；

cov——证券组合；

$g_{i,j}$——证券组合中的权重因子；

n——证券组合中的证券数。

对于预期的 σ_{rc}，只要确定出不同状况下 r_i 或 r_j 的发生概率 P，即可求出：

$$E(\sigma_{rc}) = E\{[r_i - E(r_i)][r_j - E(r_j)]\} = \text{cov}(r_i, r_j)$$
$$= \sum_{t=1}^{n}\{[r_{i,t} - E(r_i)][r_{j,t} - E(r_j)]P_t\}$$

将证券组合的标准差 σ_{rc} 与市场指数的标准差 σ_m 相比，若 $\sigma_{rc} > \sigma_m$，则意味着投资证券组合风险大于市场指数风险；反之，则小于市场指数风险。标准差与方差法的本质完全相同。

（3）贝塔（β）系数法

贝塔系数测量的是企业年金基金和资本市场的关联程度，也就是企业年金基金的市场风险承载度。贝塔系数越大，基金的市场风险则越大。贝塔系数为企业年金基金的收益率和市场组合收益率协方差与市场组合收益率方差的比值。单个证券之间的收益率彼此相关，且与市场指数收益率的关系是线性相关的。这种关系可以用特征线方程表示：

$$r_{i,t} = \alpha_i + \beta_i \cdot r_{m,t} + \varepsilon(i,t)$$

式中：$r_{i,t}$ 表示第 i 种证券在 t 时期的收益率；α_i 表示常量；β_i 表示系统风险的回归系数；$r_{m,t}$ 表示股价指数在 t 时期的收益率；$[\alpha_i + \varepsilon(i, t)]$ 表示非系统风险。

对于过去的 β 有：

$$\beta = \text{cov}(r_i, r_m)/\sigma_m^2 = \rho_{im} \cdot (\sigma_i/\sigma_m)$$

$$\left[\sum_{t=1}^{n} (r_{i,t} - r_i)(r_{m,t} - r_m) \right] / \sum_{t=1}^{n} (r_{i,t} - r_i)^2$$

$$\rho_{im} = \text{cov}(r_i, r_m)/\sigma_i \sigma_m$$

式中 ρ_{im} 是相关系数，ρ_{im} 越接近 1 则方程的可靠性越高。β_i 是线性回归系数，反映第 i 种证券与证券市场的价格指数相关水平的指标，即 β_i 可以反映整个证券市场变动对单一证券的影响力，这就是所谓的系统风险。

（三）风险——预期收益率无差异曲线

证券投资者对风险较大的证券要求有较高的预期收益率，而对风险较小的证券要求的预期收益率则可以低些。因此，对某个投资者而言，风险与预期收益率之间有一定的组合关系，即不同风险的证券要有相应的预期收益率作为补偿，都可以使投资者感到同样的满足（或者说对投资者效用相等）。对于某一投资者，可以作出一条"风险—预期收益率无差异曲线"。不同的投资者对于风险的态度不同，因此有不同的无差异曲线。

二、资本资产定价模型与企业年金投资

企业年金投资实际上就是将企业年金基金资产投资于风险资产和无风险资产，并进行合理地配置。这样一方面可以降低总资产的风险水平；另一方面可以在同等效用下，使资产组合的风险最低和收益率最高。

（一）风险资产与无风险资产之间的资本配置

不同类型的投资品种具有的风险和预期收益也各不相同，一般理论上把短期国债（或短期国债组合）视为无风险证券。[①] 如果把风险资产看成是一只基金，其中各风险资产比重不变，则可以通过调节风险资产和无风险证券的比重，改变总的资产组合的风险和预期收益率水平。

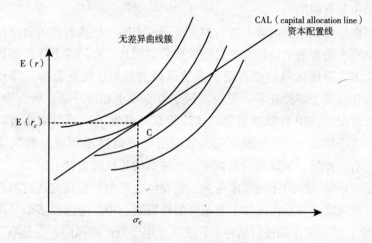

图 6 - 1　资产组合决策

利用无差异曲线簇和资本配置线选择最优资产组合（如图 6 - 1：C 点即为最优资产组合）。选择程序：（1）确定资本配置线 CAL；（2）沿 CAL 线找到最高效用点。

（二）分散化与资产组合风险

分散化（diversification）策略：随着资产组合中的证券品种的增加，组合风险逐渐下降。之所以可以利用分散化投资来降低风险，是因为其风险来源是独特风险（unique risk），这种通过扩大具有独特风险的客户数（或股票数）来降低风险的方式我们称之为保险原则。企业年金计划的投资风险也同样可以通过增加股票数（即独特风险数）的方式分散风险，这种可以分散的风险又称为非系统风险（nonsystematic risk）或特定企业风险（firm - specific risk）。所谓系统风险和非系统风

[①] 风险大小排序：股票 > 长期债券 > 短期债券；预期收益排序：股票 > 长期债券 > 短期债券。

险是一个相对的概念，比如中国证券市场作为一个系统，在中国证券市场上投资遇到的市场风险是无法分散的系统风险，但是在世界范围内来看，投资中国证券市场又面临一个独特的风险，通过在全世界多个证券市场进行投资组合，也可以达到分散风险的目的。不过，这种世界范围的投资组合因受资产规模的限制，不可能选择多个市场，因此分散风险的效果也是有限的。

根据纽约交易所的数据进行的实证研究表明：任意选择的股票按同一权重资产组合的平均标准差，随股票数增加其组合风险下降，但通过分散化方式降低风险的能力受到系统风险的制约。投资者为了降低风险，往往投资于多种证券，但投资预期收益率也相应下降。研究表明，在正常情况下，10 种股票组合，风险指数（标准差）可以减至可以接受的程度。增加到 15 种股票时，风险指数可以降至原可分散风险的10% 左右。此后，风险随股票数增加而降低的弹性越来越小。

从非系统风险的分散原理可知，企业年金基金的投资应通过两种途径来分散风险：一是在企业年金基金的投资组合中，应选择多个（至少是 15 个）关联度小的投资品种来分散企业年金资产的风险；二是应部分投资于几个关联度小的国际资本市场，以此来分散国内市场波动的风险。

（三）资本资产定价模型

1. 资本市场均衡点与资本市场线

资本资产定价模型（Capital Asset Prices Model，CAPM）是现代金融学的奠基石，是基于风险资产的期望收益均衡基础上的预测模型。1952 年，哈里·马克维茨（Harry M. Marko Wifz）建立现代资产组合理论，1964 年，威廉·夏普（William Sharpe）、约翰·林特纳（John Lintner）与简·莫辛（Jan Mossin）将其发展成为资本资产定价模型。

CAPM 模型的若干基本假定：（1）存在大量投资者，每个投资者的财富相对于所有投资者的财富总和而言微不足道；（2）所有投资者都在同一证券持有期计划自己的投资资产组合；（3）投资者投资范围仅限于公开金融市场上交易的资产，不考虑非交易性资产，无风险利率是固定的；（4）不存在证券交易费用（佣金和服务费用等）及税赋；（5）所有投资者均是理性的，追求投资组合的方差最小化，即他们均采用马克维茨的资产选择模型；（6）所有投资者对证券的评价和经济局势的看法一致。

从 CAPM 模型的假定可得出资本市场普遍均衡关系的含义：（1）所有投资者将按照包括所有可交易资产的市场资产组合（market portfolio）M 来成比例地复制自己的风险资产组合；（2）市场资产组合不仅在有效边界上，而且市场资产组合也相切于最优资本配置线（CAL）上的资产组合；（3）市场资产组合的风险溢价与市场风险和个人投资者风险厌恶的程度呈比例，即：$[E(r_m) - r_f] = A\sigma_m^2 \times 0.01$[①]；（4）个人资产的风险溢价与市场资产组合 M 的风险溢价是成比例的，与相关市场资产组合证券的贝塔系数也成比例。β 是测度股票与证券收益变动程度的指标：$\beta_i = \text{cov}(r_i, r_m)/\sigma_m^2$。

$$E(r_i) - r_f = [\text{cov}(r_i, r_m)/\sigma_m^2] \cdot [E(r_m) - r_f] = \beta_i[E(r_m) - r_f]$$

如图 6-2 所示，P 点为最优的资产组合点，如果用资本市场均衡理论来分析，则 P 点将通过资本市场机制自动调节为均衡点，即市场资产组合（通常用 M 点表示）。因此，资本市场均衡点（市场资产组合）是一般风险资产组合（Portfolio）的特例。所谓市场资产组合，即所有单个投资者的资产组合加总时，借与贷相互抵消（因为每个借入者都有一个相应的贷出者与之对应），加总的风险资产组合价值等于整个经济中全部财富的价值，这就是市场资产组合。每只股票在这个资产组合中的比例等于该股票的市值占所有股票市场市值的比例。

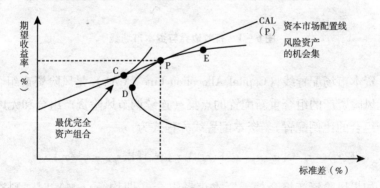

图 6-2　最优完全资产组合的确定

---

①　式中 A 为厌恶系数，$E(r_m)$ 为证券市场预期收益率，σ_m^2 为风险指标（方差）。

　　资本资产定价模型认为：每个投资者均有优化其资产组合的倾向，最终单个投资者的资产组合会趋于一致，即每种资产的权重等于它们在市场资产组合中所占的比例。

　　所有投资者均倾向于持有同样的风险资产组合。所有投资者都将马克维茨分析（假定5）应用于同样范围（假定3），在一个相同时期内计划他们的投资（假定2），且投资顺序内容也相同的话（假定6），则必然达到相同的最优风险资产组合。

　　如果 A 公司的股票在每个普通的风险资产组合中所占的比例为1%。那么 A 公司的股票在市场资产组合中的比例也是1%。这一结果对任何投资者的风险资产组合中的每一只股票都适用。所有投资者的最优风险资产组合只是市场资产组合的一部分而已。

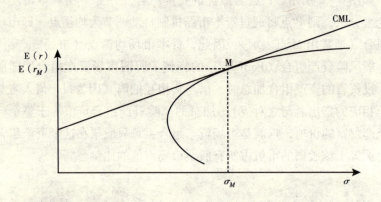

图6－3　有效边界与资本市场线

　　资本市场配置线（Capital Allocation Line，CAL）是风险资产组合 P 和无风险资产的组合重新配置的点集（连续调节风险资产组合和无风险资产组合的比例配置）。资本配置线方程式为：

$$E(r_c) - r_f = [\sigma_c/\sigma_p] \cdot [E(r_p) - r_f] = \{[E(r_p) - r_f]/\sigma_p\} \cdot \sigma_c$$

　　如果风险资产组合处于资本市场组合（即均衡点 M）时，则资本配置线就是资本市场线（Capital Market Line，CML），由此可见，资本市场线是资本配置线的特例。在均衡状态下，风险资产组合 P 变为市场组合 M，则资本市场线方程式为：

$$\mathrm{E}(r_c) - r_f = [\sigma_c / \sigma_m] \cdot [\mathrm{E}(r_m) - r_f] = \{[\mathrm{E}(r_m) - r_f] / \sigma_m\} \cdot \sigma_c$$

2. 证券市场线

证券市场线（Security Market Line，SML）是期望收益率—贝塔（β_i）关系曲线。单个资产的期望收益率（或风险溢价）取决于其对资产组合风险的贡献程度。其关系式为：

$$[\mathrm{E}(r_i) - r_f] = \beta_i[\mathrm{E}(r_m) - r_f] \qquad 式中：\beta_i = \mathrm{cov}(r_i, r_m) / \sigma_m^2$$

如果不是单个证券而是资产组合 P，则证券市场线方程式为：

$$[\mathrm{E}(r_p) - r_f] = \beta_p[\mathrm{E}(r_m) - r_f] \qquad 式中：\beta_p = \mathrm{cov}(r_p, r_m) / \sigma_m^2$$

标准差可以用来测度有效分散化的资产组合的风险，而证券市场线反映的是作为单个资产（或组合）的风险溢价与市场风险溢价的线性函数关系。用贝塔（β_i）测度单个资产风险对组合资产风险的贡献度。

在均衡市场中，所有"公平"定价的资产一定在证券市场线上。CAPM 模型在资产管理中假定证券市场线是估计风险资产正常收益率的基准。股票真实期望收益率与正常期望收益率之间的差我们称之为 α。

例如：如果市场期望收益率为 14%，某只股票的 β 值为 1.2，短期国库券为 6%，依据证券市场线得出该股票的期望收益率为 15.6%。如果该股票的期望收益率达到 17%，显然，该股票偏离平衡态，出现价格低估（收益率高估），具有投资价值。证券分析认为：资产组合管理的起点是一个消极的市场指数资产组合，资产组合经理只是不断地把 $\alpha > 0$ 证券选入资产组合，剔除 $\alpha < 0$ 的证券。

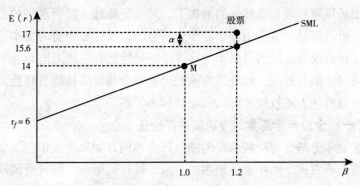

图 6-4　证券市场线与一个正值的股票

利用证券市场线，可以对单一证券的定价是否合理做出判断。企业年金基金投资管理人，应尽量选择 $\alpha > 0$ 的证券进入资产组合，使预期收益水平超过资本市场均衡水平。

第四节　企业年金在资本市场的绩效与投资策略

中国企业年金基金是在中国证券市场发展的外部环境和内部投资结构发生了重大变化的转型期间发展起来的，由于企业年金基金的出现在中国还是一件新生事物，市场上尚缺乏对企业年金基金绩效评价的统一标准，因此建立完善的基金业绩评价体系是非常必要的。通过对企业年金绩效的评价，不仅可以使委托人对投资管理人的经营状况有所了解并全面、公正、客观、科学地评价企业年金基金的运作业绩，而且对投资管理人调整和选择更有效的投资策略也非常有益。

一、企业年金绩效评价方法

一般来说，企业年金基金的投资业绩主要取决于资本市场的一般收益率水平、市场风险水平、投资管理人的专业才能和管理人盈利的偶然性四个方面。企业年金投资绩效评价就是在剔除了市场一般收益率水平、市场风险和盈利偶然性的前提下，对投资经理人投资水平的公正客观的评价。但是，鉴于中国企业年金基金的特殊性和当前的资本市场状况，在评价投资业绩的时候不应该将市场风险的有效规避同企业年金基金业绩完全割裂开来，此外还应该把企业年金基金的持续盈利能力作为评价投资管理人的投资才能的重要指标来考察。

（一）企业年金基金的传统绩效评价法

企业年金基金与一般基金的绩效评价不同，如果企业年金基金采用部分委托的方式，由年金计划参加者来选择投资组合，则投资风险由参保人承担，而且各账户的盈利水平也存在差异。在部分委托投资管理模式下，企业年金计划的投资管理人只是设计出多个不同风险类型的资产组合（或基金）供参保人选择，投资管理人只提供投资参考意见。这种投资管理方式对投资管理人的要求较低，投资绩效评价主要是检验各投资组合的设计水平。如果采用全权委托投资管理的方式（我们建议在中国采用这种投资管理模式），则基金总资产的盈利水平是相同的，应按总的净资产值和净资产收益率来评价企业年金投资收益状况。

企业年金投资收益率指标是基金评价体系的基础，企业年金基金的收益率为：

$$r_t = \frac{(NAV_t - NAV_{t-1}) + D^t}{NAV_{t-1}}$$

式中：r_t 表示 t 单位时间内的净资产收益率；NAV_t 表示 t 时刻的资产净值；D_t 表示 t 时刻的现金分红。

净资产收益率是一个重要的业绩评价指标，不同单位时间内的净资产收益率值可以进行比较，不同投资管理人在同一单位时间内的净资产收益率也可以进行比较。但是，净资产收益率的缺陷是对投资管理人对业绩的影响无法做出准确判断。当基金获得较高收益率时，不知道是市场因素的影响，还是冒较大风险所得，还是管理水平较高所致。

（二）企业年金基金的现代绩效评价法

从资本市场均衡理论可以知道，收益率与风险的对应关系导出的资本资产定价模型，对资产组合优化的评价非常重要。如果不考虑风险因素就无法对投资绩效作出全面、科学的评价。因此，对企业年金基金绩效的评价，不仅要看其收益率水平，而且应结合市场风险因素加以分析。

1. 市场基准的选择和无风险利率的选择

（1）评价基准的选择。中国目前存在深市和沪市两大股票市场，两市的市场环境相同，影响两市走势的外部因素也基本相同，所以两市A股运行态势应该是一致的。但是由于深沪两市在指数制定的时候所考虑问题的出发点不尽相同，从而造成了在同一个环境下两市指数走势的差异。虽然目前有一些机构推出了一些指数系列，如中信指数系列、银河指数系列和新华指数等，但其权威性尚需市场的进一步认可。为了增强评价结果的真实性和可靠性，我们在基金评价的过程中选择了深市成分股指数、上证综合指数、两市的指数加权平均指数和中信指数四种指数为评价标准，以便从多个侧面反映基金的整体绩效，弥补用单一指标作为评价标准的缺陷，保证基金评价标准选择的科学性。

（2）无风险利率的选择。一般都是将短期国债的市场利率作为无风险利率，最好选择半年或 1 年期以内的国债作参考标准，也可以选择国债回购交易市场的短期回购利率作为无风险收益率标准。

2. 特雷诺（Treynor）指数

Treynor 指数又称为报酬与波动性比率（Reward-to-Volatility Ratio），它是基金单位风险的获利能力指标。它是利用证券市场线（SML）为基准来评价基金的业绩，它等于单位系统风险对应的风险溢价（超过无风险利率的那部分收益率），计算公式为：

$$T_p = [\,\mathrm{E}(r_p) - r_f\,] \,/\, \beta_p$$

式中：β_p 为系统风险指标，即年金资产组合对市场波动的响应程度。

T_p 系数相当于证券市场线的斜率，从证券市场线方程可知，在资本市场均衡状态下，T_p 等于市场组合的风险溢价。如果 T_p 大于 SML 的斜率，则该企业年金的资产组合业绩优于市场组合的水平；反之，如果 T_p 小于 SML 的斜率，则表明投资管理人的业绩劣于市场表现。

用 Treynor 指数评价投资管理业绩的方法，就是对同一评价期内，各企业年金的 Treynor 指数的大小进行比较，即各企业年金基金的资产组合的业绩与市场组合业绩的比较。Treynor 指数越大则业绩越好，说明投资管理人的系统风险控制及判断能力较强。是衡量基金经理人利用风险获取回报能力的指标。

3. 夏普（Sharpe）指数

Sharpe 指数，又称为报酬与变动性比率（Reward-to-Variability Ratio），它是利用资本市场线（CML）为基准来评价基金业绩的方法，它等于单位年金资产组合风险对应的风险溢价[①]，计算公式为：

---

① William F. Sharpe, 1966, "Mutual Fund Performance", *Journal of Business*, *Supplement on Security Prices* 39.

$$S_p = [\mathrm{E}(r_p) - r_f] \;/\; \sigma_p$$

式中：σ_p 为非系统风险指标，即企业年金资产组合风险。

S_p 系数相当于资本配置线（CAL）的斜率，从资本配置线方程可知，在资本市场均衡状态下，S_p 等于资本市场线（CML）方程的斜率，即市场组合的报酬与变动性比率。如果 S_p 大于 CML 的斜率，则该企业年金的资产组合业绩优于市场组合的水平；反之，如果 S_p 小于 CML 的斜率，则表明投资管理人的业绩劣于市场表现。

用 Sharpe 指数评价投资管理业绩的方法，就是对同一评价期内，各企业年金的 Sharpe 指数的大小进行比较，即各企业年金基金的资产组合的业绩与市场组合业绩的比较。Sharpe 指数越大则业绩越好。与 Treynor 指数相比，Sharpe 指数既考虑到非系统风险（即单位非系统风险的风险溢价）的影响，也考虑到系统风险（即与代表系统风险水平的市场组合的单位风险溢价相比较）的影响，Sharpe 指数值越大说明投资管理人的非系统风险以及系统控制及判断能力较强。

4. 詹森（Jensen）指数

尽管 Treynor 指数和 Sharpe 指数能指出投资管理人所管理的企业年金资产组合的业绩优劣，但无法反映各企业年金基金之间业绩优劣的程度。1968 年 Jensen 提出了一个以资本资产定价模型（CAPM）为基础的业绩衡量指数，即詹森指数：

$$J_p = \mathrm{E}(r_p) - \{r_f + \beta_p[\mathrm{E}(r_m) - r_f]\} = \alpha_p$$

在实证研究中，用以往的收益率数据计算出 E（r_p）、E（r_m）和 β_p 的估计值，然后带入上述公式求出 J_p 的值，J_p 值越大则投资绩效越高。显然 Jensen 指数是以证券市场线（SML）为衡量基准的指数，Jensen 值就是（在相同的市场风险下）偏离证券市场的收益率差值。Jensen 指数反映了投资管理人把握市场风险的能力。

5. 投资管理人市场时机选择能力的评价

投资管理人市场时机（market timing）的选择能力是评价投资管理人在不同市场组合收益率下，如何调整企业年金基金的资产组合。即投资管理人预测证券市场出现向下趋势时，他们将调整投资组合的市场风险，把资产组合中市场风险较大的股票卖出或买入市场风险较小的股票

（或债券）；反之，在预测市场上升时，买入市场风险较大的证券而卖出市场风险较小的证券。

投资管理人把握市场风险的能力，可以通过证券市场线模型进行判断。

$$E(r_p) = \alpha_p + r_f + \beta_p[E(r_m) - r_f]$$

当 $E(r_m) > r_f$ 时，应选择较高 β_p 值的证券组合；当 $E(r_m) < r_f$ 时，应选择较低 β_p 值的证券组合。如果投资管理人不进行对市场时机选择的操作，其证券组合的 β_p 值相对稳定。

如果持有市场指数基金和国债基金构成的资产组合，两者之间的比例是一定的，设市场指数基金占 0.6，国债基金占 0.4，则 β_p 值是稳定的。市场实际选择者在市场行情好时，把国债基金调整为市场指数基金，则该资产组合的业绩好于指数基金，曲线向上弯曲，即斜率随 r_m 增加而逐渐增大（参见图 6-5）。

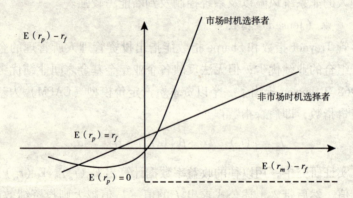

图 6-5　市场时机选择（β_p 值随市场收益率增加而增加）与非市场时机选择（β_p 值保持稳定）的示意图

Treynor 和 Mazuy 首先提出[1]，在一般线性单指数模型中加入一个平方项，用来估计市场时机选择者这条曲线，其方程式为：

---

① Jack L. Treynor and Kay Mazuy, 1966, "Can Mutual Funds Outguess the Market?", *Harvard Business Review* 43.

$$r_p - r_f = a + b(r_m - r_f) + c(r_m - r_f)^2 + e_p$$

式中：r_p 为资产组合收益率 E（r_p）的估计值，r_m 为市场组合收益率 E（r_m）的估计值，a、b 和 c 是回归分析所得的系数。如果 c 大于零，说明市场时机确实存在，因为平方项能够使特征线在市场组合的风险溢价较大时相应变陡。

6. 基金持续盈利能力指标

持续盈利能力指标是衡量基金自成立之日起到当前所有会计年度内收益率水平的一项指标。该项指标的定义为当前基金的盈利水平减去前一个评价周期（如半年或 1 年）的收益水平除以基金前一个评价周期（如半年或 1 年）盈利水平的绝对值。

尽管还有很多指标或方法可以用来评价投资管理人的专业水平，但上述的几种指标和方法已经基本上能够对投资管理人的投资业绩进行较科学的评估。由于各评价指标和方法采用的数据都是以往各年度的经营数据，因此，对未来投资管理人业绩的预测仍存在局限。现在，世界各国的企业年金基金的委托人与其他基金的委托人一样只能根据各投资管理人的以往业绩来决定自己的选择，并依赖于以往的大量数据作为统计分析的基础。中国证券市场的投资管理人的业绩评价的数据较少（1991年已经出现了一些小规模、非市场化的基金，1997 年 11 月《证券投资基金管理暂行办法》颁布，从此中国证券投资基金在全国大规模发展起来），很多统计分析只能将评价周期缩短为半年甚至 1 个月，这与企业年金基金的长期投资目标所要求的稳定性不相符合，但随着中国证券市场的发展，投资管理人将逐渐成熟，他们的业绩稳定性也会提高，为企业年金基金合理选择投资管理人创造了条件。

二、企业年金指数化投资策略与中国的实践

指数化投资理念是西方国家近几年来比较流行的一种投资理念，其核心是：跟踪某一指数设计投资组合，使基金净值的涨跌幅度与指数的涨跌幅度完全一致。按照指数化投资理念设计投资组合的方式有许多种，最简单的做法是复制指数，即根据指数的权重构成按比例分配资金买进股票。比如，如果要跟踪标准普尔 500 指数可将资金按市值权重比

例分配到 500 个成份股票上，而跟踪道琼斯指数只需将资金按价格权重比例分配到 65 个成份股票上。

指数基金是指按指数化投资理念而设立运作的基金，其投资目标并非追求高收益而是证券市场的平均收益，这对那些以抵消通货膨胀为目标的养老基金来说是非常合适的。在美国，流入共同基金市场的新增资金从 1994 年的 840 亿美元增加到 2007 年的 8830 亿美元，其中流入指数基金的比例由 1994 年的 3.79% 增加到 2007 年的 7.12%，另外一种类型指数基金"交易型指数基金"，又称为交易所交易基金（Exchange-Traded Funds，ETFs）2007 年吸引了高达 1506.17 亿美元的新增资金，是当年共同基金增量资金的 17.06%。2007 年末美国指数基金总资产达到 1.44 万亿美元，占全美基金总资产的 11.06%，共同基金中的股票指数基金占股票型共同基金资产比重从 1985 年的 1.1% 增长到 2007 年底的 11.5%。[①]

关于企业年金基金的投资策略的选择，笔者的观点倾向于采用消极投资策略，即指数化投资策略。消极投资策略是资本市场均衡理论的应用，在有效率的资本市场中，理性投资者都会倾向于采用"市场组合"方式配置自己的资产，即指数化配置资产组合。如果采用积极的投资策略，实践证明没有一种投资方式是必赢的，许多投资策略缺乏实践的支持，即使部分投资理论在一定的时段是有效的，但时机的选择也因为未来的不确定性存在而出现失误，而且，积极的投资策略对投资管理人的依赖性较大，人为因素对投资业绩的影响也非常大（投资绩效的评价，可以部分地降低投资管理人的业绩不确定性的影响）。因此，特别强调盈利的稳定性和持续性的企业年金基金，应尽可能地降低投资策略中的不确定成分和人为因素的影响。

（一）美国资本市场的指数收益率分析及其启示

从美国 1926～1996 年的部分资产组合的收益率及累积的财富效应来看，收益远远高于通货膨胀率的影响。小型公司股票的表现最好，1925 年底的 1 美元到 1996 年达到 4414.3 美元，年均递增 12.55%；大型公司股票的表现次之，1925 年底的 1 美元到 1996 年底达到 1196.8 美

---

① Investment Company Institute, May 2008, *2008 Investment Company Fact Book* (48th Edition), pp. 8 – 47.

元，年均递增 10.50%；长期政府债券和中期政府债券差异不大，年均
收益率分别为 5.03% 和 4.97%；财政部债券的收益率最低，年均收益
率仅 3.74%，略高于通货膨胀 3.09% 的年均递增率。扣除通货膨胀因
素的影响，美国国债投资的年均收益率还不到 1%，如果再扣除交易成

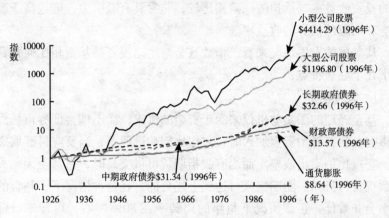

图 6 - 6　投资于美国资本市场的财富指数（1926 ~ 1996 年）

注：本图是作者根据各年度（1926 ~ 1996 年）收益率累积计算而得，1925
年末 = 1 美元。

资料来源：Bureau of Labor Statistics；Center for Research in Security Prices；
Returns on appropriate index portfolios.

表 6 - 10　美国资产组合收益率统计（1926 ~ 1996 年）

资产组合	样本数	最小值	最大值	平均值(%)	标准差(%)
小型公司股票收益率	71	- 52.71	187.82	19.0230	40.43813
大型公司股票收益率	71	- 45.56	54.56	12.4979	20.38689
长期政府债券收益率	71	- 7.41	32.68	5.3145	7.96206
中期政府债券收益率	71	- 5.81	33.39	5.1561	6.47072
财政部债券收益率	71	- 1.59	14.95	3.7931	3.32395
通货膨胀率	71	- 10.27	18.13	3.1835	4.55743
有效样本数	71				

注：大型公司指美国标准普尔 500 指数样本中列出的美国资本市场中最大的公司的市值加
权资产组合；小型公司指这一资产组合中包括 2000 家平均市值为 1 亿美元的小公司；长期政
府债券（国债）指期限超过 20 年的政府债券；中期政府债券（国债）指期限在 7 年以上的政
府债券；财政部债券（国库券）指期限为 30 天的短期政府债券。

资料来源：Bureau of Labor Statistics；Center for Research in Security Prices；Returns on
appropriate index portfolios. 作者根据各资产组合的收益率数据统计而得。

本和年金运营成本，可能出现亏损。由于小型公司和大型公司股票的组合都是根据（分类）指数收益率计算而得，因此，美国股票市场的综合指数收益率，在 1926 ~ 1996 年的 70 年中，年均递增率在 11% 左右（10.50% ~ 12.55%）。显然，美国股票市场 70 年的数据证明，股票市场的投资收益率与承担的风险相比较，非常具有吸引力，远远高于政府债券和财政部债券的收益率。

从美国的发展情况来看，指数基金与主动投资型基金相比通常具有以下几个显著特点：

1. 低周转率

基金经理的买卖动机仅来源于资金的供求，而不理会证券市场涨跌的影响。当有新增资金加入时，它按比例购进股票；当要应付赎回资金时，它按比例卖出股票。而当有股指期货可供交易时，它甚至无须买卖股票现货，只需买卖期指就可达到上述目的。在这种情况下，基金的周转率会非常低，正常情况下每年的周转率在 30% 左右，周转率最低的基金可低至 5% 左右。

2. 低费用

由于不需要对股票进行研究，也不需要频繁买卖股票，用一台 PC 机就足可应付日常管理工作，因而研究成本和人员成本都可以降到最低。美国指数基金收取的管理费一般要比主动型基金低一个百分点左右，如美国最大的指数基金 Vanguard S&P 500 的年管理费收取比例仅为 0.18%，它还向资金量大、持有时间长的投资者提供折扣优惠。除管理费用较低外，指数基金由于买卖次数少，上缴的交易佣金也很少。

3. 低现金存量

由于指数基金投资比较分散，买进的又都是市值较高的指数成分股，变现容易。而且没有追涨杀跌的需求，因而它无须持有现金，几乎将所有资金全部投入股市。

4. 规模大

基金规模越大越适合指数化投资，因为基金规模比较大时，已不适合做行业性投资，其买卖行为必定会对某一行业的股票产生较大的市场冲击，只有分散到越来越多的股票上，这实际上就更接近指数化投资。表 6 - 11 是跟踪标准普尔 500 指数的 Vanguard S&P 500 指数基金与富达麦哲伦等三只主动型基金的对比情况。

表 6 - 11　指数基金与主动型基金的比较

基金名称	规模 （亿美元）	与标普 500 指数的 股票重合度	与标普 500 指数的 涨跌相关性
先锋标准普尔指数基金 Vanguard S&P 500	1050	99%	99%
达标麦哲伦基金 Fidelity Magellan	1040	65%	89%
富达成长与收益型基金 Fidelity Growth and Income	420	63%	87%
富达蓝筹成长基金 Fidelity Blue Chip Growth	300	58%	86%

资料来源：*Manual Securities Statistics*，The Nomura Securities Co.，Ltd（2000）& Mutual Fund Fact Book，2001.

（二）中国资本市场的指数化投资实践

中国自 1999 年开始推出了三只优化指数基金：基金兴和、基金普丰、基金景福，此后又陆续推出了一批指数型基金，2007 年底投资于我国资本市场的指数型基金已经达到 22 只。在 2006 年到 2007 年的两年中，中国股票市场上各种类型基金在一路上涨的行情带动下迅速扩张，指数基金总规模从 2006 年的 554.04 亿元资产增加到 2007 年的 2483.86 亿元，平均每只基金资产规模也从 26.38 亿元增长到 112.9 亿元。从 2006 年到 2007 年，我国的指数型基金相对其他几种投资类型的基金，其资产总值增长速度是最快的。目前指数型基金平均每只基金资产规模、收益率水平等指标相比其他类型的基金而言具有一定的优势，从各类投资基金的资产分布的结构变化看，货币市场型基金、债券型基金和平衡型基金的比重都有所下降，而指数型基金和股票型基金的比重进一步增长。2006 年和 2007 年两年中，指数型基金本期份额净值增长率的平均值高于其他各投资类型基金，显示出指数型基金在盈利能力上的优势（参见表 6 - 12）。截至 2007 年，中国指数基金的资产总值占全部基金资产总值的比重仅为 7.49%，与美国的指数基金总资产占共同基金总资产的 11.5% 相比仍有一定差距；我国指数型基金的资产总值约 365 亿美元，与美国指数型基金 1.5 万亿美元的资产总值相比还存在较大的差距，但这也让我们看到了中国指数型基金巨大的发展空间。[①]

表 6 - 12　2006 ~ 2007 年中国各类基金主要指标

类型\时间\指标		基金资产总值（亿元）	基金资产净值（亿元）	平均每只基金资产规模（亿元）	平均每只基金净值规模（亿元）	各类基金资产分布（%）	本期份额净值平均增长率（%）	基金数（只）
全部基金	2006 年	8601.35	8226.95	30.38	29.07	100.00	89.94	283
	2007 年	33181.34	32708.84	96.74	95.36	100.00	95.45	343
指数型	2006 年	554.04	549.58	26.38	26.17	6.44	116.30	21
	2007 年	2483.86	2457.26	112.90	111.69	7.49	134.06	22
债券型	2006 年	378.43	339.34	13.05	11.70	4.40	33.72	29
	2007 年	882.25	837.79	28.46	27.03	2.66	31.60	31
货币市场型基金	2006 年	856.20	794.88	21.41	19.87	9.95	1.88	40
	2007 年	1118.08	1110.46	27.95	27.76	3.37	3.27	40
股票型基金	2006 年	5760.70	5575.03	37.90	36.68	66.97	114.28	152
	2007 年	24697.16	24377.62	118.17	116.64	74.43	122.16	209
平衡型基金	2006 年	1051.98	1002.5	25.66	24.45	12.23	111.44	41
	2007 年	3999.99	3925.71	97.56	95.75	12.05	111.73	41

注：基金数是按基金的成立时间计算的；本期份额净值平均增长率是指本期前成立基金的份额净值增长率的算术平均值；债券型基金包括偏债型基金；股票型基金包括偏股型、混合型、价值型和成长型基金。

资料来源：作者根据有关数据整理而得，原始数据源自中国证券报社编：《2008 上市公司速查手册》，新华出版社 2008 年版，第 397 ~ 456 页。

指数型基金是以某种指数为参照基准进行投资的，一旦指数型基金确定跟踪某一种重要的证券市场指数，则该基金的投资组合必须按照构成基准指数的所有成分股比例进行资产配置，因此，为了较好地复制基准指数的成分股结构，指数型基金必须有较大的资产规模。目前我国指数型基金规模较小，2007 年底中国最大规模的指数型基金是嘉实沪深 300 指数证券投资基金（以下简称嘉实 300），其资产总值仅 396 亿元，

---

① Investment Company Institute, May 2008, *2008 Investment Company Fact Book* (48th Edition), pp. 38 - 47.

资本规模位列 343 只基金中的第 5 名，而最小规模的指数型基金"上证 180 交易型指数基金"资产仅 15.2 亿元。这种小规模的指数型基金选择基准指数时应尽量避开综合指数，而选择适合小规模基金投资的基准指数，如上证 50、上证 100、上证 180、沪深 100、沪深 300 等。"嘉实 300"试图通过对沪深 300 指数的有效跟踪，实现分享中国经济持续、稳定、快速发展的成果。2006 年和 2007 年，"嘉实 300"的本期份额净值增长率分别为 120.19%、130.32%，同期的"沪深 300"指数年增长率分别为 121.02%、161.57%。2006 年"嘉实 300"与基准指数"沪深 300"之间的跟踪误差较小，在考虑到管理和交易成本后这种跟踪误差尚在合理的范围之内；2007 年"嘉实 300"的跟踪误差超过 31%，严重偏离基准指数，这可能是由于基金规模的快速增长而导致的资产配置滞后的结果。"嘉实 300"基金规模从 2006 年的 5.64 亿元快速增长到 2007 年的 396 亿元，其中新增的资产主要是现金，基金把资金按比例配置为基准指数的成分股需要一段时间，与此同时基准指数也发生了较大变动，当指数型基金的投资组合与基准指数同时发生较大变动时，跟踪误差的扩大就不足为奇了。随着基金规模的不断扩大，基金投资组合的稳定性将随之提高，跟踪误差也会相应缩小（参见表 6-13）。

表 6-13　中国证券市场主要指数的年增长率

单位:%

年份＼指数	上证综指	深证成指	上证 50	上证 180	中证 100	深证 100	沪深 300	国债指数
2007	96.66	166.29	300.31	151.55	145.69	181.67	161.55	-0.47
2006	130.43	132.12	126.68	120.61	127.05	129.89	121.02	2.14
2005	-8.33	-6.65	-5.50	-8.27		-7.43	-7.66	14.07
2004	-15.40	-11.85	-15.73	-16.50		-9.71		-3.81
2003	10.27	26.11		10.95		9.77		-0.60
2002	-17.52	-17.03		-16.93				
2001	-20.62	-30.03		-22.01				
2000	51.73	41.05		31.62				
1999	19.17	14.25		8.34				
年均增长率	18.44	22.03	63.96	17.77	136.19	42.82	74.77	2.09
累计增长率	358.84	500.16	622.68	335.70	457.85	494.12	433.83	10.87

资料来源：作者根据有关资料整理而得。

中国资本市场指数型基金的历史较短，可供指数型基金投资的基准指数也很少，最早出现的指数上证综指、深证综指和深证成分指数仅经历了 17 年的市场运行，适合中国小规模指数型基金投资参照的基准指数经历的时间就更短。近几年我国出现了一些适合小规模指数型基金投资的指数，如 2003 年底推出的上证 50 指数、2002 年底推出的深证 100 指数和 2005 年初推出的沪深 300 指数，此外还有基金公司和证券公司推出的指数，如博时基金管理公司的新华富时 A200 指数、中信标普指数服务公司（中信证券和标准普尔合资）的中信标普 50 指数和中信标普 300 指数等。目前投资者对这些指数的特性缺乏了解，部分基准指数的信息披露不充分且市场认同度较低。从 2007 年我国指数型基金资产按基准指数的分布看，以沪深 300 指数为基准指数的基金资产占指数型基金总资产的比重是最大的，达到了 26.90%，其次是上证 180 指数的资产为 18.84%（参见图 6-7）。在我国 22 只指数型基金中，有 4 只基金以沪深 300 指数为参照基准，其资产规模较大，市场认同度也较高。2005 年到 2007 年 3 年中，比较各基准指数历年的表现情况，发现上证 50 指数的年增长率表现较好，但其稳定性还需要在更长的运行周期中做进一步检验。如果在较长的时间周期（1999~2007 年）中比较，深证成指相对上证 180 指数和上证综合指数表现较好，年均增长率达 22.03%（参见表 6-13）。

2007 年美国共同基金的指数型基金有 373 只，其中 124 只（33.24%）基金跟踪标准普尔 500 指数，资产规模达 2859.84 亿美元，占共同基金指数型基金的 44.91%。[1] 美国最大的指数型基金、也是全美最大的共同基金 Vanguard S&P 500 管理着 1068 亿美元的资金，其基准指数就是标准普尔 500 指数。与标准普尔 500 指数的市场影响力相比，我国现有的基准指数市场影响力较小，仍未形成市场公认的权威基准指数，而且我国资本市场中可供基金做参照基准的这些指数仍处于优胜劣汰的过程中，投资者还需要一段时间认知、评价和检验各基准指数。在市场缺乏权威基准指数的情况下，指数型基金选股和进行指数化投资的难度增加，对我国指数型基金的发展起到一定的制约作用。

---

① Investment Company Institute, May 2008, *2008 Investment Company Fact Book* (48th Edition), pp. 44-45.

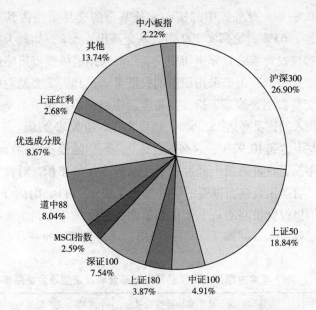

图 6－7　2007 年中国指数型基金资产按指数类型的分布

注：道中 88 指数是道琼斯中国 88 指数；MSCI 指数是摩根士
丹利中国指数；中小板指是中小企业板指数；优选成分股是按照指
数成分股优选构成的投资组合。

资料来源：作者根据有关资料计算而得。

　　从中国证券投资基金的指数化实践看，我国指数型基金相对股票型
基金而言在管理费率上存在明显的差别。由于各基金管理公司管理费率
的差异无法一一进行比较，为了对指数型基金和股票型基金的管理费差
异有个概括性的了解，同时考虑到大规模基金的投资行为有较高的稳定
性和有较好的代表性，因此，笔者选择指数型基金中规模最大的"嘉实
300"指数型基金和股票型基金中规模最大的而且也是 2007 年底中国
343 只基金中规模最大的基金"中邮核心成长"股票型基金，对这两只
基金进行比较。嘉实 300 指数型基金管理费的年费率（包括管理人报酬
和托管费）为 0.6％，中邮核心成长股票型基金管理费的年费率为
1.75％。通过对嘉实 300 指数基金和中邮核心成长基金费用结构的比
较，发现中邮核心成长基金的管理人报酬额占其总收入的比重高达
6.62％，高出嘉实 300 指数基金 5.59％，其托管费用也比嘉实 300 指数

基金高出 0.89%。此外，中邮核心成长基金的交易费用占其总收入的比重也高达 7.63%，比嘉实 300 指数基金高出 4.5%，如此大的交易费用差异显然与投资策略差异密切相关。相对采用消极投资策略的指数型基金而言股票型基金由于采用积极的投资策略，其买卖交易更频繁，从而导致其交易费用普遍高于指数型基金。中邮核心成长股票型基金的总费用占总收入的比重高达 15.36%，而嘉实 300 指数基金的这一比重只有 4.44%，差距达到 10.92%，这必然会对基金当年的投资收益产生较大侵蚀，而每年投资收益的损失经过若干年或数十年的累积，对投资收益的最终结果必将产生直接而重要的影响（参见表 6－14）。由此可见，企业年金选择消极投资策略的一个很重要的原因，就是考虑到企业年金长时间的积累过程（30~40 年）中管理费用、交易费用对投资收益的影响。

表 6－14   2007 年度中国最大规模的指数型基金和股票型基金费用结构比较

项目 \ 基金	嘉实沪深 300 指数证券投资基金		中邮核心成长股票证券投资基金	
	数值（元）	占总收入比重（%）	数值（元）	占总收入比重（%）
管理人报酬	93346239.67	1.03	228935913.79	6.62
托管费	18669247.93	0.21	38155985.62	1.10
交易费	283483701.94	3.13	263708941.83	7.63
其他费用	6628512.65	0.07	162158.12	0.0047
费用合计	402127702.19	4.44	530962999.36	15.36
基金总收入	9061683020.72	100	3456286159.78	100
基金资产总值	39600123031.72	年收益率:130.32	48756025222.48	年收益率:48.21[①]
管理费[②]	管理人报酬	托管费	管理人报酬	托管费
收费标准（年费率）	0.5%	0.10%	1.5%	0.25%

注：①该基金成立于 2007 年 8 月 17 日，于当年 9 月 17 日完成建仓，从 2007 年 9 月 17 日~12 月 31 日共计 105 日，该基金实际净值增长率为 13.87%，因此，年化收益率 = 13.87% × (365/105) = 48.21%。

②日管理费 = 前一日基金资产净值×年费率/365，管理费按以上公式计算出的日管理费逐日提取。

资料来源：《嘉实沪深 300 指数证券投资基金 2007 年年度报告摘要》、《中邮核心成长股票型证券投资基金 2007 年年度报告摘要》，载《上海证券报》2008 年 3 月 28 日。

综上所述，对资金量大、投资目标仅为抵消通货膨胀侵蚀的公共年金及投资收益率目标略高于通货膨胀率的企业年金来说，选择指数化投资方式是十分恰当的。但是，笔者认为，企业年金基金若要按指数化投资方式成功运作，还需注意以下的条件：

第一，合理选择沪深两市的权威的成分指数作为基准指数，以使指数化投资有统一参考的目标。企业年金基金的规模应与基准指数相匹配，从中长期看沪深 300 指数和中证 500 指数是企业年金基金比较合适的跟踪目标。

第二，在沪深两市统一的权威的成分指数基础上，应当尽早推出相应的股指期货。在西方，指数化投资发展与股指期货的发展密切相关，指数基金往往是股指期货的最大交易人。

第三，指数型基金应当由专门的以指数化投资为特色的基金管理公司管理。指数化投资与主动投资是两种截然相反的理念，指数基金在募集、运作、费用等方面与主动投资也有很大区别，由一个习惯主动投资的基金管理公司来同时管理指数基金并不合理。

从市场方面来看，1990 ~ 2007 年的 17 年中，上海证券市场综合指数从 127.61 点（1990 年底）上升到 5261.56 点（2007 年底），年均递增高达 24.46%。随着宏观经济的发展及企业经营绩效的改善，股票投资价值增长，人气旺盛，加之市场投机性减弱，中长线的投资理念开始起主导作用，股指波动区间明显变窄，股市收益与过去相比将在相对稳定中获得提高，较国债投资和银行存款收益优势明显，从而能够为企业年金基金获得稳定的长期投资收益提供可靠保障，并能在企业年金基金获得较高的股票投资回报的过程中，使老年人口更好地分享中国经济发展的成果。

从技术方面来看。中国的投资银行业已初具规模，并将通过资产重组等获得进一步发展，一批高水平的投资理财专家正在涌现和成长，加之金融工程学和计算机分析软件技术的发展，将为企业年金基金进入资本市场及实施有效的投资组合管理提供人才和技术支持。

指数化投资策略将使得企业年金基金的价值随中国经济的高速发展而同步增长，并对企业年金制度的可持续发展形成有力的支撑。指数化基金之所以风靡全球，正因为其（统计规律证明的）稳定的收益性，而中国经济发展的成就使中国成为全世界少有的亮点，世界资本大量流入中国的各产业，相信将来随中国资本市场开放程度的提高，将有更多的资本进入中国资本市场。中国企业年金基金应抓住历史赋予的机遇，分享中国经济的增长成果。

第七章　企业年金基金会计制度

企业年金基金会计是企业年金基金管理的重要一环。1995 年，劳动部根据《劳动法》和国务院决定，拟定《关于建立企业补充养老保险制度的意见》，明确了管理主体、决策程序、资金来源、计发办法等主要政策。2004 年，国家有关部门颁发了《企业年金试行办法》、《企业年金基金管理试行办法》。随着企业年金计划数量和规模的不断扩大，企业年金计划的会计管理制度也日益成为企业年金计划管理的重要组成部分。

第一节　企业年金会计的基本理论

一、企业年金会计与会计主体

企业年金会计，是指全面、系统、连续地反映与监督基于企业年金计划下形成的养老金的筹集、发放、运营及保值过程的会计。

会计所关心的领域应该是一个能分离和控制各项特定经营活动和管理要素的主体。判断会计主体有两个标准，一是根据能控制资源、承担义务并进行经营运作的经济单位来确定；二是根据特定的个人、机构的经济利益范围来确定。一般情况下，一个经济单位就是一个会计主体。但是，随着经济的发展，管理活动的复杂化，人们对会计信息的要求也呈现出多样化，会计主体就不再拘泥于经济实体这一形式。当一项具有独立意义的资金与某一经济实体密切关联时，这个经济实体可能因与该项资金的经济活动范围的融合而被视为同一个会计主体；而当一项具有独立含义的资金与所有经济实体相脱离时，这项资金就应单独成为一个会计主体。关于企业年金的会计主体，目前理论界主要有三种观点：企业会计观、基金会计观和双重主体观。企业会计观认为，企业年金的会计主体是向企业年金计划缴费的企业，企业年金计划核算的主要内容是企业年金的缴费、确认和计量以及企业年金的支付。基金会计观将企业年金会计看做是基金会计，认为企业年金的会计主体应该是企业年金基金的受托机构，企业年金会计核算的主要内容是企业年金的收支、运营业务核算；企业年金基金对外投资收益的核算；基金资产的结余和分配核算。双重主体观将上述两种观点结合起来，认为企业年金会计是以企业和年金基金共同作为会计主体，在企业年金的筹集阶段，企业应该作为企业年金的会计主体，对企业年金计划资金的筹集、资产和负债、成本和费用等进行确认、计量、记录和报告。在企业年金投资运营阶段，应该以企业年金基金作为会计主体，对企业年金基金投资运营所形成的资产、负债、收益、费用等进行确认、计量、记录和报告。笔者赞同双重主体观，因为它综合考虑了企业年金的性质和实际运行特点，合理体现了年金在不同阶段的不同经济行为。

企业年金制度从微观来看，是市场经济条件下企业管理的一部分。企业年金计划明确了企业对职工应承担的养老金给付义务，这种给付义务一方面是职工在为本企业提供服务的期间得到的，另一方面要在职工退休时才发生实际支付。由此产生的会计问题是，如何将这种将来给付的现时义务合理地反映为企业的成本与费用。所以，在企业年金的筹集阶段，企业年金会计的会计主体仍然是企业，它可以由一套会计制度进行全面规范。

企业缴费之后形成的企业年金，成为企业年金计划为偿还企业年金债务而积累的储备资金。这笔资金只能依赖企业年金合同的约定运营，形成自身资产、负债、收支、节余，构成一个独立财务体系。从管理角度来看，每个企业年金计划都有不同的投资目标和投资策略，需要为每个企业年金单独建账，独立核算。换言之，它已经摆脱了发起企业年金计划的企业或是专门从事企业年金资产管理的机构组织，单独成为一个会计主体。对于这一状态的企业年金的会计处理就同社会保险基金会计、住房公积金会计、证券投资基金会计等一样，成为一种基金会计。基金会计的核算对象既不是所有者也不是经营实体，而是一组代表对特定来源和特定用途的一定资本或收入的经济活动领域。这个活动领域一般被称为"基金"，所依据的会计基本等式为"资产＝负债＋权益"，它将资金管理作为主要会计目标，而将权益的计量置于第二位。

企业年金会计包含了两层含义：在企业缴费环节及之前的企业年金筹集环节，即第一阶段的会计处理属于企业财务会计的范畴，遵循传统会计基本理论，发起企业年金计划的企业是会计主体；在企业缴费后的企业年金的运营、保值、发放环节，即第二阶段的会计处理就属于基金会计的范畴，企业年金计划自身就是会计主体。

二、企业年金基金会计的基本目标

企业年金会计的目标是企业年金会计体系的重要组成内容，是企业年金会计研究的起点，是企业年金会计业务运行的基本和根本任务。企业年金基金管理机构的会计活动受到会计目标的制约。企业年金会计目标是向信息使用者提供具有一定质量特征的，以财务信息为主的会计信息。

在信息化社会中的市场条件下，会计信息使用者成为市场的主宰，信息的供需关系决定了会计目标的内容，信息使用者对信息的理解程度和运用手段决定了会计目标质量特征的存在。市场的这种自我调节作用由信息社会结构、企业年金计划利益关系、会计信息工序关系之间的内在的联系共同决定。一方面，由于企业年金基金的管理人内外部环境变幻莫测、错综复杂，而信息使用者的偏好随个人偏好不同而不同，企业年金基金会计的目标也应该根据使用者的要求，提供真实、可靠、完整的会计信息；另一方面，尽管会计信息的使用者可以不受其他人的行为约束得到所需的高质量会计信息，实现企业年金基金会计目标的价值，但由于企业年金基金的管理机构提供的只是会计主体活动范围内的信息，信息使用者对同样的会计信息的理解存在差异。因此，在某种程度上，会计信息也会约束使用者的决策行为，给他们的经济和社会活动造成不利影响。

企业年金基金会计提供的会计信息，在现阶段表现为企业年金基金管理机构在会计核算活动中，对有限的企业年金基金资源进行合理配置的信息，是关于为了方便信息使用者了解和掌握财务报表的说明和解释。具体从信息使用者的角度来看外部使用者所了解的会计信息，在于企业年金基金管理机构对企业年金有关法律法规的落实和实施情况，企业年金基金的资产组合、投资风险、财务管理情况，基金的保值增值情况，基金的存量，在基金运营管理活动中存在的问题及其原因，企业年金给付的资格审查、时间、程序、金额的调整情况，管理机构的财务状况，经营成果、现金流等财务指标。信息的内部使用者要求了解的会计信息包括企业年金基金缴费、运营和给付的会计政策，经营管理机构的会计制度，基金的存量，基金的投资收益，保值增值的情况，基金的缴费、给付情况，管理机构的资产、负债、净资产、费用的构成及其变动情况，企业年金基金资产的变现能力和盈利能力，等等。

三、企业年金基金会计要素

会计要素是会计核算对象的基本分类，是设定财务会计报表的结构和内容的依据，也是进行确认和计量的依据。会计要素可分为资产、负债、所有者权益、收入、费用和利润六类：

（一）基金资产

基金资产是指受托管理人运用、处分企业年金基金财产而形成的各项资产，主要包括银行存款、企业年金基金投资、应收账款等。基金资产是由过去的交易或事项形成并由法律上独立于报告企业之外的企业年金基金所拥有或控制的、专门用于企业补充养老保险的资源，该资源预期会给企业年金基金带来经济利益。它具有以下特征：（1）根据企业年金信托合同的要求，由受托人管理运用、处分企业年金基金财产而形成；（2）在法律上，独立于报告企业之外的企业年金基金所拥有或控制，即能排他性地从资产中获取经济利益；（3）企业年金基金资产只能用于企业养老保险；（4）能够直接或间接给企业年金基金带来经济利益；（5）非因企业年金基金资产本身承担的债务，不得对基金资产强制执行。

（二）基金负债

基金负债是指运用、处分企业年金基金财产过程中形成的负债，主要包括应付受托人费用、应付管理人费用、应付受益人收益、卖出回购证券款等。基金负债是指过去的交易、事项形成的现时义务，履行该义务预期会导致经济利益流出企业年金基金。它具有以下特征：（1）基金负债的清偿预期会导致经济利益流出企业年金基金；（2）基金负债是由过去的交易或事项形成的。

（三）基金净值

基金净值是指企业年金基金的受益人在企业年金基金资产中享有的经济利益，其金额等于企业年金基金的资产总额在抵偿了一切现存债务后的差额部分。即：

$$基金净值 = 基金资产 - 基金负债$$

基金净值是衡量企业年金基金经营状况的主要指标，是基金利害关系人进行投资决策的主要依据。因此，基金投资管理人应根据国家统一会计制度的规定和合同约定，按日计算基金净值和基金单位净值，并及时向企业年金计划委托人、受益人和托管人等报告。

（四）基金收益

基金收益是指企业年金基金的资产在运作过程中所形成的经济利益的流入。具体地说，基金收益包括基金投资所得红利、股息、债券利息、买卖证券价差、存款利息和其他收入。

（五）基金费用

基金费用是指企业年金基金在运营活动中所发生的经济利益流出。企业年金基金费用的主要项目有：受托人费用支出、投资管理支出、证券交易的费用支出、负债利息支出和其他费用等。

（六）基金净收益

基金净收益是指企业年金基金在一定会计期间已实现的经营成果，其金额等于基金收益扣减基金费用的余额，即：

$$基金净收益 = 基金收益 - 基金费用$$

由于基金净收益变动直接影响基金净值的变动，为了保证基金净值的准确性，需要逐日对企业年金基金收益和费用进行计量和确认。

四、企业年金基金会计基本假设

（一）企业年金基金会计主体

会计主体假设是指企业年金基金会计确认、计量和报告的空间范围。为了向财务报告使用者反映企业年金基金的财务状况、经营成果和现金流量，提供与其决策有用的信息，会计核算和财务报告的编制应当集中反映特定对象的活动，并将其与其他经济实体区别开来，才能实现财务报告的目标。

在会计主体假设下，企业年金基金应当对其本身发生的交易或者事项进行会计确认、计量和报告，反映基金本身的各项运营活动。明确界定会计主体是开展会计确认、计量和报告工作的重要前提。

首先，明确会计主体，才能划定会计所要处理的各项交易或事项的范围。在会计工作中。只有那些影响企业年金基金的经济利益的各项交易或事项才能加以确认、计量和报告，那些不影响基金的经济利益的各项交易或事项则不能加以确认、计量和报告。会计工作中通常所讲的资产、负债的确认，收益的实现，费用的发生等，都是针对特定会计主体而言的。

其次，明确会计主体，才能将会计主体的交易或者事项与会计主体所有者的交易或者事项以及其他会计主体的交易或者事项区分开来。例如，举办年金计划的企业的经济交易或者事项不属于企业年金基金会计主体所发生的交易或事项，因此，不应纳入企业年金基金会计核算的范围。但是，企业向企业年金计划的缴费或负债，则属于企业年金基金主体所发生的交易或者事项，应当纳入其会计核算的范围。

（二）持续经营

持续经营假设是指在可以预见的将来，企业年金基金将会按当前的状态继续经营下去不会终止。在持续运行的前提下，会计确认、计量和报告应当以企业年金基金持续、正常的运营活动为前提。

企业年金基金是否持续运营，在会计原则、会计方法的选择上有很大差别。一般情况下，应当假定企业年金基金将会按照当前的状态继续运行下去。这个基本假设意味着会计主体将按照既定目标进行基金资产运营，按照既定的合约条件清偿债务，会计人员在这一假设的基础上选择会计原则和会计方法。如果一个企业年金基金在不能持续运营时还假定它能够持续经营，并仍按持续经营基本假设选择会计确认、计量和报告原则与方法，就不能客观地反映企业年金基金的财务状况、经营成果和现金流量，也会误导会计信息使用者的经济决策。

（三）会计分期

会计分期假设是将一个企业年金计划持续经营的运营活动划分为一个个连续的、长短相同的期间。会计分期的目的，在于通过会计期间的划分，将持续经营的会计主体运营活动划分成连续、相等的期间，据以反映企业年金基金的财务状况，从而及时向财务报告使用者提供有关企业年金基金的财务状况、经营成果和现金流量的信息。

在会计分期假设下，企业年金基金的管理人应当划分会计期间，分期结算账目和编制财务报告。企业年金基金的会计期间通常分为年、季、月、周和日，并按国家规定和合同约定向企业年金计划参与者、受托管理人、受益人等进行披露。

（四）货币计量单位

货币计量单位假设是指企业年金基金在财务会计确认、计量和报告时以货币计量反映会计主体的运营活动。在会计的确认、计量和报告过程中之所以选择货币为基础进行计量，是由货币的本身属性决定的。货币是商品的一般等价物，是衡量一般商品价值的共同尺度，具有价值尺度、流通手段、贮藏手段和支付手段等功能。其他计量单位无法在量上进行汇总和比较，不便于基金等会计计量和运营管理。只有选择货币尺度进行计量才能充分反映企业年金基金的运营情况，所以，会计等基本准则规定：会计确认、计量和报告选择货币作为计量单位。

五、企业年金基金会计基本原则

（一）公允价值原则

公允价值原则要求企业年金基金会计要素按照公允价值进行计量。

公允价值是指理智双方，在一个开放的，不受干扰的市场中，在平等的情况下，自愿进行交换的金额。市场价格可以代表公允价值，未来现金流量也可以代表公允价值。[①]

（二）收入确认原则

传统的会计确认理论以实现原则为指导，即会计只对"已实现"或"已发生"的交易事项进行确认。对于在形式上不符合会计确认标准的事项，即使其在经济实质上已导致经济资源的流入或流出，也不得进入会计系统。以稳健性为指导的实现原则，是造成衍生金融工具等许多"表外项目"无法进行确认的主要障碍。

（三）配比原则

配比原则是指企业年金基金在一定时期内的收入与其相关的成本、费用应当相互配比。它要求一个会计期间的各项企业年金基金收益与其相关联的成本、费用，应当在同一个会计期间内进行确认计量。

实行配比原则有利于正确反映企业年金基金的财务成果，正确地计算出本期损益。企业年金基金在营运过程中要取得一定的收益，必定要发生与之相关的成本或费用，企业年金基金如果发生某项支出，也必定是为了取得某项收入。权责发生制分别规定了确定收入与费用的方法，配比原则要求在确定某项收入（或费用）的同时，也要确认其相应的成本费用（或收入），也就是要使收入与其相关的费用互相配比，在同一会计期间内反映。由此可见，配比原则同样是为了合理地确认企业年金基金收益、费用及损益。

（四）充分披露和有效披露原则

企业年金的信息披露制度是指在企业年金基金运营管理过程中，为了保护受益人的合法权益，企业年金基金管理机构必须遵照执行的一种向有关监管部门报告基金财产管理情况，并保证所报告信息的真实性和完整性的制度。根据国外企业年金的信息披露经验，企

---

① 国际会计准则委员会（IASC）在1995年6月发布的第32号国际会计准则（IAS32）中，对公允价值（fair value）所下的定义是："公允价值是指，在公平交易中，熟悉情况的当事人自愿据以进行资产交换或负债结算的金额。"

业年金信息披露一般应遵循以下四个原则：（1）充分性原则。充分性原则要求企业年金的信息披露主体在披露内容上必须遵照国家相关规定，在披露内容上要公开所有法定项目要求披露的信息，不得有欠缺和遗漏；在披露形式上要求有适当的信息传递载体和渠道，以保证监管部门、委托人和受益人能够通过他们所能接触的报刊、杂志、互联网等媒介方便地获得信息。（2）有效性原则。信息披露的有效性包括准确性和重要性两个方面，准确性主要是指所披露的信息必须是准确无误的，必须能正确反映客观事实。当披露主体的情况发生变化，已经披露的信息不能反映披露主体的当前情况时，披露主体应该及时更正或更新有关信息，使信息披露对象了解的信息能够准确反映披露主体的实际情况。重要性一般是指可能对企业年金运行及收益产生重大影响的信息，通过重要性信息的披露使监管部门、委托人和受益人能及时了解披露主体内部和外部出现的重大变化，及其这种变化对企业年金运营直接和间接产生的影响。（3）及时性原则。及时披露是指披露主体应在规定的时间内，按规定频率及时披露应该披露的信息，使监管部门、委托人和受益人通过不断更新的信息及时分析、评估和监督披露主体企业年金运营的实际情况和最新情况。及时性要求是从信息披露的时间角度来衡量的，它包括披露主体的日常信息、月度信息、季度信息、年度信息和临时信息等信息的披露。（4）公开性原则。企业年金运营主体披露的各类信息，关系到广大职工的当前利益和长远利益，因此需要指定信息披露报刊和媒体对企业年金信息进行披露和传递，保证监管部门、委托人、受益人便利地获得充足和合适的企业年金计划信息；同时，通过信息披露的公开性可以使企业年金的运营管理更加透明，降低和防范不规范经营行为的发生。

企业年金基金管理的受托人、账户管理人、托管人和投资管理人都有责任和义务按规定的要求进行信息披露，并通过自觉和强制的信息披露来体现管理运营的公开透明，达到防范经营风险、构建制衡机制、实施协同监管的目的。

第二节　企业年金会计核算的具体内容

我国已颁布了第一部规范企业年金基金的会计准则：《企业会计准则第 10 号——企业年金基金》。同时颁布的《企业会计准则第 9 号——职工薪酬》对企业年金的会计处理有了新的规定。本章借鉴国外企业年金会计核算中的成熟经验，对我国企业年金会计中的几个问题进行探讨，以期对我国企业年金会计的顺利实施和今后的发展提供一些思路。

一、企业年金会计的核算主体——企业

我国 2005 年颁布的《企业年金基金管理试行办法》要求，设立企业年金的企业及其职工作为委托人与企业年金理事会或法人受托机构（以下简称受托人），受托人与企业年金基金账户管理机构（以下简称账户管理人）、企业年金基金托管机构（以下简称托管人）和企业年金基金投资管理机构（以下简称投资管理人），按照国家有关规定建立书面合同关系。作为企业年金委托人的企业则依照《企业会计准则第 9 号——职工薪酬》以企业为主体来规定企业为职工缴纳的养老保险费（包括基本养老保险和企业年金），应当按照职工为其提供服务的会计期间和受益对象，计入相关资产的成本，或确认为当期费用。

而企业年金的受托人、托管人、账户管理人、投资管理人应当按照《企业会计准则第 10 号——企业年金基金》以企业年金为会计主体，规范企业年金的资产、负债、净资产、收入、费用的确认和计量，以及财务报表列表等内容。

因此，严格来说与绝大多数企业相关的企业年金会计应依照《企业会计准则第 9 号——职工薪酬》实施，其会计主体是企业本身。而《企业会计准则第 10 号——企业年金基金》是用来规范企业年金的受托人、托管人、账户管理人、投资管理人的，要求他们以企业年金基金作为独立的会计主体进行确认、计量和列报，要求他们应当将年金基金

与其固有资产和其他资产严格区分，以确保企业年金基金的安全。这有助于提供关于企业年金财务状况、净资产变动等方面的有用信息，进而反映相关各方受托责任的履行情况。

二、企业年金会计的核算原则——权责发生制

以前我国对企业年金的核算是基于收付实现制，而新会计准则开始采用权责发生制进行核算，这是由于以下两点原因：

第一，对于企业年金的会计处理，国际上通常是在"社会福利观"或"劳动报酬观"的理念指导下进行的。

社会福利观认为：员工退休后不再从事岗位性的劳动，但却领取退休金，这是对剩余价值的再分配，实质上隶属于社会福利的范畴。与此相应的企业年金成本的会计核算采用的是"收付实现制"，企业员工在职期间并不确认企业年金成本，只是在实际支付退休金时列为"营业外支出"或"管理费用"。

劳动报酬观认为：员工退休后领取的退休金是员工劳动力价值的组成部分，与员工在职时领取的工资一样属于劳动力再生产费用的一部分。这种观点主张，企业年金是递延的劳动报酬，属于"递延工资"的范畴。权责发生制要求，与当期收入相关的费用，不论其是否实际支付，都应在当期确认。因此，在会计核算中，按照权责发生制来确认企业年金成本，能够保证在那些将来有权取得退休金的员工提供服务的期间将企业年金成本（递延工资）系统、合理地分配于各会计期间和各个成本项目。

在实践中，绝大多数国家的会计理念都在由"社会福利观"向"劳动报酬观"进行过渡，与此相应企业年金成本的会计核算原则也由收付实现制向权责发生制转变，我国企业年金会计的发展也印证了这一轨迹。

第二，在对企业年金的成本确认和基金筹措之间的关系上，收付实现制和权责发生制也有根本不同的认识。

基金筹措是一个财务程序，其目的是转移资产以实现有可动用的资金以履行将来支付退休金的义务；企业年金成本的确认是确保将企业年金成本系统、合理地分配于那些将来有权取得退休金的员工提供服务的期间。可见，企业年金的成本确认和基金筹措是两个独立的环节。而收

付实现制却将两者合二为一，即企业年金成本直接等同于拨付给托管人的现金数。相反，权责发生制将成本确认环节与基金筹措环节分开，无论当期基金的拨付数是多少，都采用某种可接受的精算方法来计算当期的企业年金成本。另外，由于企业的拨付数往往会受到其他因素的影响，如所得税、企业的现金流量及是否有其他的投资机会，这时，某一会计期间的企业年金成本不一定等于该期间企业拨付给企业年金基金的金额，使用权责发生制原则确认当期企业年金成本有利于排除这些干扰因素。

无论从何种角度看，与收付实现制相比，权责发生制确认原则可以提供更为真实可靠的会计信息。

三、企业年金计划类型与会计核算

企业年金计划分为固定缴费计划和固定受益计划。《美国财务会计准则第 87 号——雇主对养老金的会计处理》对两种养老金计划都作了详尽的阐述，其主要观点是：

（一）固定缴费型年金计划

固定缴费型年金计划（Defined Contribution Plans，DC 计划），为每个计划参与者提供一个个人账户，并按照既定的公式决定参与者的缴存金额，并不规定其退休或退出计划时将收到的福利的金额；将来在其有资格领取退休金时，参与者所收到的退休金福利仅仅取决于向该个人账户的缴存金额、用该缴存投资赚得的收益以及可被分摊至该个人账户的对其他参与者福利的罚没款项。这样基金的主办者（企业）承担了按预先的协议向员工个人账户缴费的责任。当员工离开企业时，其个人账户的资金可以随之转移，进入其他企业的企业年金账户，这在一定程度上降低了员工更换工作的成本，促进了人力资源的流动。企业仅承担按期向账户缴费的义务，不承担员工退休后向职工支付退休金的义务，也不承担与企业年金基金有关的风险（如通货膨胀、生活费用水平的提高、死亡年龄的推迟及投资风险等），这些风险将由企业年金基金的托管机构或基金参与者自行承担。因此，企业向基金管理者缴存的资产不再确认为企业的资产，企业当期应予确认的企业年金成本是企业当期应支付的企业年金缴存金，确认的企业年金负债是按照基金规定，当期及以前各期累计的应缴未缴企业年金缴存金。

企业各期所承担的企业年金义务应在服务提供的当期确认为费用，企业各期应确认的企业年金费用通常就是当期应计提数。当企业每期实际提存时，其现行义务就得到履行。对每期提存的企业年金，并不一定都需要由企业承担，企业、个人承担比例可由企业与员工协商确定。

（二）固定受益型年金计划

固定受益型年金计划（Defined Benefit Plans，DB 计划）是指企业根据员工工资水平和服务年限等来确定未来退休金的实际支付金额，未来的退休金由企业预先承诺，与计划资产相关的风险完全由企业承担。退休金的金额通常与一个或多个因素相关，如参加者的年龄、服务年数或工资水平。该退休金既可以年金方式支付，也可以一次性支付。在 DB 计划下，按期足额支付退休金的责任由企业承担，如果到期不能按照原先的约定支付退休金，则违约责任亦应由企业承担，即企业承担了不能足额支付的风险、投资失败风险、通货膨胀风险等一系列风险。该企业年金计划的参加者如果提前离开企业，则他过去服务所赚得的企业年金权益很有可能部分甚至全部丧失。由于 DB 计划基金需要涉及大量的精算假设和会计估计，如员工未来退休金水平、领取退休金的年数、剩余服务年限、未来工资水平、能够领取退休金的员工人数、折现率等，故其会计处理比较复杂。

企业当期应确认的企业年金成本除当期服务成本外，还涉及过去服务成本、精算损益和利息费用等项目。对当期企业年金费用要作一个会计调整分录，类似于应计、应付利息费用的处理，当期净费用＝当期服务费用＋利息费用－资本收益（或：＋损失）－当期应摊销费用。企业对员工的退休金义务应确认为企业的一项企业年金负债。企业年金负债是企业采用一定的精算方法、估计合适的折现率所计算出的未来需要支付的退休金总额的折现值。

我国的企业年金计划属于 DC 计划，而许多企业年金会计比较成熟的国家采用 DB 计划。这是因为我国大多数企业按 DB 计划处理的条件尚不成熟，如会计人员素质不高、精算师队伍建设欠缺等，而且我国养老保险体制、资本市场、税收制度和企业年金的发展历程及现实状况和西方国家都有较大差异，这就造成我国在企业年金计划以及会计处理上同国际惯例存在较大的差异。

理论上对企业年金缴费的会计处理可以有以下三种做法：一是在税前列支，计入各期的成本费用；二是从税后利润中提取，作为利润分配；三是按一定比例将企业年金在税前列支，计入费用账户，超过规定比例的，则从税后利润中提取。我国采用的是第三种方法。对企业年金进行计提时，对企业应承担的部分，按照可以税前列支的金额，借记成本或费用科目，贷记"其他应付款——企业年金"科目；超支部分，借记"盈余公积——任意盈余公积"科目，贷记"其他应付款——企业年金"科目。对个人应承担的部分，通常用抵扣工资的方式计提，借记"应付工资"科目，贷记"其他应付款——企业年金"科目。在实际提存、计入个人账户时，按实际拨付的金额，借记"其他应付款——企业年金"科目，贷记"银行存款"科目。如果企业各期应计提的数额与实际提存数额不等，则构成一项年金资产或者负债。

在企业年金没投入运营时，其确认和计量与一般企业资产基本相同，但当资金投入运营时，其计量必然会涉及交易损益和持产损益问题。对于交易损益的确认，一般应在实际交易已经完成和该项损益已经实现后予以确认。对于持产损益，也就是作为企业年金的证券投资，其正常的增值和减值，按照权责发生制原则应该在当期确认。但对于市场急剧波动而导致的巨额增值或减值，如果全部在当期确认，则会导致企业年金资产的暴利或巨额损失，这显然不符合稳健性原则；如果当期不确认，又无法真实反映其价值。因此，可以规定其按以市价为依据计算持产损益达到一定比率时必须予以确认或按一定的比例确认。

由于企业年金资产的价值可能随时随着市场的变化而变化，所以对其计量必须符合相关性和可靠性原则。另外，企业年金主要是以现金和流动性很强的股票、债券等金融资产的形式存在，这些金融资产存在着一个实际的外部市场，其交易价格在某一时点上是很容易取得和确定的，对其核对也比较方便，所以可以选择现实成本或者可变现价值作为企业年金的计量属性。

在企业年金会计的信息披露上，要考虑到企业年金所有者和托管者之间双方利益的不完全一致性和内外部的信息不对称性，做出强制披露重要会计计量信息的规定。而且，在制定信息披露规范程序时，应更多地考虑如何更有效地保护企业年金所有者利益不受损害。由于市场环境的快速变化，必须采用动态的信息披露方式，尽可能地缩短信息的披露频率，使信息使用者能及时把握市场的变化状况。同时，托管人还有义务和责任为投资者提供市场变动的趋势分析报告，为投资者全面评价企业年金资产的真实价值提供依据。

四、企业年金会计处理方法：专设"应付养老金"科目

我国基本养老保险以前是企业按照国家规定的缴费比例（20%，其中8%记入个人账户）以在职的员工缴费工资为基数计算出来的，借记"管理费用"，贷记"其他应付款"。而企业年金基金则借记"管理费用"，贷记"应付福利费"。由于我国养老金的会计核算采用"权责发生制"，在计提养老金时，借方科目发生了变化。

我国的《企业会计准则第9号——职工薪酬》规定企业为职工缴纳的养老保险费（包括基本养老保险和企业补充养老保险），应当在职工为其提供服务的会计期间，根据工资总额的一定比例计算，按照职工提供服务的受益对象，分别以下列情况处理：（1）应由生产产品、提供劳务负担的职工薪酬，计入产品成本或劳务成本。（2）应由在建工程、无形资产负担的职工薪酬，计入建造固定资产或无形资产成本。（3）上述（1）和（2）项所列之外的其他职工薪酬，计入当期损益。

计提退休金时的年金负债，作为一项经常性的短期负债不应计入"其他应付款"，作为一项递延工资，不应计入"应付福利费"，而是应该专设"应付养老金——基本养老金"和"应付养老金——企业年金"科目，专门分别核算基本养老金负债和企业年金义务的计提和支付情况。

五、企业年金会计信息披露

企业年金计划的会计信息是企业会计信息的重要组成部分。美国财务会计准则未对退休金DC计划的报告提出要求，但是《美国财务会计准则第132号——雇主对退休金和其他退休后福利的披露》规定：雇主应对本期DC计划已确认的企业年金成本的金额进行披露，披露应包括对本期内影响可比性的任何重大变更的性质和影响的描述，例如雇主提取率的改变，企业合并或剥离股权。企业年金DC计划不要求提供会计信息报告，但要求对当期已确认的企业年金成本数额进行披露。

我国的企业会计准则也未提及会计报告的问题，对企业年金的信息披露未提出要求，但是，为使我们的会计信息更具有可比性、更易被理解和更好的满足报表使用者了解企业的财务状况和职工福利状况的要求，应在资产负债表中增加如下报告信息："预付退休金"应在资产负债表流动资产项目下列示，"应付退休金"应在资产负债表短期负债或长期负债项目下列示。此外，还应在损益表的附注中，对本期企业年金计划已确认的成本金额进行表外披露。表外披露还应包括企业年金计划的详细说明、计量企业年金费用的会计政策，以及对本期内影响可比性的任何重大变更的性质和影响的描述，例如雇主提取率的改变，企业合并或剥离股权。

随着企业年金保险制度改革的推进，我国的企业年金会计核算日趋完善。鉴于企业年金会计核算的特殊性和复杂性，我国企业按 DB 计划处理的条件尚不成熟（如会计人员素质不高、精算师队伍建设欠缺等），可成立专门机构对企业进行帮助，如培训会计人员或给以技术指导，以解决企业实施企业年金会计的困难。

第三节　企业年金负债的会计处理对企业资本结构的影响

传统上，我们一般把企业年金计划的缴费当作企业营业成本，从企业管理费用中列支；或作为企业福利的一种，从应付福利费中列支。[①]如果我们换一个视角，把年金计划的偿付责任视作企业负债的一种，把年金缴费作为年金负债成本，则能更明晰企业年金计划对企业负债率的影响，从而开办年金计划企业的资本结构与权衡理论的背离也可以得到合理的解释。

---

① 2000 年，国务院颁布了第 42 号文件《关于完善城镇社会保障体系的试点方案》规定："对于有条件的企业，企业年金缴费在工资总额 4% 以内的部分，可从成本中列支，准予在缴纳企业所得税前全额扣除"，超过这一比例的部分不允许计入成本，在税后利润中计提。

一、权衡理论与年金计划举办企业负债率偏低问题

企业有负债，就说它引进了财务杠杆。财务杠杆率通常以负债/权益的比率表示，它是企业负债管理的重要指标。权衡理论认为，增大负债可以为企业带来税收利益从而增加企业价值。但是，各种负债成本（如财务困境与代理成本）也随负债比率的增大而上升（如图7－1所示）。当负债比率在一定范围内，破产成本并不明显（图7－1中企业负债率在$0 \sim C_1$时）；当负债比率超过这个范围时，破产成本开始变得越来越重要，负债税收收益开始被破产成本所抵消（图7－1中企业负债率在$C_1 \sim C_2$时）；当负债比率达到某点时，边际负债税收利益与边际破产成本相等（图7－1中C_2点），这时企业价值最大，达到最佳资本结构；当负债比率超过这个点后，边际破产成本大于边际负债税收利益，企业价值将会下降。

从理论上讲，企业应该有一个最佳的资本结构，但由于财务困境成本和代理成本都很难精确量化，最佳资本结构也就成为一个动态的概念，使得最佳资本结构实际上不可能利用权衡理论模型进行数学上的计算精确得出，而是需要企业管理层和有关决策人员根据各方面的情况进行判

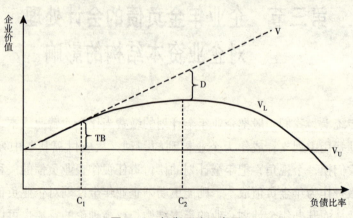

图7－1 权衡理论示意图

注：V为只有负债税收利益而没有破产成本（财务困境成本）的企业价值（企业理论价值）；V_L为同时存在负债税收利益和破产成本的企业价值；V_U为无负债时的企业价值；TB为负债税收利益的现值；D为破产成本（财务困境成本与代理成本之和）；C_1为随着负债的加大，破产成本开始出现时的负债水平；C_2为最佳资本结构时的负债比率。

断。但是，权衡理论的思想对于最佳资本结构的确定是非常重要的，它至少明确了最佳资本结构存在一个合理的范围，在实际应用中可以使企业的资本结构达到次优状态。因此，为了判断企业负债率是否合理，我们先假设企业管理层的判断是理性的，企业实际的资本结构是最佳的，可以用统计方法计算出企业平均负债率，并以此作为最优负债率的参考标准。

由于中国开办年金计划的企业并不普遍，且样本数据不易收集，因此，本书拟利用美国上市公司公开财务报告数据，说明企业年金计划负债的不同会计处理对企业负债管理的影响。

从美国上市公司公开的财务报表看，已经开办年金计划的企业普遍存在负债率偏低的现象，这显然不符合企业财务"权衡理论"的观点。根据权衡理论，企业出于避税的目的，将借债直到（新增负债）税蔽的边际值刚好补偿相应增加的财务困境成本为止。[1] 也就是说企业负债与重要的税收激励是相关联的。企业负债成本（利息支出）可以免税，因此，为了避税企业会大量举债。然而，现实中许多具有低财务困境风险的大型盈利企业，却有相对较低的负债率。美国学者格雷海姆（Graham）和哈维（Harvey）的调查结果显示，大多数企业并没有按照权衡理论预期的那样，充分利用负债以实现合理避税[2]。从税收角度看，低效率负债结构的企业如此众多，是非常令人惊讶的。现有的几项研究结果表明：现实中企业普遍存在企业收益率与负债率之间的负相关性，亦即企业不会完全利用税蔽，因而显示出较低的负债率。[3] 这个结论是对关于资本结构的权衡理论的挑战。最近格雷海姆（Graham）通过评估边际税率和量化税收利益，进一步得出结论：大型的、盈利的、财务流动性好的企业往往趋向于比较保守地利用负债，而且这些企业所

---

① 詹学刚：《权衡理论下最佳资本结构的求解》，载《中国乡镇企业会计》，2006 年第 6 期，第 7～8 页。财务困境成本是指从破产清算或债务重组中产生的成本，可以分为三个部分：财务困境企业承担的成本，债权人承担的成本，企业和债权人以外的利益当事人的利益损失。财务困境成本也可能产生一定的利益，包括企业内部的改进和外部的财富转移。实证研究表明，财务困境成本对企业价值和资本结构具有重要的影响。

② Graham, J., and C. Harvey, 2001, "The theory and practice of corporate finance: Evidence from the field", *Journal of Financial Economics 60*, pp. 187－243.

③ Fama, E. F. and K. R. French, 2001, "Testing trade-off and pecking-order predictions about dividends and debt", *Review of Financial Studies* 15, pp. 1－33.

面对的财务困境的先期成本也比较低。

二、企业负债率偏低的解释

关于企业不充分利用债务而导致资本结构的不合理，通常有以下几种解释：

有学者从供给和需求的视角研究企业财务杠杆率的选择问题。从供给方看，债权人提供给企业的融资供给量是有一定限制的，因此，企业提高财务杠杆率的能力也是有限的。[①] 从需求方看，企业负债必须考虑财务困境的先期概率和违约风险溢价，进而找到一个适度的杠杆率。[②]

也有学者从税收利益的视角研究企业财务杠杆率的选择问题。他们认为，企业会利用无负债税蔽替代企业利息扣除的作用，即无负债税蔽可以在一定程度上替代负债税蔽。[③] 其中，有代表性的观点是把企业的资产折旧看做是一种典型的无负债税蔽，认为资产折旧的税收抵免作用可以部分替代负债的利息扣除。[④] 此外，还有人将在企业财务报告中很难被发现的企业股票期权、年金缴费等视为无负债税蔽，因而在财务报告中显示出高盈利的企业，实际上可能有非常低的应征税收入。研究表明，现实中企业资本结构中的"期权扣除"可以是"利息扣除"的一种替代物，[⑤] 并且企业避税所造成的平均税收扣除是利息扣除的3倍。[⑥]

但是，以上观点并不能解释已经开办年金计划的企业普遍存在的负债率偏低的现象，也很少有人考虑企业年金计划对企业负债率偏低的影响。如果换一个角度看问题，将企业年金计划视作负债税蔽，已经开办年金计

---

① Faulkender, M., and M. Petersen, 2005, "Does the source of capital affect capital structure?", *Review of Financial Studies*, forthcoming.

② Molina, C. A., 2005, "Are firms underleveraged? An examination of the effect of leverage on default probabilities", *Journal of Finance* 60 (3), pp. 1427–1459.

③ DeAngelo, H., and R. Masulis, 1980, "Optimal capital structure under corporate and personal taxation", *Journal of Financial Economics* 8, pp. 3–29.

④ MacKie-Mason, J., 1990, "Do taxes affect corporate financing decisions?", *Journal of Finance* 45, pp. 1471–1493.

⑤ Graham, J., M. Lang, and D. Shackelford, 2004, "Employee stock options, corporate taxes and debt policy", *Journal of Finance* 59 (4), pp. 1585–1618.

⑥ Graham, J., and Tucker, A. L., 2006, "Tax shelters and corporate debt policy", *Journal of Financial Economics* 83 (3), pp. 563–594.

划的企业普遍存在的负债率偏低的现象就可以得到一个较为合理的解释。实际上，企业年金计划的缴费也是负债利息的一种替代物，它将会对企业负债率的形成产生重要的影响，进而将会影响企业的资本结构和企业价值。

三、企业年金计划的偿付责任与企业负债

企业年金计划建立之时，也就意味着企业与职工之间建立了一种契约关系，企业不仅需要履行职工退休时的退休金偿付责任，而且也要履行对年金计划的长期缴款责任。我们将企业年金偿付责任（又叫预计年金偿付责任）称之为企业年金负债①，它是企业需要向职工偿还的长期债务，具有所有债务的特征。因此，企业年金缴费可视为是债务利息支付的等价物，也与利息一样可以作为重要的避税手段。关于企业年金计划的财务处理，可以有两种不同的视角，一种是把企业年金计划的缴费当作营业费用，从企业营业费用中开支，以实现企业财务目标；另一种是把企业年金计划缴费当作企业负债成本，以实现避税的目的。这两种处理方式之间的差别弱化了应征税收入和账面收入间的联系，但是，无论哪一种处理方式，年金缴费最终都会影响企业的边际税率。

实际上，企业年金偿付责任与普通企业负债有诸多相似之处。首先，企业年金偿付责任不仅具有相当可观的规模，对企业资本结构产生了不可忽视的影响，而且较普通债务而言具有更高的优先偿还特性，其违约最终可导致企业破产；其次，企业年金缴费是可免税（或延税）的，它类似于企业债务的利息支付，因此，企业年金计划对职工的延迟补偿构成了企业另外一种债务；第三，企业年金计划不仅具有独立的法律地位，而且具有企业全资分支机构的特征；第四，有关企业年金计划会计处理的研究认为企业年金资产权属于企业，企业年金计划的资产和负债如同企业资产和负债一样由证券市场定价。上述研究结论都可导出：企业应该根据合并后会计报表决定企业的资本结构。但是，企业年金会计自身的特殊性、详细的企业年金基金规则与企业年金信息披露的

---

① 预计年金偿付责任是企业对参与年金计划职工的负债总和。企业对单个职工的年金债务，是当该职工退休时，企业需要支付的年金总额的现值，即是年金缴费总额加上年金投资净收益（扣除管理成本）的现值。

不透明性结合在一起，使年金计划的调整变得困难，复杂的企业年金会计处理过程常常使企业年金负债的重要性变得模糊不清。① 因此，大多数企业年金计划的会计报表还没有并入企业的资产负债表。

企业年金资产与负债的制度设置并没有限制其合并到企业的资产与负债中，但是，现实中企业决策者并不一定将年金计划融入企业的整个财务政策中。权衡理论认为企业有其目标资本结构，由于企业决策者在一定程度上把年金偿付责任作为债务的替代物对待，所以，尽管企业资产负债表中显示出较低的杠杆率，实际上，其资本结构仍是符合目标资本结构的。因此，大型的盈利企业普遍具有较低的财务杠杆率是因为没有把年金负债合并到企业资产负债表的结果。研究显示：企业年金负债相对总资产每增加 1 个百分点，则其他负债相对总资产降低 0.36 个百分点。② 这个结果表明，在资本结构的决定中，企业决策者已经部分地将年金缴费扣除替代利息扣除。但是，这种替代仍是不完全的，造成这种不完全替代的原因在于：企业决策者对年金负债的估算可能出现误差，企业年金担保公司（PBGC）在企业遇到财务困境时为企业年金计划提供的保险保护也降低了企业年金负债的破产成本，这种保险担保产生的效应导致企业年金计划较低的边际成本，因此，企业年金负债也就经常被企业决策者低估了。由于年金计划可被视作企业资产负债表中的另一种负债，这也给企业决策者相当大的空间调整企业资本结构以实现最大获利。当然，年金举办企业的决策者不可能把"或有年金负债"当作契约性债务负债的完全替代物处理，因而在企业资本结构中他们可能承担了相对理论预测的债务更多的债务。

研究表明，企业决策者常在年金偿付责任履行之前和股票期权行使之前充分利用杠杆率去扩张企业收益，这往往会淡化企业年金负债对资产负债表的影响。③ 以美国为例，年金负债平均占企业其他负债账面值

---

① Jin, L., Merton R. C. and Z. Bodie, 2006, "Do a firm's equity returns reflect the risk of its pension plan?", *Journal of Financial Economics* 81, pp. 1 – 26.

② Stefanescu, Irina, Mar. 2006, "Capital structure decisions and corporate pension plans", A dissertation submitted to the faculty of the University of North Carolina, p. 6.

③ Bergstresser, D., M. A. Desai, and J. Rauh, 2005, "Earnings manipulation, pension assumptions and managerial investment decisions", *Quarterly Journal of Economics*.

的30.5%，而且年金缴费平均占息税前收入的3.9%（如表7-1），因此它对企业负债率的影响是不能忽视的。

表7-1 美国企业年金计划资产、负债和税收数据表

年份	年金资产/ 企业资产 A	年金负债/ 账面负债 B	年金缴费/EBIT C	负债利息/EBIT D	合并后利息/ 合并前利息 E
1991	0.165	0.316	0.034	0.321	1.353
1992	0.167	0.318	0.061	0.258	1.550
1993	0.170	0.319	0.030	0.171	1.480
1994	0.152	0.280	0.051	0.169	1.609
1995	0.208	0.317	0.034	0.159	1.490
1996	0.215	0.314	0.040	0.275	1.705
1997	0.175	0.299	0.038	0.106	1.591
1998	0.177	0.301	0.029	0.113	1.610
1999	0.189	0.288	0.024	0.254	1.514
2000	0.173	0.268	0.039	0.027	1.400
2001	0.154	0.287	-0.01	-0.698	1.502
2002	0.139	0.296	0.054	0.128	1.817
2003	0.177	0.375	0.091	0.205	2.111
平均	0.175	0.305	0.039	0.118	1.591

年份	TB 有年金/ TB 无年金 F	现值 TB 无年金/ 边际税 G	现值 TB 有年金/ 边际税 H	现值 TB 无年金/ 账面资产 I	现值 TB 有年金/ 账面资产 J
1991	1.228	0.080	0.095	0.109	0.131
1992	1.421	0.082	0.097	0.115	0.139
1993	1.279	0.076	0.092	0.114	0.140
1994	1.522	0.071	0.089	0.102	0.130
1995	1.815	0.076	0.094	0.111	0.140
1996	1.542	0.078	0.099	0.116	0.153
1997	1.389	0.072	0.090	0.115	0.147
1998	1.414	0.089	0.113	0.131	0.170
1999	1.317	0.082	0.100	0.115	0.145
2000	1.335	0.085	0.102	0.117	0.143
2001	1.460	0.079	0.096	0.112	0.140
2002	1.818	0.079	0.104	0.109	0.150
2003	1.652	0.063	0.106	0.121	0.162
平均	1.477	0.078	0.098	0.114	0.145

注：表中年金负债是根据"预计年金偿付责任"（projected benefit obligation, PBO）计算的；EBIT 表示"息税前收入"（earning before interest and tax）；TB 代表"税收利益"（tax benefit）。

资料来源：Stefanescu, Irina, "Capital structure decisions and corporate pension plans", A dissertation submitted to the faculty of the University of North Carolina, Mar. 2006, p.57, p.63.

四、企业年金负债合并与企业边际税率调整

事实上，尽管企业和它的年金计划在法律上是相互分离的实体，企业年金计划的法律管理规定也没有明确要求这两个实体合并它们的资产负债表。但是，现有的有关企业年金计划的法规实际上是支持它们合并的，因为企业对其承诺的年金收益负有责任。一方面，从法律的角度看，年金计划资产与企业是相互分离的，年金计划资产是在信托人的控制之下（而不是由企业控制），并且如同企业资产一样运营，一旦出现现金枯竭或是破产清理，年金负债相比所有其他债权人可以优先获得偿付；另一方面，年金计划资产和负债如同企业的资产和负债一样，与企业管理密切相关。年金计划的信托人由企业指定，尽管年金资产的托管人以及信托人行业协会都会对信托人的行为产生制约作用，但信托人的选聘直接取决于企业决策者的判断力。换句话说，即企业年金计划有企业全资财务分支机构的许多特征。从这个意义上说，将企业年金计划的资产和负债合并到企业的资产和负债表中，如同将企业全资分支机构的财务报表合并到母公司的财务报表中一样重要。

表 7 – 2 合并企业年金计划资产和负债前后的财务杠杆率

	企业·年观测值	合并前平均杠杆率	合并后平均杠杆率	差值（Wilcoxon statistic）
负债／资产（市场值）				
有年金计划企业	17191	0.20	0.27	0.07
标准差		0.16	0.17	
负债／资产（账面值）				
有年金计划企业	17191	0.26	0.35	0.09
标准差		0.21	0.19	

资料来源：Stefanescu, Irina, "Capital structure decisions and corporate pension plans", A dissertation submitted to the faculty of the University of North Carolina, Mar. 2006, p. 60.

企业年金的资产和负债合并到企业的资产负债表中，会对企业的资本结构产生影响，企业决策者会根据企业负债的边际税率来调整企业的资本结构。企业年金计划（或年金负债）产生的动力就是为了获

得较大的税收利益，年金计划举办企业总是试图在企业会计收入增加或保持会计收入不变的基础上，判断年金缴费的数额和合理安排缴费时间，从而可以降低企业边际税率，同时也降低了其他债务的税收激励作用和遏制了其他债务的扩张，导致年金计划举办企业形成低杠杆率的资本结构。事实上年金缴费已被视作负债的利息支出的等价物（如表7-2）。

企业年金的税蔽补充了企业其他债务的利息支出税蔽，增加了对"权衡理论"的进一步支持。根据资本结构的"权衡理论"，企业选择的目标负债率或资本结构是权衡债务的税收利益和债务成本的结果，因此，年金负债为企业带来的利益（如效率增长）和税收利益只有大于（至少等于）其负债成本，才可能发展年金计划。利息扣除税蔽的债务利益相对债务成本而言是较大的，一般情况下债务成本是小规模的。但是，企业债务成本的规模究竟应该有多大，目前并没有形成一致的观点。个别企业通过负债可调整杠杆率直到边际税率不再下降为止，能通过杠杆率实现双倍的税收利益。有年金计划企业的平均税收利益是无年金计划企业税收利益的1.47倍，最高的年份达到1.82倍（如表7-1所示）。年金计划与举办企业有密切的联系，其重要的节税作用是企业年金计划发展的内在驱动力，如果年金负债被当做长期的债务处理，且年金缴费作为年金负债成本的利息支出，则低杠杆率相对标准杠杆率的差距将减小。有研究表明，有年金计划企业的资产如果按市值计算，合并后杠杆率从合并前的20%提高到27%，如果资产按账面值计算，则合并后杠杆率从合并前的26%提高到35%（如表7-2），这个数据也说明企业资产如果按市值计算往往高于其账面值，从而导致前者的负债率较低。在企业年金计划作为全资分支机构合并到企业资产负债表后，在合并财务报表中，预期举办年金计划企业的负债率会增加。

权衡理论认为企业会选择一个合理的资本结构，如果年金负债代替其他债务，那么，企业较大规模的年金计划相比小型年金计划而言，应该使用较少的债务融资。实际上年金债务和（未合并的）账面债务之间的负相关性，也说明了企业在决定资本结构时已经考虑到年金计划负债的作用。研究表明，大规模的年金缴费将影响企业投资策略，① 而且固定受益型年金计划配置于债券上的资产和年金的税收利益之间成正比例关系。② 这里所提到的杠杆率是根据企业公布的资产负债表（不含企业年金负债）和合并资产负债表（含企业年金负债）计算出来的。账面杠杆率是用长期负债比账面资产值的比率，长期负债只计算（公司资产负债表中）超过 1 年期限的负债；市场杠杆率是长期负债比公司市场价值的比率。资产市值为账面长期负债（即：资产账面值－减账面权益）加上股东权益市值。在合并会计报表中，年金负债（Projected Benefit Obligation, PBO）当成长期负债处理，则账面权益等于合并资产减去合并总负债。

一旦企业年金计划作为企业全资分支机构被合并，则企业财务杠杆率会明显增加。在 2002～2003 年期间，美国证券市场处于低迷的"熊市"阶段，美国上市公司中已开办年金计划的企业合并财务杠杆率有一个显著的增长，当时美国企业年金计划的资产因市值缩水（如表 7－1 所示），导致年金计划资金缺口达到创纪录的水平。其他年份的年金计划也曾出现过较小的资金缺口，它们较少体现在市场变化中，因为它们的资产组合在权益投资中只占较小比重。事实上，年金计划举办企业相对无年金计划企业，已经认识到企业年金计划的节税作用，并从年金债务中获得了较大的税收利益。20 世纪 90 年代，尽管税收利益对普通企业而言增加了 25%～27%，但是，税收利益的现值仅增加了相当于企业市场价值的 2%～3%，企业的年金负债的税收利益大约为债务税收利益的四分之一（如表 7－1）。研究结果表明，在举办年金计划的企业中，尽管它们是具有低财务杠杆率的大企业，但如果考虑到企业年金负债，它们实际上也实现了最大的利益。

总之，年金负债产生的税收利益是非常重要的，总和债务的税收利益现值比资产负债表中债务的比率是 1. 47，而年金缴费比利息费用的比率是 1. 59。一旦把年金负债考虑进来后，企业的债务政策就显得不太保守了。与年金相关的节税数额为企业账面资产值的 3% 和市场价值

---

① Rauh, J., 2004, "Investment and financing constraints: Evidence from the funding of corporate pension plans", *Journal of Finance*.

② Frank, M., 2002, "The impact of taxes on corporate defined benefit plan asset allocation", *Journal of Accounting Research* 40 (4).

的2%，年金计划使税收利益增加26%。用最佳资本结构的负债率（如图7-1所示的拐点 C_2）作为测量杠杆率高或低的标准，则杠杆率合并前后的差距减小了31%（见表7-1），即缩小了低杠杆率相对最优杠杆率的差距。在 C_2 点的边际企业价值为零，即边际税收利益等于边际负债成本。尽管美国学者格雷海姆（Graham）把这种低杠杆率归因于股票期权的扣除，[①] 但是，研究表明年金缴费在解释低杠杆率方面也显示出至少同股票期权同样重要的作用。

综上所述，一旦资产负债表以外的企业年金计划的"资产和负债"合并到表中，企业较少出现低（财务）杠杆率。年金负债合并到资产负债表，并把年金计划作为企业全资分支机构来进行财务处理，则企业年金负债可作为企业对职工的一种长期负债，这类似于企业其他的长期负债。从避税和会计处理的角度看，年金缴费也被当做长期债务利息支付的等价物。因此，把企业年金计划的产权（包括资产和负债）作为企业的资产和负债处理，则企业资本结构与权衡理论的预期是一致的。

然而，以往的研究表明，企业关注资产负债表的处理，企业用资产负债表以外的融资，是为了避免可能的债务违约成本。[②] 出于类似的原因，企业管理层可能不会把或然年金债务作为完整的契约负债处理，而是用年金负债部分地替代契约负债，因此，在现实的企业资本结构中相对权衡理论预期而言企业可能承担更多负债。由于年金负债具有较多的不确定性，企业未来承担的年金负债额不确定，会导致企业决策者无法做出准确的债务判断，因此，有可能忽略或低估年金债务的现值总额，从而引起企业资本结构中的（考虑年金负债后的）实际负债超过理论预期的最佳负债结构。

为了使企业的投资者清楚地了解企业资本结构的真实信息，做出正确的投资决策，应该要求企业提供一个企业年金计划期初和期末的资产、负债数据和年金计划状况的解释，同时企业的年金偿付责任和缴费

---

① Graham, J., M. Lang, and D. Shackelford, 2004, "Employee stock options, corporate taxes and debt policy", *Journal of Finance* 59 (4), pp. 1585-1618.

② Shevlin, T., 1987, "Taxes and off balance sheet financing: research and development limited partnerships", *The Accounting Review* 52 (3), pp. 480-509.

的信息披露也应该规范，年金计划需要公布的信息包括：年金计划资产和预计年金负债。

　　现实中，企业决策者在企业负债管理中确实已经把企业年金偿付责任作为企业负债来处理。一旦企业年金负债被考虑到企业财务政策中，企业负债率偏低的问题相对以往的评价结果得到明显改观。既然年金负债（偿付责任）在不同企业有完全不同的规模，在大型的盈利稳定的企业中，年金计划的实施非常普遍，如果不合并这些资产负债表以外的债务，可能引起理论上对企业负债结构评价的误解。

第八章　企业年金基金监管

在前几章分析的基础上（即中国政府稳定的目标、企业年金计划的性质要求和中国资本市场分析），结合中国加入 WTO 和世界经济一体化情况，假定中国企业年金基金实行托管制前提下，本章将构建和论证企业年金基金监管可能的制度框架，包括外资企业的参与、经营企业年金基金的资格、管制的适当程度和基金运营过程的监控等。

设立企业年金基金一般要经过政府养老金管理部门批准。发起人或出资人或保证人向政府有关部门提交申请文件，申请文件一般包括基金成员范围、基金治理结构、董事会成员的资格与选定等内容，只有那些符合设立标准的项目政府部门才给予登记成立并发给营业执照。政府部门（税务、社会保障部门）对企业年金计划的监管也主要是围绕企业年金基金来开展的。

企业年金基金的监管包括政府监管和民间监管。政府监管是由政府部门依据国家颁布的法律法规实施的监管；民间监管则是由年金制度的当事人各方依据各种契约、协议、章程实施的监管，如委托人、受益人依据信托文件对受托人的监管，受托人依据委托协议对资产管理人、托管人的监管，各机构内部依据公司章程和管理规定实施的互相监督和管理等等。由于民间的契约、协议、章程等实际上也受到政府监管部门的审查和规范，民间监管是政府监管的延伸，一些民间监管方式和手段也已经非常普及。由于在企业年金运营中已对民间监管作了介绍，因此本章将不讨论民间监管而主要讨论政府监管。

第一节 企业年金的政府监管概述

一、政府监管人的职能

企业年金基金的监管涉及以下几个基本环节：收款、成立基金、投资、在成员退休时发放养老金，监管的职能和框架主要是围绕这几个环节建立的。由于各个国家的法律环境、金融市场和金融机构的发展状况、企业年金制度发展的历史等各不相同，因而在监管的职能和框架上也存在很大差异。

监管的职能是由监管所要实现的目标决定的，通常是为了保证企业年金基金系统的稳定和公众对它的信任。必须强调的是：（1）公众对这一系统的信任与一些相关领域如社会保障体系和金融市场的变化有关；（2）由于企业年金是为将来的消费作长期储蓄，公众信任的目标应当是长期目标而不是满足现在的需要。

监管者必须建立和维持市场参与人的利益平衡。首先，它要保护基金成员的利益；其次，要保护基金受托人的利益，使之免受不合理的抱怨和个别成员机构的失败所带来的对基金的损害。监管者对企业年金基金和相关服务提供者依法管理，保障成员未来领到的退休金与法律规定的一致。

监管者作为一个中央机构，立足于其信息资源和专家资源，可以对市场参与各方的行为和法律规定做不同程度的解释，它可以是一种观点、一种解决方案、一种最佳实践模式，或者是一种法规。

监管者具有监控企业年金基金运作的措施，包括：企业年金基金和其他参与方（审计师、精算师和托管银行）的报告和信息披露，与企业年金基金成员的信息交流，通过亲自检查获得第一手资料或者通过其他权力机构获得信息。监管者通过分析和处理这些信息对企业年金基金作出评价。另外，监管者还要评价企业年金基金市场作为一个整体和作为金融市场与国家经济的一部分的发展状况，从市场角度检验法律的正确性，并提出修正意见。

二、政府监管的方式

各国政府对企业年金基金的监管有两种方式：

一种是分散监管，即原有的各个政府部门依据相关法律对企业年金基金的相关事务进行监管。比如，在美国，联邦税务局依据税务法案中的 401（k）条款监管企业年金计划在税务方面的标准，劳工部则依据《雇员退休收入保障法》制定企业年金基金的管理规则，并监督规则的执行。在澳大利亚，澳洲谨慎管理局依据 1993 年末通过的《退休金行业法》对企业年金基金的退休收入标准进行监管，澳大利亚投资与证券委员会监管企业年金基金的投资行为、信息披露、基金销售和处理投诉，澳大利亚税务局监管税收方面的一致性并监管小型的、自己管理的企业年金基金。

另一种是集中监管，即专门成立一个新的政府机构对企业年金基金进行全面监管，包括监管银行、资本市场、保险公司等。拉美和东欧国家采用此方式。在监管主体的组织结构上又存在两种模式：模式一，按不同的金融领域分部门，然后由各部门负责人组成理事会协调各部门工作；模式二，按不同的职能分部门，比如现场检查、非现场检查、法律事务和发照、研究与开发（R&D）、信息技术（IT）、客户关系等部门，各部门下面再按不同的金融领域分处室。匈牙利的金融监管局实行该模式。

各国监管层并不认为存在全世界普遍适用的监管方式，对企业年金基金采用哪种监管方式并不重要，重要的是适合自己国家的实际情况，并保证有专业人才和足够的经费以实现有效的监管。

三、政府监管的内容

政府对企业年金基金的监管内容主要有以下几个方面：

机构控制方面：包括发照、市场推广和广告活动，企业年金基金及管理人的信息披露，基金行为评价与现场评估。

金融活动方面：包括收款过程，托管，资产估值，收益计算，投资限制，最低收益保证（如果有的话）。

对企业年金计划成员行为的规范和监控方面：成员加入企业年金计划和在各企业年金计划之间转移的过程，企业年金基金与成员联系的方式。进行这方面监管的关键是建立一个强有力的投诉部门。

退休金给付的监管方面：领取退休金的过程，是一次性支取、程序化支取还是以年金方式支取。退休方式的选择一旦确定，如没有特殊情况，不能随便更改。退休金给付的监管依据是企业年金计划的各种规定，主要涉及给付标准、服务和缴费年限、给付方式。

分析和规划方面：对监管机构自身的战略规划，出版统计报告和养老金系统的研究报告，制订新的规则。

四、政府监管的实施

监管当局对企业年金基金实施监管，首先是为企业年金基金管理人发执照。企业年金计划登记或申领执照要报送以下方面的文件：

满足管理企业年金基金所需要的人员和技术方面的标准。

满足金融方面的标准：财务计划、在开办费和将来债务方面有资金来源的证明。

内部管理规定：委任书、公司管理层和成员、会计规则，等等。

监管者审查这些文件是否满足有关要求，为了企业年金计划成员的利益，监管者在作出拒绝登记的决定时应当慎重。但如果颁发了营业执照，则表明该企业年金基金管理人具备了开始运作的必备条件。

在企业年金基金运作过程中，出现任何与登记时状态的变动情况都要向监管者报告。另外，还要向监管者定期报送以下材料：财务报告、投资和资产组合报告、成员记录、个人账户余额、精算统计和估值。

监管人可通过现场检查和要求企业年金基金提供特别报告，检查企业年金基金的文件、记录和账务，收集数据。监管人还可以对加入企业年金计划的成员和其他市场参与人进行调查，听取他们的报告。收集和检查这些信息的主要目的是要分析企业年金基金是否符合管理规定。通过对报告的深入分析，还可以得到下述信息：成员可享受的权利、缴款的收集、企业年金基金资产的可用性、投资政策的执行、退休金福利的发放、运作和管理成本、长期资产负债平衡。

依据各方面报告、信息披露、市场信息、现场检查等方式，监管层可以建立企业年金基金评级系统。根据这一评级系统再确定检查的重点和频度，从而建立一种主动监管的实践模式。

监管者还可以公布一些公众感兴趣的有关企业年金基金的信息：个人年金计划信息，市场和投资统计，监管者采取的一些监管措施。监管人还可以将企业年金领域的一些统计数据与资本市场和宏观经济数据做比较，为立法机关评价立法成效提供依据。

监管人还应该对企业年金基金进行调查和干预，比如收回发出的执照、冻结其资产或者调整高层管理人员。调查活动常常是组团进行，调查时往往还要借助会计、资产管理、精算等方面的支持。法律部门检查企业年金基金的申请、内部规则、处理合并和终止的程序等方面内容。信息技术部门收集、组织和处理信息，支持检查。另外还有不同的部门开展研究与发展、客户关系和国际组织等方面事务。

五、政府监管原则

在国际年金管理层和监管层联络网（International Network of Pension Regulators and Supervisors，INPRS）首届年会上，OECD 提出了企业年金监管的十五条基本原则：

原则一：建立合适的管理框架。用综合性的、动态的、灵活的方式改进管理框架，以确保企业年金计划受益人的利益得到保护，确保企业年金基金合理的管理框架以及整体经济稳定。同时该框架不应当给企业年金市场、相关机构和雇主带来过度的负担。

原则二：金融市场恰当的监管。企业年金的成功投资需要一个功能完善的资本市场和众多金融机构。企业年金基金的发展也会与金融市场基本建设的强化同步。

原则三：受益人的权利。应当保证非歧视性地接纳成员加入企业年金计划。防止基于年龄、性别、工资高低、服务期限、雇佣形式、职务等方面的歧视。保护雇员和雇主在缴款中的权利。与生活指数挂钩的政策应当鼓励。当工作变动时企业年金权益应当是可以带走的。在企业年金计划成员提早退出，特别是在不自愿的情况下，要有保护受益人的机制。

原则四：私营计划的充足性。应当促进对私营计划，特别是对那些强制性的、补充公营计划并起一定公共作用的私营计划的充足性作正确评估。评估充足性时应当考虑退休收入的各种来源。

原则五：管理系统和分立机制。养老金计划和基金应当有一个合理的法律、会计、技术、金融和管理标准体系，但这一体系的管理成本不应过高。养老金基金应当与设立人分立。

原则六：基金化。私营养老金计划应当基金化。DC 类型计划要完全基金化，而其他类型计划应当服从最小基金化规则或者其他确保养老金债务足够基金化的机制。税收和谨慎管理制度应当使基金化保持一定的谨慎。

原则七：计算技术。本着透明和可比性标准建立合适的资产估值方法、精算技术和摊还法则。增加对现代的有效的风险管理的依赖，促进建立风险管理标准。资产债务管理技术的发展应当给予足够的考虑。

原则八：监管结构。有效的养老金计划和基金的监管应当注重法律的一致性、金融控制、精算检验和对管理人的监管。监管机构应当有合适的人才和足够的经费应付现场或非现场检查工作。监管机构还应当有足够的管理和监管权力以防止违规行为。

原则九：自律。要鼓励自律。合适的监管框架中应当包括独立精算师、托管服务和内部独立监事会的作用。

原则十：公平竞争。规则应当促进不同的运作人在公平的领域竞争。公平竞争不仅对参与人有利，而且对市场的发展有利。

原则十一：投资。分析养老金的安全性和盈利目标、仔细评价定量规则和谨慎专家原则。向雇主投资应当限制，而海外投资应当允许。

原则十二：保险机制。正确评价偿付保险的需要。需要保险机制的情况下应当采用合理的架构。

原则十三：终止。建立正确的终止机制，使雇主作出安排在其破产清偿时优先依法支付属于养老金基金的缴费。

原则十四：信息披露和投资者教育。在个人养老金计划上，要强化披露费用构成、基金表现和福利形态。教育个人防止滥用养老金和保护自己的权益。

原则十五：公司治理。应当考虑治理行为准则的作用、股东对企业行为的冲击以及受托人作用。

第二节　中国企业年金的监管
制度及框架建议

一、中国企业年金监管框架选择

设计企业年金监管框架首先要考虑现有的政府机构和法律框架是否满足企业年金有效监管的要求。中国企业年金保险已经建立，但目前还没有一部退休金法用作企业年金的全面规范。有关部门制订《企业年金试行办法》，政府依法对已建立的企业年金基金进行规范和重新登记，不合乎规定的不予登记。新设立养老金基金必须登记。《企业年金试行办法》要求企业年金方案，应当报送所在地区县以上地方政府劳动保障行政部门。中央所属大型企业企业年金方案，应当报送劳动保障部。社会保障部门在公共年金（基本养老金）的管理上已积累了一些经验，可在原有基础上建立监管部门，对所登记的企业年金基金进行监管。

由于企业年金基金监管涉及投资、托管、税收等新的环节，对其监管需要专业人才，社会保障部门在专业人才不足的情况下可以借助其他行业的监管部门的力量，比如，投资管理人由证监会监管，托管人由银临会监管，税务方面的标准由国家税务局监管，等等。但这并不表明社会保障部门可以对相关机构放任不管。由于养老金基金在安全方面的特殊性，在进入资本市场的起步阶段，社会保障部门可制订比较严格的标准，对投资管理人和托管人实行市场准入，以后根据试点情况再决定是否扩大范围。某些特殊情况下，如投资管理人兼任受托人设立面向小企业和个体户的企业年金基金，则应由社会保障部门批准并纳入自己的监管范围。监管部门也要建立现代化的信息系统，提高监管的效率。被授予管理企业年金基金资格的机构，其进入资本市场的行为必须受到中国证券监督管理委员会的监管。

二、企业年金基金监管效率与市场化监管手段

由于存在外部性、信息不对称、报酬递增等要素的情况下，市场机制不再是完全有效的，因而会发生市场失灵，这就需要由政府干预来对其进行弥补。比如，在资本市场中投资的企业年金基金，作为一个金融服务的买方或者说是消费者，事实上很难得到有关这个服务的质量高低的充分信息，因此，就很容易处于信息不对称的不利地位。为了消除资本市场以及代理人市场之中的信息不对称性，避免养老保险缴费人在其代理人那里处在一个信息上的不利位置，政府可以向企业年金基金提供关于资本市场及代理人市场的最充分信息。

问题是，当政府机构也无法生产和提供上述充分信息的时候，或者是当政府生产和提供这种信息的短期成本较高，从而激活政府机构本身对较高的时间贴现值的偏好的时候，或者政府作为一个特定的组织而其行动被自身的内部目标所支配的时候，作为一个理性人的政府对资本市场的监管，有可能导致一个"非市场的无效率"。由此我们可以认为，养老保险基金的有效运营，需要在市场机制和政府干预之间作出选择。

当政府是出于某种内部的目的而决定对养老保险基金实施某一管制措施的时候，其结果往往可能是报酬递增的。例如，管制成本的存在，可能会使政府并不采取成本最小化的方式，而是继续加强管制，以寄希望于能够从中获取更多的收益，弥补管制成本。在类似的情况下，政府管制本身就会产生一种自增强机制，逐渐使管制的范围变得越来越大，最终使其边界超出原先足以弥补市场失灵的范围。为了鼓励对养老保险基金的融资，政府往往会实施税收上的优惠政策，但接下来，为了防止基金滥用这个政策，政府又不得不制定和实施更多的管制措施，从而使政府管制的范围越来越大，强度也越来越高。

在这种情况下，分散化的过程可能是一个能为旨在促进经济繁荣的富于生产能力的民间实验提供适当激励的更好的机制，从而使得大力发展民间养老保险机构、实施社会养老保险制度的私营化改革可能就是一个可行性较强的政策选择。更何况，私人养老保险机构的发展，可以减少政府负担的社会保障成本，减缓社会保障财务危机对政府财政的压力，并通过竞争，在改进资本市场效率的基础上，促进本国经济的持

续、稳定和健康增长。

但必须注意的是，像中国这样的发展中国家，资本市场发展时间不长，资本市场不完全性问题突出，养老保险管理机构及非银行金融机构远未能得到充分发展，仅仅依靠市场机制，往往不能有效地发挥其自我协调功能。这时，政府应该发挥的作用就是要推动养老保险基金市场的制度创新，促进或补充私营养老保险部门的协调功能。换言之，政府部门必须成为养老保险基金市场和资本市场相互作用的一个内在参与者，应该代表一整套协调连贯的机制。通过这一机制，政府对养老保险基金市场监管的目标，将被定位于改善私营养老保险机构协调问题及克服其他市场缺陷的能力，增进市场机制的作用。

三、企业年金基金制度与政府管制

根据前文的讨论，如果企业年金基金是固定受益（DB）型的，那么，它的缴费义务和受益的权利就是互相分离的。这意味着固定受益型企业年金基金的委托人并不一定是最后的受益人，企业年金基金的投资收益会产生外部性，投资收益的剩余索取权需要政府参与，或者是完全把它作为一种公共物品生产和提供出来。这样一来，固定受益型企业年金基金就内在地需要政府较高程度的干预。问题在于，政府干预是有成本的。如果政府不能忍受一个较高的管制成本，就要退出使管制本身不断增长的路径，转而扶持能够使市场机制在其中发挥更大作用的固定缴费（DC）型企业年金。而固定受益型企业年金基金在如何保持相对于企业年金承诺的融资的适度性问题上，也需要一套刚性很强的管制机制，否则，就极易发生积累过度或者是积累不足的情况。企业年金基金是积累过度还是积累不足，是相对于它所承诺的企业年金受益的现值而言的——如果缴费大于这一现值，就是积累过度；反之，则是积累不足。通常的情况是，由于养老金受益承诺是一定的，所以，当资金利率较低时，基金就可能要滥用税收优惠政策而引起积累过度；反之，则引起积累不足。在这二者之间，政府管制事实上只有很窄的空间可以选择，管制上稍加松懈便会偏离融资的适度性。也就是说，对于固定受益型养老保险基金，政府要想凭借税收政策在适度的缴费率和适度的回报率之间发挥平衡作用，实际上是不容易办到的。于是，为此目的而实施的政府管制就逐渐成为一个不得不越来越依赖于多种管制措施的结合体，其直接的结果就是导致管制结构的膨胀。例如在美国，部分原因是为了解决企业年金基金积累不足问题而于 1974 年通过的《雇员退休收入保障法》，事实上并未达到这一目标，因此，后来又进一步成立了退休金给付担保公司，在一定程度上担保固定受益型企业年金受益的承诺，在管制的实施上，则再加进一个统一的会计标准，最后又加上一个限制性极强的税收法则。尽管如此，美国这一整套的管制措施仍未能解决它想要解决的问题。

相比之下，固定缴费型企业年金基金可以不要政府施加如此之多的直接管制措施。按照固定缴费制的定义，它总是要完全积累的，因此，在精算公平的原则下，固定缴费型企业年金基金的债务与资产就总是相等的，在受益方面一般也不会产生外部性问题，市场失灵相对少一些，可以更多地利用市场机制而不必是政府干预来运作，从而也就可以把政府干预限制在尽可能小的范围内。从中国学术界各种研究结果来看，都倾向于采用固定缴费型企业年金制度，因此，中国企业年金的政府监管框架中，更多地利用了市场化机制的作用。

第三节　政府对企业年金基金投资的监管

在资本市场中，几乎所有投资工具所能得到的预期回报都是和它所具有的风险正相关的。所以，企业年金基金为了将它所要承担的总风险控制在一定的水平之上，就不能只选择那些回报最高的投资工具。

一、受托人的投资行为监管

如果委托人和受托人之间的契约是完全的，或者受托人市场的信息是充分的，委托人可以保证受托人完全按照委托人的目的行动。但更常见的情况却恰恰相反：一方面，委托人关于受托人市场的信息往往是不充分的；另一方面，即使企业年金基金的缴费人本身，由于可能的短视心态也一样会只追求短期投资回报的最大化。因此，政府仅仅为缴费人提供一个充分的市场信息仍然是不够的，还需要对企业年金基金的投资或者是资产组合的分布进行严格的限制。

政府监管除限制企业年金基金的自我投资，要求其按照"谨慎人原则"选择投资工具外，从欧、美、日等发达国家到拉美、东南亚等发展中国家，还对企业年金基金法定投资项目的种类及其限额有严格的规定。

在这方面，最为突出的表现是各国政府都规定企业年金基金的一定比例或者全部都必须用于购买国债。值得注意的是，当政府债券是面向不确定对象的市场发行时，企业年金基金取得的是市场的平均利率水平，政府债务政策不会对投资于国债的这部分企业年金基金的增值产生直接影响。如果政府专门针对企业年金基金发行特种债券，政府债务政策的主动性就极为突出，将体现出国家在社会保障体制运作中的作用，并且这种作用是和企业年金基金运作对政府债务总额的影响密切相关的。特别是当企业年金基金大量或者全部投资国债时，企业年金基金财务上的管理和政府债务政策的关联性是很强的。在政府债券发行条件中，发行利率或提前兑取利率直接决定了它们之间相互作用的后果。但是，企业年金基金的社会保障属性及由此决定的公益性原则，使得只要企业年金基金的相当部分投资于政府债券，而政府又承担着最后的承诺责任，这些都会最终体现出这样一种关系：企业年金基金的庞大积累是一笔长期性的储蓄资金，这笔资金通过国债投资的形式服务于经济建设，而政府举债的直接目的就是弥补财政赤字，因此可以说企业年金基金投资于国债间接弥补了赤字。比如，美国将社会保障信托基金的收支纳入联邦政府统一的预算当中，其盈余通过投资于财政部专门发行的特别国债或短期债务凭证以弥补财政赤字。截至1997年9月30日，在美国联邦政府54131亿美元的债务余额中，由社会保障信托基金投资的政府账户债务余额达16085亿美元，约占30%。显然，这样一种投资政策更主要地属于政府行为，社会保险机制反而变成了政府的财政保障系统，企业年金基金的积累失去了其本来意义。如果利率水平较低，将形成对员工隐含的税收，造成基金实际价值的减少，政府最后又不得不增加对基金的补贴或者提高缴费率；如果利率水平制订过于优惠，意味着政府从一开始就为企业年金基金将来增加的津贴支出进行补贴，势必对在职员工形成税收的压力，并有可能造成社会成员的懒惰等不利的经济和社会后果。因此，针对中国这方面的问题，政府应对企业年金基金投资政府债券的鼓励或者说限制政策做出全面评估，确保企业年金基金投资的中立性。具体可以通过特种债券利率等于各种国债市场收益率的平均数及建立指数化机制，满足不同投资期限要求，有条件地允许基金提前赎回和最低回报率担保等，降低企业年金基金投资政府债券的风险，增加基金投资收益，从一个较高的层次上达到促进企业年金制度的发展和经济增长的最终目的。

在中国资本市场监管制度尚不完善的现实条件下，在一定程度上相对放松对企业年金基金的监管，将是加快中国企业年金基金市场发展行之有效的途径。需要说明的是，"相对放松对企业年金基金的监管"是有其特别内涵的，其前提是企业年金基金制度及政府监管制度框架的建立健全，政府监管不仅仅是在性质上、更应该是在实践中的间接监管、主动监管。可以相信，如果能建立完善的资金监控系统，切实保证企业年金基金管理人在未来具有偿付能力，这将是维护社会保障信用，形成有序、高效的企业年金保险市场环境的前提条件。就其具体政策安排而言，我们既可以通过保险以年金的形式支付养老金，如果企业年金保险市场是不完全的，政府可通过增进市场作用的办法，或者说是能够帮助市场最充分地发挥其潜在作用的方式去实施管制的办法，通过建立企业年金基金投资管理人市场来实施共同保险，由受托人来监督受托人，充分保护企业年金委托人的利益。如果这还不能满足需要，政府可以运用更为积极的管制措施。这种积极的管制措施可以有三种，而实际的管制一般是这三种方式的适当的组合：

第一种方式是对企业年金基金的资产的市场价值的监督。当基金的积累小于一个事先规定的最小积累水平的时候，政府就要考虑如何对其进行处置。

第二种方式就是对企业年金基金的资产选择的约束。限制企业年金投资于高风险的金融工具、高风险的资产组合。

第三种方式则是设立一个与风险大小一致的保险费率，即如果企业年金基金要持有较高风险的资产组合，那就必须支付较高的保险费用。

二、企业年金受托管理人的评价标准

对企业年金受托人的监管，不仅是对其管理行为的限制和监管，而且，需要对其财务的健全性及其表现作出科学评价。对年金管理公司的财务状况的评价是很复杂的工作，评价的资料来源主要是依赖公开的财务资料。这些公开的财务资料应当是符合法定会计原则的。

（一）盈余的适当性

在评估一个年金管理公司盈余的适当性时，有必要了解到资产评估准备金（Asset Valuation Reserve，AVR）及给付维持准备金（Benefit Maintenance Reserve，BMR）二者事实上并非真正的负债。既然 AVR 及 BMR 都不代表实际欠任何人的债务，它们应被排除于债务数值之外，而应将其加入资本及盈余的数值内。

年金管理公司盈余的相对水准在评鉴财务状况时应该是最有用的项目。盈余是资产减去负债所得之数。年金公司需要以盈余来吸收资产价值及营运结果的非预期变动——也就是补偿风险。在其他条件不变之下，相对于年金公司的债务额，盈余越多则公司越安全。

盈余量的绝对数字并没有很大的意义。有两项盈余相关的比值——盈余适当性（Surplus adequacy）及盈余形成率（Rate of surplus formation）。盈余适当性的计算方法如下：

$$盈余适当性 = \frac{调整后的盈余}{调整后的负债}$$

调整后的盈余是法定盈余加上 AVR 及 BMR，调整后的负债是法定负债减去 AVR 及 BMR。盈余适当性数值越大则公司财务能力的指标越高。这个比值忽略了年金管理公司彼此间在计算准备金时所持的保守原则的程度不相同。因此解释这一比值时必须谨慎而为之，最好只与状况相近似的年金管理公司做比较。

第二个测量盈余适当性的数值是盈余形成率：

$$盈余形成率 = \frac{调整后的盈余成长率}{调整后的负债成长率}$$

在一个合理的期间，例如以五年期计算这个值，理想上应是正值。

相对于负债，若盈余稳定而显著地增加，意味着公司财务的安全性也随之增加，在其他条件不变之下，盈余形成率越大越好。其他测量盈余适当性的方法也偶尔使用到。但大部分是上述两个比值的变化或改善。

（二）资产的品质

在其他条件不变时，若资产的品质越差，则需要越多的盈余来吸纳不利的财务变动。诚然，一家年金管理公司可以在表面上处于盈余极为充足的状况，却由于资产风险的存在，而事实上处于极为脆弱的状况。这里的资产是指年金管理公司手中所持有证券的质量，如果大多是资信等级较低的债券（又称为垃圾债券）则资产质量将大打折扣，年金基金的风险也将很大。

（三）获利能力

年金管理公司是以盈利为目的的市场化运营实体，利润对一家长期经营、稳健的年金公司而言是绝对必要的，它反映了基金经理的管理能力。

（四）资产流动性

为了使受托人管理的资产流动性更好，必须提供给顾客不同的年金计划种类或资产组合，确保资产的风险能够尽可能分散；资产的流动性也是资产管理者的服务品质的反映。

第九章　中国企业年金制度的改革

企业年金制度的发展与年金制度积累模式的选择、年金制度的偿付能力密切相关。以往有关年金基金积累模式的选择，主要集中在"微观"领域中进行积累模式的调整（即主要通过调整第一支柱内部的公共年金结构来实现），始终没有把积累模式选择与年金管理制度的改革联系起来考虑。我国年金保险制度经过多年的探索实践，公共年金在原来现收现付制基础上演进成为部分积累制（统账结合模式），但仍然存在许多需要解决的问题，更重要的是我们必须在物质条件的硬约束之下来选择一个适合中国经济发展水平的年金保险模式。公共年金制度偿付能力的逐年下降，是中国企业年金制度发展的另一个动力。

第一节　中国年金保险积累模式的选择

中国年金制度积累模式的选择，实质上是年金制度结构的调整，这种调整与世界年金制度改革的趋势是一致的，一方面增加完全积累部分的比重而降低统筹部分的比重；另一方面压缩公共年金部分比重而增加企业年金部分比重。

一、年金保险金三种积累模式及特点分析

目前中国年金保险积累模式处在同一个管理制度下，尽管从理论上讲它的设计可能是最理想的，但在实践中现行公共年金制度仍然存在许

多本身无法解决的问题。如果我们换一个角度来研究积累模式，也就是站在更宏观的角度，在不同管理体制下进行年金保险积累模式的选择，许多问题就容易解决了。中国的公共年金制度改革将从"微观积累模式调整"向"宏观积累模式改革"转变，这给企业年金制度的建立创造了一个非常好的发展机遇和制度环境。

（一）三种积累模式

1. 现收现付模式

所谓现收现付模式是指当年的年金保险缴费收入全部用于当年的年金给付，基本上不留积累基金的积累模式，因此这种模式也可以称为"零积累模式"。现收现付模式采取的是"以支定收"原则，即根据当年的支出额，制定年金保险（税）费率。现收现付模式是公共年金保险的基本积累模式，至今多数国家的公共年金制度仍实行该模式。

2. 完全积累模式

所谓完全积累模式是指当年的年金保险缴费收入完全用于年金保险基金积累，并全部记入受益人的个人账户，退休后从年金保险的个人账户支取养老金的积累模式。因此，这种模式也称为储备积累模式或基金积累制模式。

3. 部分积累模式

所谓部分积累模式是指当年的年金保险缴费收入用于当年年金保险给付后，仍有部分结余，并且根据以支定收原则，确定被保险人及所在企业按养老金缴费基数缴费的比例，使目标期间内年金保险基金的收和支基本平衡的积累模式。所以，部分积累模式又称混合式积累模式，是将现收现付模式和完全积累两种模式相结合的一种模式。

（二）三种积累模式的比较分析

现收现付、完全积累和部分积累三种模式的主要区别在于：

1. 现收现付模式是只顾眼前、不考虑将来的筹资模式；完全积累模式是只管自己、很少顾及他人的筹资模式；部分积累模式则是既顾眼前、又考虑将来，既顾自己、又考虑他人的筹资模式。

2. 现收现付模式和部分积累模式都是以参保人之间互济为基本特征。现收现付是代际之间的互济；部分积累式既有同代人之间的互济，还包括不同代人之间的互济；而完全积累模式基本上没有互济功能。

3. 现收现付模式没有基金积累，部分积累模式有相当数量的基金积累，完全积累模式基金积累数额最大。

4. 现收现付模式不受利率变动和通货膨胀的影响，部分积累模式受利率变动和通货膨胀的影响较大，完全积累模式则受利率变动和通货膨胀的影响最大。

5. 现收现付模式和完全积累模式影响收支平衡的因素较少，数学模型简单，测算容易；部分积累模式既受利率、工资增长率、通货膨胀率等经济因素的影响，又受人口变动因素的影响，收支平衡模型复杂，测算困难。

6. 在效率和公平的关系上，完全积累模式更多强调效率，较少考虑公平。员工在职时工资高，缴费多，退休后养老金收入就高，有利于调动员工劳动积极性和激励企业、员工缴费的积极性。现收现付模式和部分积累模式兼顾效率和公平，效率和公平所占比重的大小，则要视养老金收入中按员工工资挂钩分配部分和按社会公平分配部分各自所占比重大小而定。一般认为，现收现付模式和部分积累模式更有利于保证退休员工基本的经济收入。

由此可见，在其他条件相近的情况下，完全积累模式的年金养老保险制度的偿付能力是最强的，其次是部分积累模式，最差的是现收现付模式。但是，从受益人承担的风险分布来看，则正好相反，完全积累模式的风险最大而现收现付模式的风险最小，这说明偿付者的责任减轻的同时其风险也发生了转移。在选择年金积累模式的时候，一方面应考虑年金承办主体的偿付能力，另一方面也需顾及受益人承担风险的能力。因此，无论选择哪种积累模式，都需要相应的社会经济水平与之适应。

二、中国年金保险应选择部分积累模式

1991 年 6 月 26 日国务院发布的《关于企业职工养老保险制度改革的决定》指出："基本养老保险基金由政府根据支付费用的实际需要和企业、员工的承受能力，按照以支定收、略有结余、留有部分积累的原

则统一筹集。"由此确定了中国企业员工公共年金制度的积累模式是部分积累式。我国公共年金制度积累模式的选择，符合世界年金制度逐渐转向发展企业年金制度的结构调整趋势。

中国企业员工养老保险实行部分积累筹资模式，其原因在于：

第一，现收现付模式不能适应中国社会迅猛发展的老龄化进程。中国 20 世纪 90 年代末 60 岁以上老龄人口在总人口中的比重已达 10%，开始进入老龄化社会。2000～2030 年老龄化发展迅猛，2030 年以后将进入严重老龄化社会，老龄化程度将超过世界上任何国家。如果按照现收现付模式，21 世纪中叶前后我国年金保险的缴费将高达工资总额的 40% 以上，这是企业和员工无法承受的。

第二，完全积累模式不能解决中国公共年金保险的历史欠账。中国已有 2890 多万退休员工和上千万即将退休的员工[1]，在旧体制下他们没有积累。如果采取完全积累模式，社会既要支付已退休员工的养老费用，又要为现有员工积累，要同时缴两笔费用，两者相加须提取工资总额的 40% 以上，这也是现有企业和员工难以承受的。如果公共年金制度的转制成本全部由国家承担，由于数额巨大，则一时难以兑现。

第三，实行部分积累模式兼有现收现付模式和完全积累模式的优点。按部分积累模式，只需在满足现收现付的基础上，加提工资总额的百分之几作为积累，并使其运营增值，就大体可以应付 21 世纪人口老龄化时年金保险支付增加的需要。这样，既可避免现收现付所面临的提取比例不断上升、缴费者负担日益沉重的问题，又可以减轻完全积累模式所带来的投资风险和计算困难的问题，同时，养老保险体系受人口结构、通货膨胀和经济状况的影响也相对小些。

中国多年以来实行的现收现付模式，经过实践证明不能适应中国经济发展的需要，政府承担的最终债务风险非常大，而且中国的经济发展水平也无力承担如此大的债务偿付风险；而完全积累模式由于转制成本太高，受经济条件的制约目前也无法实行。显然，中国实行的部分积累模式是一种调和的产物，也是一种正确的选择。

---

[1]　邓大松主编：《社会保障问题研究》，武汉大学出版社 2001 年 10 月第 1 版，第 278 页。

第二节　中国年金保险制度
积累模式的改革

中国年金保险制度积累模式改革的动力来自公共年金制度的不断增长的财务压力与不断下降的制度偿付能力。年金制度改革的目标模式选择也是为了控制政府债务风险和减轻转制成本压力。

一、结余型部分积累模式向综合型部分积累模式转变

中国现行的公共年金部分积累模式的基本思路是适当提高现在的收费比率，实现部分正积累，以应付将来的负积累，保持长期的收支平衡。这种部分积累模式并没有将个人账户和社会统筹部分严格分开运营，实质上是一种结余积累模式。当社会统筹部分收不抵支时，就用个人账户资金予以支付，所以实际上个人账户部分的资金只是在进行账面积累，大部分资金已经被挪用。

从中国社会养老保险基金实行部分积累模式的运行情况看，1997年，中国全年企业员工基本养老保险基金收入为1337.9亿元，支出1251.3亿元，当年尚结余86.6亿元，历年滚存结余682.9亿元；1998年全国养老保险基金收入1459亿元，支出1551.6亿元，开始出现赤字52.6亿元，滚存结余的养老保险基金比上年减少10.4%；到1999年底，全国养老金发放覆盖达99%以上，中国收缴社会养老保险费1603亿元，共发放1668亿元，发放人数2890万人，其中财政补贴就达65亿元。[①] 之后各级财政补贴基本养老保险基金的数额逐年增加，2002年中央财政补助408.2亿元，2003年中央财政补贴474.3亿元，2004年各级财政补贴614亿元（其中中央财政补贴522亿元，地方财政补贴92亿元），2005年各级财政补贴651亿元（其中中央财政补贴544亿元，

---

① 邓大松主编：《社会保障问题研究》，武汉大学出版社2001年10月第1版，第278页。

地方财政补贴 107 亿元），2006 年各级财政补贴 971 亿元，2007 各级财政补贴 1157 亿元。①

可见，这种结余型积累模式事实上已经遇到困难，在起步阶段就已经出现了支大于收的结果，随着中国进入老龄化社会，公共年金基金收支缺口将进一步扩大，国家财政将不堪重负。如果继续提高中国现行已经比较高的公共年金缴费率（平均占工资额的 25% 左右，国际上其他国家的公共年金缴费率一般不超过 20%）也是不现实的，因此改革现有的部分积累模式势在必行。

为了解决我国现行的部分积累模式在实践中遇到的问题，必须改革现行的所谓结余型部分积累模式，在现有部分积累模式的基础上形成一种新的部分积累模式——综合型积累模式。所谓综合型积累模式就是将现行公共年金的两个部分实行不同的积累模式，个人账户部分实现完全积累模式，国家统筹部分仍实行现收现付模式；当统筹部分收支不平衡时，由国家财政调节。综合积累模式本质上仍然是一种部分积累模式，但它与现行的部分积累模式相比能更有效地控制政府风险。

二、优化积累模式内部结构与有效控制转制成本

（一）提高年金保险制度积累模式效率

现行公共年金的部分积累模式中统筹部分占有较大比重，而且还存在空账运行，形成了一种在资金流程上与现收现付没有实质性区别的"空账运行"模式。这与最初确立的、通过建立个人账户实施的部分积累模式的改革目标是不一致的，同时也说明现行的积累模式仍然是一种效率很低的模式。实际上，因受客观经济条件的制约，中国必须选择部分积累模式，那么首要考虑的问题就是选择什么样的模式结构，这也是公共年金积累模式选择的关键所在。目前中国在年金积累模式改革上仍然有较大困难，从降低政府债务风险的角度考虑，政府倾向于选择完全积累模式，如果从当前政府弥补转制成本的角度看，又倾向于采用现收现付模式。因此，选择一个合理的积累模式，既可以降低政府偿付风险

---

① 人力资源和社会保障部、国家统计局：《2002～2007 年度劳动和社会保障事业发展统计公报》。

又可以缓解因积累模式转变而造成的转制成本的现实压力，就显得非常重要而紧迫。

部分积累模式同时兼顾了公平与效率，在部分积累模式下，公平和效率的关系可以通过模式内部的结构调整来调节。

中国目前的部分积累模式中，个人和单位缴费占工资的28%左右，进入个人账户的仅有8%，而且实际上个人账户大部分是空账，因为在实际的基金运作中，由于社会统筹部分远远不足以弥补制度变迁的成本，个人账户的资金多被挪用，造成个人账户的空账问题（实账部分只占2%左右）。如果不考虑空账问题，仅从个人账户与统筹部分的比重来看，中国现行的公共年金保险积累模式仍然是偏重公平、忽视效率的模式结构。

要较好地解决公平与效率的关系，必须对现行的部分积累模式进行改革。在积累模式的结构设计和管理上不仅应同时体现公平与效率，而且应向效率倾斜。具体而言，实行新的综合积累模式，就是严格划分社会统筹和个人账户资金，进行分别管理。在将个人账户做实的基础上，逐步提高个人账户在公共年金基金中所占的比重并进行完全积累。这不仅可以提高公共年金制度的偿付能力，而且充分体现了被保险人的利益与其供款的联系，能调动个人参加年金制度的积极性，提高年金制度的效率。

（二）公共年金保险积累模式的渐进式改革与控制转制成本相结合

目前，中国公共年金制度的转制成本究竟有多大，实际上并没有一个准确的结论，而且各种估算结果差异较大。这种较大的估算差异很大程度上与对公共年金制度的转制成本含义的认识差异有很大的关系。由于影响转制成本的因素较多，在此作一个界定是有必要的。所谓转制成本，就是在年金制度的转变过程中，由于制度转型而必须付出的成本，亦即年金制度的转变过程中的资金缺口。具体就中国公共年金保险而言，转制成本就是积累模式的改变造成的成本。理论上，转制成本的最大值就是现收现付模式向完全积累模式转化过程中的资金缺口。

如果我们选择某种部分积累模式（各种部分积累模式的区别主要是根据模式结构的不同而划分的）作为目标模式，理论上的最大转制成本可分解为两部分，即：

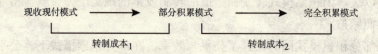

用公式可以表示为：

$$\text{最大转制成本} = \underset{(\text{现收现付} \to \text{部分积累})}{\text{转制成本}_1} + \underset{(\text{部分积累} \to \text{完全积累})}{\text{转制成本}_2}$$

如果年金制度的改革不是一步实现的，其目标积累模式的改革是经过一些过渡性部分积累模式逐步实现的，则理论上最大转制成本将是更多部分的组合，即：

现收现付模式 → 部分积累模式1 → 部分积累模式2 → … 目标模式 → 完全积累模式

转制成本$_1$　　转制成本$_2$　　转制成本$_3$ …… 转制成本$_n$

$$\text{最大转制成本} = \text{转制成本}_1 + \text{转制成本}_2 + \text{转制成本}_3 + \cdots + \text{转制成本}_n$$

由上面的公式可知，如果公共年金保险积累模式实行综合积累模式，并采取逐步过渡的方式进行公共年金制度转换，将可以有效控制转制成本过大的压力。另一方面，通过提高模式结构效率也可以大幅度减少公共年金保险的转制成本。

公共年金保险综合积累模式的转制成本的高低，取决于综合积累模式中的完全积累部分所占的比重，完全积累部分所占的比重越大则"转制成本$_1$"越大，为了控制因过大的转制成本给国家财政造成的压力，适当控制"转制成本$_1$"比重的同时增加完全积累部分的资金增值率，是有效降低转制成本的方式。

目前，中国公共年金保险的转制成本究竟有多大，实际上并没有一个准确的结论。关于中国年金保险制度的转制成本有很多种估算方法和数字，最保守估算为 2.68 万亿元以上，最高估算的转制成本数值达 10 万亿元，但较合理的估算值应在 3 万亿~4 万亿元左右。首先，目前 60 岁以上仍未纳入年金制度保障体系的老年人口，原则上不会再纳入年金保障体系计算，这一部分老年人口的养老收入问题应由其家庭和社会慈善救助机构解决。

其次，中国事业单位未纳入年金保险制度，这些单位退休人员的养老问题应由国家财政预算拨款解决，也不可能进入现行的年金保险体系。如果将来事业单位工作人员纳入公共年金保险体系，则相应社会分配结构将发生很大变化。

再次，公共年金保险制度的"欠债"只是相对完全积累模式而言的，如果中国年金保险制度最终不实行完全积累模式，而是沿用部分积累模式，则部分积累模式中现收现付的这一部分的"债务缺口"就没有必要算清，因为这种代际互济将一直延续下去。

最后，现行公共年金保险基金被挪用的那一部分资金，不仅需计算"本金"的数额，而且要计算这部分本金的增值额。关于这部分本金的增值额的计算，其收益率无法准确界定。

由于上述种种原因，关于年金保险的转制成本计算，有许多不同的计算结果，而且各种估算结果差异较大。

由于没有一个确切的数据，使得转制成本风险难以预测和控制，为正在进行的年金制度的改革造成了较大的障碍。在以往积累模式下，由于个人账户的空账问题使转制成本更加难以估算，且有进一步扩大的趋势。选择综合积累模式，实行个人账户的完全积累，必须由国家注入资金"做实"个人账户。由于个人账户的空账户额占总转制成本40%左右，相对于理论上最大的总转制成本而言，缩小了一半以上，比较容易解决，所以在中国的年金保险制度改革中可以先解决个人账户的空账问题，以控制转制成本继续扩大，降低转制成本的风险。

第三节　中国年金制度改革方向是优化宏观积累模式结构

中国年金制度改革已经逐渐从公共年金制度的内部改革逐渐转向发展企业年金制度，最明显的特点就是积累模式从原来的微观结构的调整逐渐过渡到宏观结构的优化。

一、微观积累模式与宏观积累模式

多支柱的年金保险体系实质上就是中国多层次的年金保险体系，多支柱意味着年金制度中的公共年金、企业年金、个人年金三个支柱都同等重要不可偏废。多层次是对需求层次的划分，显然多层次与经济基础密切相关。在一个经济基础落后的国家，不仅绝对保障水平低下而且层次比较单一，不同层次的发展也不是均衡的。

（一）多支柱年金保险积累模式

多支柱年金保险体系是国外较为流行的做法。中国提出的多层次的年金保险体系（如图9－1所示）与之相类似，但各国都有不同的特点。

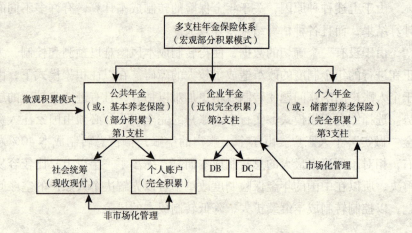

图9－1　中国多层次（或多支柱）年金制度结构与积累模式

注：①DB（defined benefit）是固定受益型企业年金，一般是采用现收现付制，企业承担较大的偿付风险。在美国，由国家设立的年金担保公司就是针对这种风险而开办的国家保险公司。DB积累模式与通常的现收现付不同，企业按精算预提一部分费用，形成一块独立于企业资产的企业年金资产，因此，这部分资产近似完全积累；②DC（defined contribution）是固定缴费型企业年金，属于完全积累模式。

首先，中国年金保险体系中的第一支柱，包含了非市场化管理的"个人账户"，这一点是中国年金保险体系中的一个显著特点。按世界银行的划分方法，"强制性个人账户"部分应归属于第二支柱，不能仅仅因为其具有强制性而断定它属于公共年金，但中国的"强制性个人账户"属于公共管理的范畴，又应纳入第一支柱，这种矛盾不仅是管理体制的矛盾而且容易造成需求层次的混淆和"公平、效率"难以兼顾。

其次，由于各国养老保险体系受经济发展水平等诸多因素的影响，三大支柱构成的宏观积累模式也有较大的区别，中国的第一支柱的工资替代率较高，而第二支柱的替代率非常低，这也是中国与其他国家的年金制度的明显区别之一。

最后，第一支柱中的个人账户部分实际上可以转化为一种强制型的企业年金。在中国，个人账户放在第一支柱的理由是国家承担偿付责任和个人账户的虚拟化，如果将个人账户"做实"，则存在基金保值和投资管理的问题。

（二）微观积累模式调整

所谓微观积累模式是就某一支柱内部的积累模式而言，各支柱的划分主要是根据管理体制、资金来源、主体之间的法律关系等不同而进行划分的。中国以往的改革主要是在第一支柱的框架内进行的，这主要是因为中国的历史原因造成的，也形成了中国年金保险制度的现状：一方面老龄化使政府面临巨大的债务风险；另一方面又有非常大的转制成本的压力。由此可见，光靠调节微观积累模式的结构，已无法改变中国现行年金保险体制的困境，中国的年金保险体制必须寻求一条新的出路。

（三）宏观积累模式

所谓宏观积累模式，是就整个年金保险体系而言，其积累模式涵盖了三大支柱的积累模式，从结构上看，是一种更为宏观的积累模式。通过改革宏观积累模式，可以有效地解决政府债务风险和转制成本的压力。从中国的年金保险制度宏观积累模式改革趋势看，主要是逐步扩大第二支柱所占的比重，也就是发展企业年金，使年金制度覆盖面更大，客观上增加了宏观积累模式中完全积累部分的比重。从年金制度的偿付能力上看，发展企业年金，实质是将国家承担的偿付风险向企业和个人转移。如果按照美国的做法，设立年金担保公司，对 DB 型企业年金实行国家保险，但必须是在企业无力给付的情况下，国家才承担给付责任，国家的风险较公共年金而言已经大大降低了，而且国家承担的给付金来自于众多的企业每年上缴的保险。

二、改革年金保险管理体制与优化年金保险宏观积累模式结构

实行基金管理市场化，可有效提高公共年金制度的偿付能力。中国以往年金保险积累模式的改革，主要集中在年金筹集方式改革上。尽管提高缴费（税）率，可以在一定程度上增加年金积累水平，但目前较高的费（税）率已无法进一步提高；扩大年金保险的覆盖率增加缴费基数，只能解决一时的偿付问题，也不是一个从根本上解决问题的办法。多渠道筹集养老金和提高年金保险运营效率可以有效地提高年金保险制度的偿付能力，是年金保险制度可持续发展的必要条件。

为了提高年金基金的运作效率，特别是提高年金基金的增值能力和偿付能力，实现运营管理市场化是年金保险制度改革的方向。这就是说，在一定的模式结构下，改变管理体制也是提高模式效率的有效途径。

一般而言，公共年金基金的市场化管理有两种方式：

（一）国家间接干预的管理方式

国家间接干预的管理方式（也可以说是高度市场化管理模式），即通过法律和政策调节方式干预公共年金基金的积累，在这种管理方式下，国家在其中承担的偿付责任和风险都较小。政府间接管理方式主要是通过大力发展企业年金基金的市场份额，来逐步降低公共年金部分的比重。由于企业年金是实行的基金制积累模式（完全积累模式），在整个年金保险体系中，通过市场化方式提高完全积累部分的比重，可以降低政府承担的偿付风险。这种思路是目前国际上比较流行的，是公共年金保险体制改革的发展趋势。这种年金保险积累模式，从全国范围内来看，仍然是一种部分积累模式。但它将统筹部分和个人账户部分完全分离管理，并分别纳入不同管理体制之下，形成一种多支柱的养老保险体系，这实际上是一种更高层次的部分积

累模式。即：

(高层次)部分积累模式 = 基本养老统筹 + 企业年金 + 储蓄型养老保险
(现收现付) (完全积累) (完全积累)

中国作为发展中国家，在目前国家偿付能力仍然不强的条件下，这种方式是比较可取的。但是这种方式要求市场化程度较高、法制健全、政策调节有效的制度环境。如果中国实行间接干预的积累模式，则面临将个人账户完全市场化管理的问题，也就是将个人账户与社会统筹部分完全分离，分别采用两种不同的管理模式。这样的话，就在一定程度上否定现行的统账结合的社会养老保险体系，这样过大的改革力度不利于年金保险制度改革的平稳过渡。显然，这种模式目前在中国是不可行的，只有在将来条件允许的情况下才能采用这种模式，这种高层次的部分积累模式是未来我国养老保险体制发展的方向。

(二) 国家直接干预的管理方式

国家直接干预的管理方式，即由社会保险的行政管理机构通过市场化竞争的方式选择投资管理机构，并委托其负责基金的投资运营，以便提高社保基金的增值能力，这种以效率优先为出发点的市场化选择，可以提高年金基金的增值效率。因为公共年金基金的统筹部分实行的是现收现付模式，这种没有积累的方式不需要考虑增值问题。而个人账户部分是实行的完全积累模式，完全积累模式较现收现付模式面临的贬值风险较大，这就要求对基金进行高效的保值增值管理。但国家直接干预的管理方式的偿付责任最终由政府承担，其市场化运营的风险也最终由政府承担（这一点是它与高度市场化管理模式的根本区别），在国家总体偿付能力不强的情况下，国家承担的责任太大，风险也较大。

中国目前采取直接干预的积累模式，其市场化投资管理的重点是对个人账户部分的市场化管理，个人账户占整个公共年金保险收入的比重取决于两个方面：首先是公共年金保险费划入个人账户比率的高低，其次是个人账户资本的投资收益率的高低。为了提高公共年金保险制度的偿付能力，必须扩大个人账户的比重。靠压缩统筹部分的比率来提高个人账户部分的比率，显然是不现实的，通过继续提高（目前已经很高的）费率的方式来调整个人账户比重难度显然较大，因此，只能指望提高个人账户资本的投资收益率来调整个人账户比重，但是，投资收益率的高低受市场条件的制约，其调节作用非常有限，而且存在较大的市场风险。尽管选择一个好的管理模式和积累模式并将两者完美结合仍然存在许多困难，但相比较而言，这种国家直接控制下的市场化管理模式是目前符合中国国情的较好选择。

应该说这种国家直接干预的市场化管理的部分积累模式仍是一种过渡性模式，仍存在较大问题，特别是政府最终的偿付能力风险仍然较大。如果要避免国家直接干预方式的弊端，只有在维持或渐进式发展现有的公共年金制度的情况下，大力发展企业年金。当企业年金发展到较大规模时，再决定个人账户的取舍或与企业年金账户合并，最终过渡到高层次的年金保险部分积累模式（多支柱年金保险模式），这样可能更为切实可行。

综上所述，中国在选择公共年金保险积累模式时，受到多种因素的制约，不可能一步到位。

第一，中国年金保险积累模式受制于中国经济发展水平，一般在经济欠发达地区，政府的最终偿付能力较低，政府债务风险很大，应适当提高现行积累模式中完全积累的比重，所以，中国目前将"结余型"部分积累模式转变为"综合型"部分积累模式，这是降低政府债务风险的有效方式。

第二，选择积累模式应综合考虑政府偿付能力和转制成本大小的制约。应在逐步"做实个人账户"的基础上，降低或消除政府的隐性债务，控制政府债务风险。

第三，通过调整模式结构逐步实现目标积累模式。根据中国的实际情况，年金保险积累模式应该是在现行积累模式基础上进行渐进式改革，经过一些过渡性模式逐步实现目标积累模式，有效控制转制成本集中释放的压力。

第四，改革现行年金保险管理体制以实现优化宏观积累模式结构、提高积累模式效率。在推行综合积累模式的基础上实现投资管理的市场化，同时大力发展企业年金和个人年金，尤其是发展企业年金制度，建立完善的年金保险体系，实现更高层次的、多支柱的部分积累模式。

第四节 年金保险制度的偿付能力与企业年金制度发展

建立和健全可持续发展的年金保险制度是中国深化社会经济体制改革的客观要求，而年金保险制度可持续发展的关键是维持适度的年金保险制度的偿付能力。适度的年金制度偿付能力不仅是年金保险制度经济功能的体现，而且也是社会总效用最大化的要求。只有科学评价中国年金保险制度的偿付能力，才能促进中国年金保险制度结构的改革，实现中国年金保险制度的可持续发展。

一、偿付能力是年金保险制度经济功能的体现

年金保险制度的改革创新是对原有制度中不适合社会经济发展的成分进行扬弃的过程，年金保险制度只有不断创新，才能保证这一制度的可持续发展。随着中国社会经济体制改革的不断深入，年金保险制度的经济功能日益突出，而中国以往过于偏重社会功能的年金保险制度已经越来越不适应社会经济发展的要求，因此对现行年金保险制度的改革也就势在必行。

（一）年金保险制度的偿付能力

改革现行的年金保险制度首先必须保持适度的年金保险制度的偿付能力。所谓年金保险制度的偿付能力又简称为年金偿付能力，是指年金保险制度可供支配的总资产在一定的积累模式下的给付能力，它表示年金经办机构的资产与负债之间的关系。年金保险制度偿付能力的经济内容表现为年金保险经办机构所拥有的年金保险基金总额，一般由年金保险费（税）收入、国家补助拨款和投资盈利之和来表示。年金保险费（税）收入、国家补助拨款和投资盈利构成年金保险经办机构的偿付准备金，偿付准备金的增减体现偿付能力的消长。年金制度中，个人年金一般由商业保险公司具体承办，其偿付能力是指商业保险公司的偿付能

力；企业年金一般由企业举办，其偿付能力是指企业的偿付能力（即企业承诺的退休金给付的兑现能力）；公共年金制度的偿付主体是国家而不是某一个公司，所以公共年金制度的偿付能力的内涵更加丰富，它不仅反映了公共年金保险制度的经济功能、公共年金保险制度发展的可持续性，而且反映了社会总效用最大化与适度的公共年金偿付能力之间的关系。科学评价年金偿付能力，以建立适度的年金偿付能力为突破口改革现行的年金保险制度结构，是年金保险制度可持续发展的关键。

（二）年金保险制度的经济功能

年金保险制度既具有社会功能又具有经济功能。在不同的发展时期、不同的社会经济基础下，其经济功能是不同的。

政治经济学派注重政治因素在年金保险制度变迁中的作用，认为年金保险制度是起源于社会民主论，享受年金保险制度的保障是公民的社会权利。直到20世纪50~60年代，一批政治经济学家仍然倾向于从政治和社会公平的角度分析年金保险制度的作用。他们认为，年金保险制度是一种单纯的社会制度，它的作用仅仅是稳定社会经济发展。而新古典学派则非常注重年金保险制度的经济效用，他们从国家与市场的关系角度研究年金保险制度的发展，特别是公共年金保险制度与各个经济变量之间的相互影响，他们更强调年金保险制度经济功能的重要性。政治经济学派和新古典学派实质上都不否定年金保险制度的经济功能，他们的分歧只是说明了在社会不同的发展时期、不同的社会经济基础条件下，年金保险制度经济功能的作用是不同的。

综观近20年来各国年金保险制度的发展，始终围绕人口和经济发展水平而不断调整和变化，而且经济发展对年金保险制度的作用也日益显著。目前世界主要发达国家都根据本国经济的发展状况对年金保险制度作了相应的调整，总的发展趋势是压缩年金保险制度中公共年金部分所占的比重，同时提高对年金保险基金的管理效率，亦即更加注重其经济功能。中国年金保险制度的改革也主要集中在公共年金领域，特别是对公共年金保险制度的改革，作为中国深化经济体制改革所必需的配套改革，更加突出了年金保险制度与社会经济发展的相互作用。无论现在还是将来年金保险制度作为一种经济制度的作用较社会制度的作用会更为显著，所以对年金保险制度经济功能的研究也就显得尤其重要。

年金保险制度偿付能力是评价年金保险制度经济功能的一个重要指标，年金保险制度的每一次变革，都是随年金保险制度的偿付能力状况而变化。

公共年金制度属于社会保障的范畴，与公共年金相关的社会福利、社会救助的主要资金来源是由国家财政负担（归口民政部门管理），部分来自民间社团的捐助等，它们的社会作用更能体现社会保障制度的社会功能。这部分社会保障的支付水准主要视国家财政收入状况而定，不是纯刚性的。国家经济状况好、财政收入多，社会保障中社会救助、社会福利支出就会相应增加，否则支出就较少。

一个国家的社会福利、社会救助支出水平主要取决于其社会经济基础，同时政府也会根据社会状况在一定程度上调节支出比率。如果社会失业人口数量增加较快或国家遭受严重的自然灾害，都会引发一些社会问题，政府非常重视这些社会不安定因素的变化，并会因此相应调整财政支出结构，增加社会保障支出额度，同时也可动员社会力量捐助来弥补财政收支的不平衡。政府在调控社会保障制度的社会功能时，主要是通过调控社会保障中社会福利、社会救济的支出水平来改变社会保障制度的社会功能。因此，社会保障中社会救济和社会福利的偿付能力不会因偿付总额大小变化而出现偿付危机。

与社会救济和社会福利不同，公共年金作为一种收入保障制度，其保障水平具有刚性。一旦偿付能力出现障碍，将由国家承担最后的财政责任，或者由公共年金经办机构（向金融机构借贷或发行特别国债）负债运营。世界上许多国家为了增强公共年金制度的偿付能力，一方面降低公共年金的支出，使公共年金的保障水平与最低保障线靠近；另一方面压缩社会福利和救济的开支，以弥补公共年金给付的不足。

由于公共年金保险制度的资金来源主要来自于雇主和雇员的缴款，且公共年金保险基金具有投资、储蓄以及支出产生的消费等经济功能，所以它的经济调节功能占有更重要的地位。

二、偿付能力是年金保险制度可持续发展的关键

一个国家的经济发展水平决定了这个国家的综合国力，也最终决定了它的年金保险制度的偿付能力，换言之，"有什么样的经济基础就必

须有与之相适应的年金保险制度"。如果一个国家的年金保险制度的设计脱离了该国的年金保险制度赖以生存的经济基础，这种年金保险制度是无法持续发展的，它不仅不会促进社会的稳定发展，而且反过来会阻碍社会和经济的发展。年金保险制度的可持续发展，一方面是强调年金保险制度设计的前瞻性。年金保险制度的建立是一项复杂的系统工程，不是一种可随意更改的制度。在设计年金保险制度时，就要考虑在数十年甚至更长一段时期内保持年金保险制度的相对稳定，对其修正也应是动态的微调。另一方面，我们强调年金保险制度的可持续性，并不是说它是一成不变的制度，而是应该随社会经济发展不断修正这个制度，使之更加适应社会发展的需要。如果社会发生了变化，而年金保险制度不作相应的调整而严重滞后于社会和经济的发展，这种制度就是没有生命力的，也是短期的制度。

既然年金保险制度是建立在一定的经济基础上并与之相适应，那么，一旦年金保险制度已不适应社会经济发展时，就不能总是幻想着通过改变社会经济基础来保持现行的年金保险制度的稳定，而是应该积极调整现行的年金保险制度来适应社会经济发展水平的变化。

年金保险制度偿付能力是年金保险制度经济基础的体现，是衡量年金保险制度是否可持续发展的一个敏感指标。影响年金偿付能力的主要因素有经济发展水平、通货膨胀、利率水平、人口结构、人口预期寿命、年金保险缴费率、年金保险基金积累模式等。其中经济发展水平、人口结构等一些社会和经济因素对年金保险制度起着"硬"约束的作用。特别是中国人口老龄化进程的加快、人口预期寿命的增长对年金保险制度偿付能力的影响是非常显著的，为了适应社会经济发展水平、保持年金保险制度的可持续发展，调整现行年金保险制度非常必要。

我国为了提高或维持年金保险制度的偿付能力，对年金保险制度进行了一些改革。其重点是：（1）提高年金保险的缴费（税）率；（2）迅速扩大年金保险覆盖面；（3）改变年金保险基金的积累模式；（4）推迟退休年龄。目前，我国公共年金（即社会基本养老保险）缴费率已达到缴费工资的30%以上，部分省市已经达到35%甚至更高。年金保险缴费率已经超过国际通行标准（29%）上限，再向上调整的空间已经很小；扩大年金保险覆盖面也只是为了延缓目前公共年金保险制度严重的偿付危机；推迟退休年龄的方法现实中受到员工的抵制和引起员工的不满，在中国存在大量的失业和隐性失业的劳动力人口，推迟退休年龄对国家没有实质性好处，在降低给付的同时也减少了缴费。因此，理论和实践表明提高偿付能力的根本方法是改变年金保险制度积累模式。

由于年金保险制度的积累模式的改变涉及面大，改革成本相当高，改革的难度也就大大提高。我国公共年金改制中本应由政府承担的改制成本转为由年金保险制度自身来承担，形成了巨额的"隐性债务"，而"隐性债务"的存在致使中国年金保险制度偿付能力呈下降趋势，这说明现行年金保险制度的发展已遇到障碍，难以持续发展，必须对现行的年金保险制度进行修正。最近，中国政府为了提高年金保险制度偿付能力，推出了"国有股减持"和变现部分国有资产来补充公共年金基金的措施，通过降低公共年金"隐性债务"来提高公共年金制度的偿付能力，是实现我国年金保险制度可持续发展的一个行之有效的方法。

另一种更有效的改革思路是通过改革现行年金保险制度结构的方式来提高制度的偿付水平和维持一定偿付能力。企业年金制度作为一种典型的经济制度，其重要的特征就是具有投资积累功能，而且运用了一些成熟的商业保险的风险管理原理和技术，大大降低了年金保险制度的偿付风险，与一般公共年金相比企业年金制度具有维持更稳定的偿付能力的机制。目前我国改善年金保险制度偿付能力的一个非常有效的措施就是逐步发挥企业年金制度的养老保障作用，直接达成缓解和降低公共年金制度偿付压力的方式，这也是改善我国年金保险制度偿付能力的一条捷径。

三、适度的偿付能力是社会总效用最大化的要求

年金保险制度的偿付能力主要取决于一个国家的综合财力，同时又涉及一个国家的政治制度，一个国家的总的物质财富并不一定能准确反映年金保险制度偿付能力的实际水平。

年金保险制度的偿付能力是年金总资产在"一定的积累模式下"的给付能力，是以国家和企业信用作为保证的。年金的偿付能力过低，说明现行年金保险制度缺乏经济基础，而过高的偿付能力则表明有大量的社会资源处在闲置和浪费的状态，只有保持适度的偿付能力才能实现社会总效用的最大化。如何设计一个科学的指标来反映年金保险制度偿

付能力的状况呢？西方经济学家在这方面做了大量的工作，其中最有代表性的研究帕累托最优理论从效用最大化的角度来阐述年金保险制度的保障水平，但是这一理论的量化计算极其复杂而且实际应用非常困难。为了解决年金保险制度偿付能力的衡量指标问题，我们目前可以利用趋势性的相对指标"年金保险制度支付率"和"积累率"来描述年金保险制度的偿付能力，即用相对指标来反映年金保险制度偿付能力：

年金保险制度支付率 ＝（年金支付总额／年金收入总额）×100%

本期积累率 ＝（本期积累额／本期年金保险基金收入额）×100%

年金基金结余率 ＝（历年结余额 ＋ 本期积累额)/（历年滚存结余额 ＋

本期年金收入总额）

如果在相当长的一段时间内，实际保障水平没有降低而且逐年提高，并在较长时期具有维持这一年金偿付水平的能力，则表明这种偿付能力是适度的。在这里我们所说的偿付能力与偿付水平是有区别的，偿付能力是维持一定的偿付水平的能力，即偿付能力决定了偿付水平的高低。因此，在偿付能力不降低的前提下，尽量提高偿付水平，才能够实现社会总效用的最大化。

如果偿付水平不变而偿付能力逐年提高，也就是说，具有较高的偿付能力和较低的偿付水平，则年金保险基金积累较快，社会总效用虽然没有降低但并不是最大化的。对被保险人来说，其（缴费）积累期与退休消费期的收支是不平衡的。在现收现付模式下，参保人如果缴费水平较高，总的缴费支出大于其退休时的收入，造成代际之间效用分布不均，从较长一段时期来看，不仅降低了社会总效用，而且将会影响人们参与年金缴费（税）的积极性；在完全积累模式下，较高的偿付能力说明参保人缴费期的消费水平低于退休期的消费水平，其总效用也不是最大化的。

如果偿付水平不变而偿付能力逐年下降，也就是说，具有较低的偿付能力和相对较高的偿付水平，则年金保险基金是负积累，年金偿付能力很难在较长一段时期维持现有的偿付水平。由于偿付水平具有刚性，偿付水平下降非常困难，所以在一般情况下，对调高年金偿付水平应非常慎重，应充分估计到年金偿付能力的变化趋势。只有在年金保险制度偿付能力不断提高的前提下，才能提高年金保险制度的偿付水平；也只有维持一定偿付能力，逐步提高年金偿付水平，才能实现社会总效用最大化。

综上所述，现行年金制度的改革目标，不是通过降低年金制度的偿付水平而提高年金制度的偿付能力，而是保持个人社会福利水平不降低的条件下，提高整个社会的效用。适度的年金保险制度偿付能力就是通过逐步提高年金保险制度的偿付水平且保持一定的年金保险制度偿付能力，以实现社会总效用的最大化。

四、对中国公共年金偿付能力的评价

有关公共年金偿付能力的评价，目前大多数研究局限在理论上的定性评价，而定量研究主要集中在对中国社会基本养老保险的"空账"规模的测算上。由于公共年金覆盖面大，所涉及的劳动力人口人数众多，而且其收支规模也是多支柱年金制度中最大的。因此，中国的公共年金制度的改革是年金保险制度改革的重中之重。中国公共年金保险体制虽然经过多年的改革，但其偿付能力一直呈下降趋势，如果不作大的改革，未来将出现偿付危机。当前学术界对我国公共年金（社会基本养老保险）空账规模的计算数据和计算方法多种多样（如表9-1所示）。

表9-1　中国公共年金制度"隐性债务"的估算结果

测算单位或个人	劳动和社会保障部社保所	世界银行	体改办	郭树清	房海燕	邓大松
测算年份	1995	1996	2000	1994	1997	2000
测算结果（亿元）	28753	19176	67145	10500	35082	20222
抽样城市	全国人口统计	沈阳、上海	南京	国有经济单位职工	不　详	全国人口统计
测算方法	匡算+精算	精　算	精算	匡　算	精　算	匡算+精算

资料来源：本表数据引自劳动和社会保障部法制司、社会保险研究所、博石基金管理有限公司著：《中国养老保险基金测算与管理》，经济科学出版社2001年版；邓大松等著：《中国社会保障若干重大问题研究》，海天出版社2000年版。

其中，《中国社会保障若干重大问题研究》中关于"社会保障的偿付能力"的理论测算方法比较独特且比较切合实际，为了使计算更为简捷和有效，较有创意地提出了两点假设：（1）中国社会保障的养老保险制度的转制过程从 1996 年开始，经过 7 年到 2003 年基本完成，城镇职工社会保障覆盖率将达到 90% 以上，而农村人口的社会保障则要经历一个较长的过程，但这不会加重社会保障的"隐性债务"。（2）60 岁以上人口的存量的总体延续期为 10 年。在此两点假设的基础上测算出的"隐性债务"为 2.02 万亿元人民币，这一测算数据与中国较权威的其他估算结果非常相近。这一方面说明 2 万亿的隐性债务的数据比较接近现实；另一方面也证明上述两点假设是科学的、合理的和有效的。

中国较大的"隐性债务"是阻碍中国年金保险制度改革的关键，也是现行年金保险制度偿付能力较低且呈逐年下降趋势的根本原因。所以，在对中国年金偿付能力评价中，应着重对年金保险制度障偿付能力变化趋势进行分析，如果不逐步减少"隐性债务"规模，不仅影响了公共年金制度中个人账户的积累能力，而且会严重影响企业和员工参加公共年金的积极性。根据《中国社会保障若干重大问题研究》对人口老龄化进程的研究结果，1990～2020 年是中国最佳的公共年金积累时期，如果不及时调整现行的年金保险制度结构，到 2020 年中国进入高度人口老龄化社会之后，年金保险制度的偿付能力将出现危机，最终将危及整个国家财政体系以及社会经济发展。

由此可见，提高或维持一定的年金保险制度的偿付能力，是一个国家年金保险制度可持续发展的关键。中国目前严重削弱年金保险制度偿付能力的主要因素，就是公共年金制度转轨过程中产生的巨额"隐性债务"以及企业年金在年金保险制度结构中所占的份额太低。如果"隐性债务"问题不解决好，它将使年金保险制度的自我积累的能力丧失，并使中国新的公共年金制度退回到原来的现收现付积累模式。从现在开始到 2020 年或更短的时间内，中国年金保险制度偿付能力的下降趋势必须得到遏止，否则中国将失去一个最佳的年金保险基金积累时期。

目前，我国年金保险制度的偿付能力日趋下降的事实已经表明了现行年金保险制度的不可持续性。因此，中国必须对现行年金保险制度进行改革，建立新型结构的年金保险制度。年金保险制度结构的改革目标是将公共年金制度中由国家承担的偿付责任转移一部分到企业和被保障人的身上，籍以维持适度的年金保险制度的偿付能力，这就给中国企业年金制度的发展创造了难得的历史性机遇。

第十章 企业年金计划与税收政策

企业年金税收政策是企业年金制度发展的动力，也是国家调控社会保障制度的有效工具，各国根据本国的社会保障制度的发展目标制定的税收政策各有不同，本章将讨论税收政策对企业年金计划的影响。

第一节 企业年金计划的税收待遇

企业年金缴费通常包含两个部分：一部分缴费是企业支付给员工工资的另一种形式，这部分缴费是将员工现实工资转变为未来收入；另一部分缴费是企业为员工提供福利的一种形式，这种源自员工福利的缴费不仅能为企业带来一定的隐形收益，而且也是企业社会责任的体现。各国政府对企业年金计划的缴费往往给予优惠的税收待遇，鼓励企业建立企业年金计划。

一、企业年金计划税收政策的作用与目标

（一）税收优惠可以调动企业举办企业年金计划的积极性

一个企业是否会建立企业年金计划完全是企业的自愿行为，举办企业年金计划的企业因向企业年金计划缴费而形成企业管理成本支出，因此，企业在决定是否建立企业年金计划时，会仔细权衡它的收益和管理成本。举办企业年金计划对企业来说，会带来许多隐性的收益，例如，吸引科技人才进入公司，提高员工工作的积极性，增加员工对公司的忠

诚度和稳定在职员工，等等。但是，这些隐性的收益不容易衡量，而企业年金计划的成本却是显性的，企业缴费和管理费用支出是实实在在的。如果政府能够给予企业年金计划优惠的税收政策，无疑会成为企业举办企业年金计划的原始动力，因为优惠的税收政策给企业带来的税收利益是明显的，优惠的税收待遇会调动企业举办年金计划的积极性，并成为企业年金计划持续发展的持久动力。

（二）社会基本养老保险需要企业年金的补充

国家一般都会提供一个基本的社会养老保障制度，为人们退休后的生活提供基本的保障。但是这种基本保障的水平是有局限性的，因为受限于政府的财力以及规则的统一性，基本的养老保险不可能是一个很高水平的保障，不能满足不同类型的退休人员的养老需要。对那些收入水平较高的人来说，基本养老保险制度所能够提供的保障水平过低，无法满足他们的消费需求。在解决这一问题上，企业年金就是一个很好的工具。企业年金能够在基本养老保险的基础上提高退休金的水平。企业年金的发展非常重要，为了促进企业年金计划的普及和发展，许多国家给予了举办年金计划的企业各种税收优惠政策。

（三）企业年金计划的发展能够减轻政府的负担和压力

在人口老龄化的大背景下，政府的养老负担越来越重，国家财政不堪重负。很多国家对自己的社会养老保险制度进行改革，缩小社会养老保险的规模，降低社会养老保险提供的退休金水平，以维持社会养老保险的可持续性，转而由企业年金来弥补社会养老保险的空缺。在企业年金计划中，政府没有直接的财政责任，而且企业年金计划建立的自愿性和运作的市场化，使得其更符合效率原则。政府在年金计划中虽然免除了财政责任，但是对企业年金计划的引导和监管责任仍然存在，以保障企业年金制度良性发展，真正能够减轻政府的养老压力。

企业年金计划的税收政策通常有两个方面的作用，即激励和制约作用。一方面，通过优惠的税收待遇激励企业建立年金计划和鼓励员工参加计划。另一方面，优惠的税收待遇可能导致企业或员工利用年金计划来避税，政府通过法规对享受税收优惠的条件和限度等因素进行规定，约束企业和员工的不合理行为。也就是说，税收政策既要激励企业和员工举办和参加年金计划的热情和积极性，又要制约企业和员工在年金计划中的避税行为。

税收政策的目标：促进企业年金的发展和完善，通过建立企业年金计划实现多层次的养老保险体系，提高退休人员的生活水平，完善国家的社会保障体系，解决人口老龄化和养老负担重等问题，稳定社会秩序，促进整个社会的和谐发展，实现社会福利最大化。

税收政策给予企业年金计划的优惠待遇应该能够真正的使企业和员工受惠，激发他们建立和参加计划的积极性，但是政策作用应该是有限度的，应该控制优惠的程度和范围，以免造成税收的损失，给国库收入带来不合理的减少。也就是说，优惠的税收政策是有成本的，在具体制定和实施政策时，要考虑到政策的成本，注重效率。另外，税收优惠政策应该在法律规定中有明确的条款规定，条款应该界定清晰，便于操作，同时对享受税收优惠的种种资格和条件在法律中也应该有明确的规定，以发挥税收政策对企业年金计划既激励又制约的作用，促进企业年金的良性发展，最终实现完善社会保障体系，提高人们生活水平，使社会福利最大化的目标。

二、企业年金计划的税收优惠模式

企业年金有三个可能的征税环节：缴费、投资和领取退休金。国家在对其征税时，就有以下几种选择：

第一，当企业向年金计划缴费时，是否允许其将这部分缴费从公司的当期应税收入中扣除，从而免征企业所得税；当年金计划参加者个人向年金计划缴费时，是否允许其将这部分缴费从个人的当期应税收入中扣除，从而免征个人所得税；而且企业和个人缴费可以减免税的额度应该确定在适度水平上。

第二，企业年金计划中的资金在进行投资运营的时候，投资所得收益是否要征收资本利得税。

第三，企业年金计划参加者从计划中领取退休金时，是否要纳入当期应税收入，征收个人所得税。免税（exemption）用 E 代表，征税（taxation）用 T 代表。

通过对三个环节征税或免税的不同组合，可以得到多种企业年金的税收优惠模式。从现实的实践来说，税收优惠模式一般有以下几种：

（1）企业和年金计划参加者个人在缴费时要征收企业所得税和个人所得税，投资环节和退休金领取环节免税（TEE）；（2）企业和计划参加者个人在缴费时要征税，同时投资收益要征收资本利得税，但个人领取退休金时免税（TTE）；（3）企业和年金计划参加者在缴费和投资环节免税，但在个人领取退休金时征税（EET）；（4）企业和计划参加者个人缴费免税，但在投资环节和领取退休金环节征税（ETT）。

TEE 和 EET 被称为消费税，TTE 和 ETT 被称为综合税，从公共财政理论来说，消费税比较中性，对工作期和退休期的消费没有影响。而且消费税比综合税简便。所以消费税更适合运用在企业年金税收政策中。综合税向投资收益征税往往是向名义收益征税，使得税后的真实收益比没有征税前减少更多，而消费税不向投资收益征税，那税前的真实收益率和税后的真实收益率是相等的。TEE 是在缴费时纳税，个人往往难以接受，如果能在缴费时免税的话，能更吸引员工参与计划。虽然在缴费时免税减少了当期的税收收入，但是在退休金阶段征税，税基扩大了，能够补偿税收收入的损失。在现实中，EET 比 TEE 更有吸引力。

西方发达国家普遍采用的是缴费和投资免税，领取退休金时征税的税优模式。对企业和计划参加者个人向计划中的缴费免税，有利于鼓励企业和个人多缴费，相比之下，其他模式提供的税收优惠的幅度较小，可能很难调动企业和员工参加计划的积极性，无法对企业年金计划的普及产生很大的促进作用。

第二节　中国企业年金计划中的税收政策

企业年金迅速健康的发展有赖于国家完善的税收政策给予的优惠的税收待遇，我国的企业年金发展还不成熟，缺乏足够的发展动力，重要原因就在于缺乏一定的税收优惠待遇对企业年金发展的支持。下面将我国有关企业年金的税收待遇作一简单阐述。

一、中国企业年金计划相关的法律规定

2001 年，《国务院关于同意〈辽宁完善城镇社会保障体系试点方案〉的批复》中要求，有条件的企业可以为职工建立企业年金，并实行市场化运营和管理。企业建立企业年金应具备三个条件：一是依法参加基本养老保险并按时足额缴费；二是生产经营稳定经营效益好；三是企业内部管理制度健全。大型企业、行业可以自办企业年金，鼓励企业委托有关机构经办企业年金；管理和运营企业年金的机构要经国家劳动和社会保障部门会同财政部门的认定和批准。企业年金实行基金完全积累，采用个人账户进行管理，费用由企业和职工个人缴纳。

《国务院关于印发完善城镇社会保障体系试点方案的通知》中第 2 项第 10 款规定："有条件的企业可以为职工建立企业年金，并实行市场化运营和管理。企业年金实行基金完全积累，采用个人账户方式进行管理，费用由企业和职工个人缴纳，企业缴费在工资总额 4% 以内的部分，可从成本中列支。同时鼓励开展个人储蓄性养老保险。"也就是说，法规中只针对企业的缴费给出工资总额 4% 的税收减免规定，而对职工个人的缴费减免税问题则没有相关规定。2003 年，税务局下发的《关于执行〈企业会计制度〉需要明确的有关所得税问题的通知》第 5 条第 1 款规定，企业为全体员工按国务院或省级人民政府规定的比例和标准缴纳的补充养老保险、补充医疗保险，可以在税前扣除，但关于职工个人缴纳的部分是否需要纳税则没有明确的规定。

二、中国企业年金计划税收优惠政策具体分析

目前我国企业年金计划参加者个人缴费时没有税收优惠。个人向计划的缴费是员工个人当期可支配收入的减少，如果向企业年金计划缴费就会降低当期消费的效用，如果在缴费时不给予税收优惠政策的话，可能无法吸引大量员工参与计划并向计划缴费。

目前我国企业年金计划的投资收益也没有税收优惠待遇。如果不给予企业年金投资收益优惠的税收待遇，则企业年金投资的收益率较银行存款利率或是其他的投资方式所得到的利率就没有很明显的优势了，这无法对企业形成足够的吸引力来建立一个年金计划，因为企业也可以把

计划中的资金用现金的形式发给员工，满足员工的消费、储蓄和投资。

当前企业缴费的减免税额是在企业年金计划参加者工资总额的 4%内可以从成本中列支，这一优惠措施的幅度是很小的，对企业无法形成足够的吸引力，不能产生很好的激励效果。

三、中国企业年金计划的税收政策存在的问题

税收政策对于企业年金的发展至关重要，但是我国有关企业年金的税收政策却非常混乱，而且法规层次低，权威性不足，导致企业年金的发展受阻。具体来说，我国的企业年金的税收政策存在以下一些问题：

（一）缺乏全国统一的企业年金税收优惠政策

缺乏全国统一的企业年金税收优惠政策，税收政策实施混乱，地区差异大，政策法规缺位。企业年金试点地区规定的列支成本比例是工资总额的 4%，而非试点的地区没有统一的规定，为了鼓励企业年金的发展，一般是地方政府自行规定。截至 2007 年，我国共有 26 个省市出台了与企业年金相关的税收政策，可列支的成本比例一般在 4%到 12.5%之间，地区差异较大。在我国的税收法中关于如何确定企业年金的税收政策却几乎是空白，关于企业年金税收优惠的规定分散在部门规章和地方法规中，既缺乏对企业年金发展的激励，也缺少对年金发展过程中的制约。这与企业年金健康持续发展的需要是很不相称的。

（二）税收政策提供的优惠待遇不足

《国务院关于印发完善城镇社会保障体系试点方案的通知》和税务局下发的《关于执行〈企业会计制度〉需要明确的有关所得税问题的通知》对企业向年金计划缴费的规定是，在工资总额 4%以内的部分可以从成本中列支。《关于建立统一的企业职工基本养老保险制度的决定》中提出要降低基本养老保险的替代率。我国社会养老保险制度改革的目标是：基本养老保险的替代率为 50%，企业年金的替代率为 20%，个人储蓄保险由个人自由决定。也就是说，企业年金要成为基本养老保险替代率降低以后的补充，担负着 20%的替代任务。企业年金最后积累的退休金水平依赖于缴费水平和投资收益。但是在现有的税收优惠水平下，企业缴费只能有 4%的减税待遇，即使投资收益率非常高，企业年金也很难实现这个收入替代目标。

（三）企业年金采取何种税收优惠模式不明确

我国的法规缺乏对企业年金税收的统一明确规定，使得企业年金各个环节如何缴税和征税，需要在不同的法规制度中寻找依据，没有明确的税收优惠模式。使得很多企业对于是否建立企业年金计划持一种观望态度，这显然不利于企业年金的普及和发展。

（四）企业年金计划的税收优惠体系不健全

目前我国企业年金的税收优惠体系不健全，税收优惠环节单一，缺乏与社会基本养老保险制度享受税收优惠的协调。企业年金的税收优惠有三个环节可供选择，但是我国的税收优惠只在企业缴费时可以享受，对于个人的缴费和投资、退休金领取环节则没有相应的优惠政策。从个人角度说，我国的企业年金税收模式过于严厉，很难调动个人参加计划的积极性。另一方面，我国基本养老保险的税收待遇是很优厚的，在缴费直至领取退休金环节都可享受税收优惠。基本养老保险制度和企业年金制度在税收上的待遇差别如此之大，产生对比效应，会降低员工参加企业年金计划的积极性。企业年金的税收待遇和基本养老保险的税收待遇之间还缺乏协调性。

（五）缺乏对企业年金计划参加者的资格要求

缺乏对企业年金计划参加者的限制条件和享受税收优惠待遇的资格要求和审查。我国在给予税收优惠待遇时，没有相应的限制条件和资格审查，这会导致法律失去对企业的控制力，使得企业年金成为高收入者的特有福利，违背了政策的初衷，无法规范企业年金的发展。

四、企业年金计划的税收政策目标和应遵循的原则

完善的企业年金计划的税收政策应该从以下几方面进行：

第一，税收政策应该有助于推动企业年金的发展。税收政策应给予企业年金优惠的税收待遇，使个人通过参加企业年金计划能够获得比一般的储蓄更多的收益。企业希望通过建立企业年金计划吸引和留住人才，提高员工工作的积极性，如果举办这样一个计划的成本不是很高，企业会乐于建立企业年金，企业年金将得到迅速的发展。

第二，兼顾政府的财政承受能力。个人和企业从享受税收优惠待遇的企业年金计划中得到的额外收益，是税收的损失，即国家让渡一部分

的收入给那些建立年金计划的企业和个人，如果给予的税收优惠待遇过高，会使财政收入减少过多，使国库无法承受，引发财政赤字。所以在给予税收优惠时，要遵循适度的原则，既能给那些参加计划的企业和个人以一定的利益，又要兼顾税收收入和政府的财政承受能力。

第三，注意协调整个社会的公平和效率关系。一般来说，建立企业年金计划的企业都是经济实力雄厚，管理规范的大公司，他们通过建立企业年金为本企业员工提供较高的退休金水平，国家也鼓励那些有条件的企业为本公司员工举办这样的计划，以减轻基本养老保险的负担，提高人们的退休生活水平。但是还有很多企业无法举办这样一个计划，如果给予企业年金税收优惠待遇，那么那些建立年金计划的企业和员工就从中获利了，对那些没举办年金的企业和员工来说是不公平的，所以在制定企业年金的税收政策时，要全面考虑，注意协调整个社会的公平关系，控制优惠的幅度。

第四，政策条款要清晰明确，具有可操作性。对企业年金的税收政策要简明、具体，没有歧义，而且具有可操作性。法规中要包括的条款应该有：企业年金获得税收优惠的条件，税收优惠的限度，以及违反相关规定的惩罚。真正发挥税收政策应有的作用。

五、税收优惠模式的选择

如上所述，在企业年金资金运转过程中，有三个环节可能与税收有关：年金的缴费环节、投资环节和退休金领取环节。具体在哪个环节征税可以有不同的选择，因此，最后对企业年金的征税就会有不同的组合，从现实的实践来说，征税一般有以下几种：（1）缴费时要征税，投资环节和退休金领取环节免税；（2）缴费和投资收益征税，但领取退休金时免税；（3）缴费和投资环节免税，但在领取退休金时征税；（4）缴费免税，投资和领取退休金环节征税。

我们国家的企业年金宜采用缴费和投资免税，而领取养老金时征税的模式。选择这种模式是基于对我国企业年金发展的迫切需要和各种税收模式的特点来考虑的。

在企业年金税收优惠的几种模式中，缴费和投资免税、退休金征税的模式是对个人收入的延迟纳税，将一部分收入和投资收益推迟到退休期征税，能够吸引员工和企业多向年金计划缴费，对企业年金的建立很有推动作用。缴费征税、投资和退休金免税的模式，从我们前面的分析来看，与缴费和投资免税、退休金征税的模式给个人带来的收益是一样的，但是人们往往更愿意抓住眼前的利益，而且如果退休后适用的税率更低的话，在缴费和投资免税、退休金征税模式下能获得更多的收益（这也是我们前面分析的结果）。所以与缴费征税、投资和退休金免税模式相比，缴费和投资免税、退休金征税的模式对企业和个人有更大的吸引力。

至于其他两种模式，它们所能提供的收益要小于缴费和投资免税、退休金征税的模式，所以在选择之外。

缴费和投资免税、退休金征税模式下，减少了员工缴费时候的应税收入，由于我国实行边际税率，那么这部分减少的应税收入放在退休金领取阶段能征得的税收变少了，而且现在的税收收入与未来的税收收入之间是有一个折扣率的，导致税收收入在这个模式下大大地减少。同时，这个模式为高收入者避税提供了便利，不利于社会公平，但是税收政策可以通过控制缴费额和可免税缴费的限额，来减少这种不利影响。而且应该看到，这种模式的优点是大于它的缺点的。这种模式能促进企业年金的发展，减少基本养老保险中政府的财政压力，是解决我国人口老龄化的一个很好的途径和工具。所以，我国应该选择缴费和投资免税、退休金征税的模式。

第三节　中国企业年金税收政策的设计

企业年金中的税收政策应该包含两个大的方面，一是具体的税收优惠待遇的规定，二是企业和个人享受税收优惠待遇的限制和条件。

一、税收优惠模式

前面已经分析过，我国宜采用缴费和投资免税、退休金征税的模式，那么在企业和个人向计划缴费时，就应该给以免税的待遇，在个人领取退休金时，退休金计入当期应税收入征收个人所得税。

二、缴费的额度和缴费的可免税限额

国际上通行的做法是，年金计划的缴费一般是员工的工资的一个百分比或是一个固定数额，采用前者的比较多，而且一般税收法规对可减免的额度也是以工资收入的百分比来计算的。那么员工的工资定义是什么，这个百分比又该如何确定呢？

在美国的固定缴费型计划中，缴费限额是个人账户年度缴纳额不得超过 40000 美元（在 2002 年，随消费价格指数的变化进行调整）或年金计划参加者年度报酬的 100%。[①] 美国税务局对年度报酬项目作了详细的规定。一般包括工资、薪金及个人提供的服务所获得的报酬。那么我国对于计算缴费额的基数——工资又该如何计算呢？国家税务局认为工资是职工的劳动所得，包括基本工资、奖金和福利。每个公司的奖金和福利区别很大，而且记录很可能不是那么完善，所以如果用基本工资做计算缴费的基数的话，可以很明确地知道个人可缴费的限额是多少，防止不合理的避税行为发生。而且一般来说，高收入者的奖金和福利较多，如果只用基本工资作为缴费基数的话，可以避免高收入员工和低收入员工的缴费水平差异太大，导致最后的退休金水平悬殊。

美国 EGTRRA（Economic Growth and Tax Relief Reconciliation Act of 2001）规定，所有的 DC 计划中缴费的免税限制都是计划参加者的年薪的 25%，但是对于年薪的计算有要求，如果计划参加者的年薪超过 20 万美元，要按照 20 万美元来计算（这是 2002 年的要求，每年有 5000 美元的增量）。[②] 我国也可以借鉴这一做法，即为了防止收入过高的员工多缴费来利用优惠的退休金计划避税，对缴费中可计入的年度收入要有一个

---

① Everett T. Allen, Joseph J. Melone, Jerry S. Rosenbloom, and Dennis. F. Mahoney, *Pension Planning: Pension, Profit-Sharing, and Other Deferred Compensation Plans*, 9th ed. (New York: McGraw-Hill/Irwin, 2003), p. 88.

② PUBLIC LAW 107 – 16, June 7, 2001, 115 STAT. 38 – 41; Everett T. Allen, Joseph J. Melone, Jerry S. Rosenbloom, and Dennis. F. Mahoney, 2003, *Pension Planning: Pension, Profit-Sharing, and Other Deferred Compensation Plans*, 9th ed. (New York: McGraw-Hill/Irwin), p. 87.

限额规定，具体规定为多少，可根据我国员工的平均收入水平来确定。

缴费额百分比的确定受到一系列因素的影响，我国企业年金计划要达到的收入替代目标是明确的，即工资收入的20%，要达到这个目标有三个基本的影响因素：缴费水平、投资收益率、缴费年限（参与计划的年龄和退休年龄）。在确定缴费的百分比时，可根据替代目标，假设一个平均的收益率、平均的缴费年限来计算应有的缴费水平。这其中，有两个因素是政策可以控制的，即缴费水平和法定的退休年龄，提高缴费水平和提高法定退休年龄的效果是一样的，如果提高退休年龄，可以增加企业年金计划参加者的缴费年限即积累时间，而缩短企业年金计划参加者的退休期的长度，所以提高退休年龄可以显著地降低需要的缴费水平。在确定合适的缴费年限后，根据平均收益率来计算要达到20%的替代率需要的缴费水平，然后根据我国员工的工资水平确定需要的百分比。

企业年金计划可以考虑允许员工超额缴费，主要是收入较高的人对于退休金的水平要求高，如果高薪员工最后领取的退休金处于平均水平，可能无法满足他较高水平的养老需求。但是为了公平，应规定超额缴费不能享受税收减免的优惠，而且对超额缴费也要有一个最高额度的限制。

三、享受税收优惠待遇的年金计划所必须具备的条件和限制性要求

（一）年金计划对计划参加者的要求

年金计划可以对参加计划者提出资格条件，即要达到一定的年龄或为公司服务一定年限后才有参加计划的资格。但是为了防止年金计划规定的不公正，法规中要对年金计划的这种权利进行限制，即只要员工达到某一年龄或工龄，就必须允许其参加年金计划。美国这方面的规定是，员工参加年金计划的最低工龄一般不能超过1年，参加计划的最低年龄限制不能超过21岁。

（二）年金计划的覆盖要求

为了防止年金计划将某一部分的人（例如低收入员工）排除在计划之外，必须对计划的覆盖面提出要求，即要有最低的参保率限制，以扩大年金计划的受惠面。

（三）员工缴费要求

员工向年金计划的缴费一般是他的收入的一个百分比。要受限于法规要求的缴费最大年增加额。员工加入计划是自愿的，符合计划资格要求但没有参加计划的员工还可在以后的时间内加入，加入以后要进行缴费。

（四）企业缴费要求

应对企业为员工的缴费做出限制。企业为员工的缴费可以等于员工缴费的一定比例，为了奖励长期为企业服务的员工，企业的缴费比例也可以随着员工参加计划年限的增加而增加。计划也可以使用一种结合的缴费方式，即规定一个与员工缴费相联系的基础缴费，再加上与企业利润相关的补充缴费。不管是何种缴费方式，都不能超过允许的年缴费限额。

（五）为员工建立个人账户

年金计划必须要为员工建立个人账户，账户中包括员工个人的缴费、企业为员工所缴费用、账户资金的投资收益，以及其他可能的收入。员工的个人账户的资金积累必须定期披露，以加强对企业年金计划的监督，保障计划参加者的权益不被损害。

（六）基金的投资

员工的个人账户在投资时，要符合谨慎、分散风险的原则，充分考虑企业年金基金财产的安全性，实行专业化管理。投资要符合《企业年金基金管理试行办法》中要求的投资范围和投资规则等。

（七）既得受益权

企业年金计划要对计划参加者的既得受益权做出规定。同时，法规中也应该对年金计划的这种权利做出限制，即法规给出几种既得受益权进度表供企业年金计划选择，以保障计划参加者的权利。

（八）从企业年金计划中提款和贷款的限制

企业年金的目的是为了让计划参加者在老年时有足够的收入来维持一定的生活水平。如果允许计划参加者可以从计划中随便提款的话，可能使计划为他储蓄的退休金不足，无法保障退休后的生活问题。企业年金之所以可以享受到优惠的税收政策，就是因为国家希望可以通过优惠的税收政策刺激员工在职时更多地储蓄，提高退休后的生活水平。而且，如果计划参加者提前提款的话，可能参加计划不是为了退休储蓄，而是为了避税。所以，法规对年金计划中的提款必须做出种种限制。如果年金计划没有遵守这些规定，就会失去其享受税收优惠的资格。

（九）退休金的分配

年金计划中要明确规定领取退休金的条件，即个人账户积累在什么条件下可以分配、退休金领取的方式和方法。法规中对年金计划这方面的规定要做出限制，以保障计划参加者的权益。

上述这些条款只是一个年金计划要考虑的几个主要方面，还有年金计划的运作模式、计划中各个主体的权利和义务等其他的规定在此就不做分析了，但是它们对一个年金计划来说也是很重要的。法规中必须对这些方方面面的要素都做出详细而明确的规定。

第四节　美国 401（k）计划的
税收政策分析

美国 401（k）年金计划是从"现金或延迟安排"（Cash or Deferred Arrangements，CODA）这种早期的企业年金计划发展而来，它的名称来自美国《1978 年国内税收法》（Internal Revenue Code，IRC）的第 401 条第 k 款的序号，该法在 401（k）条款中，给予了"现金或延迟安排（CODA）"特别的税收待遇。早期的这种年金计划，对后来的 401（k）计划的形成与发展至关重要。在本书中，我们把 1978 年以前的 CODA 称为早期的企业年金计划 CODA，而 1978 年后的 CODA 即为 401（k）计划。

一、美国早期的企业年金计划 CODA

"现金或延迟安排"（CODA）是一种制度安排，在这种安排下职工可选择即时获取全部现金收入，也可选择延迟获取一部分薪酬，并把它投入到合规的年金计划中。在 1986 年美国《国内税收法》第 401（k）

条款补充修改以前，CODA 被认为是合规的企业利益共享计划（Profit-Sharing Plans）或股票红利计划（Stock Bonus Plans）的一部分，可享受优惠税待遇。

（一）CODA 的缴费来源

早在 20 世纪 50 年代中期，"现金或延迟安排"（CODA）就已经存在，其缴费资金笼统地称作企业给职工的补偿，并没有特别去区分缴费资金来源，而且其中用于企业年金计划缴费的部分可获得递延税收的优惠待遇。直到 1972 年 12 月美国国税局提交了一个提案，该提案认为职工任何工资收入的一部分或工资收入增加的部分，不论把它作为现金收入还是作为企业年金计划缴费，都不改变它的纳税地位。因此，有必要把 CODA 缴费来源细分为两种情况，即正常工资以外收入和正常工资收入。

1. 正常工资以外收入

加入 CODA 的职工可选择把正常工资以外的附加收入，如工资外补贴或红利收入，作为延迟补偿部分由企业直接投入到职工的企业年金计划。这部分用于企业年金计划缴费的工资外收入是职工分享企业利润增长的一种形式，因而这种年金计划又称作利益共享计划。企业的利益共享分配额通常与企业的利润或营业收入挂钩，即按一定比例从企业利润中提取部分收益，并根据职工年工资收入的一定比例分配给职工。政府鼓励企业以年金这种未来收入方式分配给职工，以降低职工老年收入下降的风险，因此，这部分用于企业年金计划缴费的工资外收入可享受延税待遇。

2. 正常的工资收入

加入 CODA 的职工同意减少他们每年的正常工资收入，并把减少的这部分工资收入作为年金计划缴费投入到企业年金计划，这种用正常工资收入的一部分缴费的年金计划又称为"薪资投资计划"（Salary Reduction Plans），它也包括在利益共享计划和货币购买计划（Money Purchase Plans）中。[①] 参与该计划的职工授权企业扣除一定数额的工资

---

① Everett T. Allen, Joseph J. Melone, Jerry S. Rosenbloom, and Dennis. F. Mahoney, *Pension Planning: Pension, Profit-Sharing, and Other Deferred Compensation Plans*, 9th ed. (New York: McGraw-Hill/Irwin, 2003), p. 142.

作为年金计划的缴费，企业也配套缴纳一部分。虽然用于企业年金计划缴费的工资减少数额由企业直接投入到企业年金计划，职工没有即时得到这部分工资，但是，它仍被视作职工缴费，也是职工工资收入的一部分。这部分源自工资减少的年金计划缴费就是所谓"推定收入（Constructive Receipt）"，按照美国税法规定"推定收入"为应征税收入。由于美国国税局1972年以前没有把这种"薪资投资计划"的缴费当作"推定收入"，因此，当时这部分用于企业年金计划缴费的工资收入可以免税，只有当事人收到这些收入时才缴税，即职工因退休、死亡或计划终止等原因从年金基金中获益时才缴纳所得税。

（二）CODA 中的非歧视要求和推定收入问题

CODA 和其他形式的"薪资投资安排"是 401（k）计划的原型。1956 年美国国税局公布了它关于 CODA 的第一个规定，在这个规定中，国税局主要关心非歧视问题，以是否有足够多的低收入职工参与合规的"利益共享计划"为参照标准来判断该计划能否享受税收优惠，即规定只有满足《1954 年国内税收法》第 401（a）条款的非歧视要求，CODA 才能获得免税资格。[1]

此外，美国国税局还明确了有关"推定收入"的问题，职工已得到或可以得到的收入，都应包括在职工的总收入中，[2] 而现实中职工个人对这个法律规定的（可能获得的）收入问题通常是不清楚的。尽管这个规定并没有充分阐述"推定收入"的问题，但国税局显然已经考虑到"推定收入"的存在。美国国税局要求职工在每个财务年度结束前必须做出选择，或是直接接受企业付给的现金报酬；或是让企业把这部分收入直接以税前缴费形式存入其利润共享计划或股票红利计划的账户中。如果把利益共享的金额推迟到年后确定，则足以避开其"推定收入"的性质。因为这些年金计划的吸引力不仅在于企业缴费可以免税而且在于职工缴费也不作为应征税收入（直到退休获益时才征收收入所得税），即到退休时这些收入才成为"推定收入"。

美国早期有关年金计划的法规中有两点重要的思想：第一，企业年

---

① Revenue Ruling 56－497（1956－2 C. B. 284）－26 CFR 1. 401－3.

② Federal Regulations. §1. 451－2（a）.

金计划是通过企业而不是通过政策措施设立的，年金计划作为一种机制，允许职工为退休储存一部分利益共享分配资金到年金计划；第二，关注非歧视性问题。当时美国国税局最关心"非歧视问题"，要求年金计划不能偏向高收入职工，只有如此才能获得免税资格（美国国税局在20 世纪70 年代早期又强调了这种关注）①。

（三） CODA 中的薪资投资计划

尽管美国《雇员退休收入保障法》（ERISA）之前的大多数 CODA 是利益共享计划的一部分，但是，一些货币购买计划也包含有延期支付规定，这些计划中比较典型的是薪资投资计划（Salary Reduction Plans），它最早出现在20 世纪70 年代早期，在税收管理条例中有关 CODA 的先例，为后来薪资投资计划的发展提供了参照。② 1970 年4 月29 日美国国税局公布了它批准的第一个薪资投资计划的范例（由安泰人寿保险公司的分支机构"分红年金人寿保险公司"管理），自那以后不久，另一些小企业也获准设立了700 多个薪资投资计划，每个计划平均包括9 名职工，美国国税局限制企业职工向年金计划缴款的上限为职工年薪的6%。③

薪资投资计划的选择是不可撤销的，其缴费通常占职工每年薪酬的一定比例，而且职工可立即得到账户中资产的所有权。按计划规定职工当时不用为这部分缴款纳税，到退休领取时再缴纳收入所得税。在早期，服务和零售行业中的小企业几乎全部采用薪资投资计划，这些企业的职工人数一般在15 人以内。阻碍这些企业建立企业年金计划的主要原因如下：第一，为大多数职工向合规的企业年金计划缴款增加了企业的额外补偿，小企业往往无力一次消化突增的劳动力成本；第二，小企业很难说服没有联合起来或组织起来的大多数职工接受减少他们现有的工资，以换取向企业年金计划缴款；第三，小企业没有更多的职工可分散年金计划设立和管理的成本，因而小企业的年金计划缺乏

---

① 林羿著：《美国的私有退休金体制》，北京大学出版社2002 年5 月版，第120 页。

② Revenue Ruling 56 - 497.

③ Written Statements Submitted by Interested Organizations and Individuals on H. R. 10470 Retirement Income Security for Employees Act. Hearings Before the Ways and Means Committee. House of Representatives. 93rd Congress. 1st Session, October 1, 1973.

对职工的吸引力。

薪资投资计划显然能够解决小企业建立企业年金计划中面临的许多问题，小企业向薪资投资计划的缴款是税前支出的，所以他们能为职工提供类似于那些大企业的具有竞争力的补偿。由于明显的税收利益和相对轻松的退休储蓄，因此，职工，尤其是低收入职工，很容易被说服接受以工资减少换取年金缴款。

出现在 403（b）计划中的薪资投资型计划，则适用于由教育、慈善和宗教组织设立的年金计划，这些计划可获准美国联邦政府在《国内税收法》的第 501（c）（3）条款中规定的免税，许多州和地方政府也给予优惠税。这些计划对教师、州和地方政府职员的年金缴款提供便利，通常在他们的职业生涯早期收入较低时可选择相当低的缴款类型，随着时间的推移，收入增加，则缴款也逐渐增加。[①]

此外，这类薪资投资型计划还对临时工的年金缴款予以限制，以避免其收入享受不当的延税待遇。因为他们获得的主要收入来自不同企业，他们可能将收入全部投入到年金计划而当时不被课税。

在 20 世纪 70 年代早期，美国《雇员退休收入保障法》通过之前，盈利或未盈利企业向职工提供了各种 CODA 和薪资投资型计划。国税局认为这些年金计划缴款都可以获得免税待遇，但其免税地位的条件各不相同。CODA 免税的前提条件是：（1）必须在年终利润确定前对延迟安排做出不可撤销的选择；（2）延迟安排必须符合非歧视要求；（3）选择的延迟安排缴款视作企业缴款，如同企业其他缴款一样，对退款有同样的限制。薪资投资型计划的免税条件是：（1）货币购买计划或薪资投资计划，在与 CODA 相同的规则下，被认为是免税的。但缴款被限制在基本工资的 6% 以内；（2）薪资投资计划作为合规的 403（b）计划，只有缴款是对过去或现在收入的补充，它才是免税的。用工资收入减少部分或工资收入增加部分向年金计划缴款，均不能获得免税优惠。

---

① 美国 403（b）计划是公共教育机构和一些非营利组织提供给职工的退休年金计划，该计划可获得税收延迟地位，其缴款由单位和个人共同缴款，缴款结构可任意变化，或完全由单位缴款，或完全由个人缴款。

二、美国企业年金计划的税收政策及其变化

1972 年 12 月 6 日，美国国税局发布了一个新的提案，在这个提案中明确指出，如果职工把自己正常工资收入的一部分用于年金缴款，则这种对合规年金计划的缴款被视作职工缴款。[1]美国国税局的这个提案认为，职工用于年金计划缴款的工资收入，视同职工已经得到的现金收入一样，应该是税后收入，所以薪资投资计划的缴款也应该课税。虽然美国国税局这个提案没有特别讨论 CODA，即提案未涉及职工以红利或其他正常工资以外收入的缴费，但是，这些年金计划与薪资投资计划能否被区分开来仍然存在疑问。

（一）美国企业年金计划税收政策取向

美国国税局声称它提出这个提案的意图，只是讨论薪资投资计划。国税局认为，由于收入的处置权是所有权的等价物，职工选择减少他们现在的工资以换取向年金计划的缴款，即职工具有用于缴款的这部分工资收入的处置权，也就等同于他们具有这部分工资收入的所有权，因此，它是职工的"推定收入"。[2] 同时，国税局认为，此处关于"推定收入"的认定没有改变为公务员和在 501 (c)（3）条款中为其他非营利组织职工提供的 403 (b) 计划中薪资投资计划的税收优惠待遇。如前面讨论的一样，只要这些缴费是对过去或现在收入的补充，即可获得免税。

美国国税局的这个提案受到当时美国财政部进行的一项重大研究"美国税收制度基本研究"的显著影响。在这项研究中，财政部指出企业把职工工资一部分交给企业年金计划（可享受延税待遇），而当企业把职工工资的一部分存到以后用于退休金的储蓄账户（征收企业收入税），这样做不仅将进一步侵蚀现有的税基，而且使得一些概念在特定情况下难以分辨，因此，美国财政部不赞同批准薪资投资计划的免税地位。此外，美国财政部指出了两个有关薪资投资计划的问题：（1）覆盖率问题。财政部认为现行的企业年金制度的设立应该能促进对所有职

---

[1]　Proposed Treasury Regulations § 1. 402(a) −1 (a)（1)（i）. 37 Fed. Reg. 25938（1972）.

[2]　HELVERING V. HORST, 311 U. S. 112（1940）. 61 S. Ct. 144. 85 L. Ed. 75.

工的覆盖，由于薪资投资计划的缴费是以工资收入减少为代价的，低收入职工的工资收入降低对这部分职工的基本生活影响较大，因此，这种类型的年金计划把许多低收入职工排除在外。如果没有为所有职工提供年金计划，则不允许企业主和高收入职工借助政府的税收优惠直接为他们自己提供年金计划。财政部认为薪资投资计划是由职工自己出钱和选择是否参加年金计划的工具，它们偏离了现有法定年金计划的基本路径。（2）税收损失问题。美国财政部认为企业年金制度造成的与税收利益相关的税收损失，当时估计接近 40 亿美元，所有纳税人承担了这个损失，但在现有的覆盖率下，只有一半的劳动力人口和占总人口更小比例人数享受了这种制度的利益。通过税收优惠激励企业提供各类年金计划的目标是覆盖那些现在还没有加入的人。如果薪资投资计划相对于企业举办的其他年金计划，特别是那些完全由企业缴款的计划，具有更受欢迎的税收激励，那么这么做就扭曲了为所有职工提供年金计划覆盖的激励。

（二）美国国税局税收改革提案

尽管美国国税局税收改革提案仅讨论了薪资投资计划，然而，既然薪资投资计划是由美国国税局根据专门处理 CODA 计划的税收管理条例首先批准设立的，CODA 也有与薪资投资计划相同的要求职工在年终利润确定前做出不可撤销的选择的规定，也有与薪资投资计划类似的"推定收入"的问题，那么一旦这些新的法规被批准，CODA 的免税地位将会改变。[1] 实际上，在国税局提案公布于《联邦登记》之后，美国财政部发出通知清楚表明意欲讨论 CODA，表示将拿出提案尝试在"税收管理条例"中考虑是否适当限制基本的或经常性收入的减少，以区别于其他收入，如红利等。[2]

随后，《联邦登记》对税收改革提案作了进一步的详细报道，以提供给公众评论，这场公众评论直到 1973 年 2 月 5 日结束。尽管这些公众评论没有公布在《联邦登记》中，但引起了一些人士和团体激烈的抗议，为此，美国国税局推迟了 1 年多直到 1974 年 6 月才公布法规。

---

[1] Rev. Ruling 56 - 497.
[2] IRS Announcement 73 - 6, Hearings H. R. 10470.

最终，在美国国税局税收改革提案、公众对该提案的评论、相关听证会和委员会有关该提案的报告以及财政部对该提案补充的基础上，形成了《雇员退休收入保障法》。

三、美国401（k）计划形成与发展

在几份提交给"美国众议院筹款委员会（House of Representatives Ways and Means Committee）"的关于《雇员退休收入保障法》的报告中提到了薪资投资计划的问题。这些报告提出了一个重大的税收政策问题，即在一定程度上允许职工把他们不可免税的缴费转换为税收延迟的企业缴费，这种情形造成了职工和企业向合规年金计划缴费的不平等。

（一）美国政府"暂缓执行"影响薪资投资计划条款的考虑

美国《雇员退休收入保障法》的宗旨是：（1）增加参加企业年金计划的人数；（2）确信参加计划者不会因过度限制的罚没条款、计划积累不足和没有扣留足够基金应付债务而失去他们的权益；（3）在这些涉及不同税负群体的年金计划中，通过提供更平等的待遇，使企业年金计划相关的税收法规更公正。

美国企业几乎一致对美国国税局的税收改革提案持否定态度，它们认为该提案的实施将使《雇员退休收入保障法》的宗旨难以实现：第一，禁止薪资投资计划享受免税待遇，对创利企业和许多小企业是不公正的。如果只允许403（a）计划中薪资投资计划（如医院、学校和其他非营利组织职工）获得免税地位，但禁止营利企业提供同类型的年金计划，是一个不公正的制度。从公正的角度看，不同组织的职工在同类型年金计划中应该获得同样的税收待遇。第二，小企业最可能采用薪资投资计划，而美国全国大约有一半的劳动力在不到100人的小企业中工作，这个提案与企业年金制度最大覆盖率的总目标是背道而驰的。第三，一些举办年金计划（包含CODA的利益共享计划）的企业担心一旦美国国税局的税收改革提案通过并形成法规颁布，美国财政部将试图取消CODA的免税地位。因此，他们反对美国国税局的这个提案。

美国众议院筹款委员会认为，在现行的法律下，建立了薪资投资计划的企业最终可能把年金计划转变为无法补偿职工薪资减少的企业缴费，因为职工选择减少薪资的企业缴费和领取工资后的职工缴费之间很

难区别，而后者显然是不能从应征税收入中扣除的。但是，延续薪资投资计划的免税地位，将为那些不能够负担年金计划成本的，而用职工薪资的一部分投入年金计划的企业提供一种支付退休金工具，这些年金计划至少为那些同意减薪的职工提供了退休金。美国众议院筹款委员会尤为担心的是职工收入扣除捐税后导致其实际工资减少，再拿出一部分工资作为年金计划缴费，会使工资收入下降太多，阻碍了部分职工参加年金计划。这种年金计划会对低工资收入的职工吸引力较小，很可能导致低工资职工参与不足，这些年金计划就可能自动产生歧视，偏向高收入的职工。为了避免这种状况的发生，取消薪资投资计划的免税待遇一定要慎重，对薪资投资计划也必须有更加严格的非歧视要求。

在这种形势下，美国《雇员退休收入保障法》中有关 CODA 的税收改革被一再推迟。而这种延期执行可能被解释为一种"信号"，即立法者不赞同美国国税局关于年金计划的提案。公众辩论报告和听证会文件显然是反对美国国税局立场的。

美国《雇员退休收入保障法》规定：美国国税局要撤销税收改革提案，也不公布任何其他新的关于年金计划的法规直到 1975 年 3 月 15 日或新法规最终公布，关于薪资投资计划和 CODA 的法规按照 1972 年 1 月 1 日以前的相同方式管理。对那些在 1974 年 6 月 27 日就已经存在的年金计划，《雇员退休收入保障法》中对年金计划有影响的法规延期到 1977 年 1 月 1 日才执行，因为在国税局开始准备提案以改变该领域的管理制度之前，在薪资投资计划和 CODA 利益共享计划中职工投入的所有收入都已经按照它应该确定的方式确定了。1976 年 10 月 4 日，在《1976 年税收改革法案》中，立法者把影响薪资投资计划法规"暂缓实施"的延长期从 1977 年顺延至 1979 年 1 月 1 日。[①] 在《1977 年税收待遇延长法案》中，有关影响薪资投资计划的法规再一次延期执行，从上次的 1979 年顺延至 1980 年 1 月 1 日。[②] 在美国众议院筹款委员会议案报告中，委员会请求给予更多的时间研究这些问题，并为这些年金计划的税收待遇设计合理的法规。

---

① （PUBLIC LAW ）P. L. 94 – 455，§ 1506.

② （PUBLIC LAW ）P. L. 95 – 615，§ 5 (1) and (2).

（二）《1978 年税收法案》通过与 401（k）计划发展

如果取消 CODA 的免税地位，企业就很可能放弃这些年金计划，以现金形式直接支付利益共享红利给职工。企业缺乏提供年金计划的动力，职工收到的所有的或部分的利益共享红利也不一定会作为退休收入保障而储蓄起来。而各种类型的 CODA 能确保职工选择缴款的方式为退休而储蓄，这也是美国《雇员退休收入保障法》和其他有关法规的宗旨。因此，社会普遍认为利益共享计划通常是为职工（作为补充现在或延迟收入）和企业（作为投资于它们自己的证券）有利的目标服务的，有必要对其税收的法律地位予以明确，以推动 CODA 的发展。

关于州和地方政府职员的延迟补偿计划。由于这类计划高的换岗率（超过 20%）、可携带性差、DB 计划的既得权益滞后和年金计划积累等问题存在，因此，除传统的 DB 计划外，还有特别为公共部门职员设立的延迟补偿计划。美国州和地方政府等公共部门的职工代表也同样反对美国国税局的提案，这个提案要求延迟补偿计划参加者在实际缴款之前做出延迟一部分工资的选择，他们表示因为在职工知道他们（来年的）补偿水平之前，难以确定是否参加计划，因此，该提案实际上会毁掉这些年金计划。

有自助计划的企业代表也表示反对美国国税局提案。美国国税局担心这些计划允许职工选择一个总的收益安排，其中包括应征税的（如团体人寿保险）和非税的收入（如健康保险），但在自助计划的保护下被认为是非税收入。

延迟补偿计划和自助计划非常类似于 CODA 和薪资投资计划，实际上，与工资减少相对应的缴费，或以工资外新增收入缴费，以及职工收到工资或红利后的缴费，它们之间常常很难区分。财政部由于担心企业滥用这些计划，担心部分在免税组织工作的职工将其收入的 90% 作延税缴费，这导致税收损失也违背了免税的目的。因此，美国国税局反对所有延迟补偿计划享受免税待遇，包括 CODA、薪资投资计划、州和地方职员的延迟补偿安排、自助计划。[1] 美国众议院筹款委员会意识到国

---

① Statement of James F. Marshall. Executive Director. Assembly of Government Employees. Hearings Before the Committee on Finance. United States Senate. 95th Congress. 2nd Session. August 25 and September 6, 1978.

税局忽视了税收改革提案对各种延迟补偿计划的影响，在新颁布的法案中进行了一系列修正。

美国众议院筹款委员会认为现行法律对在1974年6月27日后建立年金计划的企业有歧视，企业界代表也希望解冻CODA和薪资投资计划。最终，美国国会在1978年11月6日通过新的《税收法案》时，在1954年《国内税收法》第401条中加入第（k）款，该法案的通过标志着401（k）计划的开端。这个401（k）条款规定：利益共享计划或股票分红计划因为它们包括CODA而符合免税地位的要求。① 此外，《1978年国内税收法》还提出了适用于合规CODA的要求，诸如非歧视和参与要求。

《1984年税收改革法案》从几个方面修改了《1978年国内税收法》中的401（k）条款，其中最重要的变化是该法案允许薪资投资计划在原《雇员退休收入保障法》中的货币购买计划，与CODA同等待遇，且授予免税地位。这次修改仅仅适用于那些原《雇员退休收入保障法》中1974年6月27日之前就已经存在的货币购买计划，包括当时的薪资投资计划。

既然薪资投资计划作为美国国税局"1972年提案"的主题引发了大量的公众争议，导致了《雇员退休收入保障法》中有关条款的暂缓执行，那么在《1978年国内税收法》和随后的《国内税收法》中第401（k）条款中较少提及的那些年金计划则受到举办企业的关注。然而，由于排除了举办CODA企业免税地位的压力，国会可能仅仅取消其他年金计划的免税地位。在《1984年税收改革法案》中，立法者修改了《1978年国内税收法》，充分讨论了薪资投资计划——"职工向合规年金计划和薪资投资计划的缴款须纳税，除非这个计划形成了合规的CODA部分"。实际上，401（k）计划把缴费来源模糊处理，并迫使其他类型的企业年金计划向401（k）计划转变，因此，401（k）条款在不违背《国内税收法》的前提下，促进了企业年金计划的发展。②

---

① （PUBLIC LAW）P. L. 95 – 600，§135.
② Regs. §1. 402（a）– 1（d）.

四、美国企业年金计划税收政策变化的本质

企业年金计划的免税地位是政策争论的焦点，而立法者更关注企业年金计划的非歧视性要求和公平的税收待遇问题。当年金计划的税收地位与非歧视性问题摆在一起时，立法者倾向于首先解决非歧视性问题。尽管美国财政部及其所属的国税局试图从行政和立法上取消这些年金计划的免税地位，但美国各个利益群体（包括企业、职工和政府职员等）对国会的游说行为仍对政策变化起了重要作用。关于"推定收入"问题，由于工资收入的确定性，因此，可以把工资减少部分用于年金计划的缴费当作推定收入，而具有不稳定性的工资外收入则不是推定收入。一方面，这两种用于年金计划缴费的收入来源在实际操作中难以区别；另一方面，即使区别开来，也会阻碍一般小型企业加入年金计划，导致年金计划政策内在的歧视性，也违背了政府鼓励企业年金计划扩大覆盖率的宗旨。因此，政府在权衡利弊之后最终选择了以401（k）计划来取代以往其他计划，并给予其免税地位。政府的税收政策对小企业设立401（k）年金计划起到了激励作用，推动了401（k）计划的快速发展。

美国企业年金计划中的税收优惠待遇从总体上来说主要有以下几个方面：（1）员工在职期间获得了其退休金的既得收益权，但是这部分收入并不包括在员工的当期应税收入中，只是在员工领取退休金时才对这部分退休金收入有纳税的义务。企业为员工向年金计划的缴费也不算作员工当期的收入来纳税，即延迟纳税。（2）企业为员工向年金计划的缴费可以从公司的应税收入中扣除从而享受减税待遇。（3）年金计划中的资金在投资时获得的任何收益在当期是免税的，只有在雇员领取退休金时才会对投资收益征税，投资收益纳税被延迟了。（4）CODA计划提供了另一种选择：即可以将工资的一部分以税前的方式向年金计划缴费，向计划缴入的这部分资金从员工当期应税收入中扣除，降低了员工当期的应税收入来达到延税的效果。（5）罗斯个人退休账户是一种税后收入缴费的个人退休金账户，在满足某些规定的前提下，员工可以从账户中免税提款，也就是说，虽然缴费的时候没有享受到税收优惠，但投资收益被免税了。

　　我们需要提一下的是，美国的税收优惠的退休储蓄计划在进行员工税前收入缴费时，虽被免去了所得税，但是另外一种税，即工薪税是不能免去的。工薪税是企业支付员工工资时征收的税收，包括联邦社会保险税和联邦失业保险税。联邦社会保险税由企业和员工共同缴纳，联邦失业保险税由企业缴纳。员工的税前缴费被认为是工薪的一部分，在缴费时要缴纳联邦社会保险税，企业也要就这部分缴费缴纳联邦失业保险税。但是，企业向年金计划的缴费则不被当做工薪看待，不用缴纳工薪税，员工在从企业年金计划中提款时也不必缴纳工薪税。有一个例外是，基奥计划中自雇者为自己向年金计划的缴费是需要收取联邦社会保险税的。还有就是，非税收优惠延期支付计划中，对于延期支付的那部分工资在计划参加者从计划中提取这笔钱前都是免交所得税的，但是对于计划中已经获得既得受益权的那部分钱款，员工需要就其缴纳联邦社会保险税，企业也要缴纳相应的工薪税。企业的缴费免交工薪税，会激励企业资助退休储蓄计划的热情和积极性，促进退休储蓄计划的发展。

第五节　企业年金计划的税收政策效应

一、不同税收政策下的企业年金计划收益

　　为了更清楚地说明企业年金计划中优惠的税收待遇所产生的作用，我们来设计三种情形作一下对比：（1）企业直接付给员工现金 M，员工将现金存入银行的储蓄账户（其实这也是在缴费环节和投资环节纳税的模式）；（2）企业直接付给员工现金 M，员工以税后缴费的形式将被征税后的收入向计划缴费，存入计划的储蓄账户中；（3）企业将这笔额度为 M 的钱款直接向年金计划缴费，或者是企业先将这笔钱付给员工，然后员工以税前缴费的形式向计划缴费。

　　假设员工在工作期的税率为 20%，在提款时候的税率也为 20%，

利率为9%，员工的积累时间为16年，那么现在我们来看看三种情形下16年后的收益如何。

第一种情形下，员工在收到M金额后即被征收20%的税收，那么当他将钱放入储蓄账户中时就只剩下 $0.8M = M \times (1-20\%)$，当这 $0.8M$ 在储蓄账户中进行储蓄时，得到的利息还要征收20%的税，也就是说这笔钱的实际收益率为 $7.2\% = 9\% \times (1-20\%)$，那么经过16年的积累，这笔钱的最终收益是 $2.433M = 0.8M \times (1+7.2\%)^{16}$。

第二种情形下，员工在收到M金额后即被征收20%的税，那么当他将钱投入税收优惠的年金计划中的个人账户中时就只剩下 $0.8M$，当这 $0.8M$ 在个人账户中进行储蓄时，得到的利息是免税的，只有当员工提款时才纳税。那么16年后，账户中的积累达到 $3.1762M = 0.8M \times (1+9\%)^{16}$，因为投资所得要纳税，纳税额为 $0.4752M = 0.8M \times (1+9\%)^{16} \times 20\% - 0.8M \times 20\%$，所以，员工最后因为这笔钱可得到的收益为 $2.701M$。

在第三种情形下，不论是企业直接为员工缴费，还是员工的税前缴费，最终到达年金计划的个人账户中的钱都为M，投资收益当期免税，在员工从计划中提款时，那员工就必须就其领取的所有退休金纳税。M积累16年后的价值变为 $3.9703M = M \times (1+9\%)^{16}$，必须缴纳的纳税额为 $0.7941M = M \times (1+9\%)^{16} \times 20\%$，纳过税后的价值为 $3.1762M$。也就是说，在第三种情形下，M最终带来的收益为 $3.1762M$。

从以上的分析，我们可以很明显地看出，同样一笔钱，在第三种情形下的收益最高，第二种情形下的收益次之，而第一种情形下的收益是最小的。这个例子集中体现了不同的税收优惠待遇下的不同的收益。

美国罗斯个人退休账户的特点是，向账户中的缴费必须是税后收入缴费，但在满足规定的条件下，可免税提款，也就是说对缴费的投资收入免税了，那这种情况下的收益将会如何呢？仔细地分析上面这个例子的话，我们可看到在第二种情形下，如果不对投资收益征税，那初始M的最终收益就为 $3.1762M$，与我们分析的第三种情形下的收益是一样的。也就是说，如果税率保持不变的话，向有优惠税收待遇的年金计划的税前缴费带来的收益，与向优惠税收待遇的年金计划的税后缴费但投资收益免税带来的收益是一样的。

我们在分析时假定，员工在工作期和退休后（提款时）的纳税率是一样的。我们如果进一步假定，员工在退休期的纳税率低于工作期的纳税率的话，那么我们会看到在税收优惠的退休金计划下能得到的收益更多了。因为此时，第二种情形下的投资收益征税时要缴费的税额会小于0.4752M，第三种情形下提款时要缴纳的税额会小于0.7941M，从而第二种情形下的最终收益大于2.701M，第三种情形下的最终收益大于3.1762M。这也说明，税前缴费不仅可以降低员工的当期应税收入从而达到延税的效果，如果在退休期的纳税率比工作期的纳税率低的话，他将会收到更多的税优计划带来的好处。这就是为什么高收入员工一般可以从退休金计划的税收优惠待遇中可以得到更多利益的原因。他们会希望利用税收优惠的退休金计划为自己避税提供便利。但是这个好处并不适用于美国罗斯个人退休账户，根本原因在于罗斯个人退休账户的投资收益是免税的。如果提款时的纳税率大于缴费期的纳税率的话，罗斯账户的价值就会更大，优势就会更加明显。因此，美国罗斯个人退休账户对那些刚开始工作，纳税率较低的人来说，会更有吸引力。[1]

我们对税收优惠计划作用的原理进行了分析，但是我们应该明白，企业年金计划带来的收益对年金计划参加者来说是收入，对一个国家来说则是税收损失。即税收优惠政策是有成本的。

关于如何计算税收优惠政策的成本，1967年，哈佛大学教授斯坦利·萨里（Stanley S. Surrey）提出税收支出（Tax Expenditures，又称为"税式支出"）的概念，所谓的税收支出就是指与基准税制下的税收收入（没有税收优惠时的税收收入）相比，实行税收优惠后减少的政府的税收收入量。[2] 这就是税收优惠政策的直接成本。但是税收支出的测算是十分复杂的，它涉及基准税收的确定、各种企业年金计划的多样性等一些复杂的因素，但是通过对税收支出的大略测算，普遍相信企业年

---

① 林羿著：《美国的私有退休金体制》，北京大学出版社2002年5月版，第81~226页。

② Stanley S. Surrey, 1969, Excerpts from remarks before The Money Marketeers on The U. S. Income Tax System—the Need for a Full Accounting, November 15, 1967, in United States Department of the Treasury, *Annual Report of the Secretary of the Treasury on the State of the Finances for the Fiscal Year Ended June 30, 1968*, Washington, DC: Government Printing Office, p. 322.

金计划所享受的税收优惠待遇带来了一笔巨大的税收支出。

因此一个国家在通过税收政策鼓励企业主动为员工提供企业年金计划来进行储蓄，以保障员工的退休生活，减少对社会基本保障的依赖时，还要考虑它所实行的税收优惠政策给国家带来的收入减少的影响究竟有多大，这就导致了税收优惠的企业年金计划中能享受到的税优待遇是有限度的，是要受到很多条件限制的。

二、企业年金计划税收政策的成本及其控制

为了鼓励企业年金计划的发展，使人们退休后能享受更加满意和充足的退休收入保障，各国政府在税收政策中为企业年金计划的建立与发展提供了种种便利，企业和员工可以从企业年金计划税收政策中获得较多的税收利益，这些税收利益推动了企业年金计划的发展。

许多企业和员工都希望利用税收政策中的这些优惠来为自己最大限度地避税提供便利，这是税收优惠政策的隐性成本，会导致税收收入的部分损失。因此，税收政策对享受税收优惠的企业年金计划必须作出种种限制和规定，这些限制性的规定不仅可以使企业年金计划达到税收政策预期的效果，而且也对企业和高收入员工的避税行为有所限制。

在实行税收优惠政策时，为了实现税收政策的目标，需要对那些享受优惠待遇的企业年金计划有所管制。管制一般可以从以下几个方面进行：（1）对最大缴费额的限制；（2）对从企业年金计划中的提款进行限制；（3）对企业年金计划覆盖率的要求；（4）对非优惠高薪员工的要求。

（一）对缴费额的限制

税收制度在给予企业年金计划税收优惠待遇时考虑了两个方面：一是为企业提供减免税，通过给企业提供一定的经济帮助来鼓励它们资助企业年金计划。二是避免为企业年金计划提供过高的税收优惠待遇而导致国家过多的税收损失。因此，对企业年金计划中的缴费额度以及缴费所能免税的额度应该有一个限制。

美国《1986年国内税收法》第415条款和404条款分别对企业年金计划缴费的额度和缴费减免税的额度作了详细的规定。如果不符合规

定的要求，企业年金计划可能失去其获得税收优惠的资格。美国《1986年国内税收法》第415款，对固定缴费型企业年金计划的年度缴费额限制包括企业缴费、员工缴费、在企业年金计划参加者中再分配的没收收入（即未获得完全的受益权就离开的年金计划参加者所丧失的收入），这个限制是年缴费额不得超过35000美元，或是该计划参加者年度报酬的25%。美国税务局颁发的有关条令和规则对年度报酬中所应包含或排除的项目也作出了相应的规定。年度报酬包括工资、薪金以及任何提供个人服务所获得的报酬，不包括免税的员工福利。延期支付报酬的年金计划的缴费额一般不包括在员工的年度总收入中，但是美国《1986年国内税收法》第415条款中规定，员工的年度报酬包括像401（k）计划、403（b）计划或是政府的457计划所缴纳的税前缴费额。同一个企业资助的所有固定缴费型年金计划必须视为一个年金计划。属于同一个控股集团，或者是受同一个母公司控制的公司，以及联营服务公司都被认为是同一企业，必须加在一起统一考虑。美国《1986年国内税收法》还对自营职业者的年度报酬做了特别的规定，他们的年度报酬是该参加者从自营职业中获得的净收入。如果缴费额超过规定的限制，有几种不同的修正方法，一种是将超过限额的缴费额在年金计划的其他参加者中重新分配，如果重新分配后还有超过限额的缴费额，那这部分缴费额被储存在年金计划所建立的一个暂计账户中，用来在以后的年度重新分配。

《1986年国内税收法》第415款规定，固定受益计划每年为计划参加者提供的年退休金不能超过160000美元（在2002年，根据通货膨胀进行调整）或是年金计划参加者3年最高工资的平均数中的较小者。[①]如果一个年金计划参加者参加年金计划不到10年，这个标准还要降低。之所以会有这样的规定，是为了防止固定受益型年金计划的举办企业利用建立年金计划之机在较短的时间内积累过多的退休金，而过多的退休金积累则意味着企业对年金计划进行了大量的缴费，企业可能是在利用

---

① Everett T. Allen, Joseph J. Melone, Jerry S. Rosenbloom, and Dennis. F. Mahoney, 2003, *Pension Planning: Pension, Profit-Sharing, and Other Deferred Compensation Plans*, 9th ed. New York: McGraw-Hill/Irwin, p. 89.

向年金计划大量缴费来大幅度降低当期应税收入，获得过多的税收优惠，给政府的税收收入造成不合理的损失。美国《1986 年国内税收法》第 401（a）（17）条款对计算年度缴费限额的个人年收入的计算有限制，这一限制在 2001 年是 17 万美元（这个数字随生活费用调整），也就是说，在用年度收入计算年金计划参加者能免税的年度缴费限额时，能被计入的最大年收入是 17 万美元，这主要是为了避免参加企业年金计划的高薪员工获得过多的退休金。

在美国固定受益型年金计划中，如果年金计划筹资不足，则在年金计划终止时员工可能失去全部或部分退休金。如果年金计划参加者较年轻的话，还可以有机会为以后的生活储蓄，他们受到的影响不会很大，但如果年金计划参加者年龄较大的话，年金计划的破产会使得这些员工以后的生活非常艰难，因为这些年龄较大的员工已经没有足够的时间来为退休进行充足的储蓄了。为了避免筹资不足导致参加退休金计划的员工的老年生活无法保障，美国《雇员退休收入保障法》对固定受益型年金计划的基本筹资标准作出了规定。基本筹资规定使得企业对年金计划进行必要的缴费，以防止年金计划筹资不足造成资金短缺，无法兑现年金计划中的承诺。如果企业对年金计划缴费不足，而使年金计划出现筹资不足或赤字的话，美国《1986 年国内税收法》第 4971 款对累计筹资不足的缺口征收 10% 的惩罚税，而且累计筹资缺口不及时加以纠正的话，累计筹资缺口的惩罚税会上升到 100%，直到缺口被纠正为止。①

（二）可享受税收减免的缴费额的限制

美国固定缴费型年金计划的企业缴费所能得到的税收减免最大额被规定为所有计划参加者年薪的 25%，如果缴费超过了减税限额的话，企业要对超过减税限额部分的缴费缴纳 10% 的惩罚税。

美国固定受益计划中的企业缴费，只要是满足《1986 年国内税收法》第 412 款的最低筹资标准的缴费都可享受税收减免，同时第 404（a）（1）条款还允许在满足最低筹资标准的基础上，只要不超过年金计划全额筹资的剩余额的企业缴费，都可以获得减税。这些规定主要是

---

① Internal Revenue Code: Section 4971, Taxes on failure to meet minimum funding standards.

为了减少企业把计划当作减税的工具来使用。虽然各国有意通过税收政策来增加人们的退休金的水平和退休时期的经济保障，但提供的税收优惠还是有一定限度的。税收政策在处理企业年金计划的税收优惠待遇时，应该实现税收收入减少带来的国家收入损失与企业年金计划良性发展之间的平衡。

美国《1986 年国内税收法》第 404（a）条款并没有禁止企业向年金计划超额缴费，只是没有给予这部分超额缴费任何税收上的优惠，超额部分的缴费可以转到下一年继续进行减税。如果法律允许企业将超额缴费留在年金计划中待下年缴费时享受免税的话，那么企业就可以通过将超额缴费留在年金计划中而获得好处。所以，美国《1986 年国内税收法》中又规定，对超额缴费部分不及时从年金计划中提取出来的话，就要征收 10% 的惩罚税，而且所交的惩罚税也必须算在企业的当期应税收入中。

（三）对从计划中提款的限制

一个企业年金计划是为了让年金计划参加者在老年时有足够的收入来维持一定的生活水平。如果允许年金计划参加者可以从年金计划中随便提款的话，虽然增加了参加者当期的消费，但是可能使年金计划储蓄的退休金不足，无法保障退休后的生活水平。税收优惠的企业年金计划之所以可以享受到优惠的税收政策，就是因为国家希望可以通过优惠的税收政策激励员工在工作的时候为老年期进行更多的储蓄，提高退休后的经济保障。所以，税收优惠的企业年金计划通常对年金计划参加者从计划中提款作出了许多限制。如果年金计划没有遵守这些规定，就可能失去其享受税收优惠的资格。

美国《1986 年国内税收法》中对不同计划的提款条件的规定是不同的，这和各个年金计划的特征有关。固定受益型企业年金计划和货币购买年金计划的主要目的是给员工提供退休收入，所以只有在员工与企业终止雇佣关系时才能拿到退休金，而员工在职时提款是不允许的。因此，如果固定受益型年金计划或是货币购买年金计划允许年金计划参加者在没有达到正规退休年龄之前，或是员工还在为企业工作期间就允许年金计划参加者从计划中提款的话，年金计划将会因为违反规定而失去享受税收优惠的资格。

利润分享年金计划可以允许年金计划参加者的在职提款，但是年金计划中必须明确规定提前提款的限制和条件。例如，年金计划参加者要达到的退休年龄或是已参加年金计划的年数或是某些特殊事件（解雇、生病、伤残、死亡等）发生时，才可以从年金计划中提款。如果不符合规定，利润分享计划也可能因此而失去其税收优惠的资格。与固定受益型年金计划和货币购买年金计划相比较而言，利润分享年金计划的提款限制是比较宽松的。

401（k）年金计划和403（b）年金计划允许年金计划参加者在以下几种情况下从年金计划中提款：年金计划参加者达到59岁半、死亡、伤残、辞职。当年金计划参加者发生"经济困难"时，也可以从年金计划中提款，但是对于什么情况属于经济困难的界定，必须要经过特殊的检验，以确定年金计划参加者是否真正发生了"经济困难"。457年金计划的参加者可以在以下情况下从年金计划中提款：年金计划参加者转换工作、达到70岁半、遇到特殊的紧急情况。

虽然在某些条件下，美国许多企业年金计划允许从年金计划中提前取款，但是政府和企业都不鼓励这种行为，这一思想从美国《1986年国内税收法》对（从年金计划中）提前取款征收10%的惩罚税可以看出来。这也是为了避免年金计划参加者仅仅利用年金计划来实现减免税的目的而不是为了退休期储蓄。

如果年金计划参加者真正有提前提款的必要，也是被允许的。因此美国《1986年国内税收法》还罗列了一些可以免征惩罚税的情况。《1986年国内税收法》对从个人退休账户中提前取款免征惩罚税的几种情形做出的规定是：提款是为了第一次购买主要住房，而且提款不超过1万美元；提款是为了支付计划参加者和配偶、子女、孙子或孙女的高等教育学费和相关费用等。

允许年金计划参加者从企业年金计划中提前取款，会使储蓄不足而不能达到退休储蓄的目标。所以对提前取款有很多的限制，不遵守这些限制性规定可能使年金计划丧失税收优惠的资格。同时，如果允许年金计划参加者将提款的时间无限期的推迟的话，也是不行的，因为在这样的情况下，说明年金计划参加者无须动用年金计划中储蓄的退休金就已经能很好地保障其退休生活了，此时将年金计划中的退休金留在年金计划中只是为了达到继续延税的目的，而不是为退休期储蓄的目的，这与税收优惠的年金计划的初衷——鼓励年金计划参加者将退休前的一部分收入以延税的形式储存起来作为将来退休的生活费用，是不相符的。所以这种无限期推迟提款期限也是不被允许的。针对这一问题，美国《1986年国内税收法》中规定有强制性缴费额分配或提款的要求。一方面是对提款的最迟时间做出规定；另一方面是对提款的最低数额做出规定。如果不按照这种强制性提款要求来进行提款的话，年金计划就可能失去其享受税收优惠的资格，年金计划参加者也会被征收惩罚税。

美国的强制性提款规定要求最迟的提款期不能迟于强制性提款日，强制性提款日是指计划参加者在实际退休后的下一年的4月1日，或者是其达到70岁半的下一年的4月1日。强制性提款的最低数额不能低于按照计划参加者的预期寿命进行分期付款的付款额。如果计划参加者在强制性提款日后去世，而且没有将计划中所有的退休金提走，那么剩余的退休金的支付速度不能比计划参加者原先选定的提款速度更慢，这主要是为了使所延迟的税收尽早的收回来，避免税收收入不合理的损失。如果年金计划在进行强制分配退休金时没有满足所规定的最低强制提款额，缺口的款额将被征收50%的惩罚税，这一惩罚税由领取强制性退休金的计划参加者支付。

（四）转账中的税收待遇和限制条件

美国《1986年国内税收法》第402（c）条款规定，如果一个税收优惠的企业年金计划参加者从计划中将可以直接转账提款的款额在提款后的60天内直接转账到另一个税收优惠的企业年金计划或他的个人年金账户中，那么这笔转账将是免税的。直接转账是按照年金计划参加者的指令，从一个年金计划或个人年金账户向另一个年金计划或个人年金账户进行转账，但是没有经过年金计划参加者之手。这个规定使得年金计划参加者可以通过合格的直接转账使提款继续延迟纳税，从而获得好处。

美国法规中对可进行直接免税转账的提款作了限制性规定，即有些提款是不能被免税转账的，例如年金形式的提款、提款期限在10年以上的分期定期提款、法规中要求的最低限度的提款、来自于401（k）计划和403（b）计划中的经济困难提款等。

(五) 年金计划参加者贷款的限制

税收优惠的企业年金计划一般允许向年金计划参加者贷款,但是有很多的限制条件。贷款与提款不同,贷款有利率,贷款一般来说不会影响年金计划中个人退休金的积累,所以美国《1986 年国内税收法》一直都允许税收优惠的企业年金计划向参加者贷款,但对贷款附加了很多的条件和要求,以保证贷款不会影响正常积累。但是,需要指出的是个人不能从其个人年金账户中贷款,如果从个人年金账户中贷款的话,将被视为提款而必须纳税。

(六) 对高薪员工享受税收优惠的限制

美国《1986 年国内税收法》和《雇员退休收入保障法》中一个很重要的思想是不能优惠高薪员工。这包括两个方面的要求:一是基本的覆盖率和年金计划参加者的人数要求;二是为年金计划参加者提供的缴费和退休金。也就是说,企业如果想要建立一个享受税收优惠的企业年金计划,就不能随便决定哪些员工可以参加年金计划,而哪些员工不能参加年金计划,也不能随便决定各个年金计划参加者的缴费水平或提供的退休金的水平。

当企业完全可以自由决定是否建立一个企业年金计划时,它是否会提供一个年金计划将是在权衡付出与所得之后所做的决定。对企业来说,将一定量的钱是以工资的形式发放,还是以向年金计划缴费的形式为员工提供延期支付,他都能获得税收减免。如果企业选择向年金计划缴费,就相当于为员工提供了税收政策中的优惠待遇。企业在建立和资助年金计划时,是需要花费较多管理上的成本的,他们通常会把这部分成本通过减少员工的工资的形式而将其转移到员工身上。不同的员工对工资减少的反应是不同的。对那些收入较低的员工来说,因为收入较低可能不太愿意进行储蓄,而且年金计划中提款和贷款的种种限制使得储蓄的积累的流动性很差,考虑到现在消费的压力,他们不会太愿意加入年金计划。当把这些低收入的员工纳入年金计划后,减少他们的工资来为退休储蓄,他们对于工资的减少反应会很大,不会想要退休储蓄和现时工资对等替换,也就是说,企业为他们向年金计划进行一定量的缴费时,企业对他们工资的减少要小于向年金计划的缴费量才能满足他的要求。而高薪员工恰恰相反,他们对年金计划有强烈的兴趣,参加年金计划后，通过减少现时工资可以减少他们的当期应税收入，但又不会影响他们的现期消费，缴入税收优惠年金计划中的工资还能享受延税的待遇，所以他们可能会愿意拿出更多的工资换取企业年金计划缴费。那么结果就显而易见了，企业更愿意年金计划中包括更多的高薪员工，更少的低收入员工。

当企业可以选择其建立年金计划能覆盖哪些员工时，从自身利益出发，他会只覆盖高薪员工。税收政策之所以会给企业年金计划以优惠的待遇，就是为了通过这种免税和延税的优惠待遇促进企业年金计划的发展，为数量众多的劳动者提供普遍的福利，而只覆盖少数高薪员工的企业年金计划与税收政策的初衷是相违背的。所以，对一个享受税收优惠的企业年金计划的覆盖率，美国的相关法律中是有相关规定的，一般是公司中员工数量的一个百分比，如果企业只将其中一部分员工包含在企业年金计划中的话，这样做必须不能产生优惠高薪员工的结果。如果企业没有违反覆盖率的规定，但是却为不同员工进行不同的缴费，即为高薪员工较多缴费，为低收入员工只进行极少量的缴费，这种做法也会导致优惠高薪员工的效果，也是不能允许的。所以美国有关法律中除了对年金计划的覆盖率方面有要求外，对企业的缴费和提供的退休金也有一定要求。

虽然受限于法律中的诸多规定，企业仍然可以通过具体的年金计划设计，使得年金计划对高薪员工有利，这说明法律不能完全阻止年金计划优惠高薪员工。如果政策目标是鼓励建立企业年金计划来为广大劳动者提供退休金，那就必须在某种程度上允许年金计划有优惠高薪员工的效果，但是对其要加以严格限制，不然与政策的初衷就大相径庭了。

对优惠高薪员工的限制规定，使得企业不得不为低收入员工进行足够的缴费，以提供合理的退休金水平，这增加了企业建立年金计划的成本，对企业建立年金计划的积极性产生一定的影响。过于严格的规定会对企业建立年金计划的意愿产生巨大的消极影响，极端情况是企业不会建立和资助一个企业年金计划，这样的话，低收入员工就得不到任何的退休金。这与政府政策的初衷也是不相符的。所以税收优惠政策的最好效果是，既激励企业建立一个企业年金计划为员工提供合理的退休金，又不会因为限制高薪员工税收优惠的规定过于严格而增加企业的成本，影响企业的积极性，实现政策目标的同时不损伤企业的利益。可通过向那些高薪员工提供税收补助的方式诱导企业建立一个为所有员工提供退休金的企业年金计划，从而保障低收入员工退休期的经济来源。在提供税收补助时，还必须考虑税收收入的减少，避免过分的补助。

税收政策应该明确规定企业和员工的享受税收优惠的规则，对企业的行为应该有一定的控制能力。如果对企业缺少约束，提高税收优惠的力度只会增加直接或隐性的成本，企业的年金计划也不可能得到良性发展，广大劳动者的利益无法得到保障，最终导致税收优惠政策低效率运行，不符合税收政策的原意。

第十一章　企业年金计划与企业管理

从宏观上看，企业年金计划是社会基本养老保险的补充，主要体现了企业年金计划的社会功能。从微观上看，企业年金计划是企业管理的重要手段，主要体现了企业年金计划的经济功能。我们在强调企业的社会责任的同时，也要对企业年金计划的经济功能做重点的分析。

第一节　企业年金计划与企业员工流动性分析

企业年金是企业为其员工提供的一种延迟的、与服务年限相关的补偿收入，它是收入分配的一种形式，对员工流动性有一定的调节作用。下面运用微观经济学模型解释员工在不同职业阶段的工资和企业年金的相互作用及其对员工流动性的影响。

一、企业年金计划与员工流动

企业年金计划是企业在国家政策的指导下，根据自身的经济实力和经济状况建立的，旨在为本企业员工提供一定程度退休收入保障制度。企业年金实质上是员工劳动报酬的一种形式，也是员工分享企业利润的延期支付方式。企业年金制度作为企业管理制度的重要组成部分，已成为企业调节员工流动性的重要工具。本书涉及的退休金就是指企业年金，不包括社会基本养老保险提供的退休收入。

在劳动力市场中，员工是具有流动性的，他们可以从一个公司中退出，而加入另一个公司。员工的这种选择是基于自身效用的最大化，根据未来收入的预期做出的判断：如果留在本公司拿到的收入带给他的效用更高，他会选择留下，但如果另一个公司所提供的收入能给他带来更大的效用，他就会从原来的公司中退出。

为了分析企业年金对员工流动性的影响，我们把公司分成两类：一类是提供退休金的公司（我们将这种公司称作 A 类公司），另一类是不提供退休金的公司（B 类公司）。A 公司中的员工是否会从公司中退出而加入 B 公司，取决于 A 公司和 B 公司分别提供的收入带来的效用水平的比较。如果 A 公司提供收入的效用大于 B 公司所能提供收入的效用，则员工会继续留在 A 公司工作，反之，员工会辞职。认识到员工的这种行为后，A 公司会通过改变员工的工资和退休金支付水平来影响员工的选择，从而达到企业可接受的员工流动率。

企业年金计划在企业管理中发挥着日益重要的作用，它不仅可以增强企业的凝聚力和增加员工的安全感，使员工更加安心工作，从而提高劳动生产效率，而且可以增加员工对公司的归属感和忠诚度。如果员工离开公司，那么他损失的不仅仅是工资收入，还有公司提供的退休金。这使得员工不得不仔细地权衡辞职的成本，因此，企业年金计划对员工去留的决策产生影响。员工特别是技术工或熟练工辞职，往往会给公司带来很大的损失。退休金待遇水平高的企业就能吸引更多的人才，也能留住人才，从而增加企业的竞争力。

企业年金在影响员工流动性中扮演了一个很重要的角色，但是很多文章在分析这个问题时都假设资本市场是完全有效的，在这种假设下，退休金在影响员工流动性时将变成一个多余的工具，因为此时工资和退休金是可以互相完全替代的，任何一种可以用工资政策和退休金政策达到的员工流动率都可以只用工资这一种工具就能实现。但在现实中，资本市场不可能完全有效率，本节中我们通过资本市场不完全有效的假设赋予企业年金独特的角色。

我们要讨论的是：（1）为什么对工人来说，退休金收入和工资收入不能完全替代对方？（2）退休金作为一种延迟的、与工作年限相关的补偿，是如何帮助调节员工流动率的？（3）为什么退休金支付一般来说要比员工的最终工资少？（4）为什么员工在他们工作生涯的最后一阶段得到他们培训后的最高工资？（5）为什么工资曲线是不平坦的？接下来我们将通过微观经济学模型分析来对这些问题进行解释。

二、模型框架与假设

在实现个人效用最大化过程中，员工通过权衡各种就业机会可能带来的收入效用，决定是否放弃现有工作，为了解释退休金对这种选择的影响，我们构建一个简单经济系统，在这个系统中，有如下一些假设：（1）企业的劳动规模报酬不变；[①]（2）每个员工有四个生活时期，每个时期都是等长的，前三个时期为员工的工作时期，第四个时期为退休时期；（3）每个时期的长度单位都为1，并假设时间折现率为0，即同样的一笔钱，现在消费或是在未来某个时期消费，员工得到的效用是一样的；（4）公司是风险中性的，而从员工消费的边际效用递减看，员工为风险厌恶者，这是在有关劳动合同的文献中的标准假设，因为一个员工的主要资产是他的人力资本，所以，员工不可能像公司那样有分散化资产，也不可能像公司那样通过资本市场分散风险；（5）进一步假定员工的消费效用是可分离的，那么员工每个阶段在消费方面都是风险厌恶者，员工会选择在各个时期（包括退休时期）均匀地消费他们的工资收入。

假定资本市场不是完全有效的——员工每个阶段的消费和收入都相等，既没有借入，也没有储蓄。在后面的分析中将会看到，员工不能储蓄，事实上并不像它所显现的那样有限制性，因为如果生产率曲线是向上倾斜的，那么在均衡态下大多数的员工流动性都会受到约束，他们不愿意去储蓄。关于员工没有借贷的假设，主要是指长期借贷，因为对许多员工来说，他们借贷时唯一的抵押品就是他们的人力资本，（除了他们自己的公司外）借贷机构显然不会接受这样的借贷要求，所以，员工无法获得借贷。

---

① 规模报酬不变是指，产量增加的比例等于各种生产要素增加的比例。参见高鸿业主编：《西方经济学（微观部分）》，中国人民大学出版社2004年版，第148页。那么劳动规模报酬不变可定义为，产量增加的比例等于劳动投入增加的比例。

由于消费的边际效用递减，员工试图在四个时期之间平滑他们的消费（此时工资与其创造的边际产出是不相等的），但是，在资本市场无效时他们自己做不到，那么这个任务就留给了公司去完成。接下来的问题是：为了达成在不同时期为员工提供完全相同的收入流（包括退休收入），公司是否应该给员工提供一个完整的银行服务？本节一个主要的观点是：假定员工的辞职是内生的，收入的完全平均化是不会发生的。这主要是因为存在道德风险：公司所提供的银行服务水平——隐含在公司的工资和退休金中——影响员工辞职的（可能性）概率，也影响到公司的收益率。

在这个模型中，有两种类型的公司：A 类型公司和 B 类型公司。A 类型公司为他们的员工提供长期的劳动合同，这种劳动合同是本节分析的重点。B 类型公司为外部公司，更准确地说 B 类型公司在此模型中提供的工资具有明确的未来效用，与长期雇佣合同是一致的。在 A 类型公司开始工作的员工在第一阶段或第二阶段结束时可能会遇到 B 类型公司提供的工作机会。员工从终身效用最大化视角，权衡是继续留在 A 类型公司还是选择到 B 类型公司工作，幸运的员工遇到很好的工作机会，他会选择辞去他们原来的工作，从 A 类型公司退出，但是不幸运的员工选择留在 A 类型公司工作。在 B 类型公司提供工作之前，所有的 A 类型公司员工在各个方面都是相同的；在 B 类型公司提供工作机会之后，他们仅仅在运气这一个方面有差别。在本节的模型中假定没有辞职惩罚（即解除劳动合同的处罚），因为辞职惩罚是不现实的，通常也是违法的。

公司外部的这种工作机会只有员工和提供工作岗位的公司知道，如果外部提供的工作是员工的自我雇佣，或者当搜寻外部提供的工作机会的成本非常高时，这种信息的不对称程度会更严重。尽管存在这种信息不对称，但是，在劳动合同中，公司无法根据员工可能得到的外部工作机会来确定员工报酬。

由于劳动力市场和产品市场的竞争，在四个时期中 A 类型公司的期望利润为 0。[①] 我们假设如果一个员工要从 A 类型公司拿到退休金，

---

① 这是微观经济学中的经典结论。具体原因可参考高鸿业主编：《西方经济学（微观部分）》，中国人民大学出版社 2004 年版，第 198~200 页。

那么他至少要在前两个时期为 A 类型公司工作，即他要经过第一个时期和第二个时期的工作后才能拥有年金计划中领取退休金的权利，这就是所谓既得权益或年金保留权进度表（Vesting Schedule）。在此模型中，假设 B 类型公司不提供养老金。

在第一个时期，员工从 A 类型公司得到某些培训，因此，他们在第二时期和第三时期的边际产出要比第一时期高。员工在第一时期的培训的特性是很重要的，比如说，培训越是具有普适性，那么来自外部提供工作的平均数就很可能会越高。这对工资曲线的斜率和 A 类型公司所提供的退休金水平产生影响。普通的培训和特殊的（专门技术）培训之间会达到一个最佳的内生化平衡。为了简单化，我们假定培训量已经最优化了，因此，下面所有提到的期望利润，都是指除去培训成本的净期望利润。模型中我们假定，培训是外生的，即两种培训的量已经平衡，达到最优化了。一个公司内的普通培训和特殊培训的最佳混合是由两种相反的力量决定的。一方面，公司会尽可能使得培训一般化，因为这样做是有利可图的，员工们愿意接受一个较低的工资来换取更多的一般培训（他接受越多的一般培训，就更有希望获得更多的外部工作提供）；另一方面，公司也想尽可能地使它的培训具有特殊性，以此来降低员工的辞职的可能性。培训的最佳水平在这两种力量中达到平衡。在本节中，我们假定培训的量已经被最优化了，不对这个问题做进一步的讨论。

对公司而言，仍存在一个问题，它要与员工事先签订一份劳动合同，并且在劳动合同中需要写明员工在四个时期内的收入水平，即前三个时期的工资和最后退休时期的退休金。然而，员工可以不受劳动合同的约束，他们可以选择在任何时候辞职，公司却因劳动合同而束缚了自己，从这个意义上说，这个劳动合同只是对单方面有约束的合同。下面我们对模型中的变量做进一步说明：

EU 是一个员工整个人生中的期望效用；

u 是员工在每个时期独立于年龄的效用函数，效用函数是连续的，可二次微分的，同时 $u' > 0$（这是因为消费越多，得到的效用越多），$u'' < 0$；

w_i 是 A 类型公司在第 i 时期的工资（$i = 1, 2, 3, 4$）；

p 是 A 类型公司在第四个时期提供的退休金；

m 是员工第一个时期时在 A 类型公司中的边际产出（员工此时还未完成培训）；

$m+x_1$ 是一个员工在第一个时期结束时，从一个 B 类型公司所得到的（最大的）随机所得。如果 B 类型公司是竞争性的，那么 $m+x_1$ 就是这个员工在 A 类型公司度过第一个时期后在 B 类型公司所能创造的边际产出。$x_1 \in [-m, +\infty)$；

$m+x_2$ 是一个员工在第二个时期结束时，从一个 B 类型公司所得到的（最大的）随机所得。$x_2 \in [-m, +\infty)$；

x_1^*，x_2^* 分别是 x_1 和 x_2 的一个临界值，此时员工在辞职与留在 A 类型公司两种选择中无差异，也就是说，当 $x_1 = x_1^*$，$x_2 = x_2^*$ 时，辞职所带来的效用与留在 A 类型公司中的效用对员工来说是相同的。当 $x_1 > x_1^*$ 时，员工选择辞职，当 $x_1 < x_1^*$ 时，员工选择留任；

$f(x_1)$，$g(x_2)$ 分别是 x_1 和 x_2 的概率密度函数；

I_1，I_2 分别被定义为：$I_1(x_1^*) = \int_{x_1^*}^{\infty} f(x_1) \, dx_1$，$I_2(x_2^*) = \int_{x_2^*}^{\infty} g(x_2) \, dx_2$，$I_1$ 是员工在第一个辞职点辞职的概率，I_2 是员工在第二个辞职点辞职的概率；

$m+n$ 是 A 类型公司在第二个时期和第三个时期的边际产出，培训后员工生产的边际产出上升，有 $n > 0$。

我们来对 x_1^*，x_2^* 稍做分析：x_1^* 越大，那么 I_1 越小，也就是说员工在第一个辞职点留任的概率会增加；反之，x_1^* 越小，员工辞职的概率会增加。x_2^* 分析的结果与 x_1^* 是一样的，即 x_2^* 越大，员工在第二个辞职点留任的机会越大，x_2^* 越小，员工辞职的可能性增加。

三、企业员工的理性选择分析

w_1，w_2，w_3 和 p 在这个模型中的决定可以看做是对一个两阶段最大化问题的解答。在第一阶段，员工通过选择 x_1^* 和 x_2^* 来使他的期望效用最大化（w_1，w_2，w_3 和 p 既定）。这就使得员工在第一个时期和第二个时期结束时辞职的可能性受公司所提供工资和退休金水平的影响。在第二阶段，公司以期望利润为 0 作为条件，通过选择 w_1，w_2，w_3 和 p 来使员工的期望效用最大化，此时 x_1^* 和 x_2^* 是给定的。换句话说，在设定工资和退休金支付水平时，公司认识到它的支付水平能够影响 x_1^* 和 x_2^*，从而影响员工辞职的可能性。我们假定 x_1^* 和 x_2^* 是连续的。

（一）员工收入效用的最大化问题

员工的效用最大化公式是：

$$\max_{x_1^*,x_2^*} EU = u(w_1) + \int_{-m}^{x_1^*} u(w_2)\,f(x_1)\,dx_1$$

$$+ \int_{x_1^*}^{\infty} \{2E[\,u(m+x_1)\mid x_1 > x_1^*\,]\}\,f(x_1)\,dx_1$$

$$+ \int_{-m}^{x_1^*}\int_{-m}^{x_2^*} [\,u(w_3) + u(p)\,]\,f(x_1)\,g(x_2)\,dx_1\,dx_2$$

$$+ \int_{-m}^{x_1^*}\int_{x_2^*}^{\infty} \{E[\,u(m+x_2)\mid x_2 > x_2^*\,] + u(p)\}\,f(x_1)\,g(x_2)\,dx_1\,dx_2$$

其中，$u(w_1)$：员工在第一个时期的效用；

$\int_{-m}^{x_1^*} u(w_2)f(x_1)\,dx_1$：员工在第二个时期开始时决定留在公司中能得到的（第二个时期的）效用；

$\int_{x_1^*}^{\infty} \{2E[\,u(m+x_1)\mid x_1 > x_1^*\,]\}f(x_1)\,dx_1$：员工在第二个时期开始时决定从公司辞职，他在以后剩余生活中所能得到的效用；

$\int_{-m}^{x_1^*}\int_{-m}^{x_2^*} [\,u(w_3) + u(p)\,]\,f(x_1)g(x_2)\,dx_1\,dx_2$：员工在第二个时期留了下来，同时在第三个时期开始时决定留在公司，那么这个表达式就是这个员工在第三、第四个时期能得到的效用；

$\int_{-m}^{x_1^*}\int_{x_2^*}^{\infty} \{E[\,u(m+x_2)\mid x_2 > x_2^*\,] + u(p)\}\,f(x_1)g(x_2)\,dx_1\,dx_2$：员工在第二个时期留了下来，但是，在第三个时期开始时，决定离开，那么这个表达式就是代表他在第三、第四个时期能得到的效用。

对上面这个最大化等式做一些变换，也可以写为：

$$\max_{x_1^*,x_2^*} EU = u(w_1) + \int_{-m}^{x_1^*} [\,u(w_2) + u(p)\,]\,f(x_1)\,dx_1$$

$$+ \int_{x_1^*}^{\infty} \{2E[\,u(m+x_1)\mid x_1 > x_1^*\,]\}f(x_1)\,dx_1$$

$$+ \int_{-m}^{x_1^*}\int_{-m}^{x_2^*} u(w_3)\,f(x_1)g(x_2)\,dx_1\,dx_2$$

$$+ \int_{-m}^{x_1^*} \int_{x_2^*}^{\infty} \{ E[u(m+x_2) \mid x_2 > x_2^*] \} f(x_1) g(x_2) \, dx_1 \, dx_2$$

B 类型公司提供一定的薪资水平，员工通过对 x_1^*（x_2^*）的选择，来决定在第二个时期（或是第三个时期）开始时是否离开现在的公司。EU 取得最大化极值的必要条件（一阶偏导全部为 0）[①]：

$$x_1^* : f(x_1^*)[u(w_2) + u(p)] - f(x_1^*)[2u(m + x_1^*)] + f(x_1^*)[1 - I_2]u(w_3)$$

$$+ f(x_1^*) \int_{x_2^*}^{\infty} u(m + x_2) g(x_2) \, dx_2 = 0 \qquad (11.1)$$

$$x_2^* : f(x_2^*)[1 - I_1]u(w_3) + f(x_2^*)[1 - I_1]u(m + x_2^*) = 0 \qquad (11.2)$$

由（11.2）式可以得到：

$$u(w_3) = u(m + x_2^*) \text{ 即 } w_3 = m + x_2^* \qquad (11.3)$$

令 $\int_{x_2^*}^{\infty} u(m + x_2) g(x_2) \, dx_2 = I_2 U(m + x_2)$，$U$ 是员工在第二个时期结束时辞职，在第三个时期中得到的效用。等式可以写为：

$$u(w_2) + u(p) + [1 - I_2]u(w_3) + I_2 U(m + x_2) = 2u(m + x_1^*) \qquad (11.4)$$

（11.3）式和（11.4）式告诉我们达到均衡时，员工离开的（期望）所得和他留在公司的（期望）所得必须相等。

从（11.3）式和（11.4）式我们可以得到：

$$x_2^* = x_2^*(w_3) \qquad (11.3a)$$

$$x_1^* = x_1^*(w_2, w_3, p) \qquad (11.4a)$$

当一个员工考虑是否在第一个时期结束时离开原来的公司时，他会权衡他留在公司能得到的未来预期收入（w_2，w_3，p）。因为不存在储蓄，w_1 此时已经被消费了。因为期望效用函数是可分离的，过去的消费既不影响现在的效用水平，也不影响未来的效用水平，那么 w_1 对于 x_1^* 就没有任何影响了，x_1^* 只是 w_2，w_3 和 p 的函数。在第二个时期结束时，员工就已经获得了领取退休金的权利，而且 w_1，w_2 也已经被消

---

① 刘桂茹、孙永华编著：《经济数学（微积分部分）》，南开大学出版社 2002 年版，第 304～305 页。

费了，那么此时 w_1，w_2 和 p 就成为过去式了，x_2^* 只受 w_3 影响，w_3 成为唯一影响他是否留在公司的因素。

对（11.1）式和（11.2）式进行全微分[①]，在这里不考虑 x_2 对 x_2^* 的影响，故而将 x_2 视为常量，得到微分方程为：

$$2u'(m+x_1^*)dx_1^* = u'(w_2)dw_2 + u'(p)dp + [1-I_2]u'(w_3)dw_3$$

$$u'(m+x_2^*)dx_2^* = u'(w_3)dw_3$$

那么，我们可以得到如下的结果：

$$dx_1^*/dw_2 = u'(w_2)/[2u'(m+x_1^*)] > 0 \tag{11.5}$$

$$dx_1^*/dw_3 = [1-I_2]u'(w_3)/[2u'(m+x_1^*)] > 0 \tag{11.6}$$

$$dx_1^*/dp = u'(p)/[2u'(m+x_1^*)] > 0 \tag{11.7}$$

$$dx_2^*/dw_3 = u'(w_3)/u'(m+x_2^*) > 0 \tag{11.8}$$

以上的式子告诉我们，随着 w_2、w_3 和 p 的上升，x_1^* 和 x_2^* 是上升的，也就是说，随着 A 类型公司的工资和退休金水平上升，公司里的辞职率是在下降的。

（二）公司利益的最大化问题

在第二阶段，处于完全竞争市场中的公司的期望利润为零，在这个条件约束下来考虑 EU 的最大化问题。设 λ 为拉格朗日乘数，作拉格朗日函数[②]为：

$$\max_{w_1,w_2,w_3,p} L = EU + \lambda \left\{ [m-w_1] + \int_{-m}^{x_1^*} [m+n-w_2-p]f(x_1)dx_1 \right.$$

$$\left. + \int_{-m}^{x_1^*}\int_{-m}^{x_2^*} [m+n-w_3]f(x_1)g(x_2)dx_1dx_2 \right\} \tag{11.9}$$

这其中，$[m-w_1] + \int_{-m}^{x_1^*}[m+n-w_2-p]f(x_1)dx_1 + \int_{-m}^{x_1^*}\int_{-m}^{x_2^*}[m+n-w_3]f(x_1)g(x_2)dx_1dx_2$ 代表公司的期望利润。

这个阶段，公司通过选择 w_1、w_2、w_3 和 p 来影响 x_1^* 和 x_2^*，从而影响员工的辞职率，EU 取得最大的极值的必要条件为：

---

① 彭玉芳、靳小钊、杜本峰：《经济管理学》，机械工业出版社 2003 年版，第 133～134 页。

② 刘桂茹、孙永华编著：《经济数学（微积分部分）》，南开大学出版社 2002 年版，第 307～309 页。

$$w_1 : u'(w_1) - \lambda = 0 \tag{11.10}$$

$$w_2 : u'(w_2) - \lambda \{1 - [f(x_1^*)R_1/(1 - I_1)][dx_1^*/dw_2]\} = 0 \tag{11.11}$$

$$w_3 : u'(w_3) - \lambda \{1 - f(x_1^*)R_1/[(1 - I_1)(1 - I_2)] \cdot [dx_1^*/dw_3]$$
$$- f(x_2^*)R_2/[(1 - I_1)(1 - I_2)] \cdot [dx_2^*/dw_3]\} = 0 \tag{11.12}$$

$$p : u'(p) - \lambda \{1 - [f(x_1^*)R_1/(1 - I_1)][dx_1^*/dp]\} = 0 \tag{11.13}$$

$$\lambda : [m - w_1] + [1 - I_1]R_1 = 0 \tag{11.14}$$

在这里，$R_1 = [m + n - w_2 - p] + [1 - I_2][m + n - w_3]$

$\qquad\quad R_2 = [1 - I_1][m + n - w_3]$

把 (11.5) 式、(11.6) 式、(11.7) 式、(11.8) 式带入 (11.11) 式、(11.12) 式、(11.13) 式，我们得到如下的等式：

$$w_1 : u'(w_1) - \lambda = 0 \tag{11.10}$$

$$w_2 : u'(w_2) - \lambda \{1 + Mu'(w_2)\} = 0 \tag{11.15}$$

$$w_3 : u'(w_3) - \lambda \{1 + Mu'(w_3) - f(x_2^*)u'(w_3)(m + n - w_3)/$$
$$[(1 - I_2)u'(m + x_2^*)]\} = 0 \tag{11.16}$$

$$p : u'(p) - \lambda \{1 + Mu'(p)\} = 0 \tag{11.17}$$

$$\lambda : [m - w_1] + [1 - I_1]R_1 = 0 \tag{11.14}$$

在这里，$M = -f(x_1^*)R_1/[(1 - I_1)2u'(m + x_1^*)]$。

员工在第一个时期的边际产出为 m，在第二个和第三个时期的边际产出更高，为 $m + n$，在最后一个时期的边际产出为 0（此时已退休）。如果公司要在第四个时期为员工提供退休金，那么员工在他们工作期间就必须借给公司一笔钱，作为退休金的来源，此时公司为员工提供了类似于银行的储蓄服务。假设第二个时期和第三个时期是员工边际生产率最高的时期，那么员工在两个时期所能得到的工资要低于其创造的边际产出，以便为退休金做储蓄。因此 R_2 是正数（因为此时 $m + n < w_3$）。现在的问题是员工在第一个时期的工资应该如何判断（高于或低于其创造的边际产出）。答案取决于 n 的大小（也就是说，取决于培训后边际产出的变化）。在我们的模型中，有两种相反的力量在起作用。第一种是：员工在工作时期内平滑其消费。员工在第二个时期和第三个时期的边际生产率最高（高于第一个时期），那么相应的，员工在第一个时期的工资应高于其边际产出，而在第二个和第三个时期的工资低于其边际

产出，从此达到在工作期间平滑其消费的效果。第二种是：员工在工作时期和退休时期之间平滑其消费，员工在退休时的边际产出为0，但在退休时期要领到退休金，那么员工在整个工作期间的工资（工作期间的边际产出大于0）就应该低于其创造的边际产出，以便储蓄退休金（这当然也包括第一个时期），这样就达到平滑工作时期和退休时期的消费的效果。第一种力量使员工在第一个时期的工资高于其创造的边际产出，而第二种力量恰恰相反。

我们已经知道 $R_2 > 0$，现在来看 R_1 的三种可能的情况：$R_1 > 0$，$R_1 < 0$，$R_1 = 0$。

1. 员工在第一个时期的工资高于其边际产出

这在第一种力量大于第二种力量时会发生。而且这也是 n 足够大时的情况。在这样的假定中，由（11.14）式可知 R_1 是正数，那么 M 就成为负数。我们把这种情况称做常规情况。由（11.10）式和（11.15）式相除得到：

$u'(w_1)/u'(w_2) = 1/[1 + Mu'(w_2)]$，即 $u'(w_1) + Mu'(w_2)u'(w_1) = u'(w_2)$。

因为 $M < 0$，有 $u'(w_1) > u'(w_2)$，又因为 $u'' < 0$，所以得到 $w_2 > w_1$。

类似地，可以证明 $w_3 > w_2$，$w_2 = p$，即 $w_3 > w_2 = p > w_1$。

以上的结果可以用图 11－1 表示。

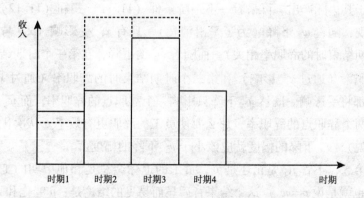

图 11－1　员工收入在四个不同时期中的变动

注：实线代表员工在各个时期的收入，虚线代表员工在各个时期的边际产出。

2. 员工在第一个时期的工资低于其边际产出

这在第一种力量比第二种力量小时会发生。一个足够小的 n 也会导致这种情况。在这样的假定中，再次由（11.14）式可知 R_1 是负数，M 成为正数。根据（11.10）式、（11.15）式、（11.16）式、（11.17）式，我们得到的结果是：

$$w_3 > w_2 = p, w_1 > w_2, w_3 \geqslant w_1 \cup w_3 < w_1$$

3. 员工在第一个时期的工资恰好等于其边际产出

这在两种力量相等时会发生。由（11.14）式可知 $R_1 = 0$，从而 $M = 0$。根据（11.10）式、（11.15）式、（11.16）式、（11.17）式，我们得到的结果是：

$$w_3 > w_2 = p = w_1 = m$$

从这些假定的情况中，我们可以得到四种结果：

第一，不管 R_1 是正还是负，员工在职业生涯的第三个时期得到他培训后的最高工资（也就是说始终有 $w_3 > w_2$）。

由这个结果可以很容易得出这样一个结论：在第三个时期的道德风险要比第二个时期的道德风险大。前面我们已经说过，第二个和第三个时期是生产率最高的时期，为了储蓄退休金，员工在这两个时期的工资要低于其边际产出。再来看一下一阶条件（11.11）式和（11.12）式，会发现：随着 w_2 下降（为了平滑消费），只有 x_1^* 受影响（x_1^* 与第一个时期结束时的辞职率相关）。而随着 w_3 的下降，在第一个时期结束时的辞职率（通过 x_1^* 影响）和第二个时期结束时的辞职率（通过 x_2^* 影响）都将受影响。既然 w_2 下降只影响一个辞职点的辞职率，而 w_3 下降影响两个辞职点的辞职率，那么要使员工的辞职更有效率（从次优的意义上说），w_3 下降的幅度就应该小于 w_2 下降的幅度。

第二，不管 R_1 是正还是负，员工的退休金总是和他中期的工资相等（也就是说 $p = w_2$）这个结果背后显而易见的结论是：p 变化和 w_2 变化所带来的道德风险程度是相同的，通过一阶条件（11.11）式和（11.13）式可以证明：当 w_2 和 p 变化时，只有 x_1^* 被影响。

第三，不管 R_1 是正还是负，员工的退休金总是少于他的最终工资，也少于他培训后的平均工资。

由前面的分析我们已经知道 $w_3 > w_2 = p$，那么不难得出：

$$p < w_3, p < (w_2 + w_3)/2$$

第四，员工在公司中的工资曲线是不平坦的。当员工在第一个时期的工资高于边际产品时，（也就是常规情况下）工资曲线向上倾斜。我们说过，因为员工的边际效用递减及不完全有效的资本市场的约束，员工倾向于接受公司提供的银行服务来平滑消费，公司提供的银行服务水平越高，那员工就会有一个越平坦的工资曲线。

但是在我们的分析中，员工并没有得到一个平坦的工资曲线，换句话说，公司为员工提供一定的类似银行的储蓄服务，但却没有为他们提供完全的储蓄服务来使他们每个时期的收入相等。我们先来考虑常规情况（这时 R_1 为正，工资曲线向上倾斜），然后再对其他两种情况稍做讨论。

在常规情况下，$R_1 > 0$，$w_2 > w_1$，员工在第一个时期的工资比边际产出要高，如果员工在第一个时期结束时选择离开，假定没有辞职的惩罚，那么员工就对他们从公司中获得的贷款（工资高于边际产出的部分）违约了。因为公司面临的是零预期利润，所以它必须将这部分的违约成本转移到留在公司中的员工的身上。也就是说在第一个时期结束时离开的员工强加了一个负的外部性在那些选择留下来的员工身上。

假设公司通过工资 w_2 给员工多余的一元钱，那一元钱给员工带来了效用，但是当公司给出多余的一元钱后，辞职率受到了影响（w_2 影响 x_1^*，从而影响辞职率）。这就产生了道德风险，它阻止完全银行服务的发生。当辞职是外生的，工资水平的改变不影响员工辞职可能性时，没有道德风险发生，那完全的银行储蓄服务是可获得的。

公司在设计其支付水平时，面临两种相反的力量，一种力量推动它的利润上升，另外一种力量却使它的利润下降。第一种影响是：因为员工边际效用递减，希望在四个时期内使消费平均化（这只能依赖公司提供的银行服务），为此他们愿意接受一个较低的工资来换取更多的银行服务，公司通过为它的员工提供这种服务而增加了自己的盈利。第二种影响是：随着公司提供更多的银行服务（降低工资 w_2 和 w_3，提高工资

w_1），辞职率会上升，更少的员工留下来。这会减少公司的盈利，因为现在有更多的人在他们的贷款上违约了。这两种影响作用的方向是不同的。公司最后提供的支付水平在这两种力量中平衡。

接下来我们考虑 R_1 为负时的情况。此时第一个时期的工资超过第二个时期的工资。前面我们已经说过，$R_1<0$ 与员工的边际产品 n 特别小有关，我们还说过 w_2 和 p 是对员工第二个时期在公司工作的回报（员工第二个时期留在公司便可获得领取退休金的权利，所以也将 p 看做是对员工第二个时期在公司工作的回报），而且 w_2 与 p 相等。既然第二个时期在公司工作的回报被分割，不仅作为第二个时期的工资，还是退休金的一部分，那么如果 n 很小的话，w_2 和 p 就落在了 w_1 的下面。效率理论的解释是：如果工人在第一个时期的工资低于边际产品，那么公司在其他时期能得到正的预期利润，这暗示指辞职不足，公司会鼓励更多的辞职。达到这个目标的方法就是，减少为第二个时期提供的补偿。

最后，我们考虑 R_1 为零时的情况。对于 $w_1=w_2$ 的解释是：因为员工在第一个时期的工资等于他们的边际产出，没有银行服务在第一个时期发生。所以，当第一个时期结束时，没有道德风险发生。工资曲线不平坦源于道德风险的存在，既然第一个时期没有道德风险发生，那公司就可以为员工提供平坦的收入流。所以，$w_1=w_2$。

模型中为了便于分析，把许多东西都简单化了，例如关于储蓄的假设、员工的时间折扣率、公司培训的性质、员工四个生活时期的长度等，如果将现实中的复杂情况引入，我们的结果会有一些改变。接下来对这些现实中的复杂情况稍做讨论。

在本节中我们假定没有储蓄。现在我们放松这个限定。在常规情况（$R_1>0$）和 $R_1=0$ 的情况下（$R_1<0$ 的情况考虑起来很困难，在这里就不做讨论），员工想进行储蓄的话，只会发生在第三个时期（此时工资收入 w_3 比退休金高），因为在其他时期，员工受到流动性约束，不会想要储蓄。因此，只有年长的员工才会把他们在第三个时期的一部分收入储蓄起来。这样他们就能平滑第三个时期和第四个时期的消费。

模型还假设员工的时间折扣率为零。但是如果一个员工对于时间是没有耐心的，那么他会把未来的工资收入和退休金收入打个折扣。而且，如果一个员工在某个时期的需求要比其他时期的需求高，那他就会把不同时期的效用附上不同的权重。不论在哪种情况下，员工都不希望在他的整个人生中收到一个完全平坦的工资流。举个例子，如果一个员工在第三个时期的需求较高，那他会想在第三个时期有一个较高的工资，这种情况下，员工希望得到的工资 w_3 要高于效用在四个时期有相同权重情况下的工资 w_3。因为此时 w_3 下降所带来的成本比以前更高：当降低 w_3 来平滑消费时，在第一个时期和第二个时期结束时的辞职率受到了更多的影响。可以预期到的结果是，这种情况下 w_3 下降的幅度会比以前少，也就是说，此时的工资曲线会比图 11 - 1 中的工资曲线更陡峭。

四、员工流动性分析的结论

在完全有效率的资本市场中，虽然员工的边际生产力曲线是不平坦的，但他们可以通过在资本市场中借贷来为他们自己提供平坦的消费曲线。而资本市场不完全有效时（员工不能借贷），阻碍了完全平滑的消费，另一方面又因为信息的不对称（与员工外部工作机会有关的信息）导致道德风险存在，使得公司也不会为员工提供完全平滑的消费，因为员工可能对隐含在工资路径中的贷款违约，而不用对公司进行补偿。

我们说到员工在资本市场不完全有效时，依赖他们的公司在他们的退休时期为他们提供充足的收入来源，这便是企业年金。但是企业年金的作用不止这些，公司还可以利用它调节员工的流动。为了证明这一点，我们的模型让公司扮演一个隐性金融调解者的角色，为边际效用递减的员工们提供银行和退休金服务。另外，员工是具有流动性的，员工可以"叛逃"到其他公司，对他们的贷款违约，但是退休金可以被用来调节员工的这种流动。

退休金收入和工资收入不能完全替代对方。员工消费的边际效用递减，希望能平滑消费，在资本市场不完全有效时，必须依赖公司提供较平均的收入流。工资的效用无法延续到退休期，退休期的效用只能由退休金提供，工资和退休金是两种不同的工具，必须结合起来使用来调节员工的效用感受，从而影响员工的流动性。在我们的模型中证明了这一点，工资和退休金在控制员工流动率方面是不可以互相完全替代的，必须把两种工具结合起来使用来达到最优的员工流动率。

当资本市场不完全有效时，可通过减少养老金收益来惩罚那些过早离开的员工，调节员工的流动。这和其他工具（例如工资或是直接的罚款惩罚）是不同的。我们假设公司希望降低员工流动率。公司不能用罚款来阻止员工辞职（这只是基于理论层面上的分析，在现实中罚款是违法的），因为规定的辞职罚款可能会超过员工在那个时期的工资。在资本市场不完全有效时，员工不能在资本市场借到这笔钱或是有储蓄来还清债务，那么此时罚款是无效的。但是公司可以调整员工的退休金水平来对员工进行惩罚，也就是说，对员工的惩罚被推迟到它的退休期。当公司希望提高员工流动率时，由于资本市场没有效率，公司不可能给员工一次性付清的补贴来鼓励员工离开，因为员工不能储蓄，这样的话，公司必须将补贴推迟到员工的退休期，此时变成员工的退休金。

第二节 企业治理机制下的企业年金计划设计
——以日本为例

企业年金计划是日本企业治理机制的一个组成部分，它不仅是日本企业人力资源管理的重要工具，而且也反映了企业治理机制的思想及其变化。本节从企业年金计划设计的视角探讨日本企业年金计划如何在企业治理中发挥作用和实现企业治理目标。

一、企业治理机制的特征与作用

企业年金制度是除政府提供的公共年金外，企业为员工提供的退休收入保障。日本企业年金制度不是一个孤立的退休收入保障制度，它反映了日本社会经济制度的各个方面。本节通过研究反映企业治理机制的企业年金计划，不仅可以了解企业年金计划在实现企业治理目标中的作用，而且可以了解日本企业年金计划设计的基本思想。

（一）雇佣制度

长期以来，日本企业雇佣制度以市场配置为特征，主要包括终身雇佣制、年功序列工资制以及内部晋升制等，企业和劳动者之间关系长期而稳定。作为实现企业雇佣制度导的有效手段，日本企业年金的设计思路也反映了这种雇佣制度的主要特征。

1. 终身雇佣制

终身雇佣制度是指企业在劳动者达到规定的退休年龄之前对其进行持续雇佣的制度。终身雇佣制既有利于降低员工风险，又有利于避免企业雇佣过多员工，保障长期工作者的权利。通过长期雇佣，培养员工熟练的专业技能，保证年长员工可以将技能和技术传授给年轻员工，这样既有利于利用熟练技术，也有利于降低人力资本投资，稳定人力资源。因此，这种制度对企业和员工都具有吸引力。此外，日本企业中，一个企业的专业技术不一定能在另一个企业中发挥作用，掌握的技术如果无法应用于其他企业，员工就会坚定不移地服务于自身所在的企业。

2. 年功序列工资制

年功序列工资制是根据年龄、教育背景、性别、服务年限等确定工资给付和晋升机会的工资制度。在这种雇佣制度下，员工工资随着年龄的增长和在特定企业连续工作时间的延长而不断增加，该制度有效地防止了技术熟练雇员的流失，因为雇员离职或者跳槽可能会蒙受明显的经济损失，年功序列工资制实际是终身雇佣制的保障。日本企业员工的工资具有刚性的特点，企业终身雇员的工资不随经济的变化而剧烈变化。当经济不景气时，企业首先是解雇短期临时工，其次是向下属或分包企业委派人员，再次是企业减少工时，或者半停产，或者使用资本代替劳动力，或者减少高层经营者的工资。总之，企业经营者想方设法保留终身雇员。

3. 内部晋升制

内部晋升制度是指管理者主要来自企业内部，由那些在企业内部工作多年、贡献突出、深孚众望的雇员担任。工作能力和业绩是内部晋升考察的主要指标。日本企业管理者晋升以"终身雇佣"为基础，经理通常在企业内部提拔，董事会一般不聘用同企业无关的外来人员承担经营责任，董事会的大部分成员也是由企业的主要领导人担任。企业建立了"工作阶梯"、"内部晋升制度"等一套与人才成长的连贯性和长期性相适应的制度体系，从制度上保障人才的蓄积。

（二）法人相互持股制度

1. 股权结构

日本企业有四种主要股东：金融股东、非金融企业股东、机构股东和个人股东。银行是日本企业的主要金融股东，非金融股东是指与企业建立稳定商业关系或者在同一企业集团下，或是受同一银行调控的企业。代表年金基金和投资信托基金的机构投资者与寻求投资回报的个人投资者在日本只占15%，因此，90%的企业认为他们的多数股东是稳定的。

2. 稳定股东

日本2/3的股份由非金融企业控制。它们作为稳定股东，对企业决策保持沉默。稳定股东间形成相互持股关系，也称为"连锁持股"和"交叉持股"。在企业集团内形成交叉持股的网络，这样的持股关系目的是保证稳定的商业关系，而非投资回报。企业治理不会优先考虑追求投资回报的股东利益，而是形成一个在没有股东参与下也能正常运行的长期投资决策机制。这样的持股模式也可以防止敌意收购，保证商业关系稳定。

3. 机构股东与个人股东

机构投资者包括年金基金、投资信托基金，受基金和个人资本受益人的委托进行投资，追求股票价格和红利收益的最大化。在企业中，机构和个人股东只占全部股东的15%，分得的红利较低，其他员工股东、管理层股东、稳定股东的地位都要高于他们，因此，机构股东与个人股东在企业治理中的地位较弱。

4. 企业信息披露

很长时间以来，企业的稳定股东不需要来自市场的企业信息，对信息披露的要求不高。金融机构，特别是主银行，可以直接从管理层获取企业信息，相互持股股东的主要目的是保持稳定的商业关系，而非投资回报，因此也不要求很高的信息披露水平。此外，2000年之前日本企业采用成本价格会计方法，这种方法无法反映当前市值，产生了大量潜在资产和隐含债务，在这种会计方法下企业披露的信息不能准确反映企业状况。

（三）主银行制

在日本，银行持有企业股票达 20% 左右。所谓主银行是企业接受贷款中最多的银行，企业一般与一两家大银行建立长期融资、发债等关系。主银行不仅是企业最大债权人，也是企业的稳定股东。由于日本企业普遍存在连锁持股，资本市场无法有效调控企业，而主银行制作为市场之外的调控制度，收集市场上无法获取的信息，对企业进行监督和调控。这种调控通常要经历以下三个阶段：第一，事前调控。为避免信息不充分造成的不利投资，要对企业的投资方案进行评估和选择。第二，事中调控。通过企业在银行的支付账户进行监督，明确企业财务情况，防止管理层的道德风险。第三，事后调控。在企业出现财务困难时给予必要支持，如降低利息率，延期付息等，保证企业还贷。通常还会召开紧急股东大会直接接手企业并进行调控，当企业逐步恢复后，将管理权重新还回到董事会手中。

（四）企业集团制度

1. 横向联系的企业集团

以主银行为中心，多个行业的企业间建立起连锁持股关系。在主银行为中心的企业集团内，各个企业相互交易形成稳定的商业关系。企业集团通常由主要的金融组织、大型制造业、服务业企业组成，利用各自优势，相互合作。企业集团内部采用连锁持股方式，形成交叉关系网络，建立稳定商业关系而非投资回报是这些集团建立横向联系的主要目的。

2. 纵向联系的企业系列

纵向联系的企业系列包括生产商和零配件厂商的分包关系，以及制造商和销售商之间的供应销售关系。零配件商也可以给生产商进行资本投资，保证长期稳定关系，双方以长期关系为基础共同研发新产品和技术。在销售关系中，制造商和销售商控制了产品的供应和流通，通过纵向联系，制造商可以控制销售价格，销售商也可以将大量未出售的产品返还制造商，避免大量库存的风险。

二、体现企业治理机制特征的企业年金计划设计

（一）鼓励长期任职

企业年金设计的基本目的之一是对人力资本进行投资，加强员工对

企业的忠诚度，提高工作效率，减少离职率，减少雇员的招聘培训成本。日本企业年金制度有效地加强了终身雇佣，其在设计上有如下特点：第一，年金收益水平随雇员服务年限增加而不断提高。企业雇员的年金收益根据其服务年限和退休时的最终工资而定，并随着工作时间延长而增长。例如：如果男性雇员本科毕业后直接受雇于企业，连续工作长达 40 年后退休，工作 5 年所得企业年金收益相当于其 3.3 个月的工资，工作 10 年可得相当于 7.4 个月工资的收益，工作 20 年可得相当于 18.6 个月工资的收益，工作 30 年可得相当于 33.5 个月工资的收益，工作 38 年则可得相当于 44.5 个月工资的收益。[①] 在工资和年金计划的双重激励机制下，雇员出于对福利收益的考虑而愿意长期留在企业。第二，采用"增加职业生涯后期年金积累"的方式，激励年轻雇员留在企业。企业年金计划设计鼓励年轻雇员留在企业，提高企业绩效，同时鼓励年老雇员退休。日本的大多数企业要求雇员 60 岁退休，并强制已达到规定退休年龄的雇员退休。雇员也可选择提前退休领取养老金，如 50 岁退休可获得 43% 的额外收益，45 岁退休可得 28% 的额外收益，55 岁退休可得 13% 的额外收益，提前退休政策鼓励了年老雇员退休，尤其鼓励职工在 50 岁左右退休，企业给予提前退休的额外补偿在 50 岁也是最高的。在日本，企业年金计划中设有提前退休激励条款的企业不断增加，这种类型的年金计划从 1978 年的 21% 上升到 1996 年的 56%。[②] 这样，企业年金制度设计既鼓励雇员长期任职，也通过年金收益分配的方式诱导雇员在特定年龄退休。

（二）参与企业年金计划的资格要求和企业年金保留权

日本的企业年金计划要求雇员达到一定年龄或服务年限才有资格参与企业年金计划，并享有应计年金给付的权利。在日本，企业员工从受雇之日起就有资格领取一次性退职金，但要在工作 1~3 年后才能参与企业年金计划。企业主要为终身雇员提供年金计划，对于兼职雇员，只有 9% 的企业为其提供年金计划。员工在取得加入企业年金计划资格

① Secretariat of the Japan Federation of Employers' Association, Kanto Employer's Society (Nippon Keieisha Dantai Renmei Kanto Keieisha Kyokai Jimukyoku), *Empirical Research on Retirement Pension* (Taishokukin Nenkin ni kansury Jittai Chosa Kekka), 1997.

② Institute of Labor Administration, op. cit., pp. 13 – 14.

后，还必须满足一定条件才可以获得企业年金保留权。企业年金保留权是在计划参加者进行缴费后，确定了实际给付的年金数额后，才可以领取个人和企业缴费形成的应计企业年金。但是 1997 年日本提出准保留权（quasi-vesting）的概念，并且还有许多满足"准保留权"的规定：第一，大约有一半的企业年金计划规定，由企业导致的离职包括强制退休。第二，法律规定企业年金保留权的期限最多为 20 年，多数企业年金计划将其规定为 15～20 年。第三，特定年龄离职也可获得应计企业年金给付，这些计划规定的平均年龄为 52. 1 岁，[1] 同时也考虑服务年限的因素。因此，日本的企业年金计划主要是保障终身雇员利益，而很少考虑兼职和短期雇员的利益。

（三）企业年金的积累规则

日本的企业年金缴费原则上是劳资各半，每年的缴费情况并不统一，在确定缴费率时，一般必须考虑未来企业年金给付时所必需的费用，以及企业年金基金运营可能获得的收益等综合因素，以实现在财务上的收支平衡。

日本企业年金制度设计中歧视短期雇员，鼓励长期受雇，所以，企业年金积累率呈非均衡性增长，一般在职业生涯后期积累增加较快，较为普遍的情况是在工作 20 年后积累快速增加。年金积累根据员工服务年限和最终工资来确定，无论强制退休还是自愿离职，都要结合基本工资的一定比率按照积累公式计算给付水平，同时为女性在结婚、生育所导致的离职提供额外补偿，这种积累规则使终身雇佣有较大的吸引力。

（四）企业年金的不可携带性

日本企业年金制度设计的主要目的是促进雇员长期就业，防止离职，而不是方便雇员加入新雇主的年金计划。日本企业在引入固定缴费型的企业年金计划之前，不接受前雇主的年金积累，而只接受统一的企业集团内部的年金计划转移。在职业生涯中期离开企业的雇员只能领取一次性退职金，同时还要扣除所得税。如果雇员在未达到企业年金保留权要求之前离开企业，企业年金以往的积累就会被取消；如果达到年金保留权的要求后离开，积累的年金就可以留在企业年金计划内，直到退

---

① Ministry of Labor, *Empirical Research on Retirement Pay and Distribution*, 1994, p. 22.

休后方可取出。

对于中途离职的雇员，日本厚生年金基金联合会利用加算制度（summing-up system）管理工龄少于 10～15 年的企业年金计划参加者的资产，直到退休后支付。对于参与计划时间至少在 10～15 年的雇员，由该雇员以前雇主的年金基金来管理年金资产，直到雇员退休后取出。

虽然加算制度可以保持企业年金税收延递的优惠，但不允许企业年金转入新雇主年金计划或个人年金账户，因此，对于中途变换工作的员工，只有在退休后才能领取相对少的退休金。在日本稳定的劳动力市场上，企业年金的可携带性不是首要考虑的问题，但是随着劳动力市场的发展，固定缴费型年金计划的引入，必须加强企业年金的可携带性，保障变换工作雇员的企业年金不受损失。

（五）企业年金基金的筹资要求

日本企业年金的筹资标准是以假设年金计划的可持续性为基础的，允许年金债务的出现，也不从企业治理的角度来要求企业年金财务的公开。一次性支付的退休金属于企业财务范围，退休储备金的一部分可以享受税收补贴。对退休金没有筹资要求的规定，如果退休准备金用于商业投资，一次性退休金支付的情况就要受企业绩效的影响，为了保证员工的收益，引入适格企业年金计划，委托金融机构进行投资托管。

但是，适格企业年金计划的筹资标准也是以乐观的假设为基础，允许在 20 世纪 90 年代初投资回报下降时出现负债。第一，将企业年金成本当做责任储备金（responsible reserve）进行管理，根据确定的或历史性因素决定的比率来计算。历史性因素包括（1）预期死亡率；（2）预期离职率；（3）预期工资通货膨胀率；（4）预期企业年金计划参与率；（5）预期回报率等。并未考虑年金实际成本增长，可能会导致企业年金计划因支付时的资金短缺而终止。第二，一旦确定每年的缴费额，就不考虑其他条件变化的影响。20 世纪 80 年代企业年金基金超过预期回报率，将盈余部分投资于旅游度假设施，也导致了此后资产价值的贬值。同时，这些设施的维护费用也为年金财务带来压力。如果可以有效利用盈余部分，可以避免年金负债的积累。此外，1997 年日本解除了对企业年金给付水平的限制，最初设立的企业年金计划不能因财务压力而降低给付的要求，这种要求是为了保护年金计划参加者利益，却导致年金融资状况的恶化。第三，每隔 5 年重新计算企业年金资产，确定缴费率，尽快修订标准，改善年金基金运作水平。这样就可以在财务恶化之前分析情况，进行合理决策。

日本的企业年金制度对筹资要求没有任何财务上的激励和惩罚，这与企业治理机制的特点密切相关。因为其企业中稳定持股现象普遍，同时也不要求企业信息披露，但是随着企业活动全球化，会计标准也要同国际接轨，通过公开企业年金负债，会影响企业排名，迫使其有动力改善企业年金计划的融资状况。

三、企业治理机制变化与企业年金计划重构

（一）社会环境变化对企业治理提出新要求

从 20 世纪 90 年代开始，随着日本国内外经济和社会环境的变化，日本的企业治理机制也发生了一系列变化：

1. 工作方式多样化与工资制度改革

20 世纪 90 年代以来，随着人们生活方式多样化，传统的就业形式也发生了改变。除了传统的全职工作外，还出现了其他多种的工作方式，如兼职、短期就业的临时工等。一方面，更多人选择较短的工作时间和工作日，以保证有足够的精力、时间照顾家庭和参与其他社会活动；另一方面，变换工作的人也不断增多，劳动力流动加强。由于经济萧条，企业为适应经济波动影响，必须削减人力资本投资，减少全职员工数量，转向雇佣临时和兼职工人。企业和员工意识到破产的风险，员工不必在一个企业工作终身的观念开始建立起来。

由于日本经济长期萧条，全球竞争不断加剧，年功序列工资制已不适应多变、灵活和竞争性的商业环境，需要进行改革：一些企业取消了年功序列工资制度，引入以能力为基础的薪酬方式，能力强而且绩效高的员工收益更多。这种工资制度以员工岗位为基础，通过专职范围、工作难度和下级员工数量来评定最终工资，这样一来年轻和年长的员工都能获得与自身生产率相匹配的工资。

2. 经济增长缓慢加重企业财务负担

20 世纪 90 年代开始的日本经济萧条影响到企业利润，造成企业财务情况恶化。低利息率和经济衰退带来了股票市场的低迷，企业年金基

金达不到预期回报率，财务状况不断恶化。1989 年，日本 12% 的企业年金基金面临资金短缺，到 1998 年，70% 的企业年金基金面临资金不足的困境①。企业年金基金运作不良也影响了企业财务状况。

日本社会人口老龄化也加重了企业财务负担，特别是 20 世纪 60 年代经济高速增长期招聘进大量员工的企业，在此时面临年金给付的高潮。此外，参与企业年金计划的兼职员工不断增加，受益人数量与参加者数量之比不断扩大，制度的供养率从 1992 年的 12% 上升到 2002 年的 32%，② 企业财务负担日益沉重。

3. 减少交叉持股份额加强机构和个人股东的作用

20 世纪 90 年代以来，市场竞争日益加剧，银行与企业之间相互争夺资本，彼此抛售对方的部分股票，重组股权结构，减少交叉持股，发挥机构投资者作用。如：人寿保险、投资信托公司、养老信托公司等机构投资者占上市公司持股比例的 29.1%。随着老龄化发展，日本以年金基金为中心的机构投资者在股票市场上的份额也不断增加，预计日本以养老金基金为中心的机构投资者未来可能达 50%③，成为企业不容忽视的持股股东。

过去日本个人股东所占比率很低，进入 20 世纪 90 年代后，日本政府进一步放宽和取消了证券市场限制，证券市场作用不断增强，企业的直接融资占对外融资的比重不断增加，日本的个人股东作用弱小的情况已有很大改观。

4. 金融市场全球化发展与主银行制作用削弱

20 世纪 90 年代以来，受全球金融自由化影响和本国证券市场发展，日本企业融资手段增加，自有资金增多，对银行贷款的依赖性大大减弱，企业负债率下降。加上日本经济长期低迷，银行不良贷款逐步攀升，20 世纪 90 年代后期以来，银行为清理不良资产开始抛售企业股票，降低与企业的相互持股，主银行在企业治理中的作用和地位大大下降。

---

① EPA, *Annual Operating Report of EPFs*（Kosei Nenkin Kikin Jigyo Nenpo），September 2001.

② Employee Pension Association, *Basic Information on Corporate Pension*（Kigo Nenkin ni Kiso Shiryo），September 2003, p. 71.

③ 孙丽：《日本型公司治理结构的再评价》，载《日本研究》2001 年第 2 期。

（二）适应企业治理机制变化的企业年金计划重构

传统的企业年金制度通过家长式补偿，保证员工长期雇佣。特别是注重对全职员工利益的保障。但是随着社会经济环境变化，工作方式多样化，劳动力流动性增强，企业财务负担不断加重，传统的企业治理模式必然发生改变，要求企业年金制度根据当前实际情况进行改革。

1. 企业年金设计与薪酬结构相联系

由于劳动力市场变化，工作方式多样化，日本企业在改革传统的年功序列工资制的同时，对企业年金制度也进行相应改革。企业年金从保证员工长期受雇的工具转变为吸引高素质员工的制度。根据个人绩效、对企业的贡献而非工作时间来确定企业年金给付水平。企业年金与薪酬结构相联系。根据绩效评定薪酬，企业年金也采用同样原则。也有一些企业取消了退休金给付。如：有些企业建立了一种新的薪酬方式，员工可以选择领取当前较高的工资，放弃额外福利和养老金，或者现在领取正常工资，在长期就业满足企业年金保留权要求之后，领取退休金。

2. 修订企业年金保留权

日本传统的企业年金制度有效地促进了长期雇佣，抑制了离职。但随着劳动力流动性增强，企业治理特点变化，要逐步放宽年金保留权对年龄和工龄的限制，使得更多的短期工作员工和跳槽者可以从中受益。如果放宽企业年金保留权标准，对小企业员工和工作时间短的女性与员工将十分有利。

日本传统的企业年金计划要求参加者达到 50 岁、55 岁或者强制退休年龄，才享有企业年金保留权，未达到标准而离开企业的员工就失去领取企业年金的机会，从而抑制了劳动力流动。在放宽要求后，将享有企业年金保留权的工龄降低为 5 年，保证工作时间短的员工也可从中受益。此外，由于跳槽而进入厚生年金基金联合会的成员，由于不满足保留权要求而要损失年金收益。如果重新修订保留权要求，缩短对工龄的要求，将有助于减少这些成员的利益损失。

另一方面，缩短工龄要求，也要相应改革企业年金积累规则。传统的积累方式以工龄和年功序列工资为基础，随工作时间延长而积累快速增加。由于日本经济低速增长，企业时刻面临破产风险，很难保证长期雇佣。但是，当工作时间短的员工也可以领取养老金，意味着更多的人从企业年金计划中受益。如果年金给付水平不降低，企业年金财务负担会加重。只有利用短期员工的缴费，才能支付长期员工的养老金，减轻支付压力。

3. 实现企业年金的可携带

日本传统的企业年金制度下，员工无法将年金积累带入新企业，除非两者的企业年金计划在转移年金积累方面有事前约定，但这仅限于企业集团之间。更普遍的情况是，由于企业年金保留权的限制，跳槽员工可能会损失收益。此外，厚生年金基金联合会接受变换工作员工的企业年金积累，并且管理具有税收延递优惠的混合基金，直到法定年龄进行支付，这也被称为加算制度。但是积累的年金收益无法转入另一适格的企业年金计划，因此，在此制度中跳槽后的员工在退休后只能领取相对较少的收益。

实现企业年金可携带的本质是将资产带入新的企业年金计划，而不损失税收优惠的优势，保住了退休金价值不被侵蚀或消耗掉。实现企业年金可携带性有两大优点：第一，可以将既得退休金带入新雇主的适格计划或个人年金账户，员工跳槽、自主创业还是离职都不会损失递延税收的优惠。第二，将旧年金计划中的积累收益融入新计划中，只需管理单个计划。

当前劳动力流动性增强要求允许企业年金流动。但是，将既得收益转入新企业年金计划还没有全面立法，很难实现可携带的功能。同时，还要明确每个员工的既得利益，保证可携带功能的发挥。因此，引入保留权和用现值计算退休金的会计标准，有利于退休金的可携带。修订个人退休金账户法规，可将企业年金转为个人账户，反之亦然，也有利于企业年金的携带。

4. 发展固定缴费型企业年金计划

固定缴费型计划的优势在于：（1）管理成本低，没有固定受益型计划中支付担保的额外成本。（2）企业不承担基金管理风险，没有义务兑现最终养老金给付。固定受益型计划中的企业绩效影响企业年金财务，在固定缴费型计划中，企业只对员工缴费承担责任。（3）可以实现年金的可携带，缴费存入个人账户，可轻易取出。

2001年10月，日本在固定缴费年金计划法案下引入固定缴费型企业年金。日本的固定缴费年金计划有两种类型：一种是企业型，由企业建立，企业缴纳所有费用，雇员不用额外缴费；第二种是个人型，由金融机构为那些没有企业型固定缴费计划的员工以及自由职业者而建立。

虽然固定缴费计划原则上允许转换工作可以携带退休金，但并不包括所有工作变换的情况，因为计划本身也通过工作岗位限制了参保人范围。当个人型年金计划的参加者进入拥有企业型年金的企业，退休金不可转移，企业也无法向个人型年金供款。当年金计划参加者成为公务员或家庭主妇，就不能继续像固定缴费计划缴费，只有等到 60 岁取出养老金。因为立法不允许公务员和家庭主妇参与任何类型的固定缴费计划。

另外，参与固定缴费计划的员工有选择投资工具的自由，因此管理风险从企业转移到雇员。为了使固定缴费计划成为日本赡养老人的可靠选择，必须做到以下几点：第一，为员工提供足够的关于固定缴费计划的信息，如何选择投资工具，以及参加者可能承担的风险。由于固定缴费计划的资产可以通过信托投资基金投资于股票和国外证券。只有当投资信息完善，并对可能存在的风险进行充分的了解，自我负责的原则才能起作用。第二，公开年金计划信息。除了计划概况外，公开财务状况，也是进行投资决策必不可少的。计划参加者必须获得及时更新的投资信息。第三，通过实施市场规则对非法行为进行严惩，构建市场基础设施，保证证券市场的公平可靠。证券交易必须依法谨慎进行，防止投资人草率行事和出现腐败行为。金融托管人必须代表投资人和年金基金利益，企业管理和市场参与都必须实行信息公开。通过监督体系和企业信息公开防止非法交易，清除证券行业腐败的现象。

只有满足这些条件，固定缴费型年金计划才有可能增加企业年金的覆盖率，因为它与固定受益型计划相比，管理成本低，无投资风险。企业建立 DCPP 还有许多优惠，因此有可能覆盖小型企业员工、短期工作员工、兼职员工。通过建立覆盖全体企业雇员的 DCPP，促使企业利用 DCPP 从劳动力市场上吸引高能力雇员。

5. 企业年金基金成为企业稳定股东

20 世纪 90 年代以来，金融机构、企业结构的重组，交叉持股份额下降，机构投资者特别是年金基金作为股东的作用日益增强。在 1991

年到 2004 年的 13 年间，日本的年金基金信托从 1.0% 上升到 4.0%，投资信托银行持股也大幅上升，从 9.7% 上升到 18.8%[①]。2001 年 3 月，日本包括公共和企业年金计划在内的年金基金持有国内股份的 7%，还在不断增长。公共年金计划将总资产的 6.5% 投资于国内股票，相当于每年大约 20 万亿日元[②]。由此可以发现，年金基金有可能成为稳定股东，影响日本的企业治理。

通过对日本企业治理特点与企业年金关系的考察，发现企业治理机制中的各个层次都会影响企业年金的设计与发展。日本传统的企业治理目标是建立长期稳定的商业关系，以此为基础形成日本独特的企业治理机制：法人间的交叉持股网络，形成彼此联系和依赖的稳定关系；主银行融资和调控制度，减少企业风险，稳定经营；终身雇佣制度减少人力资本投资，稳定人力资源。企业年金作为员工福利的一部分，也是人力资源管理的制度安排，不可避免地受企业治理特点影响。日本的企业年金设计无论从供给方，还是从需求方，都是基于稳定的商业关系而进行设计的，参与年金计划的资格要求、受益要求、年金积累规则都力图鼓励需求方实现长期就业，工龄长，受益多，工龄短或中途变换工作者，年金收益会受损。对供给方的筹资也无硬性要求，没有明显的财务奖惩措施，这也是由普遍的稳定持股造成的。20 世纪 90 年代以来，日本经济陷入长期萧条，交叉持股和对主银行的依赖已不适应多变、竞争的市场环境，与之相联系的终身雇佣制度也开始瓦解。企业治理出现新的变化：法人交叉持股减少；机构和个人股东作用加强；主银行作用削弱；引入新的薪酬结构吸引高能力员工等。相应地，企业年金制度也在根据企业治理的新变化进行改革，改革年金积累受益标准，与新的薪酬结构相联系，保障工作时间短的员工利益；实现企业年金的可携带，适应劳动力流动加强的现状；同时建立固定缴费型的计划，减轻企业负担和投资风险，推动企业年金基金成为稳定股东。这些年金计划的重构适应了

① 全国証券取引所：《平成 16 年度株式分布状況調査の調査結果について》，2005 年 9 月 15 日公布。

② All Japan Securities Exchanges（Zenkoku Shoken Torihikisho），*Research on Distribution of Equities in Fiscal Year 2001*（Heisei 13 Nendo Kabushiki Bunpu Jokyo Chosa），2002.

企业治理的变化，既有利于保障参加者的利益，也有利于实现与企业治理的良性互动。

　　分析日本的企业治理与企业年金的关系可看出，不同的企业治理环境和模式会形成不同的企业年金制度。这些，对于我国正在大力发展的企业年金制度有重要借鉴意义。企业年金作为员工的额外福利，既是福利保障，也是企业利益分配和企业管理的重要方面，我国的企业年金改革，应该从本国国情出发，结合企业治理特点、企业性质和规模等，建立有利于企业发展和员工受益的方案模式。

第十二章　结论与建议

　　通过对企业年金制度的研究，我们发现，企业年金制度与其他老年收入保障制度（基本养老保险、个人储蓄或商业人寿保险）共同构成养老保障的经济制度，各种老年收入保障制度有一种趋同的效应。从资金来源上看，它们大多是由企业和个人自己负担；从管理体制上看，它们都追求更高的效率；从作用上看，它们都突出收入的经济保障功能。而且其他的老年保障制度都是在年金制度的框架内实现的，比如，人们在年轻时储蓄主要是为老年时提供经济支持，这种经济支持包含基本生活（最基本的衣、食、住、行）、医疗以及其他更高层次的需求。因此，从某种程度上看，老年的医疗保障制度也是包含在养老保障制度的框架内的一种经济收入保障制度（由于老年人口的医疗费用的不确定性远远高于一般生活支出，风险机制的差异也较大，故将医疗保险独立于养老保险制度之外）。那么，世界上流行的三支柱的保障体系，实际上是三个需求层次的收入保障制度，是一种效率机制的作用。为什么说是一种效率机制的作用呢？因为人们的收入差距的存在本身也是效率机制的作用结果，收入差距体现在年金制度中，就是不同的保障层次及老年收入保障程度的差异。

　　从三支柱的老年收入保障制度的差异来看，尽管资金来源相近，但在供款总额一定的情形下，资金在三支柱间进行不同的比例分配构成了各支柱的主要差异；而各支柱的功能、风险、管理体制、效率等多方面存在的差异，导致最终总的保障程度的差异。从被保障者的角度来考虑，他们需要的是在老年阶段有更高的收入总额，他们更看中效率而不是考虑收入来源在三支柱中分配比例的高低。因此，增加企业年金的比重提高了整个老年收入保障制度的效率，注定会受到员工的欢迎。

从企业和员工个人那里收取的养老保险费，不论放在哪个支柱中积累，如果各支柱的主要功能就是"代保管"，到员工年老时，分期返还，则员工将缺乏参加养老保险的积极性。如果分期返还给员工的养老金总额大于企业和员工的供款总额，从社会保险角度看，就会出现收支不平衡，严重的赤字将使得该制度不可持续发展，最终必须改革，这就是当前中国社会基本养老保险面临的主要问题。从企业年金和商业养老保险的角度看，企业或保险公司更不能接受养老保险计划长期出现赤字。如果考虑制度本身的运营成本和制度环境造成的风险（如通货膨胀、经济发展状况出现波动等），年金制度的收支平衡问题将更为严峻，即"代保管"本身就意味着不平衡。由此可见，年金制度的根本动力就是收取的"养老保险费"的增值，而且这种增值中扣除制度运营成本（社会保险人力成本、商业保险的成本及利润）的"纯利"至少不应低于银行存款的"无风险收益"。既然现行年金保险体系中的基金增值成为关键问题，那么，资本市场将是年金基金主要的投资渠道。因此，我国资本市场的承载能力、投资工具和投资策略的选择、年金投资管理体制等都是本书所研究的问题。从研究数据来看，中国资本市场仍然是风险较大的未成熟市场，市场规模较小，整个市场可供分配的现金流较低，投资工具少，监管体系不健全等都成为制约企业年金制度发展的因素。企业年金的发展与资本市场的发展应相互适应，过大的年金基金规模将导致资金的低效率积累，对企业年金的长期发展不利；而过小的年金基金规模难以缓解基本养老保险的偿付压力，也无法提高企业退休员工的退休收入。

企业年金制度是一种企业保障制度，与国家保障制度和个人储蓄型保障制度分属不同层次的保险形式。相对于公共年金和个人年金，企业年金最主要的特征就是其费用大部分由企业缴纳。企业年金是在国家有关法规指导下，在公共年金保险基础上由企业建立的旨在为员工提供一定退休收入的收入保障计划，即企业出于社会责任和经济利益所提供的"递延工资"，以供企业员工退休后的生活费用。企业年金制度则是指企业年金运营过程中的规则、程序和行为规范，即社会强制执行的、正式的社会行为规则和非正式社会行为规则的总和。其特点是：自愿与强制性统一；权利与义务对等；保障范围受制性明显；保障水平多层次；

具有较好的安全性和收益性。在企业年金制度中政府只是承担监督和管理的责任，而企业则在国家法律框架内起着主导作用。

根据马斯洛的需求层次理论，人们需求层次的提高与社会经济发展水平相关而与年龄无关，发达国家的企业年金制度不论是规模还是保障程度都优于发展中国家，这也在一定程度上从经济学的角度说明了这一理论观点的正确性。中国城镇企业已有相当一部分在职员工在经济收入上已经进入相对较高层次需求的追求，他们迫切需要更高层次的老年收入保障制度以保障老年生活水准与年轻时相差不过于悬殊，这为企业年金制度创造了一个较好的发展机遇。

年金制度本身是一种老年收入风险的保障制度，老年收入的波动风险也是企业年金制度发展的原动力，同时年金制度本身也面临各种风险。中国目前不仅需要发展企业年金制度，而且已经具备了发展企业年金制度的基础。

年金制度积累模式对年金制度结构将产生影响。中国实行的部分积累模式是现收现付模式和完全积累模式调和的产物，也是一种正确的选择，其原因在于：（1）现收现付模式不能适应中国社会迅猛发展的老龄化进程；（2）完全积累模式不能解决中国公共年金的历史欠账；（3）实行部分积累模式兼有现收现付模式和完全积累模式的优点。

中国现行的公共年金保险积累模式的基本思路是，现在适当提高当前收费比率，实现部分正积累，以应付将来的负积累，保持长期的收支平衡。这种部分积累模式并没有将个人账户和社会统筹部分严格分开运营，实质上是一种结余型部分积累模式。综合型部分积累模式就是将中国现行公共年金的两个部分实行不同的积累模式，个人账户部分实现完全积累模式，国家统筹部分仍实行现收现付模式，当统筹部分收支不平衡时，由国家财政调节。可见，综合型部分积累模式本质上仍然是一种部分积累模式，但与现行的部分积累模式相比它能有效控制政府风险。中国公共年金正在由结余型部分积累模式向综合型部分积累模式转变。

中国的公共年金制度正从"微观积累模式调整"向"宏观积累模式改革"转变，给企业年金制度的发展创造了一个非常好的时机和制度环境。中国年金制度模式选择实质上是年金制度结构的调整。这种调整与世界年金制度改革的趋势是一致的：一方面，增加完全积累部分的比重而降低统筹部分的比重；另一方面，压缩公共年金部分而增加企业年金部分。

改革现行的年金制度首先必须保持其适度的偿付能力。年金制度的偿付能力是指年金制度可供支配的总资产在一定的积累模式下的给付能力，它表示年金经办机构的资产与负债之间的关系。年金制度既具有社会功能又具有经济功能。在不同的发展时期、不同社会经济基础下，年金制度的经济功能是不同的。中国以往过于偏重社会功能的年金制度已经越来越不适应社会经济发展的要求，因此对现行年金制度的改革势在必行。

一个国家的经济发展水平决定了这个国家的综合国力，也最终决定了其年金制度的偿付能力，换言之，"有什么样的经济基础就必须有与之相适应的年金制度"。如果一个国家的年金制度的设计脱离了该国的年金制度赖以生存的经济基础，这种年金制度将无法持续发展，它不仅不会促进社会的稳定发展，反而会阻碍社会和经济的发展。

目前，严重削弱中国年金制度偿付能力的主要因素就是公共年金制度转轨过程中产生的巨额"隐性债务"，以及在年金制度中企业年金所占的份额过低。"隐性债务"问题解决不好，将使年金制度的自我积累能力丧失，使我国新的公共年金制度退回到原来的"现收现付"积累模式。目前，我国年金制度的偿付能力日趋下降的事实已经表明了现行年金制度的不可持续性。因此，必须建立新型的年金制度结构。

企业年金制度的发展受社会、经济等制度环境和经济基础的制约。与公共年金制度相比，企业年金制度具有更大的弹性，这种弹性表现在企业年金制度对经济发展水平有较高的敏感性，即经济发展水平越高则企业年金规模越大，保障水平也随之提高。公共年金制度是一种最基本的老年人口收入保障制度，是相对基本生存条件而提供的低水平保障，对经济的敏感性较低。因此，在经济相对落后的国家，整体保障（绝对）水平较低，但公共年金的相对保障水平较高；在经济相对发达的国家，整体保障水平较高，但公共年金提供的收入占老年人整个收入的比重较低，而企业年金制度提供的收入占老年人收入的比重较高。

比较不同类型国家的企业年金制度可以看出，强制性并不是公共年金制度独有的本质特征，企业年金制度也可以是强制性、半强制性和自愿的。从不同国家和不同地区的年金制度的改革和企业年金制度的发展来看，都在压缩第一支柱的规模，扩大第二支柱的规模。许多国家试图利用企业年金的机制上的效率优势来改革低效率的第一支柱。第一支柱不仅仅是运营效率的低下，人口老化、人口寿命的延长、经济不景气等因素的影响都使得第一支柱出现巨额的赤字。

在公共年金制度框架下建立企业年金制度是中国养老保险制度的必然选择。不同的制度框架下建立起来的企业年金制度的主要区别在于其管理体制的不同。建立在公共年金管理制度下的企业年金制度，其特点是缴费具有一定的强制性，国家或其授权管理机构承担部分管理责任；建立在商业养老保险制度下的企业年金制度，其特色是自愿参加，规模有限，由受托的商业性金融机构承担管理责任；企业自办的企业年金承担管理责任的主体是企业，这种企业自主管理的制度适合于大型企业；还有一种由行业协会发起的企业年金，这种年金的管理主体是行业协会，适合于该行业内的众多中小型企业参加。

按照企业年金的缴费与给付方式可将企业年金划分为两种类型：（1）固定受益型年金（DB）；（2）固定缴费型年金（DC）。从分散退休金偿付风险的角度考虑，中国应采用 DC 型年金计划，DB 型和 DC 型计划在美国发展的经历也证明 DC 型计划更适合中国。若采用 DB 型计划，在出现偿付危机时，由（政府举办的）年金担保公司予以偿付，但过于集中的偿付压力将使得政府财政出现巨额赤字。中国理论界倾向于采用 DC 型企业年金计划，所以企业年金精算相对简单，精算成本较低。DC 型年金涉及物价波动风险、投资风险、基金管理风险和退休年金政策变动风险，但是这些风险均由受益人承担，国家或企业承担的风险较小。

中国企业年金计划的组织形式可采用信托、强制缴费的形式。公司型基金的发展在中国目前还存在法律障碍。中国证券投资基金的实践证明了契约型基金对投资管理人的监督较弱。我国《信托法》规定了受托人职责，在社会保障部门制订的《企业年金基金管理试行办法》中也对受托人的职责作了更具体的规定。封闭式企业年金基金适用于大企业或行业协会，开放式企业年金基金适用于小企业和个体经营户，两者可针对不同的市场平行发展。

为了保证年金运营过程中委托人的资产安全、控制运营风险，笔者不仅在年金宏观管理框架中引入了受托人和监督人，而且在微观运营结构中引入多个受托人。对多个受托人进行的权责分配一方面能提高效率，另一方面能在他们之间形成相互约束的风险控制机制，提高年金资产的安全性。同时，实施对多个受托人的选择机制，也是一种提高运营效率的有效手段。

企业年金的运营过程主要包括企业年金的缴费方式、运营成本、积累过程（投资管理）、给付方式等多个环节，笔者结合中国实际分析和选择适合中国企业年金运营的模式，以规范中国企业年金运营的过程。

年金保险资金进入资本市场是大势所趋，完全积累型企业年金基金需要进入资本市场寻求更高的收益率；部分积累型公共年金也需要进入资本市场，但会选择风险较小的投资品种。中国年金保险基金已经开始了证券投资尝试。

年金保险金融化的趋势使年金保险机构的职能发生了变化，由一个简单地履行筹资、偿付功能的行业，演变为既有补偿职能又具有重要融资职能的非银行金融机构，投资部门成为年金保险机构的核心部门。发达国家年金保险业发展的实践提示我们：（1）调整资本市场政策，发展和完善资本市场；（2）逐步扩大年金保险基金进入资本市场的范围；（3）完善年金保险基金的投资监管制度。

企业年金能促进资本市场发展，其作用体现在：（1）培育机构投资者，稳定发展资本市场；（2）规范机构投资者的投资行为；（3）为国有股减持和流通创造条件。企业年金基金本身所具有的长期协调性、稳定性和规模性，以及追求长期稳定投资回报的特点，将对资本市场的制度、结构和效率以及稳定性将产生极其重要而又复杂的影响，企业年金基金投资要求建立在资本市场比较规范、成熟的基础之上，在与资本市场共同生长、相互促进的过程中，实现社会福利的最大化。但是，企业年金的避险行为、信息分布的不对称性、企业年金基金的成熟度与资本市场的易变性等多方面原因使企业年金基金也可能采取一些短期投资行为，将加剧宏观经济运行的不稳定性。

企业年金基金投资行为也会受到约束：（1）性质约束。企业年金对安全性的较高需要决定了企业年金基金的投资行为与其他基金的差异，但它对风险的厌恶程度低于公共年金。其投资行为应当确立以"谨慎专家原则"为主，以"比例限制原则"为辅的思路。（2）投资比例约束。为了保证企业年金资产的安全，一般国家都对企业年金进入资本市场实行严格的比例限制，尤其是对投资于股票市场的比例进行严格限制，有些国家还禁止对风险较高的金融工具（如期货交易等）投资。

资本市场对企业年金的约束：（1）资本市场制度和政策约束，主要包括投资管理模式与交易成本的约束、资本国际流动管制的约束、资本市场投资品种的约束。（2）资本市场对企业年金基金规模的约束。根据宏观（政策）的比例限制和微观（策略）比例限制，中国资本市场的资本容纳能力（在一定收益率条件下）将限制中国企业年金基金的投资规模。（3）资本市场的盈利能力对企业年金的制约。资本市场总的盈利能力是有一定限度的，由于企业年金基金追求的是长期收益，故可以不考虑证券价格波动的盈亏。

笔者运用资本市场均衡理论诠释了风险与收益的测度方法，并利用资本资产定价模型（CAPM）对企业年金的资产配置方法进行了分析，指出适度分散化投资的必要性。此外，还对风险资产的市场组合、资本市场线和证券市场线进行了理论探讨，并在此基础上建立了企业年金基金绩效评价的统一标准，论证了中国企业年金基金的指数化投资策略的合理性。

企业年金基金的监管包括政府监管和民间监管。政府监管是由政府部门依据国家颁布的法律法规实施的监管。民间监管则是由年金制度的当事人各方依据各种契约、协议、章程实施的监管（如委托人、受益人依据信托文件对受托人的监管，受托人依据委托协议对资产管理人、托管人的监管，各机构内部依据公司章程和管理规定实施的互相监督和管理等）。由于民间的契约、协议、章程等实际上也受到政府监管部门的审查和规范，故民间监管是政府监管的延伸。

本书首先对政府监管的职能、方式（分散监管和集中监管）、内容、实施和基本原则进行了论述，并提出了中国企业年金的监管制度及框架建议。由于企业年金基金在安全方面的特殊要求，应实行企业年金计划的登记制度，在进入资本市场的起步阶段，政府的社会保障管理部门可制定比较严格的标准，对投资管理人和托管人实行市场准入制度。

为提高监管效率可适度运用市场化的管理手段，而且企业年金基金的有效运营，需要在市场机制和政府干预之间作出适度选择。

企业年金基金制度的选择与政府管制方式密切相关。DB 型企业年金基金，它的缴费义务和受益权利互相分离，意味着 DB 型企业年金基金的委托人并不一定是最终的受益人，企业年金基金的投资收益会产生外部性，投资收益的剩余索取权需要政府参与，因此，DB 型企业年金基金就内在地需要政府较高程度的干预。政府干预是有成本的，如果政府不能忍受一个较高的管制成本，就要退出使管制成本不断增长的路径，转而扶持能够使市场机制在其中发挥更大作用的 DC 型年金计划。

在资本市场中，几乎所有投资工具的预期回报都和它所具有的风险呈正相关。但是，为了将企业年金基金所承担的总风险控制在一定的水平上，政府对企业年金基金投资风险控制的监管就显得非常必要。政府监管主要包括：受托人的投资行为监管、受托管理人的评价标准的制定与管理。

通过本书的研究分析，可以得出以下几点结论：

1. 企业年金理论中，马斯洛的需求层次理论是最能解释各年金制度结构的差异的理论，也是年金保险体系三支柱划分的重要依据。年金保险制度的三个支柱中，任何一个支柱都是不可缺少的，年金保险制度改革的关键不是取消其中的某个支柱，而是降低公共年金保险的比重，提高企业年金制度的比重，更充分体现效率机制的作用。

2. 中国年金保险制度的积累模式的选择，应从制度的宏观结构来考虑积累水平，不宜采用完全的现收现付（PAYG）制（如中国计划经济时期的养老金积累模式），也不能采用完全积累模式（基金制）。如新加坡的中央公积金计划取代第一支柱的功能，仍存在较大缺陷，容易受到金融危机的冲击，且对资本市场提出了更高的监管、投资工具和规模的要求。

3. 在宏观管理框架上，应采用统一监管的年金制度，减少机构重复，降低监管的社会成本。

（1）建议在中国采用强制性企业年金制度，对自营业者（包括私营企业主和自由职业者）和雇员实行统一的年金政策。强制性企业年金制度包含两层含义：一是对企业的强制性，即所有企业必须建立企业年金计划，在考虑企业承受能力的前提下，制定出最低和最高养老金替代率标准；二是企业和员工必须缴纳最低标准以上的企业养老保险费。

（2）中国企业年金制度也可以借鉴日本的半强制性企业年金制度中的一些做法。首先对所有企业实行强制性年金保险（如日本的"厚生年金保险制度"，相当于公共年金），如果企业自愿建立企业年金，可以根据其企业年金替代水平，申请抵减公共年金的部分缴费（如日本的"厚生年金基金"，相当于企业年金），这样公共年金就逐渐过渡到企业年金。中国可采取这种方式，在将基本养老保险制度的替代率逐渐降低的同时，发展企业年金制度。

4. 建立信托资产管理制度。在所有的受托人中，第一受托人（相当于年金资产的代理人，如专业年金基金管理公司、信托机构、基金会等）承担最终的信托责任。对于固定受益型企业年金的给付保证，由国家设立专门的年金担保公司运用保险方式实施养老金给付保证。改革现行年金基金投资管理体制，建立企业年金的市场化投资运营模式。

5. 从年金保险制度的偿付能力上看，应通过发展企业年金来逐步提高年金保险制度的偿付能力，逐步将国家承担的偿付风险向企业和个人转移，使风险在国家、企业和个人三者之间合理分布。

6. 企业年金运营模式的选择：

（1）鼓励采用固定缴费型的企业年金计划，降低企业的给付风险，增加员工的流动性和减少精算成本。对固定受益型年金计划不能完全按照现收现付的模式运营而应根据精算结果逐月预提形成独立资产，并将这部分独立资产实行信托管理，企业不能随意动用这部分独立资产。关于固定受益型年金计划的给付风险，除预提资产独立运营外，还可以借鉴美国的经验，建立一个以政府为主体的企业年金给付担保机构，该机构按商业保险模式运营，由各企业年金计划的管理机构缴纳保险费，实行强制参保。

（2）建议在第一支柱的公共年金制度中，采用收入比例制缴费而给付上则实行定额给付（只随物价指数变动进行调整），同时将其中的一小部分与工龄相联系。在第二支柱中，企业年金的缴费采用收入比例制缴费模式，在退休金支付时，采用账户积累余额与平均余命相结合的方式支付。在第三支柱中，实行完全由个人定额缴费和退休时获得定额收入的终身年金保险的模式，这种模式的特点是受益人死亡时，即停止给付，而且不用进行个人账户管理。

（3）建议全部采用年金给付方式，防止个人的无计划消费导致退休金使用不均。对退休时一次性给付的企业年金予以限制，部分取消税收优惠。

7. 中国企业年金基金进入资本市场势在必行，但同时也受到资本市场的制约。

（1）资本市场能够容纳的企业年金基金的规模有限，企业年金基金的积累规模决定了企业年金仍然在三支柱中处于补充地位。从本书对我国企业年金计划缴费率和替代率的估算可知，其缴费率为1.6%～2.1%，相应的替代率为3.2%～4.2%，这说明我国企业年金仍有较大的发展空间，同时也显示了企业年金相对于公共年金的弱势地位。[①] 我国企业年金制度发展第一阶段的目标是争取工资替代率达到10%～15%。如果按照总退休金的平均工资替代率为60%，那么公共年金的替代率水平应在30%左右，企业年金的替代率水平应在20%以上，因此，中国企业年金制度的发展空间非常大，即使只达到15%的替代率水平，中国企业年金规模就需要有相当大规模地、快速地发展。

（2）在企业年金基金的投资策略选择上，应采用消极的指数基金投资模式。企业年金基金属于长期投资基金，宜选择长线投资的策略模式和品种。一方面，从理论上讲目前并没有一个普遍适用的必定盈利的投资模式，而统计规律研究的结果表明，长期投资的指数基金最终将获得超过"无风险收益率"的投资收益；另一方面，如果在指数基金投资模式的基础上适当采用价值型选择模式，年金基金将可能战胜指数的增长率。

（3）关于投资风险分担方面，采取收益与风险对应的原则。在努力提高企业年金计划收益率的同时，使风险向企业年金计划的参加者倾斜。不应对企业年金计划的参加者提供最低年度收益率保证，设定最低

---

① 计算该缴费率和替代率的前提条件是，投资年收益率为3%，企业年金投资于股票市场的最大比例限制在60%以内，投资总规模占整个股票市场的比例控制在30%内。企业年金制度的覆盖面以2002年公共年金制度覆盖面为上限（9090万人），年人均工资为12422元。

收益率的做法缺乏法律支持。有人曾建议，通过提取盈余准备金或风险准备金弥补可能发生的某一年度的投资损失。而笔者认为，在允许年金计划的成员转换年金受托人的情况下，提取盈余准备金或风险准备金的做法实际上损害了转出人的利益，从而起到了限制企业年金计划参加者转换信托投资管理人的作用，是不可取的。

（4）中国的企业年金基金应实行完全市场化方式的投资运作，个人有充分的选择投资管理人的自由。有能力的受益人可自己选择投资管理人，没有能力选择的受益人则以签字授权的方式交受托人选择，在此情况下投资风险应当由个人自己承担。至于因为受托人的道德、专业水平等方面引起的对成员利益的损害，则应依据《信托法》追究受托人的责任。

8. 建立健全企业年金的监管体系和相关的法律法规。中国的企业年金基金将以《信托法》为基准设立，政府的社会保障管理部门在制定《企业年金管理办法》时应当明确规定信托文件的书面格式和条款，并依法登记。政府社会保障部门对企业年金基金的各项风险实施监督和控制。

9. 建议加强对企业年金基金的财务会计管理，规范企业年金计划的信息披露。应当重视对企业年金计划的负债管理，定期公布企业年金计划的年度报告和财务报表（每年两次，即中期和年度报告）。企业年金计划（对受益人）的偿付责任的会计处理，以企业年金负债方式核算，并在资产负债表中的负债栏目披露。对企业年金负债较高的企业应督促企业及时追加缴费。

10. 应加强企业年金计划的税收政策的引导作用，用政策调节企业年金制度的发展。企业年金政策应重视对低收入人群的保护和限制高收入人群的税收优惠，为了增进企业年金制度的公正与公平，应要求企业年金计划对企业员工的最低覆盖率，如果年金计划举办企业的许多员工，特别是低收入员工，没有加入企业年金计划，则应该取消该年金计划的税收优惠待遇。建议借鉴美国 401（k）计划的税收政策，在改善员工退休福利的同时，降低企业的偿付风险，鼓励中国企业建立 DC 型年金计划。

参考文献

一、中文书籍类

1. 邓大松主编:《社会保险》,中国劳动社会保障出版社 2002 年版。

2. 邓大松、刘昌平:《中国企业年金制度研究》,人民出版社 2004 年版。

3. 殷俊:《社会保障基金管理新论》,武汉大学出版社 2007 年版。

4. 李珍:《社会保障理论》,中国劳动社会保障出版社 2001 年版。

5. 魏华林、林宝清:《保险学》,高等教育出版社 1999 年版。

6. 殷俊:《企业年金制度创新与发展研究》,武汉大学出版社 2005 年版。

7. 邓大松:《中国社会保障若干重大问题研究》,海天出版社 2000 年版。

8. 丹尼斯·E. 罗格、杰克·S. 雷德尔著,林义等译:《养老金计划管理》,中国劳动社会保障出版社 2003 年版。

9. 李锡权等:《企业年金基金会计制度研究》,海天出版社 2006 年版。

10. 安吉尔·德·拉·弗恩特著,朱保华、钱晓明译:《经济数学方法与模型》,上海财经大学出版社 2003 年版。

11. 高鸿业:《西方经济学(微观部分)》,中国人民大学出版社 2004 年版。

12. 彭玉芳、靳小钊、杜本峰:《经济管理学》,机械工业出版社 2003 年版。

13. 刘桂茹、孙永华：《经济数序（微积分部分）》，南开大学出版社 2002 年版。

14. 吕学静：《日本社会保障制度》，经济管理出版社 2000 年版。

15. 陈建安：《战后日本社会保障制度研究》，复旦大学出版社 1996 年版。

16. 冯杰、韩树军：《中国社会保障》，河南人民出版社 2002 年版。

17. 成思危：《中国社会保障体系的改革与完善》，民主与建设出版社 2000 年版。

18. 劳动和社会保障部研究所：《世纪抉择——中国社会保障体系构架》，中国劳动社会保障出版社 2000 年版。

19. 陈佳贵：《中国社会保障发展报告（1997—2001）》，社会科学文献出版社 2001 年版。

20. 曾毅：《中国人口发展态势及对策探讨》，北京大学出版社 1994 年版。

21. 郑功成等：《中国社会保障制度变迁与评估》，中国人民大学出版社 2002 年版。

22. 邓大松、李珍：《社会保障问题研究》，武汉大学出版社 2001 年版。

23. 李连友：《社会保险基金运行论》，西南财经大学出版社 2000 年版。

24. 李珍：《社会保障概论》，中国劳动社会保障出版社 2001 年版。

25. 朱青著：《养老基金制度的经济分析与运作分析》，中国人民大学出版社 2000 年版。

26. 盛立军：《中小民营企业私募融资》，机械工业出版社 2004 年版。

27. 赵曼：《社会保障制度结构与运行分析》，中国计划出版社 1997 年版。

28. 卓志：《保险经营风险防范机制研究》，西南财经大学出版社 1998 年版。

29. 戴国强、吴林祥著：《金融市场微观结构理论》，上海财经大学出版社 1999 年版。

30. 张杰：《中国金融成长的经济分析》，中国经济出版社 1997 年版。

31. 财政部、劳动和社会保障部：《社会保险基金财务会计制度讲解》，中国财政经济出版社 1999 年版。

32. 史柏年：《中国社会养老保险制度研究》，经济管理出版社 1999 年版。

33. 戴园晨、陈东琪：《劳动过剩经济的就业与收入》，上海远东出版社 1997 年版。

34. 李绍光：《养老金制度与资本市场》，中国发展出版社 1998 年版。

35. 宋晓梧、张中俊、郑定铨：《中国社会保障制度建设 20 年》，中州古籍出版社 1998 年版。

36. 郭士征：《社会保障基本理论与国际比较》，上海财经大学出版社 1996 年版。

37. 陈朝先：《人口与社会保障研究》，西南财经大学出版社 1998 年版。

38. 赵曼：《社会保障理论探析与制度改革》，中国财政经济出版社 1999 年版。

39. 穆怀中：《中国社会保障适度水平研究》，辽宁大学出版社 1998 年版。

40. 卫兴华、魏杰：《中国社会保障制度研究》，中国人民大学出版社 1994 年版。

41. 赵映诚、孙大敏：《社会保障论》，中国地质大学出版社 1999 年版。

42. 王鉴岗：《社会养老保险平衡测算》，经济管理出版社 1999 年版。

43. 裴光：《中国保险业监管研究》，中国金融出版社 1999 年版。

44. 邓大松：《社会保险比较论》，中国金融出版社 1992 年版。

45. 李珍：《社会保障制度与经济发展》，武汉大学出版社 1998 年版。

46. 阿尔伯特·J. 弗雷德曼、鲁斯·瓦尔斯著，刘勇等译：《共同基金运作》，清华大学出版社 1998 年版。

47. 厉以宁、曹凤岐：《跨世纪的中国投资基金业》，经济科学出版社2000年版。

48. 颜寒松：《基金管理公司投资策略》，上海财经大学出版社2000年版。

49. 葛寿昌：《社会保障经济学》，上海财经大学出版社1999年版。

50. 周小亮：《市场配置资源的制度修正》，经济科学出版社1999年版。

51. 张富春：《资本与经济增长》，经济科学出版社2000年版。

52. 哈里·马克威茨著，刘军霞、张一弛译：《资产选择——投资的有效分散化》，首都经济贸易大学出版社2000年版。

53. 姜波克、张卫东：《金融改革与金融业发展》，复旦大学出版社1999年版。

54. M. P. 尼米诺（Michael P. Niemira）、P. A. 克莱因（Philip A. Klein）著，邱东等译：《金融与经济周期预测》，中国统计出版社1998年版。

55. 朗唯群、姚兴涛、邵佳民：《国债投资策略》，上海人民出版社1998年版。

56. 熊道伟、张桥云：《中国国债市场》，西南财经大学出版社1998年版。

57. 李伯亭：《风险投资》，企业管理出版社1999年版。

58. 茅于轼：《择优分配原理——经济学与它的数理基础》，商务印书馆1998年版。

59. 安东尼·B. 阿特金森、约瑟夫·E. 斯蒂格里茨著，蔡江南、许斌、皱华明译：《公共经济学》，上海三联书店、上海人民出版社1998年版。

60. 章琪、朱文革：《寿险精算原理》，上海财经大学出版社1998年版。

61. 苏明：《财政支出政策研究》，中国财政经济出版社1999年版。

62. 仉建涛、刘玉珂：《经济增长模式比较》，经济科学出版社1999年版。

63. 周月秋：《资源配置与金融深化》，中国经济出版社1995年版。

64. 石景云：《经济增长与波动》，商务印书馆1997年版。

65. 罗伯特·J. 巴罗：《现代经济周期理论》，商务印书馆 1997 年版。

66. 美国加州大学伯克利分校：《美国的社会福利和保险计划》，中央广播电视大学出版社 1998 年版。

67. 成思危：《中国社会保障体制的改革与完善》，民主与建设出版社 2000 年版。

68. 尼古拉斯·巴尔、大卫·怀恩斯著，贺晓波、王艺译：《福利经济学的前沿问题》，中国税务出版社 2000 年版。

69. 卡尔·H. 博尔奇著，庹国柱等译：《保险经济学》，商务印书馆 1999 年版。

70. 彼德·M. 杰克逊著，郭庆旺、刘立群、杨越译：《公共部门经济学前沿问题》，中国税务出版社 2000 年版。

71. 林义：《社会保险制度分析引论》，西南财经大学出版社 1997 年版。

72. 袁亚湘、孙文瑜：《最优化理论与方法》，科学出版社 1999 年版。

73. 徐滇庆、尹尊声、郑玉颜：《中国社会保障体制改革：98 中国社会保障国际研讨会论文选》，经济科学出版社 1999 年版。

74. 和春雷：《社会保障制度的国际比较》，法律出版社 2001 年版。

75. 李曜：《养老保险基金——形成机制、管理模式、投资运用》，中国金融出版社 2000 年版。

76. 耿志民：《养老保险基金与资本市场》，经济管理出版社 2000 年版。

77. 洪灿楠、洪鸿铭、许冲河、蔡璎琪：《年金保险》，台北财团法人保险事业发展中心 2002 年版。

78. 田近荣治、金子能宏、林文子著，张秋明译：《年金之经济分析》，台北财团法人保险事业发展中心 1999 年版。

79. 埃弗里特·T. 艾伦、约瑟夫·J. 梅隆、杰里·S. 罗森布鲁姆、杰克·L. 范德海著，杨燕绥、费朝辉、李卫东等译：《退休金计划》，经济科学出版社 2003 年版。

80. 魏加宁：《养老保险与金融市场》，中国金融出版社 2002 年版。

81. 林羿：《美国的私有退休金体制》，北京大学出版社 2002 年版。

82. Thomas F. Streiff 著，张文武、涂兆贤译：《股价指数年金（EQUITY INDEXED ANNUITIES）》，台北财团法人保险事业发展中心 2002 年版。

83. 方明川：《商业年金保险理论与实务》，首都经济贸易大学出版社 2000 年版。

84. 劳伦斯·汤普森（Lawrence Thompson）著，孙树菡等译：《老而弥智——养老保险经济学》，中国劳动社会保障出版社 2003 年版。

85. 约翰 B. 威廉姆森（John B. Williamson）、弗雷德 C. 帕姆佩尔（Fred C. Pampel）著，马胜杰、刘艳红、赵陵译：《养老保险比较分析》，法律出版社 2002 年版。

86. 科林·吉列恩（Colin Gillion）等著，杨燕绥等译：《全球养老保障——改革与发展》，中国劳动社会保障出版社 2002 年版。

87. 何德旭：《中国投资基金制度变迁分析》，西南财经大学出版社 2003 年版。

88. 王彦国：《投资基金论》，北京大学出版社 2002 年版。

89. 刘贵平：《养老保险的人口学研究》，中国人口出版社 1999 年版。

90. 《中国社会保障——论文专辑》，中国社会保障杂志社 2002 年增刊。

91. 劳动保障部社会保险研究所、博时基金管理有限公司：《中国企业年金制度与管理规范》，中国劳动社会保障出版社 2002 年版。

92. 崔少敏、文武等：《补充养老保险——原理、运营与管理》，中国劳动社会保障出版社 2003 年版。

93. 杨燕绥：《企业年金理论与实务》，中国劳动社会保障出版社 2003 年版。

94. 劳动部社会保险研究所译：《世界银行政策研究报告：防止老龄危机——保护老年人及促进增长的政策》，中国财政经济出版社 1996 年版。

95. 《农村社会养老保险基本方案论证报告》，水利电力出版社 1995 年版。

96. 米歇尔·D. 西莫著；贺斌译：《共同基金法则》，中国金融出版社 2000 年版。

97. 罗伯特·吉本斯著；高峰译：《博弈论基础》，中国社会科学出版社 1999 年版。

98. 石宏伟：《社会保障制度改革研究》，中国经济出版社 2001 年版。

99. 李仲翔等：《以风险为基础的基金管理现代化》，清华大学出版社 2002 年版。

二、中文期刊类

1. 陈燕：《论储蓄积累型全民社会养老保险制度》，载《江西社会科学》2002 年第 12 期。

2. 李连友：《略论养老金给付的调整》，载《湖南商学院学报》2000 年第 3 期。

3. 袁志刚：《中国养老保险体系选择的经济学分析》，载《经济研究》2001 年第 5 期。

4. 石博文：《企业年金税收优惠模式比较及效果评价》，载《科技与产业》2007 年第 4 期。

5. 刘俊宇、孙颖：《企业年金税收优惠问题的探讨》，载《江西社会科学》2006 年第 5 期。

6. 海富通基金企业年金组：《我国企业年金发展尚存在的问题及政策建议》，载《国有资产管理》2007 年第 10 期。

7. 张勇：《企业年金税收优惠政策的成本：一个文献的综述》，载《税务与经济》2006 年第 6 期。

8. 龚秀全、黄胜开：《论中国基本养老保险的筹资形式的改革》，载人大复印资料《社会保障制度》2002 年第 6 期。

9. 孙祁祥：《空账和转型成本——中国养老保险改革的效应分析》，载《经济研究》2002 年第 5 期。

10. 杨雯：《我国城市养老保险制度中的企业行为》，载《山东大学学报》2004 年第 4 期。

11. 赵耀辉、徐建国：《我国城镇养老保险体制改革中的激励机制问题》，载《经济学》2001 年第 1 卷第 1 期。

12. 刘贵平：《人口变化与我国城镇职工养老保险的代际再分配》，载《人口学刊》1999 年第 5 期。

13. 聂占武：《社会保险稽核工作中的困难与对策》，载《经济》2004 年第 1 期。

14. 罗文元：《养老保险制度中关于退休年龄的探讨》，载《市场与人口分析》2001 年第 5 期。

15. 刘钧：《我国社会保障制度改革的两难困境和选择》，载《财经问题研究》2005 年第 1 期。

16. 王艳君：《中国养老保险基金监管制度的思考》，载《福建金融管理干部学院学报》2005 年第 3 期（总 86 期）。

17. 易定红：《劳动经济学中的雇佣关系理论述评》，载《东南大学学报（哲学社会科学版）》2002 年第 11 期。

18. 何平：《中国养老保险基金测算报告》，载《社会保障制度》2001 年第 3 期。

19. 张卓元：《从现收现付到个人账户》，载《改革》1996 年第 4 期。

20. 梁丽：《养老保险基金投资营运监管问题初探》，载《重庆商学院学报（社科版）》2002 年第 9 期。

21. 罗元文、韩东：《日本企业保障的现状与发展趋势》，载《日本研究》2004 年第 1 期。

22. 朱孟楠、喻海燕：《企业年金制度的发展与模式选择：日本的经验与启示》，载《日本问题研究》2007 年第 3 期。

23. 叶祥松：《日本公司治理结构的演变》，载《当代亚太》2002 年第 11 期。

24. 闫莉：《论日本的公司治理》，载《日本研究》1999 年第 2 期。

25. 毛慧红、戴维周：《日本企业年金制度及其对我国的启示》，载《日本研究》2004 年第 4 期。

26. 孙丽：《日本型公司治理结构的再评价》，载《日本研究》2001 年第 2 期。

27. 吴淑凤:《国外养老保险制度的最新发展趋势》,载《改革研究》2000 年第 3 期。

28. 高向东:《个人储蓄型养老保险市场潜力分析》,载《上海保险》1998 年第 7 期。

29. 庹国柱、尹中立、朱俊生:《论我国保险资金运用的危机》,载《保险研究》2003 年第 4 期。

30. 李珍:《我国养老基金多元化投资问题研究》,载《中国软科学》2001 年第 10 期。

31. 李珍:《养老基金制度安排与经济增长互动》,载《金融研究》2001 年第 2 期。

32. 王冰:《社会保障与市场经济的关系》,载《经济评论》2001 年第 1 期。

33. 李晓明:《论保险资金运用于股票市场的监管》,载《保险研究》2000 年第 2 期。

34. 刘欢、杜龙波:《保险资金入市的"双赢"之策》,载《保险研究》2000 年第 4 期。

35. 刘域天:《论证券投资基金对保险公司的影响》,载《保险研究》2000 年第 4 期。

36. 李文浩:《调整机构:提高中国养老保险基金投资收益率的前提》,载《人口与经济》2000 年第 5 期。

37. 隆武华:《国外保险资金与股票市场》,载《保险研究》2000 年第 2 期。

38. 于中一、陈穗红、石英华:《中国社会保障筹资手段的选择与社会保障税的应用》,载《财政研究》2000 年第 2 期。

39. 沈皓:《关于完善保险资金国债投资的探讨》,载《上海保险》2000 年第 3 期。

40. 孙键:《保险投资基金市场相关问题分析》,载《保险研究》2000 年第 4 期。

41. 池昌:《论世界保险业的金融化趋势》,载《保险研究》2000 年第 7 期。

42. 李文浩:《调整机构:提高中国养老保险基金投资收益率的前

提》，载《人口与经济》2000年第5期。

43. 鑫燃：《我国现行养老保险基金管理模式的缺陷及对策》，载《当代财经》2001年第2期。

44. 徐杰：《信息不对称与金融市场脆弱性》，载《中央财经大学学报》2004年第4期。

45. 李珍、刘昌平：《建立和完善中国养老保险基金分权式管理制度和相互制衡式监督制度的构想》，载《中国软科学》2002年第3期。

46. 宋丹：《新加坡中央公积金制度对我国的借鉴意义》，载《苏州城市建设环境保护学院学报》2000年第3期。

47. 廉桂萍，关向东：《关于建立个人强制储蓄养老保险模式的基本看法》，载《内蒙古财会》2001年第11期。

三、学术会议资料

1. 2006年7月北京"养老基金管理国际研讨会"资料

（1）《金融保险集团与中国养老金市场》

（2）《对解决中国养老危机的建议》

（3）《美国养老金计划及养老金管理》

（4）Juan Ariztia（原智利AFP监管委员会主席）：《智利新养老金方案（CHILE AFP）的设计、实施和监管以及养老基金对资本市场的影响》

（5）Rex Auyeung：《香港强基金计划》

（6）曾渊仓：《新加坡中央公积金计划和澳大利亚超年金计划体制比较》

（7）Terry Power，Peter Chun：《澳大利亚超年金计划和基金管理》

2. 2002年北京"中国企业补充养老保险国际研讨会"资料

（1）财政部社会保障司司长杜俭：《大力发展中国企业补充养老保险》

（2）中国保监会人身保险监管部魏迎宁：《企业补充养老保险的规范化问题》

（3）劳动和社会保障部社会保险基金监督司张昕：《加强补充保险监督管理的几点想法》

（4）詹姆斯·洛克哈特三世（James B·Lockhart III）：《养老保险金保障公司（Pension Benefit Guaranty Corporation），美国私人养老金计划的再保险（Reinsure of US Private Sector Pensions）》

（5）罗伯特·汉瑞克森（Robert Henrikson）：《美国私人养老金计划的具体方案设计及操作（上）》

（6）尼古拉斯·D.拉遂塔：《美国私人养老金计划的具体方案设计及操作（下）》

（7）格瑞格·约德尔（Gregory Yoder）：《美国私人养老金计划的投资运营》

（8）Theodore E. Rhodes：《养老金计划资产保护的政策法规（Prudent Regulation to Protect Pension Plan Assets）》

（9）陈良：《关于发展企业补充养老保险的几个问题》

（10）曾渊仓：《新加坡与香港公积金的特点及可供中国参考之处》

3. 2000 年"中国发展论坛"——"社会保障体制改革"

（1）Ewa Lewicka：《波兰养老保险新制度（New Pension System in Poland）》

（2）Bruce Murray：《重构中国社会保障体系（Restructing China's Social Security System）》

（3）《中国连结养老保险和国企改革（Linking Pension and State Enterprise Reform in China）》

（4）《新加坡中央公积金制（The Singapore Central Provident Fund——CPF Scheme）》

（5）Alejandro Ferreiro Y.：《智利养老金制度（Chilean Pension System）》

（6）杨燕绥：《可持续性的养老保险模式》

（7）露伊丝·福克斯、爱德华·帕靳明：《多支柱养老金制度的新方法：现实世界正发生着什么？》

（8）彼德·奥格萨、约瑟夫·斯蒂格利茨：《养老金改革的再思考：关于社会保障制度的十个谬论》

（9）皮特·鲍泰利：《一石双鸟——在转型中利用国有资产偿还"老人"养老金债务及发展国内资本市场》

（10）海因茨·斯坦梅尔：《中国社会保障制度的重新构架：筹资、运营和管理——从德国和欧洲的视角看》

（11）杨建敏：《改善社会保障（养老）的对策思考综述》

（12）李绍光：《养老金基金的投资管理——国内理论探讨及实践综述》

四、英文文献

1. Bergstresser, D., M. A. Desai, and J. Rauh, 2005, "Earnings manipulation, pension assumptions and managerial investment decisions", *Quarterly Journal of Economics*.

2. Shevlin, T., 1987, "Taxes and off balance sheet financing: research and development limited partnerships", *The Accounting Review* 52(3).

3. J. Rauh, 2004, "Investment and financing constraints: Evidence from the funding of corporate pension plans", *Journal of Finance*.

4. M. Frank, 2002, "The impact of taxes on corporate defined benefit plan asset allocation", *Journal of Accounting Research* 40 (4).

5. Graham, J., and C. Harvey, 2001, "The theory and practice of corporate finance: Evidence from the field", *Journal of Financial Economics*, 187 – 243.

6. Fama, E. F. and K. R. French, 2001, "Testing trade-off and pecking-order predictions about dividends and debt", *Review of Financial Studies* 15.

7. Faulkender, M., and M. Petersen, 2005, "Does the source of capital affect capital structure?", *Review of Financial Studies*.

8. Molina, C. A., 2005, "Are firms underleveraged? An examination of the effect of leverage on default probabilities", *Journal of Finance* 60(3).

9. DeAngelo, H., and R. Masulis, 1980, "Optimal capital structure under corporate and personal taxation", *Journal of Financial Economics* 8.

10. Everett T. Allen, Joseph J. Melone, Jerry S. Rosenbloom, and Dennis. F. Mahoney, 2003, *Pension Planning: Pension, Profit-Sharing, and Other Deferred Compensation Plans*, 9th ed., New York: McGraw-Hill/Irwin.

11. MacKie-Mason, J. , 1990, "Do taxes affect corporate financing decisions?", *Journal of Finance* 45.

12. Graham, J. , M. Lang, and D. Shackelford, 2004, "Employee stock options, corporate taxes and debt policy", *Journal of Finance* 59 (4).

13. Graham, J. , and Tucker, A. L. , 2006, "Tax shelters and corporate debt policy", *Journal of Financial Economics* 83(3).

14. Jin, L. , Merton R. C. and Z. Bodie, 2006, "Do a firm's equity returns reflect the risk of its pension plan?", *Journal of Financial Economics* 81.

15. Irina Stefanescu, Mar. , 2006, "*Capital structure decisions and corporate pension plans*", A dissertation submitted to the faculty of the University of North Carolina.

16. Jack L. Treynor and Kay Mazuy, July-August 1966, "Can Mutual Funds Outguess the Market?", *Harvard Business Review*.

17. William F. Sharpe, January 1966, "Mutual Fund Performance", *Journal of Business*, Supplement on Security Prices.

18. Bodie, Z. December 1990, "Managing Pension and Retirement Assets: An International perspective", *Journal of Financial Services Research*.

19. Rosenbloom, Jerry S. , 1996, "*The Environment of Employee Benefit Plans*", In *The Handbook of Employee Benefits*, 4th ed. Jerry S. Rosenbloom, ed. Burr Ridge, IL: Irwin Professional Publishing.

20. Peter E. Gaudio and Virginia S. Nicols, 1992, *Your Retirement Benefits*, John Wiley & Sons, Inc.

21. Robert Genetski, March 9, 1999, "Administration Costs and the Relative Efficiency of Public and Private Social Security Systems", SSP, No. 15.

22. Kritzer, Barbara E. , 2000, "Social Security Privatization in Latin America", *Social Security Bulletin*, Vol. 63, Issue 2.

23. Daykin C. D. , April 2001, "Trends and Challenges in Pension Provision and Regulation", Paper presented to the *First Conference of the International Network of Pensions Regulators and Supervisors*, Sofia, Bulgaria.

24. Edey, M. Simon. J. 1996, "Australia's retirement income system: Implications for saving and capital markets", Working Paper No. 5799

(Cambridge, Massachusetts, National Bureau of Economic Research).

25. Breyer, Friedrich, 1989, "On the International Pareto Efficiency of Pay-as-you-go Financed Pension System", *Journal of Institutional and Theoretical Economics*, vol. 145 (4).

26. Davis, E. Philip, 1995, *Pension Funds-Retirement-Income Security, and Capital Markets-A International Perspective*, Clarendon Press, Oxford.

27. Delhausse, Bernard, Sergio Perelman and Pierre Pestieau, 1993, "The Distributive Effects of Shifting from Public to Private Provision of Retirement Income", in *The European Face of Social Security-Essays in honour of Herman Deleck*, Edited by Jos Berghman and Bea Cantillon, Avebury.

28. Diamond, Peter A., David. C. Lindeman, and Howard Yourg (eds), 1996, *Social Security-What Role for the Future?*, National Academy of Social Insurance, Washington, D. C.

29. Francis, Jack Clark, 1993, *Management of Investments* (Third edition), McGraw-Hill Inc.

30. Ghilarducci, Teresa, 1992, *Labor's Capital-The Economics and Politics of Private Pensions*, The MIT Press, Cambridge, Massachusetts, London, England.

31. Haugen, Robert A., 1993, *Modern Investment Theory*(3rd edition), Prentice Hall, Englewood Cliffs, New Jersey.

32. King, M. A. and L-D. L. Dicks-Mireaux, 1982, "*Asset Holdings and the Life-Cycle*", *The Economic Journal*, 92 (June, 1982).

33. Mansfield, Clay B., Timothy W. Cunningham, 1993, "Pension Funds-A Commonsense Guide to a Common Goal", *Business One Irwin*, Homewood, Illinois.

34. North, Douglass C., 1990, *Institutions, Institutional Change and Economic Performance*, Cambridge University Press.

35. Schmahl Winfried, 1992, "The Future of Basic and Supplementary Pension Schemes in the European Community-1992 and Beyond", Nomos Verlagsgesellschaft, Baden.

36. Shepherd, A. G., LLB, FCIS, FCIArb, FPMI, 1988, *Pension*

Fund Investment, Woodhead-Faulkner, Cambridge.

37. Superintendence of Pension Funds Administrators, 1994, *The Chilean Pension System*, Santiago.

38. Tan Chwee Huat, 1996, *Financial Markets and Institutions in Singapore*, Singapore University Press, National University of Singapore.

39. Tay Boon Nga, 1992, "The Central Provident Fund: Operation and Schemes", in *Public Policies in Singapore Changes in the* 1980s *and Future Signposts*, edited by Linda Low and Toh Mun Heng, Times Academic Press.

40. Toulson, Norman, 1986, *Managing Pension Schemes*, Gower Publishing Company, U. S. A.

41. Charles Wolf, 1993, *Markets or Governments-Choosing Between Imperfect Alternatives*, Second Edition, The MIT Press, Cambridge, Massachusetts, London, England.

42. A World Bank Policy Research Report, 1997, *Private Capital Flows to Developing Countries*, Oxford University Press.

43. S. Travis Pritchett, Joan T. Schmit, Helen I. , Doerpinghaus, James L. Athearn, 1996, *Risk Management and Insurance* (7th *edition*), West Publishing Company.

44. Edwin J. Elton and Martin J. Gruber, 1995, *Modern Portfolio Theory and Investment Analysis* (5th *edition*), New York: John Wiley and Sons.

45. Meir Statman, September 1987, "How Many Stocks Make a Diversified Portfolio", *Journal of Financial and Quantitative Analysis* 22.

46. Zvi Bodie, Alex Kane, Alan J. Marcus, 1999, *Investments* (4th edition), McGraw-Hill Companies, Inc.

47. Arvin, Mak, 1991, "A Role for Private Pensions in Labour Contracts", *Oxford Economic Papers*, Oxford University Press.

48. D. Wise, 1985, *Pensions, Labor, and Individual Choice*, University of Chicago Press.

后　记

在《中国企业年金计划设计与制度创新研究》即将完稿之际，回首本书三年的写作历程，感慨颇多。笔者不仅体验到我国社会发展的日新月异，而且亲眼目睹企业年金制度在中国的发展，在为中国的发展成就感到骄傲的同时，也深感社会保障研究的重要和时间的紧迫。《企业年金试行办法》已于 2004 年 5 月 1 日正式施行，本书通过对企业年金制度理论上的探讨，希望有助于我国企业年金制度的建设与发展。

本书是国家自然科学基金重点项目《中国补充养老保险制度研究》（70533040）、教育部人文社科规划项目《中国企业年金保险制度创新与发展研究》（05JA630038）的研究成果，是在该项目中期研究报告的基础上扩充而成。笔者从 2000 年开始研究企业年金制度，逐渐对企业年金计划及有关理论有了进一步认识。2006 年 10 月，笔者受国家留学基金委和武汉大学社会保障研究中心的资助，到美国著名学府康奈尔大学访问，与美国著名经济学家理查德·伯克豪斯先生合作研究，并得到他无私的帮助。在美国访问期间，在合作导师的亲自指导和帮助下，笔者有幸多次参加美国的学术会议，收集了大量有关企业年金制度的重要资料，为课题研究和本书的写作奠定了基础。

从宏观视角看，企业年金制度是社会基本养老保险制度的补充，本书试图更多地从微观的企业管理视角去研究企业年金制度，但是，由于时间仓促，许多研究工作才刚刚展开，还无法转换为现实的研究成果，仍有许多未完成的工作不得不留待日后继续研究和完善。

本书作为武汉大学社会保障研究中心的系列研究成果之一，得到了武汉大学社会保障研究中心主任邓大松教授的大力帮助和鼓励。武汉大学社会保障研究中心的同事们在学术上也给予了我无私的帮助，他们的学术论文和著作中的精辟论述给本书的写作提供了灵感和思路。武汉大学社会保障研究中心的研究生黄蓉参与了本项目研究，并撰写了第三章、第十章。

同时，本书的出版也得益于人民出版社陈登先生的鼓励和支持。在此，一并致以最诚挚的感谢。在本书的写作过程中，参阅了大量的研究成果，在此，对本书中引用或参考过的已在参考文献中列出成果的诸多学者和作者，致以衷心的感谢。

殷　俊

2008 年 6 月于武昌珞珈山